高等院校研究生用书
TEXTBOOKS FOR GRADUATES

审计基础理论

郑石桥　著

中国人民大学出版社
· 北京 ·

前　言

审计理论的内容很丰富，可以从基础理论视角、审计主题视角、审计主体视角、审计客体视角等分别进行研究。本书聚焦于基础理论视角。目前的审计基础理论研究，在两个方面亟须改进。

第一，缺乏“主题”意识。从技术层面来说，审计就是围绕特定事项收集证据并形成结论的系统过程。这个特定事项就是审计主题，也就是审计人员所要形成审计结论的直接对象。审计主题既可以是信息，也可以是行为，还可以是制度，信息主题又分为财务信息和业务信息。所以，总体来说，审计主题包括财务信息、业务信息、行为和制度。审计主题不同，审计基本问题也存在重大差异。长期以来，审计研究没有“主题”意识，并不区分不同的审计主题。主要体现在以下两点：

（1）大多数的审计教材，其实就是财务信息审计学。例如，被全球审计学界奉为“圭臬”的《蒙哥马利审计学》，代表英国最高水平的《迪克西审计学》，被广泛采用的阿伦斯的《审计学：一种整合方法》，实质上都是财务信息审计学。

（2）大多数的审计理论著作，其实就是财务信息审计理论。例如，莫茨、夏拉夫的《审计理论结构》，安德森的《外部审计：概念和技术》，尚德尔的《审计理论：评价、调查和判断》，汤姆·李的《公司审计：概念与实务》，弗林特的《审计哲学与原理导论》，实质上都是关于财务信息审计的理论。

第二，缺乏能贯通的审计理论。审计分为多种类型，从审计主体来看，分为政府审计、民间审计、内部审计和军事审计等；从审计内容来看，分为财务审计、绩效审计、合规审计和制度审计等。现有的审计理论，基本上都以某种专门类型的审计为背景，对其他类型的审计业务解释力较弱。总体来说，就是没有能贯通各种审计类型的审计理论。

本书力图在上述两个方面做些努力，定位于审计基础理论，研究审计的基础性问题，这些问题包括：第一，审计是什么？第二，为什么需要审计？第三，审计谁？第四，谁来审计？第五，审计什么？第六，期望通过审计得到什么？第七，如何审计？第八，审计作为一个系统，与系统环境是什么关系？针对以上八个基础问题，本书相对应的阐释分别为：审计本质理论、审计需求理论、审计客体理论、审计主体理论、审计内容理论、审计目标理论、审计方法论理论、审计环境理论。

在阐释上述八个基础性审计问题时，本书以资源类委托代理关系为基础，将人性假设和审计主题作为贯穿全书的主线。在委托代理关系中，由自利和有限理性这两个人性假设引致的代理问题和次优问题（不同于次优选择，还没有达到次优选择的水平）都在信息、行为和制度等维度中体现。审计是对代理问题和次优问题的鉴证机制，主要从信息、行为和制度等维度展开。不同的审计主题有不同的审计命题，发生在不同的审计客体，有不同的审计目标，需要不同的审计取证模式，也面临不同的审计环境。

按上述思路，本书共分为十章，各章的主要内容如下：

第一章绪论，讨论审计理论体系和审计基础理论框架。本章关注两类问题：第一，什么是审计理论？采用什么方法研究审计理论？第二，在审计基础理论的诸多问题中，审计基础理论框架（简称审计理论框架）是其中最基本也最重要的问题之一。本章以系统论为基础，提出一个关于如何构建理论框架的理论模型；在此基础上，构建审计理论框架。具体来说，本章包括以下内容：审计理论及其研究方法；审计基础理论框架。

第二章审计本质理论，讨论什么是审计。本章首先讨论认识审计本质的方法论，然后介绍和评述关于审计本质的几种主要理论；在此基础上，结合审计需求，提出关于审计本质的看法。具体来说，本章包括以下内容：认识审计本质的方法论；审计本质的主要理论；审计本质体系。

第三章审计需求理论，讨论为什么需要审计。审计为什么会产生？审计为什么会变迁？不同国家或地区的审计为什么会呈现差异化？这些问题都涉及审计需求理论。本章首先介绍几种主流的审计需求理论；在此基础上，提出基于自利和有限理性的审计需求理论。具体来说，本章包括以下内容：审计需求的主要理论；审计需求：基于人性假设的总体框架；审计需求：自利、代理问题和审计；审计需求：有限理性、次优问题和审计。

第四章审计目标理论，讨论期望通过审计得到什么。审计目标就是人们通过审计实践活动所期望达到的境地或希望得到的结果，是审计工作的出发点和归宿。因受审计需求和审计功能制约，在不同的审计需求和审计功能下，审计目标不同。同时，不同的审计目标选择又会影响具体的审计行为，从而出现不同的审计现象，这些审计现象又会影响人们对审计本质的理解。本章首先介绍关于审计目标的主要理论，然后阐述审计目标体系；在此基础上，分析审计目标的影响因素及不同审计目标选择所产生的后果。具体来说，本章包括以下内容：审计目标的主要理论；审计目标体系；审计主题、权变因素和审计目标；审计目标、审计意见和审计法律责任；审计目标、审计意见和审计期望差。

第五章审计客体理论，讨论审计谁。本章将审计客体界定为“对谁审计”或“审计谁”这个问题。首先介绍和评述关于审计客体的主要理论，其次讨论审计客体的概念及其审计需求，最后讨论选择审计客体的影响因素及不同选择所产生的经济后果。具体来说，本章包括以下内容：审计客体的主要理论；审计客体的界定及其审计需求；团队生产、审计主题和审计客体选择；审计客体选择的经济后果。

第六章审计主体理论，讨论谁来审计。审计主体是指审计活动的实施者，包括审计机构及其审计人员。本章主要关注审计机构，首先对审计主体的相关研究做一简要介绍；在此基础上，讨论审计主体的几个基础性问题：审计主体为什么要有独立性？如何保持独立性？审计主体为什么会多种类型共存？具体来说，本章包括以下内容：审计主体的主要理论；审计独立性：概念框架、实施框架和未来展望；从人格独立到精神独立：审计独立性的内在逻辑；独立性、审计主题和审计主体多样化。

第七章审计内容理论，讨论审计什么。在审计理论中，审计对象、审计内容、审计客体、审计范围是相关的概念，所以，在一些文献中，这四者经常混同。有时，审计内容还与审计目标混同，如三 E 究竟是审计内容还是审计目标？本章将审计内容界定为"审计什么"，它包括审计对象、审计主题、审计业务类型和审计标的四个层级的问题。本章首先对审计内容的相关理论做简要介绍和评述，其次阐述审计内容体系，再次比较行为审计和信息两大主题，最后探讨审计主题差异化的原因。具体来说，本章包括以下内容：审计内容的主要理论；审计内容体系；经管责任：概念和内容；审计主题及其作用；行为审计与信息审计比较；审计主题差异化原因：组织治理模式、机会主义类型和审计主题。

第八章审计方法论理论，讨论如何审计的方法论。审计方法关注"如何审计"，包括的内容很多，可以分为不同的层级。从审计基础理论角度出发，审计方法主要是在方法论层次上进行探讨。审计方法论是指运用审计方法的指导思想，方法论与被研究领域发展和改良的程度标志着该学科理论的发展阶段。本章首先对审计方法的主要理论做简要梳理，然后讨论审计方法论层次上的几个问题。具体来说，本章包括以下内容：审计方法的主要理论；应有的职业关注：概念、衡量标准和实施框架；机会主义、问责和审计取证方式；审计主题、审计取证模式和审计意见；电子数据环境对抽样审计的影响：一个理论框架；子数据环境对内部控制评价之作用的影响：一个理论框架；电子数据环境对审计业务流程的影响：一个理论框架。

第九章审计环境理论，讨论审计系统的环境因素及审计与审计环境的关系。审计环境关注的是审计的影响因素，可以分为不同的层级。对于审计环境是否属于审计理论要素存在不同的观点。本章首先对审计环境相关研究做简要梳理；在此基础上，提出我们对审计环境研究的认识，并分析审计系统与审计环境之间的相互影响。具体来说，本章包括以下内容：审计环境的主要理论；多层级、多类型的审计环境；审计环境对审计要素的影响；审计系统对审计环境的影响。

第十章电子数据环境对审计学科的影响，讨论电子数据环境如何影响审计学科。以计算机、互联网、移动互联网、物联网、大数据、云计算、人工智能、区块链等为代表的信息技术是重要的审计环境，它们的发展对审计实务产生了重要的影响，那么，这些信息技术的发展是否会影响审计学科呢？本章将各类信息技术的共性归结为电子数据环境，将审计学科界定为审计基础理论、审计原理及专门审计；在此基础上，探究电子数据环境对审计基础理论和审计原理的影响，提出一个电子数据环境影响审计学科的理论框架。

本书的研究具有较大的探索性，是我们探索审计基础理论的阶段性成果。书中不当之处，敬请读者指正。

本书得到国家哲学社会科学基金和南京审计大学研究生院的支持，特此致谢！

郑石桥

于南京老山之麓

目　录

第一章　绪　论

本章关注两类问题：第一，什么是审计理论？采用什么方法研究审计理论？第二，在审计基础理论的诸多问题中，审计基础理论框架（简称审计理论框架）是其中最基本也最重要的问题之一。本章以系统论为基础，提出一个关于如何构建理论框架的理论模型；在此基础上，构建审计理论框架。具体来说，本章包括以下内容：审计理论及其研究方法；审计基础理论框架。

第一节　审计理论及其研究方法

本节关注两个问题：什么是审计理论？采用什么方法研究审计理论？首先是关于审计理论认知的主要观点综述，其次提出我们的观点，最后介绍审计理论研究方法的类型。

一、审计理论体系

（一）审计理论及其体系的主要观点

关于审计理论及其体系的相关研究不多，形成的观点基本相似，一般认为审计理论分为三个层次，不同研究文献确定的三个层次的具体内容有所差异。

陈元燮（1991）认为，审计理论体系的第一个层次是审计的基本概念，包括审计的定义、职能、目标和任务四个方面。第二个层次是审计的关系，明确审计主体和审计客体之间的相互关系。第三个层次是审计要素，是指构成审计监督活动的必要因素，包括标准、行动和结果。上述三个层次的审计理论具有密切的关系。审计的基本概念明确了审计的性质、职能、目标和任务，为开展审计监督活动指明了方向。审计的关系明确了审计主体和审计客体之间的相互关系，为制定正常的审计工作秩序提供了理论依据。审计要素明确了审计监督过程的三个重要环节，为开展审计工作奠定了理论基础。

冯均科（1991）认为，审计理论是指在审计实践中总结出来的带有规律性和本质规定性的各种概念、观点与原理等所组成的体系，一般包括审计理论基础、审计基础理论与审计应用理论。审计理论基础是审计科学与相邻有关学科的交叉点，是科学理论之间转化的“关节点”。审计理论基础以管理控制论为主体，但又不单包括这种科学理论，还包括马克思主义哲学、政治经济学以及民主与法制的理论。审计基础理论是审计理论基础结合审计工作状况并借用逻辑思维推演出来的，是指可以通用于任何审计活动的各种具有普遍指导性的审计理论。审计应用理论是指在审计基础理论指导下按照审计实践的基本规律建立的一种审计理论。审计组织理论、审计操作理论和审计控制理论都可以归入审计应用理论的范畴。

王会金（2002）、王会金等（2012）认为，审计理论体系按理论研究的性质，可分为三个层次，即审计基础理论、审计应用理论和审计发展理论，三者具有不同的特点。审计基础理论是研究审计本质、一般规律或基本原理，探求能揭示审计实践普遍本质和发展规律的知识体系，在审计理论体系中处于基础地位，其科学水平决定着审计理论体系的水平，主要包括：审计环境理论、审计动因和本质理论、审计目标理论、审计主客体理论、审计程序和方法理论、审计规范理论、审计管理理论。审计应用理论是审计基础理论在具体审计实践中运用的知识体系，或者说是关于处理具体审计工作时应遵循的原理、原则、程序和方法的知识体系，包括国家审计应用理论、社会审计应用理论、内部审计应用理论，或者是财政财务审计应用理论、经济效益审计应用理论、财经法纪审计应用理论、经济责任审计应用理论。审计发展理论是回顾审计产生的历史，立足当今审计研究成果，展望审计未来的创新性审计理论，主要内容为审计发展史理论和审计创新理论。

杨肃昌（2012）认为，审计理论体系是由总括性、基础性的理论以及建立在其上的层层递进、逐步细化的理论组成的，一般分为三个层级：一是通用的一般审计理论；二是各主体的审计理论；三是各主体的审计理论，分为理论基础、基础理论和应用理论三个方面。这种审计理论体系大致如图 1－1 所示。

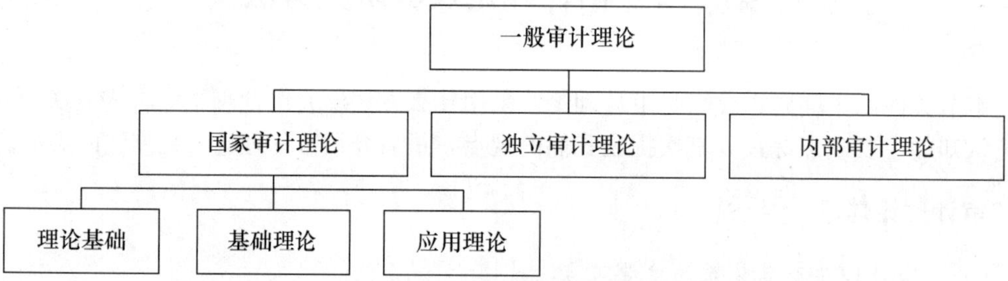

图 1－1　审计理论体系（杨肃昌，2012）

一般审计理论能够以最抽象、最普遍、最简单的思维方式揭示或说明审计活动和审计发展的一般规律，以对任何类型审计的本质及其产生与发展做出解释。作为具有一般或普遍意义的审计理论，一般审计理论是“无国界”“无阶级性”的，是人类共同的思想财富。

无论是国家审计还是内部审计和民间审计，都具有审计的一般特征和意义，一般审计理论的研究范式为不同类型审计理论的研究提供了指导与借鉴。各主体的审计理论是一般审计理论在该主体的应用，可分为理论基础、基础理论和应用理论。

影响审计理论形成与发展的相关理论，可称为审计理论基础。一般认为，受托责任理论是形成审计一般理论的基础，适用于解释所有类型审计的形成与发展。

基础理论是指专业学科中研究一般规律或主要规律并为应用研究提供指导的共同理论基础的理论。审计理论大多数情况下指的是基础理论。审计理论基础和基础审计理论之间的关系可形象描述为“理论基础是别人的东西拿来为我所用，基础理论是自己的东西”。

审计应用理论是一种在具体审计实践和工作中运用的如审计程序、方法等具有明显针对性、实践性、专业性和操作性的知识系统，其源于审计基础理论，是基础理论的具体化，或者说是由基础理论延伸而来的。所以，对于应用理论研究而言，关键是如何把基础理论知识转化为应用技术知识，使之作用于审计实践和审计工作。

冯均科、陈淑芳、张丽达（2012）认为，在受托责任理论指导下，以政府审计关系为研究内容的政府审计理论框架包括以下主要部分：(1) 政府审计环境理论。主要研究政府审计面临的各种环境要素以及这些要素与政府审计具有的各种内在联系。(2) 政府审计关系理论。主要研究政府审计所包含的审计委托人、审计人与被审计人三者之间具有的各种关系。(3) 政府审计规范理论。主要研究政府审计的法律、法规、准则和职业道德建设等问题，提供政府审计机构与人员应当遵守的行为规范。

以上三个部分具有密切的联系。政府审计环境理论为政府审计活动提供了准确利用环境和改造环境的基本思路；政府审计关系理论为政府审计活动提供了如何理顺各种审计关系人之间关系的基本技巧；政府审计规范理论为政府审计活动的主体提供了行为指南。这三者之间的核心是各种各样的社会关系以及规范这些社会关系的规则，体现了审计科学的社会科学属性。政府审计理论应当指导政府审计活动如何面对各种关系，以便于提高政府审计的运行效率。基于受托责任理论的政府审计理论框架如图 1-2 所示。

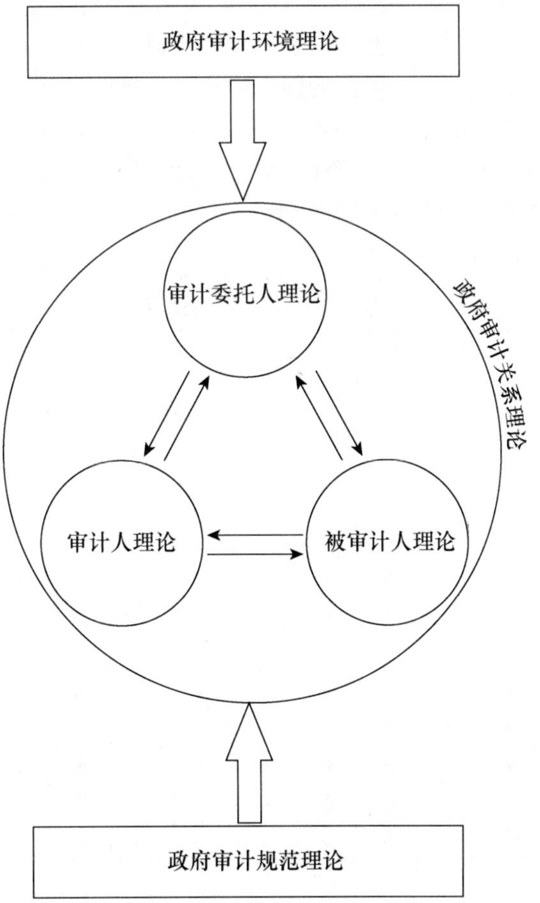

图 1-2 审计理论体系（冯均科，1991）

（二）简要评述及我们的观点

上述文献对于审计理论及其体系的研究，在一定程度上都具有开拓性和创新性，对审计理论构建有较大启迪。然而，我们认为，审计理论基础不应该属于审计理论，它是为审计理论研究服务的，审计理论研究需要用这些理论来解释审计问题。如果将这些理论基础也作为审计理论，不同学科之间的边界就难以确定了。例如，审计学研究中要用到经济学理论、政治学理论、管理学理论，难道经济学、政治学、管理学都成了审计理论？类似的问题还有很多。

我们认为，审计理论分为两个层级：一是审计基础理论，这种理论是通用的理论，是解释审计一般的理论；二是专门审计理论，这种理论只能解释某类审计，例如，基于不同审计主体的政府审计理论、民间审计理论、内部审计理论和军事审计理论，基于不同审计内容的财务审计理论、合规审计理论、绩效审计理论和制度审计理论，基于不同审计客体的财政审计理论、金融审计理论、企业审计理论、工程审计理论、资源环境审计理论和领导干部履责审计理论。专门审计理论是审计基础理论在某个专门领域的应用，研究的也是该领域审计的基础性问题，但这些理论只适用于该领域，不同于通用的审计基础理论，所以，也可以称为审计基本理论。

上述两个层级的审计理论关注的审计问题主要包括：第一，什么是审计？该问题属于审计本质。第二，为什么需要审计？该问题属于审计需求。第三，审计谁？该问题属于审计客体。第四，谁来审计？该问题属于审计主体。第五，审计什么？该问题属于审计内容。第六，期望通过审计得到什么？该问题属于审计目标。第七，如何审计？从审计基础视角出发，这里只关注审计方法论层面的问题，所以，该问题属于审计方法论。第八，审计作为一个系统，与系统环境是什么关系？该问题属于审计环境。所以，总体来说，审计理论应该包括下列要素：审计本质、审计需求、审计客体、审计主体、审计内容、审计目标、审计方法、审计环境。上述各要素之间并不存在一个完整的逻辑上的排名先后顺序。总体来说，审计理论体系如表1－1所示。

表1－1　审计理论体系

审计理论要素	审计基础理论	审计基本理论/审计专门理论（主题视角）													
		财务审计理论	绩效审计理论	合规审计理论	制度审计理论	政府审计理论	内部审计理论	民间审计理论	军事审计理论	财政审计理论	金融审计理论	企业审计理论	工程审计理论	资源环境审计理论	领导干部履责审计理论
审计本质	★	★	★	★	★	★	★	★	★	★	★	★	★	★	★
审计需求	★	★	★	★	★	★	★	★	★	★	★	★	★	★	★
审计客体	★	★	★	★	★	★	★	★	★	★	★	★	★	★	★
审计内容	★	★	★	★	★	★	★	★	★	★	★	★	★	★	★
审计目标	★	★	★	★	★	★	★	★	★	★	★	★	★	★	★
审计主体	★	★	★	★	★	★	★	★	★	★	★	★	★	★	★
审计方法	★	★	★	★	★	★	★	★	★	★	★	★	★	★	★
审计环境	★	★	★	★	★	★	★	★	★	★	★	★	★	★	★

★表示有这种情形。

二、审计理论研究的主要方法

子贡问为仁。子曰："工欲善其事，必先利其器。居是邦也，事其大夫之贤者，友其士之仁者。"审计理论研究也是如此，适当的方法是有效的审计理论研究的前提。

（一）分析方法与系统论方法

系统论出现之前，一般是把事物分解成若干部分进行分析，然后再以部分的性质去说明复杂事物。这就是由勒内·笛卡尔奠定理论基础的分析方法。这种方法的着眼点在局部或要素。

系统论的出现，使人类的思维方式发生了深刻的变化。系统论的基本方法，就是把所研究和处理的对象当作一个系统，分析系统结构和功能，研究系统、要素、环境三者的相互关系和变动的规律性（钱学森，1982；贝塔朗菲，1987）。

从系统的角度看问题，世界上任何事物都可以看成是一个系统，系统是普遍存在的。大至茫茫的宇宙，小至微观的原子，一粒种子、一群蜜蜂、一台机器、一个工厂、一个学会团体……都是系统，整个世界就是系统的集合。

（二）规范分析方法与实证分析方法

规范分析方法是以一定的价值判断作为出发点和基础，通过逻辑推理得出结论。由于其主要依赖理论推导，因此也称为理论研究方法。

实证分析方法是通过对研究对象大量的观察、实验和调查，获取客观材料，再从个别到一般，归纳出事物的本质属性和发展规律的一种研究方法。实证分析方法在分析经济问题和建立经济理论时，撇开了对社会经济活动的价值判断，只研究经济活动中各种经济现象之间的相互联系，遵守"大胆假设、小心求证，在求证中检验假设"的逻辑。由于要用到一些已经存在的经验性数据来检验，因此，一般也称为经验研究方法。

第二节 审计基础理论框架

在审计基础理论的诸多问题中，审计理论框架是其中最基本也最重要的问题之一。关于审计理论框架的逻辑起点形成了一元论和多元论，关于审计理论框架要素及其关系的观点更多。观点分歧的一个重要原因可能是方法论方面的缺陷。本节以系统论为基础，提出一个关于如何构建理论框架的理论模型；在此基础上，构建审计理论框架。具体来说，本节包括以下内容：审计基础理论框架的主要观点评述；基于系统论的审计基础理论框架。

一、审计基础理论框架的主要观点评述

审计理论来源于审计实践，但又高于实践，对实践具有指导作用。我国的审计理论落后于审计实践，需要大力发展审计理论（石爱中，2008；刘家义，2010；李学岚，2011；杨肃昌，2012）。在审计理论的诸多问题中，审计理论框架是其中最基本也最重要的问题之一。长期以来，针对审计理论框架的研究文献有不少，基本内容大体相同，都是首先讨

论审计理论框架的逻辑起点，在此基础上，分析审计理论框架要素及要素之间的关系。总体来说，关于审计理论框架的逻辑起点形成了一元论和多元论，关于审计理论框架要素及其关系的观点更多（蔡春，2001）。出现上述状况的一个原因是审计科学目前还处于成长中，在学科发展的初级阶段，对于一些基本问题有不同认识也是正常现象。另一个更重要的原因可能是方法论的问题，认识论与方法论紧密相关，要在认识论上有所更新，必须在方法论上有所改造。

审计理论框架的研究内容大致可以分为两类：一是审计理论框架研究的逻辑起点；二是审计理论框架要素及其相互关系。

（一）审计理论框架研究的逻辑起点

何谓逻辑起点？为什么研究逻辑起点？作为审计理论框架研究的逻辑起点应该：具有稳定性；是审计理论中最简单、最普遍、最基本的问题，是其他理论研究的前提；能体现审计运行机制的一种必然趋势，能够协调审计理论各组成要素之间的关系（周友梅，2007；康大林、孙翠，2009）。

关于逻辑起点的观点，20 世纪 50 年代到 70 年代中期，以审计假设为逻辑起点；20 世纪 70 年代中期到 80 年代中期，以审计目标为逻辑起点；20 世纪 80 年代中期以来，以审计本质为逻辑起点（徐政旦，2004）。随后，还出现了一元论和多元论。总体来说，关于审计理论框架逻辑起点的观点可以分为两类：一是一元论，认为只有一个逻辑起点；二是多元论，认为有多个逻辑起点。

一元论虽然认为审计理论框架研究只有一个逻辑起点，对于这个起点却有多种观点。主要的观点包括：审计假设起点论（Schandll，1978）；审计目标起点论（李若山，1995；焦殿芬，2008；谢荣，2011；尹平，2011）；审计本质起点论（阎金愕、林炳发，1996；蔡春，2000；徐政旦，2004；康大林、孙翠，2007；蔡春、蔡利，2012）；审计环境起点论（刘明辉，2003；梁劲，2003；赵华、许福敏，2004）。此外，还有受托责任起点论（冯均科、陈淑芳、张丽达，2012；李明辉，2011）；信息认证论（宋英慧、安亚人，2009）；审计动力论（祖建新、石道金，2006）；产权动因论（万力，2007；张毅，2009）；政府责任起点、公众利益起点、国家治理起点（张龙平，2011）。特别需要注意的是，莫茨和夏拉夫在合著的《审计理论结构》中，从研究哲学的性质和含义入手，认为哲学是构成某一学问的基础，并以哲学为逻辑起点提出八项审计假设和五个基本审计概念。

与一元论不同，多元论则认为审计理论框架研究有多个逻辑起点，主要包括二起点和三起点。

吴联生（2000）提出以审计动力或审计需求、审计环境和审计目标三元素结合作为审计理论体系的逻辑起点。刘冬荣、李香花（2005）提出以审计本质、审计环境与审计假设三元素作为审计理论体系研究的起点。江金锁（2004），陈燕（2005），施玲、王愫和唐建华（2008）提出以审计环境和审计本质作为审计理论逻辑起点。杨蓉（2011）提出以审计本质、审计目标作为审计理论框架逻辑起点。李钢（2004），王振鸿、侯斌（2006）提出审计目标和审计环境相结合是审计理论研究的逻辑起点。

（二）审计理论框架要素及其相互关系

关于审计理论框架中应有哪些要素及其相互关系有不同的观点，蔡春（2001）将国外的主要观点归纳如表 1－2 所示。康大林、孙翠（2009）将国内的一些代表性观点归纳如表 1－3 所示。

表 1－2 审计理论框架中应有哪些要素及其相互关系（国外观点）

模式名称	模式内容	人物及提出时间
莫氏模式	哲学基础—假设—概念—应用标准—实际应用	莫茨、夏拉夫，1962
尚氏模式	假设—定理—结构—原则—标准	尚德尔，1978
安氏模式	目标—标准—概念—假设—技术—方法—过程	安德森，1977
李氏模式	本质与目标—假设—概念	汤姆·李，1984
弗氏模式	本质与目标—假设—概念—标准	弗林特，1988

表 1－3 审计理论框架中应有哪些要素及其相互关系（国内观点）

代表人物	著作	要素内容
萧英达	比较审计学	审计目的—审计假设—审计概念
汤云为	审计理论研究	审计假设—审计概念—审计准则
王文彬、林钟高	审计基础理论	审计目标—审计假设—审计概念—审计原则
阎金锷	审计理论研究	审计本质—目标假设—审计原则—审计准则
蔡春	审计理论框架	审计本质—审计假设—审计目标—审计规范—审计信息—审计控制
徐政旦	审计研究前沿	审计本质—审计目标—审计假设—审计概念—审计准则—审计程序方法—审计报告

此外，国内外还有其他的一些观点。就国外来说，美国会计学会所属的 Auditing Concepts Committee（1972）发布的审计基本概念报告包括四部分内容：Introduction，The Role of Auditing，The Investigative Process，The Reporting Process。就国内来说，表 1－2 中归纳的都是早期的代表性观点，后来还有不少其他的观点。王笑竹、任向峰和徐春瑛（2004）认为，审计理论框架体系的组成要素包括：审计主体，审计客体，审计动力或审计需求，审计运行。王炳华（2007）认为审计理论要素包括：审计环境，审计假设，审计本质，审计目标，审计准则，审计主客体，审计程序和方法，审计风险，审计报告。周友梅（2007）认为，审计理论框架包括六个要素：审计前提理论，审计客体理论，审计使命理论，审计主体理论，审计方法理论，审计资料理论。石爱中（2008）认为，审计学基本概念包括：审计，审计主体，审计客体，审计目标，审计程序，审计方法，审计证据，审计标准，审计报告，审计工作底稿，审计档案等。在信息化条件下，纸质的和数字的信息是不一样的，有账套基础审计和账套式系统基础审计，账套基础审计是直接把电子账套拿来审计，账套式系统基础审计是先不审计电子账套，而是先看系统内部控制，然后再决定如何审计电子账套。陈汉文（2009）分析的审计理论要素包括：审计需求，审计职业道德，审计师独立性，审计法律责任，审计组织形式。宋英慧、安亚人（2009）认为，以信息认证为逻辑起点，审计理论框架由信息认证、审计本质、审计目标、审计假设、审计准则等要素组成。谢荣（2011）认为，审计理论要素包括：审计目标，审计假设，审计概念，审计规范，审计基本方法，审计报告，审计责任。尹平（2011）认为，政府审计理论体系应包括绪论、史论、法论、立论（基础理论）、实论、例论、综论和兼论。

马正凯、黄晓波（2011）认为，审计基础理论是研究审计学的基本理论问题，包括审计本质和目标、审计假设、审计规范、审计对象、审计方法与程序、审计质量检验与控制等。冯均科、陈淑芳和张丽达（2012）认为，政府审计理论框架应当包括以下主要部分：政府审计环境理论，政府审计关系理论，政府审计规范理论。

以上是审计理论框架研究的简要概况。这些研究无疑加深了人们对审计理论框架的认识。然而，我们认为，有三个基本的问题需要回答：第一，是否需要研究逻辑起点？第二，根据什么原则来界定审计理论框架要素？第三，审计理论框架要素之间究竟是什么关系？

关于是否需要研究逻辑起点，现有研究文献认为这是一个理所当然的问题。然而，根据系统论，构成系统的要素之间的关系（即系统的结构）是重要的，但并不存在一个所谓的逻辑起点，从一个逻辑起点推导出系统其他要素的思维不适合复杂系统。事实也正是这样。从现有研究文献来看，关于逻辑起点有多种观点，每种观点都说明了自己的理由，并且提出了其他观点的缺陷。这个状况本身就说明，各种观点都有一定道理，同时又都有缺陷。这表明，各要素之间确实存在相关关系，但这种相关关系是非线性的、多元的、复杂的，不能用线性思维来考虑。

关于根据什么原则来界定审计理论框架要素，现有研究文献都没有回答这个问题，只是在确定逻辑起点之后，提出一个自己认为正确的理论框架要素。然而，更为重要的是，为什么要包括这些要素，为什么不能包括其他的要素。根据系统论，尽管系统与环境之间存在交换，但系统本身是有边界的。如果系统的边界不能确定，系统本身也就不存在。因此，需要一个确定审计理论框架系统边界的原则。

关于审计理论框架要素之间究竟是什么关系，现有研究文献基本上都是线性思维，即从逻辑起点出发，按顺序确定不同要素之间的主导关系和反馈关系。这些确定大多是主观性的，并没有说明理由。根据系统论，系统中各要素之间的关系主要是非线性的、多元的，不只是简单的两个要素之间的主导关系和反馈关系。

因此，总体来说，关于审计理论框架的研究确实存在方法论方面的问题，没有将审计理论框架作为一个复杂系统，而是坠入了简单的线性思维。正是这种方法论方面的问题，导致对审计理论框架的认识脱离审计实践，落后于审计实践。认识论与方法论紧密相关，要在认识论上有所更新，必须在方法论上有所改造。下面，以系统论为基础来研究审计理论框架。

二、基于系统论的审计基础理论框架

如前所述，审计理论框架研究存在方法论方面的问题，本节以系统论为基础，提出一个审计基础理论的框架。

（一）理论框架的核心内容：基于系统论的理论模型

系统论出现之前，一般是把事物分解成若干部分进行分析，再以部分的性质去说明复杂事物。这是勒内·笛卡尔奠定理论基础的分析方法，着眼点在局部或要素。系统论的出现，使人类的思维方式发生了深刻的变化。系统论的基本方法，就是把所研究和处理的对象当作一个系统，分析系统结构和功能，研究系统、要素、环境三者的相互关系和变动的规律性。

系统是相互联系、相互作用的多要素的综合体。任何现实事物要构成一个系统都必须具备三个条件：第一，系统是由若干要素，即系统的组成部分结合而成的。单个要素不能构成系统。第二，要素和要素、要素和整体之间相互联系、相互作用，从而形成系统的结构和秩序。第三，任何系统都有其特定的功能。系统论认为，整体性、多元性、集合性、相关性、适应性、层次性、动态性和目的性是所有系统共同的基本特征。整体性是指系统由若干要素组成，要素和系统不可分割。系统是要素的有机集合而不是简单相加，系统整体的功能不等于各要素的功能之和，系统整体具有不同于各组成要素的新的功能和属性。多元性是指系统均由多个要素组成，称为多要素系统。集合性是指系统是由若干个可以区分的要素组成，可以辨识系统的边界，划分系统的范围，明确系统的组成部分和内部结构。相关性是指系统中各要素之间彼此相关。适应性是指系统对环境变化具有适应性，一是反映为环境对系统功能的评价，即环境的满意性；二是反映为系统本身能否生存、发展，通过环境的选择来取舍。层次性是指一个复杂的系统由若干个层次构成。动态性是指系统在时间上是有序的，在状态上是随着时间的变化而变化的。目的性是指系统具有某种功能，能达到一定的目的。

系统中要素之间相对稳定的一切联系方式称为系统结构，它是系统保持整体性以及具有一定功能的内在根据。系统结构具有如下特性：结构的有序性，即系统的结构无论在时间上和空间上都是有规律的，具有一定的时空秩序；结构的整体性，即结构内部各要素相互联系、相互作用形成了一个有机的整体，它对要素进行制约，使要素的性质和功能不同于它们在孤立存在时的性质和功能；结构的稳定性，即系统内部各要素稳定联系，才能构成稳定有序的结构，保持系统的整体性；系统结构的层次性，即系统是由一定的要素组成的，这些要素大都是由低一级的要素组成的子系统，系统本身又是高一级系统的组成要素；系统结构的多样性，即系统结构具有无限多样的形式。

系统结构与功能之间具有密切的关系，表现在三个方面：第一，结构与功能相互依存，结构是功能的基础，功能是结构的表现，一定的结构总是表现出一定的功能，一定的功能总是由一定的系统结构产生；第二，结构决定功能，同一群要素组成的系统，结构不同会表现出不同的功能；第三，功能可反作用于结构，在环境变化的影响下，结构虽未变化，但功能不断地变化，终究会引起结构的变化。

环境和系统之间具有密切的关系。环境提供了系统生存和发展的条件，对系统有资源和压力两种输入。环境为系统提供其生存发展所需的空间、资源、激励或其他条件，是积极的作用、有利的输入，统称为资源；环境给系统施加约束、扰动、压力甚至危害系统的生存发展，是消极的作用、不利的输入，统称为压力。不同环境造就不同的系统。(1) 环境影响系统的结构选择。当环境变化到一定程度时，会影响系统的结构。系统在发展变化中有许多可能的结构状态，环境会选择与自己相适应的结构状态，使之稳定，成为现实。(2) 环境影响系统的功能选择。环境能否满足系统的输入与输出要求，是系统能否发挥功能的重要条件。系统对环境也有功能和污染两种输出。为环境提供功能服务，是积极的作用、有利的输出，统称为功能。系统自身的行为，有时会破坏环境，即不利的输出，称为对环境的污染。

系统的要素、结构、环境三者共同决定其功能。系统功能由要素和结构来决定。一方面，要素性能太差，不论结构如何优化，也发挥不出强的功能；另一方面，相同或相近的要素，按不同结构组织起来，系统的功能有强弱之分，甚至会产生性质不同的功能。从系统与环境的关联来看，同一系统对环境中不同的功能对象表现出不同的功能。功能对象选择不当，系统无法发挥应有的功能。

综上所述，系统论的基本思想概括如下：世界上任何事物都可以看成是一个系统，系统是普遍存在的，我们应该把研究和处理的对象当作一个系统，从整体上分析系统组成要素、各个要素之间的关系以及系统结构和功能，分析系统、组成要素、环境三者之间的相互关系和变动的规律性，根据分析的结果来调整系统的结构和各要素关系，使系统达到优化的目标。

下面，我们来分析理论框架的核心内容。理论框架是一种观念形态，是理论系统内部各组成要素之间相互联系、相互作用的方式或秩序，也就是理论系统内部各要素之间的排列与组合形式。相对于理论框架而言的理论要素是指理论的组成部分。研究理论框架就是要确定理论应该由哪些部分组成及各部分之间合乎逻辑的内在联系。要构建理论框架，首先需要确定理论的组成部分即要素；其次研究它们之间的内在秩序或作用方式即内在逻辑联系；最后按照这种联系将它们排列组合起来（蔡春，2001）。总体来说，根据系统论的基本思想，理论框架作为一个系统，其核心内容如图 1－3 所示。构造理论框架最重要的问题有三个：一是构成要素；二是各要素之间的关系，即系统结构；三是环境因素及系统与环境因素的关系。至于系统功能，它本身是由系统要素、系统结构和环境及其相互关系决定的，并不是系统的核心内容。

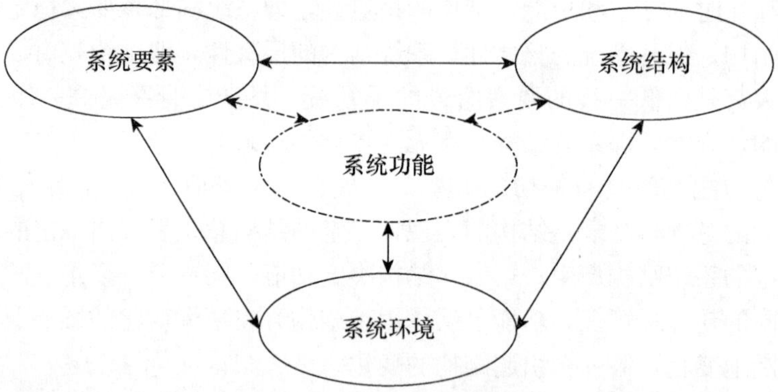

图 1－3　系统核心内容

（二）审计理论框架要素：基于系统论视角

系统要素也称系统元素或系统元，它是构成系统的基本单位。系统是由不同的要素组成的，这些要素通过相互联系形成一定的功能，用以实现系统的目的。要素是构成系统的基本成分，两者是部分与整体的关系。一个要素只有相对于由其本身和其他要素构成的系统而言，才是要素，相对于其组成部分而言，则是一个系统。

审计理论框架作为一个观念系统，是由一些要素构成的。现有研究文献都是在确定逻辑起点之后，提出一个自己认为正确的理论框架要素。然而，更为重要的是，为什么要包括这些要素而不包括其他的要素，现有文献没有回答这个问题。根据系统论，尽管系统与环境之间存在交换，但系统本身是有边界的。如果系统的边界不能确定，系统本身也就不存在。所以，需要一个确定审计理论框架系统边界的原则。

审计理论框架是一个观念系统，与之相对应的审计是客观存在的实体系统，而观念系统是实体系统的观念总结，所以，观念系统必须包括实体系统的全部要素。作为一个实体系统，审计发挥系统功能所必须具备的要素就构成审计实体系统的要素，从而也就构成审计理论框架的要素。那么，审计实体系统有哪些要素呢？本节认为，审计作为一个实体系统必须解决或回答一些基础性问题，这些基础性问题的解决方案或答案就是构成要素。第一，什么是审计？该问题的回答就是审计本身。第二，为什么需要审计？该问题的回答就是审计需求。第三，审计谁？该问题的回答就是审计客体。第四，谁来审计？该问题的回答就是审计主体。第五，审计什么？该问题的回答就是审计内容。第六，期望通过审计得到什么？该问题的回答就是审计目标。第七，如何审计？从审计基础理论视角出发，这里只关注审计方法论层面的问题，所以，该问题的回答就是审计方法论。第八，审计作为一个系统，与系统环境有什么关系？该问题的回答就是审计环境。

总体来说，审计理论框架作为审计实体系统的观念总结，应该包括下列要素：审计本质，审计需求，审计客体，审计主体，审计内容，审计目标，审计方法论，审计环境。上述各要素之间并不存在一个完整的逻辑上的排名先后顺序。

下面，我们对上述理论要素分别做简要说明。(1）审计本质主要涉及审计是什么，它与审计动力或审计需求密切相关。(2）审计动力或审计需求主要涉及两个问题，一是谁需要审计，一般称为审计委托人；二是这个审计委托人为什么需要审计。(3）审计客体主要涉及审计谁，也就是审计委托人需要审计机构对谁进行审计，包括组织客体和自然人客体。(4）审计主体主要涉及谁来进行审计，一是审计机构如何建立；二是审计人员的要求和结构等。(5）审计内容主要涉及审计什么，由审计对象、审计主题、审计业务类型和审计标的等层级构成。(6）审计目标主要涉及委托人期望通过审计得到什么，也就是期望审计主体为其提供什么。(7）审计方法论主要涉及审计标准、审计准则。审计标准是指审计过程中判断是非的尺度，既有外部标准，也有内部标准；既有法定标准，也有商定标准；既有定量标准，也有定性标准。审计准则是指审计全过程的规范，即规范审计主体如何开展审计，包括审计取证模式及审计程序和审计技术方面的规范。(8）审计环境是审计系统之外与审计密切相关的各种要素。

（三）审计理论框架要素之间的关系：基于系统论视角

系统论认为，系统要素之间的关系是各要素在联系的基础上形成的结构。联系是指系统中要素与要素、要素与系统、系统与环境之间的相互作用关系。结构是指系统内部各要素的排列组合方式。每一个系统都有自己特定的结构，以自己的存在方式规定各个要素在系统中的地位与作用。结构是实现整体大于部分之和的关键，结构的变化制约着整体的发展变化，构成整体的要素间发生数量比例关系的变化，也会导致整体性能的改变。总之，系统的整体功能是由结构来实现的。

关于审计理论框架要素之间究竟是什么关系，现有研究文献基本上都是线性思维，即从逻辑起点出发，按顺序确定不同要素之间的主导关系和反馈关系。这些关系的确定大多都是主观性的，并没有说明理由。根据系统论，系统中各要素之间的关系主要是非线性的，不只是简单的两个要素之间的主导关系和反馈关系。审计是一个复杂系统，无论是系统与环境之间的关系，还是系统要素之间的关系，都不是简单的线性关系，而是非线性关系。既然要素之间是非线性关系，研究逻辑起点问题也就意义不大了。非线性关系是审计理论框架要素之间的主要关系形式，这种非线性关系是各要素之间的相互作用，正是这种相互作用，使得整体不再是简单地等于部分之和，而可能出现不同于“线性叠加”的关系。因此，审计理论框架各要素之间的关系如图 1－4 所示。其主要思想如下：第一，审计环境是审计理论框架的外部要素，它与理论框架各要素之间存在交换关系。第二，除了审计环境之外，审计理论框架各要素之间存在非线性的多元关系，不只是简单的两个要素之间的主导关系和反馈关系，而是各要素之间的相互作用关系。

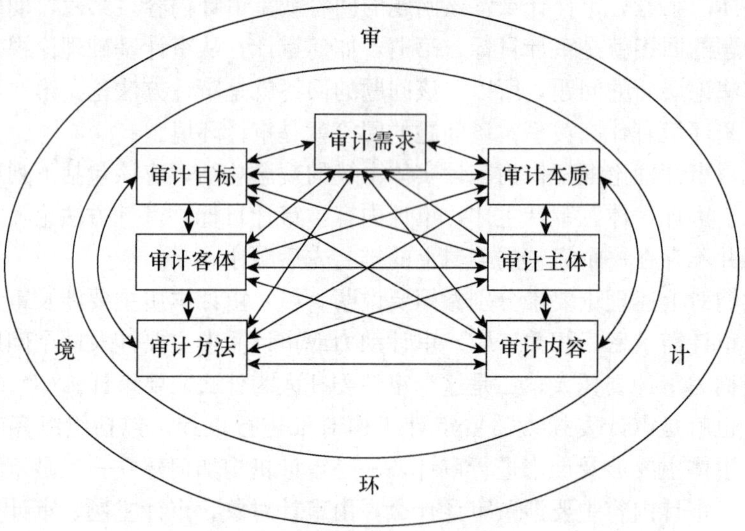

图 1－4　审计基础理论框架

（四）审计环境因素及其与系统的关系

环境是指系统与边界之外进行物质、能量和信息交换的客观事物或其总和。系统边界将起到对系统的投入与产出进行过滤的作用，边界之外是系统的外部环境，它是系统存在、变化和发展的必要条件。虽然系统的作用会给外部环境带来某些变化，但更为重要的是，系统外部环境的性质和内容发生变化，往往会引起系统的性质和功能发生变化。因此，任何一个具体的系统都必须具有适应外部环境变化的功能，否则，将难以生存与发展。

就审计系统来说，其环境因素包括审计系统外部或内部直接或间接与审计相关的非审计因素，包括经济因素、政治因素、法律因素、技术因素、社会因素、文化因素。这些环境因素又可以分为宏观环境因素和微观环境因素。例如，就国家审计来说，国家治理特别是政府治理是国家审计的重要环境要素，环境要素不同，国家审计的许多重要特征也就不同。就内部审计来说，公司治理是重要的环境要素，公司治理构造不同，内部审计的许多重要特征也就不同。

根据系统论，系统与环境之间存在交换关系，审计系统也不例外。审计环境为审计系统提供生存和发展的条件，对审计系统有资源和压力两种输入。审计环境为审计系统提供生存发展所需要的空间、资源、激励或其他条件，是积极的作用、有利的输入，统称为资源。审计环境给审计系统带来约束、扰动、压力甚至危害审计系统的生存发展，是消极的作用、不利的输入，统称为压力。不同审计环境造就不同的审计系统。审计环境影响审计系统的结构选择，当审计环境变化到一定程度时，会影响审计系统的结构。审计系统在发展变化中有许多可能的结构状态，审计环境会选择与自己相适应的结构状态，使之稳定，成为现实。审计环境影响审计系统的功能选择，审计环境的变化会影响审计系统的功能。审计环境能否满足审计系统的输入与输出要求，是审计系统能否发挥功能的重要条件。审计系统对审计环境也有功能和污染两种输出。为审计环境提供功能服务，是积极的作用、有利的输出，统称为功能。审计系统自身的行为，有时会破坏审计环境，即不利的输出，称为对审计环境的污染。总之，审计系统和审计环境之间存在复杂的交换关系，表现为资源、压力、功能和污染，这种关系并不是简单的线性关系，而是非线性关系。上述思想体现在图 1－4 中。

（五）结论和启示

在审计理论的诸多问题中，审计理论框架是其中最基本也最重要的问题之一。长期以来，针对审计理论框架的研究文献有不少，基本内容大体相同，都是首先讨论审计理论框架的逻辑起点，在此基础上，分析审计理论框架要素及要素之间的关系。关于审计理论框架的逻辑起点形成了一元论和多元论，关于审计理论框架要素及其关系的观点更多。观点分歧的一个重要原因可能是方法论方面的缺陷。本节以系统论为基础，提出一个关于如何构建理论框架的理论模型，在此基础上，构建审计理论框架。总体来说，本节认为，审计理论作为一个观念系统，是对审计实体系统的观念总结，审计理论系统是一个复杂系统，系统要素之间的关系是非线性关系，而不是简单的线性关系，所以，审计理论构造框架不需要讨论逻辑起点问题，重要的是构成要素、要素之间的关系、环境要素及其与系统的关系。

系统论认为，世界上任何事物都可以看成是一个系统，系统是普遍存在的，我们应该把研究和处理的对象当作一个系统，从整体上分析系统组成要素、各个要素之间的关系以及系统结构和功能，分析系统、组成要素、环境三者的相互关系和变动的规律性，根据分析的结果来调整系统的结构和各要素关系，使系统达到优化目标。

根据系统论，构建理论框架最重要的问题有三个：一是构成要素；二是各要素之间的关系，也就是系统结构；三是环境因素及系统与环境因素的关系。

审计理论框架作为一个观念系统，是实体审计系统的观念总结，必须解决或回答一些基本问题，这些基本问题的解决方案或答案就是构成要素。总体来说，审计理论框架应该包括下列要素：审计本质，审计需求，审计主体，审计客体，审计目标，审计方法，审计内容，审计环境。

根据系统论，审计是一个复杂系统，无论是系统与环境之间的关系，还是系统要素之间的关系，都不是简单的线性关系，而是非线性关系。

根据系统论，审计系统和审计环境之间存在复杂的交换关系，审计环境对审计系统的输入表现为资源和压力，审计系统对审计环境的输出表现为功能和污染，这种关系并不是简单的线性关系，而是非线性关系。

上述关于审计理论框架的结论适用于不同层级，既可以用于审计一般的理论，也可以用于不同的审计主体，还可以用于不同的审计内容和审计客体。正是不同审计主体、不同审计内容、不同审计客体在审计理论要素方面各呈特征，才使得现实审计世界丰富多彩。事实上，如果不同审计主体、不同审计业务、不同审计客体有不同的审计理论框架，它们也就没有共同构成审计一般的基础。

中国特色社会主义国家审计理论框架，是当代中国背景下的国家审计理论，其理论框架也应该是本节提出的框架，只是具体要素的内容不同。不同国家的国家审计所面临的审计环境不同，造成了不同国家的审计构造不同。当代中国的国家审计环境具有鲜明的时代特征，例如，有独具特征的国家治理和政府治理构造，正是这种构造不同，对国家审计构造产生了重要影响。同时，国家审计各要素之间的非线性关系，决定了国家审计功能作用的发挥。

审计理论的构造需要一个较长的过程，但是，科学的方法论可以使这个过程少些曲折，今后的审计理论研究，要力戒线性思维，力戒还原论，要以系统论为基础，重点研究审计理论构成要素、审计理论框架要素之间的非线性关系、审计环境因素及环境和系统的关系。刘家义（2010）指出，国家治理结构中需要有一个环节来保障国家经济社会的健康运行，审计正是这样的一个环节，其充当保障国家经济社会健康运行的“免疫系统”，这也是国家治理制度的必然安排。这种论述完全符合系统论的观点，第一，审计是一个系统，其性质是免疫系统；第二，审计系统以国家治理结构为背景，国家治理结构是审计系统的环境因素。

本章参考文献

[1] 陈元燮．试论审计理论体系的三个层次．财贸经济，1991（3）：39-43.

[2] 冯均科．试论审计理论体系．当代经济科学（陕西财经学院学报），1991（6）：70-75.

[3] 王会金．现代审计理论体系框架结构之研究．审计研究，2002（5）：41-44.

[4] 王会金，黄溶冰，戚振东．国家治理框架下的中国国家审计理论体系构建研究．会计研究，2012（7）：89-95.

[5] 杨肃昌．对构建国家审计理论体系的思考．审计与经济研究，2012（2）：11-19.

[6] 冯均科，陈淑芳，张丽达．基于受托责任构建政府审计理论框架的研究．审计与经济研究，2012（3）：9-15.

[7] 冯·贝塔朗菲．一般系统论——基础、发展和应用．林康义，魏宏森，译．北京：清华大学出版社，1987.

[8] 钱学森，等．论系统工程．长沙：湖南科学技术出版社，1982.

[9] 蔡春，等．审计理论结构研究．大连：东北财经大学出版社，2001.

[10] 石爱中．加强审计理论研究——坚持审计实践，注重研究方法．审计研究，2008（3）：10-16.

[11] 刘家义．积极探索创新 努力健全完善 中国特色社会主义审计理论体系．审计研究，2010（1）：3-8.

[12] 李学岚. 国政府审计理论研究现状与框架思考. 中国审计学会审计教育分会首届审计教授论坛论文集，2011.

[13] 徐政旦. 审计理论框架结构研究. 上海市经济管理干部学院学报，2004 (1)：53-58.

[14] 周友梅. 论审计理论及其结构. 当代财经，2007 (2)：107-111.

[15] 康大林，孙翠. 不变的本质与变化的环境：审计理论结构研究新论. 现代商业，2009 (4)：227.

[16] 蔡春，蔡利. 国家审计理论研究的新发展——基于国家治理视角的初步思考. 审计与经济研究，2012 (2)：3-10.

[17] 阎金愕，林炳发. 审计理论研究的新起点：审计理论结构探讨. 审计研究，1996 (3)：18-22.

[18] 李若山. 审计理论结构探讨. 审计研究，1995 (3)：15-18.

[19] 谢荣. 高级审计理论与实务. 北京：经济科学出版社，2011.

[20] 尹平. 论安全目标导向的政府审计理论体系. 会计之友，2011 (34)：4-8.

[21] 刘明辉. 以审计环境为逻辑起点构建审计理论体系. 审计与经济研究，2003 (4)：3-7.

[22] 陈汉文. 审计理论. 北京：机械工业出版社，2009.

[23] 赵华，许福敏. 论审计理论结构的基本框架：一种新的解释观. 工业技术经济，2004 (2)：128-131.

[24] 梁劲. 审计环境的变化将导致审计理论的重构. 经济师，2003 (7)：210-211.

[25] 李明辉. 政府公共受托责任与政府审计理论框架. 中国审计学会审计教育分会首届审计教授论坛论文集，2011.

[26] 宋英慧，安亚人. 审计理论框架新论. 税务与经济，2009 (3)：49-53.

[27] 祖建新，石道金. 论审计理论研究的逻辑起点. 财会通讯，2006 (2)：17-19.

[28] 万力. 审计理论体系逻辑起点的新定位. 法制与社会，2007 (8)：563.

[29] 张毅. 以产权动因论为逻辑起点构建审计理论体系. 财经理论与实践（双月刊），2009 (6)：74-78.

[30] 张龙平. 政府审计理论框架构建的逻辑起点选择. 中国审计学会审计教育分会首届审计教授论坛论文集，2011.

[31] 吴联生. 审计理论体系结构：一种新观点. 中国注册会计师，2000 (12)：15-17.

[32] 陈燕. 审计理论逻辑起点浅探. 财会月刊，2005 (19)：49-50.

[33] 刘冬荣，李香花. 审计理论体系逻辑起点浅探. 湖南经济管理干部学院学报，2005 (5)：84-85.

[34] 杨蓉. 审计理论结构逻辑起点新思考：审计本质目标. 中国证券期货，2011 (6)：162.

[35] 李钢. 审计理论结构的逻辑起点. 陕西审计，2004 (1)：7.

[36] 江金锁. 论审计理论的逻辑起点. 广东金融学院学报，2004 (6)：69-71.

[37] 施玲，王愫，唐建华. 论审计理论结构的基本框架. 今日南国，2008 (3)：78-79.

[38] 王振鸿，侯斌. 审计理论结构逻辑起点. 合作经济与科技，2006 (12)：70-71.

[39] 王炳华. 审计环境起点与审计理论结构的建立：一个综述. 中国管理信息化，2007 (9)：90-92.

[40] 马正凯，黄晓波. 审计理论框架的构建及分析. 赤峰学院学报（自然科学版），2011 (2)：101-104.

[41] 王笑竹，任向峰，徐春瑛. 审计理论框架体系的研究. 商业经济，2004 (2)：30-31.

[42] 钱学森，等. 论系统工程. 长沙：湖南科学技术出版社，1982.

[43] Beveridge，W. I. B.，万崇信，张伟钧. 系统论. 世界科学，1985 (8)：58-60.

[44] 冯·贝塔朗菲. 一般系统论——基础、发展和应用. 秋同，袁嘉新，译. 北京：社会科学文献出版社，1987.

[45] 方在农，王洪洲，朱德域. 信息论、控制论、系统论通俗讲话. 唯实，1987 (2)：57-72.

[46] 孙国华. 社会系统论纲. 东岳论丛，1988 (3)：34-40.

[47] 徐健全. 试析一般系统论的哲学基础. 哲学研究，1988 (2)：38-45.

[48] 唐力行. 从系统论的角度重新探讨几个史学理论问题. 社会科学家，1987 (1)：69-75.

[49] 魏宏森，曾国屏. 系统论 系统科学哲学. 北京：清华大学出版社，1995.

[50] 陈一壮. 论贝塔朗菲的"一般系统论"与圣菲研究所的"复杂适应系统理论"的区别. 山东科技大学学报，2007 (2)：5-8.

[51] 魏宏森. 复杂性系统的理论与方法研究探索. 呼和浩特：内蒙古人民出版社，2008.

[52] 魏宏森. 系统论——系统科学哲学. 北京：中国出版集团，2009.

[53] 姜璐. 钱学森论系统科学（讲话篇）. 北京：科学出版社，2011.

[54] Auditing Concepts Committee. Report of the committee on basic auditing concepts. The Accounting Review，1972.

[55] Schandll，C. W. Theory of auditing. Scholars Books Co.，Houston，Texas，1978.

第二章　审计本质理论

审计需求理论关注的是为什么会有审计，主要涉及审计产生和发展的动因；而审计本质理论关注的是审计是什么，主要涉及审计的概念和功能。两者之间存在密切联系，一方面，审计需求会拉动审计供给，并影响审计生产，而审计供给、审计生产会表现为许多的审计现象，审计本质是审计现象的抽象，所以，审计需求会影响审计本质；另一方面，对于审计本质的不同理解会有不同的审计行为，从而产生不同的审计现象，进而影响人们对审计本质的理解。本章讨论审计本质理论，首先讨论认识审计本质的方法论，然后介绍和评述关于审计本质的几种主要理论；在此基础上，结合审计需求，提出关于审计本质的看法。具体来说，本章包括以下内容：认识审计本质的方法论；审计本质的主要理论；审计本质体系。

第一节　认识审计本质的方法论

目前，对于审计本质有许多不同的观点，观点分歧的一个很重要的原因是方法论。从哲学观点来看，方法论决定认知结论，在不同的方法论指导下，得出的认知结论可能会有重大差异。本节首先介绍与审计本质认识论相关的两个理论问题，在此基础上，阐述审计本质的认识过程。

一、辩证唯物主义认识论和形式逻辑的“概念”理论

（一）辩证唯物主义认识论

辩证唯物主义认识论是关于人类的认识来源、认识能力、认识形式、认识过程和认识真理性问题的科学认识理论，包括的内容很多，就与审计本质认识的相关性来说，我们重点强调三个方面的内容：一是现象与本质的辩证关系；二是感性认识与理性认识的辩证关系；三是认识的辩证发展过程。

1. 现象与本质的辩证关系

(1) 现象和本质是对立的。现象和本质有明显的差别。现象是事物的外在方面，是表面的、多变的、丰富多彩的；本质是事物的内在方面，是深藏的、相对稳定的、比较深刻的、单纯的。现象是可以直接认识的，本质则只能间接地认识。

(2) 现象和本质是统一的。第一，两者相互依存。现象是本质的现象，本质是现象的本质。也就是说，本质只能通过现象表现出来，现象只能是本质的显现，它们之间是表现和被表现的关系。任何一方离开了另一方都是不能存在的，实际的存在总是现象与本质的对立统一。第二，两者相互蕴含，实际上也是相互包含的。本质寓于现象之中，这是非常明显的，因为现象是整体，本质是现象的一部分，固然是根本性的部分。反过来，本质也包含现象，尽管现象多种多样、纷繁复杂，但毕竟是由本质决定的，早已潜在地包含于本质之中。第三，两者相互转化。本质变现象应理解为本质表现为现象。某一具体的人无疑是本质与现象的统一体，但其本质也在不断地表现出来，即不断转变为现象。现象与本质的相互转化，正是感性认识与理性认识相互转化的客观基础。

(3) 区别真象与假象、假象与错觉。真象是从正面表现本质的现象。假象则是一种虚假的现象，它也是本质的一种表现，却是本质在特定条件下的一种反面表现。错觉是由人感觉上的错误造成的，属于主观的范畴；假象则是由客观存在的种种条件造成的，它是现象的一种，属于客观的范畴。

尽管现象和本质之间的关系较为复杂，但是，人们不仅能够认识物质世界的现象，而且可以透过现象认识其本质。

2. 感性认识与理性认识的辩证关系

人们在实践过程中，通过自己的肉体感官（眼、耳、鼻、舌、身）直接接触客观外界，引起诸多感觉，在头脑中留下印象，从而形成了对各种事物的表面初步认识，这就是感性认识。感性认识是认识的初级阶段，直接性是其主要特点，此外还具有生动性、具体性、表面性等特点，其反映的内容是事物的现象。

理性认识是以事物的本质规律为认识对象，是对事物的内在联系的认识，具有抽象性、间接性、普遍性的特点。理性认识是认识的高级阶段，是人们借助抽象思维，在概括整理大量感性材料的基础上达到关于事物的本质和事物自身规律的认识，是在感性认识的基础上，把所获得的感觉材料，经过思考、分析，加以去粗取精、去伪存真、由此及彼、由表及里的整理和改造，形成概念、判断、推理。理性认识是感性认识的飞跃，它反映事物的全体、本质和内部联系。

感性认识与理性认识相互联系、相互渗透、辩证统一。第一，两者相互联系。一方面，理性认识依赖于感性认识；另一方面，感性认识有待于深化发展为理性认识。第二，两者相互渗透。一方面，感性认识中渗透着理性认识的因素，是在理性认识指导下的感性认识；另一方面，理性认识中同样渗透着感性认识的因素，理性认识是建立在感性认识基础上的。感性认识和理性认识是在实践的基础上统一的。

感性认识与理性认识相互区别。第一，从内容上看，感性认识是对事物现象的认识，理性认识是对事物本质和规律的认识。第二，从获得途径看，感性认识是通过感觉器官来直接感知，理性认识是通过人的理性思维来把握。第三，从认识的程度和水平看，感性认识是认识的低级阶段，理性认识是认识的高级阶段；正确的理性认识比正确的感性认识更正确、更可靠、更深刻。第四，从认识的作用看，正确的理性认识比正确的感性认识能更好地指导实践，具有更大的作用。

3. 认识的辩证发展过程

辩证唯物主义认识论认为，人的认识是一个不断深化的、能动的辩证发展过程，人对世界的认识不是一次完成的，而是一个多次反复、无限深化的过程。任何一个具体的认识只是对整个世界一个层次上的认识、一个领域内的认识、一个发展阶段上的认识。因此，人们应当在实践基础上不断地深化认识，扩展认识，把认识向前推移。首先，认识要不断地深化。因为复杂的事物包含着若干层次，由于实践条件的限制，人们在每一层次上的正确认识在深度上总是有限的。其次，认识要不断地扩展。因为客观世界的范围无限广大，人们对客观事物的具体认识在广度上是有局限性的，人们应不断地扩展认识，以便在更广阔的领域内掌握不同事物的本质和规律。最后，认识要不断地向前推移。因为物质世界是一个不断变化发展的世界，人们的认识应当随着客观事物的发展进程而向前推移，不断研究新情况，提出解决新问题的方案。

（二）形式逻辑的"概念"理论

由于审计本质的重要内容之一是确定审计的概念，因此，形式逻辑的"概念"理论也具有方法论的意义。概念理论包括的内容较多，与审计本质认识相关的重要内容包括：

（1）概念是反映事物本质和范围的基本思维形式，概念具有内涵和外延两项逻辑特征。内涵是概念对事物本质的反映，外延是概念对事物范围的反映。在认识史上，黑格尔第一次把概念区分为抽象概念与具体概念。

（2）抽象概念指反映事物的某种属性或事物与事物之间的某种关系的概念，例如，"正确""善良""大于""相等"等。抽象就是抽掉了具体形象的东西，例如，"人"就可以说是一个相对抽象的概念，因为一个具体的人有性别、年龄、身高、相貌、社会关系等具体特征，但抽象的"人"不包含这些具体特征。所以，抽象概念一般是指某一类事物，而不是某一个事物。具体概念指反映具体事物的概念，其外延或是一个独一无二的事物（如杨浦大桥、雷锋），或是一类事物（如电冰箱、自行车）。

（3）抽象概念与具体概念是概念发展的两个阶段，抽象概念是由具体概念依其共性而产生的，把具体概念的诸多个性排除，集中描述其共性，就会产生一个抽象概念。抽象概念的外延大、内涵小，具体概念的外延小、内涵大。但是，抽象性和具体性是相对的，不是绝对的。概念的内涵越小，其抽象程度就越高，其外延也越大，反之亦然。例如，"人"比"男人"抽象，"生物"又比"人"抽象，而"物质"比"生物"抽象（李建华，1990；傅小平，1992）。

二、审计本质认识过程及可能出现的问题

根据辩证唯物主义的认识论和形式逻辑的概念理论，审计本质的认识过程大致如图 2-1 所示。

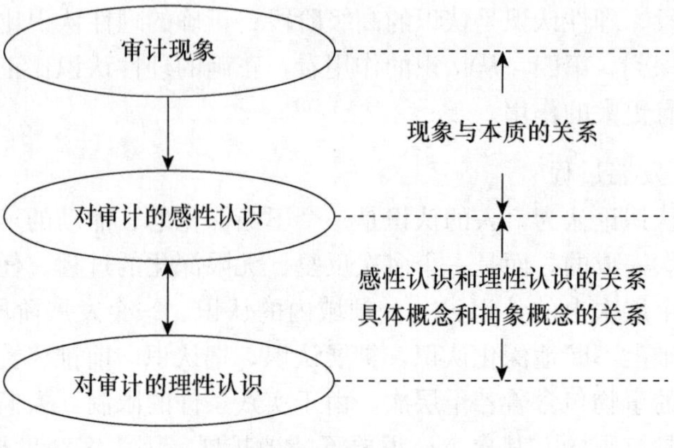

图 2－1　审计本质的认识过程

首先，审计现象是认识审计本质的前提，没有审计现象就没有审计本质。审计现象是审计的外在方面，是表面的、多变的、丰富多彩的；审计本质是审计的内在方面，是深藏的、相对稳定的、比较深刻的、单纯的。审计现象是可以直接认知的，审计本质则只能间接地认识。审计现象是审计本质的现象，审计本质是审计现象的本质。审计本质只能通过审计现象表现出来，审计现象只是审计本质的显现，它们之间是表现和被表现的关系。可能出现的问题是，由于人们观察到的审计现象不同，对审计本质的理解可能出现差异，甚至将审计现象作为审计本质。

其次，对审计本质的认识经过感性认识和理性认识两个辩证发展过程。感性认识反映审计的现象，是对审计表面的初步认识，是认识审计的初级阶段，形成对审计的感觉、知觉和表象。理性认识是以审计的本质规律为认识对象，是对审计的内在联系的认识，是认识审计的高级阶段，形成审计的概念、判断、推理。由于认识是一个辩证发展过程，在这个过程中，感性认识和理性认识之间并无明显的分界点，因此，很有可能将感性认识的结论当成理性认识的结论，出现将审计现象作为审计本质的问题。

最后，虽然在感性认识过程中也可能形成一定的概念（傅小平，1992），但是，概念的形成主要是在理性认识阶段。审计概念分为具体概念和抽象概念，在审计理论研究过程中，常常遇到诸如财务审计、财经法纪审计、舞弊审计、绩效审计、管理审计、制度审计、经济责任审计、政府审计、内部审计、民间审计等一系列具体审计概念。可能会出现，混淆审计具体概念和抽象概念的区别，将审计具体概念作为审计抽象概念等问题。

第二节　审计本质的主要理论

审计本质关注两个问题：第一，审计是什么，主要是审计概念的确定；第二，审计能做什么，主要是审计功能的确定。目前，关于审计本质的主要理论有查账论、系统过程论、控制论、经济监督论和国家治理免疫系统论。关于审计功能也存在多种观点。本节拟对这些理论做简要介绍与评述。

一、查账论

查账论起源最早、延续时间最长、影响力也最大。这种观点认为“审计就是查账”，是对会计资料及财务报表的检查。

莫茨和夏拉夫合著的《审计理论结构》指出，审计是对财务资料的检查，其目的是判断财务资料是否如实反映了一个企业的经济活动及财务状况（Mautz & Sharaf，1961）。

郭振乾认为，审计是检查会计账目，监督财政财务收支真实、合法、效益的一种行为（郭振乾，1995）。

潘序伦认为，审计是对他人所做的会计记录，用有系统有组织的方法做全部或部分的检查，以确定其会计记录是否适当，是否足以正确表示该企业的财务状况和经营成绩，同时指正其谬误，揭发其诈弊，并为其出具报告书和证明书（潘序伦、顾询，1935）。

赵锡禹认为，审计是会计部门以外的人员，对会计凭证、会计账簿、会计报表，用有系统有组织的方法做全部或部分的检查，以证明其会计记录是否正确、真实、合理的一种技术科学（苏永强，2004）。

管锦康认为，审计师是指不参加具体管理工作的专门人员，运用专门的方法，对被审计单位的会计资料及其他有关资料进行审查，并对有关经济活动的真实性、合法性、合理性和准确性加以评价，最后向授权者或委托者出具审计报告的一种经济监督行为（苏永强，2004）。

王文彬认为，审计是对会计的记录、核算和分析进行检查，也就是对通常所说的记账、算账、报告、用账的情况进行审查，审计、会计检查、查账这三个名词是同一含义（王文彬，1981）。

番场嘉一郎主编的《会计学大词典》认为，审计是为判断会计记录、会计报表、会计组织和会计行为是否正确和适当，由与此无关的第三方加以检查，并将检查结果报告给申请检查的部门的一系列行为（番场嘉一郎，1981）。

《大英百科全书》对审计一词的诠释是，审计是由原负责编制账表的会计人员以外的会计专家对企业活动、账册和报表的检查（林炳发，1998）。

英国会计团体联合会制定的《审计准则与指南》将审计定义为，审计是指由审计师对企业财务报表实施独立的检查并对其结果表达意见（林炳发，1998）。

美国注册会计师协会名词术语委员会（The Committee on Terminology）在 1953 年发布的《会计名词公告第 1 号》中对审计定义如下，审计是一种按照公认会计原则对公司和其他会计主体向公众和有关方面提供的财务报表进行的检查，旨在对其公允性和一致性表述意见（林炳发，1998）。

二、系统过程论

系统过程论认为审计是一种系统的方法和过程，其源于 1972 年美国会计协会（American Accounting Association，AAA）发布的被誉为审计理论发展的第二个里程碑的《审计基本概念公告》（A Statement of Basic Auditing Concepts），该公告对审计的定义是：审计是客观收集和评价与经济活动及事项有关的认定的证据，以确定其认定与既定标准的相符程度，并将结果传递给利益关系人的系统过程。

对于这一概念，需要从以下几个方面加以理解：

(1) 经济活动及事项的认定。经济活动及事项是审计的对象，也就是审计的内容。经济活动及事项的认定代表被审计单位对本单位经济活动的合法合规性或有效性及相关数据（如会计资料）的真实公允性的一种看法。

(2) 收集和评估证据。证据是审计人员用来确定被审计单位经济活动及事项合法合规性或有效性及相关数据真实公允性的各种形式的凭据。收集充分有力的审计证据是审计工作的核心。从一定意义上说，审计就是有目的、有计划地收集、鉴定、综合和利用审计证据的过程。

(3) 客观性。客观性是指不偏不倚、实事求是，这是对审计人员的职业道德要求。审计人员只有客观地收集和评估证据、做出审计结论、报告审计结果，才能达到审计目标，才能使审计意见的利害关系人信服。

(4) 既定标准。既定标准是审计的依据，即判断被审计单位的经济活动合法合规与否、相关数据真实公允与否的尺度，例如，国家颁布的法律、规章和标准，职业团体制定的会计准则，企业制定的各种消耗定额、计划、预算等。

(5) 传递结果。向依赖和利用审计意见的组织和人员传递结果是通过编制审计报告进行的。编制审计报告是审计工作的最后步骤。审计报告的格式有些是标准化的，有些则是非标准化的。在有些情况下，审计人员甚至可以采取口头的非正式形式报告审计结果。

(6) 系统过程。审计须按照公认的审计规范要求，遵循一定的程序进行，以保证审计的质量，提高审计的效率。

AAA 的这个概念提出之后，影响很大。许多著名的审计学著作都采用了这种定义。

阿伦斯的《审计学：一种整合方法》、沙利文的《蒙哥马利审计学》等影响较大的审计学教材都直接引用《审计基本概念公告》中的定义或者以它为范本提出类似的定义。

加拿大著名审计学家安德森在《外部审计：概念和技术》中将审计定义为“检查有关报告、报表或其他认定的证据并借以确定与既定标准相符程度的过程”。

英国审计学者埃米尔·伍尔在《高级审计与调查》一书中将审计定义为“审计是一种过程，在这个过程中，审计师对会计记录进行细致的检查，在审计报告中对其真实性、公允性和正确性发表意见，并将报告传递给委托人或法律要求审计师应报告的有关方面”。

澳大利亚学者戴维·弗雷塞尔和麦氏维尔·艾肯合著的《制度基础审计》一书将审计定义为“一种客观的、系统的检查过程，该过程包括收集评价证据，判断对外报告的财务信息的可靠性，评价有关的经济活动等方面”。

尚德尔（1992）认为，审计是人类为了建立对某种标准的遵循性而进行的评价过程，其结果是形成一种意见或得出一个结论。

显然，上述定义都是过程论的观点。

三、控制论

控制论源于弗林特。1988 年，英国审计学家弗林特在其《审计哲学与原理导论》中指出，审计是为确保受托责任履行的一种社会控制机制。审计人员和审计策略制定者的责任是不断发现什么是社会需求，社会对独立审计赋予什么期望，并在实务和经济限制的范围内，努力满足社会需求。而且，必须时刻认识到审计的作用是动态的，不是固定不变的。

蔡春（2001）从以下三方面考察审计本质：(1) 考察《辞海》《新华字典》《辞源》对“监”“督”“监督”“控制”含义的解释；(2) 列举国内外一些审计是控制的权威性表述，例如，《利马宣言》《蒙哥马利审计学》、美国 AAA、管理学家哈罗德·孔茨、英国审计学家曼肯泽和弗林特等；(3) 指出国外审计机关审计长可译为控制总长或总控制长。最后得出结论，认为审计本质上应是一种确保受托经济责任全面有效履行的特殊的经济控制。

四、经济监督论

经济监督论认为，审计是由专职机构和人员，依法对被审计单位的财政财务收支及其有关经济活动的真实性、合法性和效益性的独立监督。

杨纪琬（1983）认为，随着社会经济生活的发展，审计内容、范围和方法都在不断变化，审计的概念也在逐步丰富和扩大。他主张审计是一种经济监督活动，具有超然、专门、独立、客观、权威的特点，是经济监督体系中最基本最重要的部分，是第一位的。

张以宽（1983）认为，审计是经济监督的一种形式，是指由具有权威性的机构，按照国家规定的任务和有关单位的要求，组织审计人员对他人所经办的会计事物及其所反映的经济业务活动，运用有系统有组织的方法，进行独立公正的审核和稽查，以确定其真实性、合法性和合理性，借以评价企业、事业和行政单位的财政经济状况，并对此出具报告书或证明书，以达到维护国家财经法纪，保护社会主义财产，提高会计工作质量，促进改善经营管理，提高经济效益的目的。

阎金锷（1989）认为，审计是由独立于被审计单位以外的机构和人员，依法对被审计单位的会计和其他经济信息及其所反映的经济活动的真实性、合法性和效益性进行审查和评价，借以查错揭弊、改善管理、提高效益、评价责任的一种经济监督活动。

管锦康（1984）认为，审计是一定单位授权或委托审计机构或人员，对被审查单位的会计资料及其反映的经济业务，以及有关的经济活动，是否真实、正确、合法、合理和具有一定的经济效益进行审查，向授权人或委托人出具审计报告并向被审查单位提出审计结论的一种经济监督工作。

很显然，上述观点都是经济监督论。

五、国家治理免疫系统论

刘家义（2008，2009，2010，2012）提出免疫系统论、国家审计和国家治理论，这些审计理念统称为国家治理免疫系统论。它包括两个方面的要义：一是，国家审计是国家治理的组成部分；二是，国家审计在国家治理构造中，主要发挥免疫系统的作用。

（一）国家审计是国家治理构造中的子系统

从各国实践看，无论国家治理的体制和模式差别有多大，治理的核心始终是公共权力如何有效配置和运行，需要不同的机构分别担负起决策、执行和监督控制的职责，从而形成相互联系、相互作用和相互依赖的决策系统、执行系统和监督控制系统，这三者的共同目标是维护经济社会的健康发展。

在三个子系统中，国家审计属于监督控制系统，服务于国家治理的决策系统，承担着对国家治理的执行系统实施监督和约束的职责。世界上绝大多数国家都将国家审计写入宪法，确立了其在国家基本政治制度中的法律地位，从法律上凸显了国家审计机构地位的独立性和权威性。

国家治理的需求决定了国家审计的产生，国家治理的目标决定了国家审计的方向，国家治理的模式决定了国家审计的方式。

（二）国家审计是免疫系统

人体由包含免疫系统在内的若干系统组成，而免疫系统的根本任务是保证人体的健康和安全。国家审计即是国家治理大系统中内生的具有预防、揭示和抵御功能的免疫系统。

一是预防功能，包括威慑作用和预警作用。威慑作用源于以宪法和法律为依据的国家审计作为一种经常性监督制度，审计机关和审计对象对审计活动可能的后果都是认知的，即审计活动成为审计机关和被审计对象的“共同知识”，审计对象知道审计机关会对自己的经济活动进行审计，审计机关也知道审计对象在经济活动中可能存在问题和对问题进行掩饰。博弈论指出，在“共同知识”的基础上，为使自己的利益最大化，每一个局中人应采取的策略必定是对其他局中人策略的预测的最佳反应，没有一方有兴趣去故意违背这一博弈均衡。由此，审计监督对审计对象来说就是一种威慑，对违规行为能够起到一定的抑制作用。预警作用是指国家审计通过及时跟进、密切关注整个经济社会运行安全，及时发现问题，及早感知风险，通过提前发出警报，在防止苗头性问题转化为趋势性问题、防止违法违规意念转化为违法违规行为、防止局部性问题演变为全局性问题等方面发挥积极作用。

二是揭示功能。审计揭露和查处违法违规、经济犯罪、损失浪费、奢侈铺张、不合理利用资源、污染环境、损害人民群众利益、危害国家安全、破坏民主法治等行为，并依法对这些行为进行惩戒；揭示体制障碍、制度缺陷、机制扭曲和管理漏洞，排除经济社会运行中的各种利益干扰，促进政策措施得到贯彻落实。

三是抵御功能。国家审计通过促进健全制度、完善体制、规范机制，能够起到抑制和抵御经济社会运行中的各种“病害”的功能，促进提高国家治理绩效。

预防、揭示和抵御是国家审计发挥“免疫系统”功能的三种表现方式，统一于审计工作的实践之中。其中，揭示是基础，没有揭示就不能进行抵御和预防；抵御是重点，没有抵御就不会形成威慑，就不会使揭示的问题得以纠正、发现的漏洞得以修补，预防便也无从谈起；预防是目的，保障经济社会的健康运行就是使经济社会少出问题，这需要事前预防，预防的深度和广度在一定程度上体现着审计作用是否得以充分发挥。

六、关于审计功能的主要观点

关于审计功能的研究主要分为两种情形：一是不区分审计主体研究其功能；二是区分不同审计主体研究其功能。

（一）不区分审计主体研究其功能

林钟高（1986）认为，审计的固有功能是监督，审计还有许多派生功能：诊断，评价，保护，促进，公正。陈元燮（1991）认为，监督、评价和鉴证是审计的三种主要功能，监督是审计的基本功能。阎新华（1997）认为，审计功能是一个相互联系、相互作用的有机整体，由监督功能、调控功能、公证功能和反馈功能构成。在这个体系中，监督功能是审计的基本功能，是其他功能的基础，其他功能是对监督的补充和完善。陈志强（2000）认为，审计具有责任监督和责任鉴证两种功能，这两种功能并非处于同一层次。而责任评价包含在责任鉴证之中，没有必要将其单独作为审计的一种功能。张东辉（2000）认为，经济监督、经济评价和经济鉴证是现代审计鼎足而立的三种功能。

（二）区分不同审计主体研究其功能

李伟忠（1989）认为，审计的经济监督、经济鉴证、经济评价功能是客观的，所有审计都具有这三种功能。韩少云、李凤生（1994）认为，审计具有经济监督、经济鉴证和经济评价三种功能，国家审计的基本功能是经济监督，内部审计的基本功能是经济评价，民间审计的基本功能是经济鉴证。廖洪（2002）认为，审计具有监督、鉴证和评价三种功能，在国家审计、民间审计和内部审计中各有侧重，国家审计侧重监督，民间审计侧重鉴证，内部审计侧重评价。桂建平（2004）认为，国家审计功能定位应该是以经济监督为主体，在法律的框架内，参与必要的行政监督和司法监督。孙永尧（2006）认为，国家审计不仅有审计监督和评价功能，还有司法和民主功能。刘家义（2008）认为，国家审计至少应具备识别、防御、稳定、监护和揭示五种“免疫”功能。

七、评述

以上从审计概念和审计功能两个角度介绍了一些研究文献的观点。这些文献丰富了我们对审计本质的认识，从某种程度来说，都是对审计本质的正确认识，具有真理的成分。总体来说，审计具有鉴证、监督和评价三种功能得到了大多数人的认同。然而，将上述文献置于本书图 2-1 勾画的审计本质认识过程，我们发现，现有关于审计本质的研究存在三个方面的问题：

（1）以审计现象代替审计本质，甚至是以片面的审计现象代替审计本质。一些研究文献将观察到的局部审计现象作为审计全部，如以中国审计代表审计全部。在此基础上得出的审计本质显然是片面的。

（2）以具体概念作为抽象概念。一些研究文献明显是以某种审计主体或某种审计内容为背景的，但是，却以审计一般的面貌出现，将具体概念当成抽象概念。

（3）概念和功能分离。本质主要包括概念和功能两个方面的内容，功能是概念的外在表现。许多研究将概念和功能分割，使得对审计本质的认识残缺。

第三节 审计本质体系

如前所述，审计本质包括审计概念和审计功能两部分内容，审计概念分为抽象概念和具体概念，审计功能的主流观点是分为鉴证、监督和评价。由此可以看出，审计本质不只是指审计一般的本质，也包括在抽象概念和具体概念这两个层面形成的审计本质，所以，审计本质是一个体系，其具体情形如表 2-1 所示。

表 2-1　审计本质体系

<table>
<tr><th colspan="3" rowspan="2">项目</th><th colspan="2">概念</th><th colspan="3">功能</th></tr>
<tr><th>抽象概念</th><th>具体概念</th><th>鉴证</th><th>监督</th><th>评价</th></tr>
<tr><td colspan="3">审计一般</td><td>√</td><td>×</td><td>√</td><td>×</td><td>×</td></tr>
<tr><td rowspan="16">专门审计</td><td rowspan="4">不同审计主体</td><td>政府审计</td><td>×</td><td>√</td><td>√</td><td>√</td><td>√</td></tr>
<tr><td>民间审计</td><td>×</td><td>√</td><td>√</td><td>×</td><td>√</td></tr>
<tr><td>内部审计</td><td>×</td><td>√</td><td>√</td><td>√</td><td>√</td></tr>
<tr><td>军事审计</td><td>×</td><td>√</td><td>√</td><td>√</td><td>√</td></tr>
<tr><td rowspan="4">不同审计内容</td><td>财务审计</td><td>×</td><td>√</td><td>√</td><td>√</td><td>×</td></tr>
<tr><td>合规审计</td><td>×</td><td>√</td><td>√</td><td>√</td><td>×</td></tr>
<tr><td>绩效审计</td><td>×</td><td>√</td><td>√</td><td>√</td><td>√</td></tr>
<tr><td>制度审计</td><td>×</td><td>√</td><td>√</td><td>√</td><td>√</td></tr>
<tr><td rowspan="8">不同审计客体</td><td>财政审计</td><td>×</td><td>√</td><td>√</td><td>√</td><td>√</td></tr>
<tr><td>金融审计</td><td>×</td><td>√</td><td>√</td><td>√</td><td>√</td></tr>
<tr><td>企业审计</td><td>×</td><td>√</td><td>√</td><td>√</td><td>√</td></tr>
<tr><td>工程审计</td><td>×</td><td>√</td><td>√</td><td>√</td><td>√</td></tr>
<tr><td>资源环境审计</td><td>×</td><td>√</td><td>√</td><td>√</td><td>√</td></tr>
<tr><td>领导干部履责审计</td><td>×</td><td>√</td><td>√</td><td>√</td><td>√</td></tr>
</table>

√表示有这种情形，×表示无这种情形。

一、审计一般的本质

（一）审计一般的概念

根据审计的共性不同，审计分为审计一般和专门审计。审计一般是对审计共性的归纳，而专门审计是指对某一主体、某一内容或某一客体的审计。一般来说，审计一般涉及的是抽象概念，而专门审计涉及的是具体概念。

如何确定审计一般的概念呢？前文指出，抽象概念是把具体概念的诸多个性排除，集中描述其共性。尚德尔（1992）认为，审计的定义应指出更广的、更一般的类别，同时要指出所确定的概念和同一大类中其他概念的区别。《蒙哥马利审计学》指出，对审计定义应尽可能广泛以便包含不同类型与目标的审计（Relly，1990）。所以，审计的抽象概念是概括各种审计的共性，应该满足以下四项标准：一是深刻性，要体现出各种审计在社会属性方面的共性；二是差别性，要能够与其他人类经济活动相区别；三是抽象性，要与审计的具体方法、手段等审计现象相区别，也要与专门审计的具体概念相区分；四是发展性，审计本质应随着审计实践的发展而发展（朱雅珊，2009）。

根据以上要求，结合关于审计本质的各种观点，并考虑到审计需求，我们提出审计一般的如下概念：审计是以系统方法从经济行为、经济信息和经济制度三个维度独立鉴证经管责任履行情况并将结果传达给利益相关者的制度安排。

这一概念是高度概括的，核心内容是各种审计的共性，我们从以下几个方面进行解析：

（1）审计的内容是经管责任履行情况。这有两个方面的含义：一是审计的内容只涉及经管责任，非经管责任一般不作为审计的内容。没有委托代理关系，就没有经管责任，而审计只针对经管责任履行的情况，所以，没有委托代理关系，就没有审计。二是对于经管责任履行情况，审计特别关注其中的代理问题和次优问题，代理问题源于人类的自利，次优问题源于人类的有限理性，特别需要注意的是，这里的次优问题是指未能在当前的条件下做出适宜的选择。

（2）审计在鉴证经管责任履行情况时，关注其中的代理问题和次优问题以促使代理人更好地履行经管责任。也就是说，审计主要是就经管责任中是否存在代理问题和次优问题形成结论，并将这个结论传达给利益相关者，以促使代理人更好地履行经管责任。

（3）审计主题包括经济行为、经济信息和经济制度三个维度。审计主题就是审计人员所要发表审计意见的直接对象，审计过程就是围绕审计主题收集证据并发表审计意见的系统过程。一般来说，审计主题可以分为两类：一是经济信息，通常所说的认定是其主要形态；二是经济行为，也就是审计客体的作为或过程。与上述两类主题相对应，审计也分为经济信息审计和经济行为审计。但是，经济信息和经济行为都会受到一定的制度约束，所以，也可以认为审计主题分为经济信息、经济行为和经济制度。

（4）审计是有系统方法的制度安排。审计是一种制度安排，这种制度安排中包含审计自身的系统方法。

（5）审计具有独立性。经管责任涉及多个方面，审计不参与其鉴证的经管责任的履行，与经管责任本身没有利益关联，具有独立性。也正是由于这种独立性，审计才具有客观性。

（二）审计一般的功能

根据本章前面的文献综述，总体来说，审计具有鉴证、监督和评价三种功能得到了大多数人的认同。就审计一般来说，需要具有共性，就是各种审计主体针对各类审计客体、从事的各种审计业务类型都具有的功能。我们认为，这种功能就是鉴证，它是监督和评价的基础。当然，审计功能最终要通过审计主题来实现，其基本情况如表 2-2 所示。

表 2-2　审计功能与审计主题组合

项目		审计主题			
		财务信息	业务信息	经济行为	经济制度
审计功能	鉴证	★	★	★	★
	评价	☆	☆	☆	☆
	监督	☆	☆	☆	☆

★表示肯定有这种组合，☆表示不一定有这种组合。

二、审计本质：不同审计主体视角

（一）政府审计本质

虽然政府审计属于具体审计概念，但不同国家的政府审计现象存在差异，根据观察到的不同政府审计现象，对政府审计本质会存在不同的理解。所以，对于政府审计本质存在两个层级的理解：一是不同国家根据本国的情况对政府审计本质的理解；二是政府审计国际组织根据各国的政府审计共性对政府审计的理解。我们这里介绍两个方面的情况：一是国际政府审计组织的理解；二是我国政府审计机关的理解。民间审计和内部审计，也存在类似的情形。

1. 最高审计机关国际组织的界定

最高审计机关国际组织（International Organization of Supreme Audit Institutions，INTOSAI）于1977年通过的《利马宣言》指出，公共资金的管理意味着一种委托关系，因此，有公共财政管理就一定要有审计。审计本身不是目的，而是控制体系不可缺少的组成部分。这种控制系统的目的是及早地揭露背离公认标准、违反原则和法令制度及违背资源管理的效率、效果和经济原则的现象，以便在各种情况下尽可能早地采取改正措施，使当事人承担责任、赔偿经济损失或采取措施防止重犯，至少也要使其今后更难发生。

上述概念中隐含了政府审计的功能是揭露，类似于鉴证和评价。

2. 我国政府审计机关的界定

我国政府审计机构强调审计的监督功能，《中华人民共和国审计法》（简称《审计法》）第二条规定，国家实行审计监督制度，国务院和县级以上地方人民政府设立审计机关。这里的用词是“审计监督”而不是“审计”，表明对监督功能的强调。为了区分审计监督与其他经济监督，1992年发布的《审计署关于强化审计监督的意见》指出，审计监督与其他经济监督有所区别，它属于高层次的综合性财政经济监督。综合性是指相对于其他经济监督都是某一方面的专业经济监督，审计监督可以涉足所有的经济领域。高层次是指审计监督可以对其他专业经济监督进行再监督。

2010年修订的《中华人民共和国审计法实施条例》（简称《审计法实施条例》）第二条规定，审计法所称审计，是指审计机关依法独立检查被审计单位的会计凭证、会计账簿、财务会计报告以及其他与财政收支、财务收支有关的资料和资产，监督财政收支、财务收支真实、合法和效益的行为。

上述概念体现了审计功能的表述。《审计法》强调审计的监督功能；《审计法实施条例》强调审计的独立检查和监督功能，而独立检查类似于鉴证和评价功能。所以，综合来看，我国《审计法》及其实施条例认为政府审计具有监督、鉴证和评价三种功能。

3. 本书的观点

政府审计是以系统方法从经济信息、经济行为和经济制度三个维度独立鉴证国有资源经管责任履行情况并将结果传达给利益相关者的制度安排。

政府审计本质和审计一般的本质的差别，只是将审计一般的经管责任改为国有资源经管责任，其他都没有变化。我们认为，就审计共性来说，政府审计的特殊之处就在于其审计范围特殊，是国有资源的经管责任，而不是一般的经管责任。这里的国有资源是广义的国有资源，包括国有资金、国有资产和国有资源（狭义），政府审计服务的是国有资源委托代理关系，鉴证的是国有资源经管责任，审计客体是国有资源经管责任承担者，审计委托人是国有资源委托代理关系中的委托人及利益相关者，审计终极目标是抑制国有资源经管责任中的代理问题和次优问题，审计直接目标是鉴证国有资源经管责任承担者在履行国有资源经管责任时是否存在代理问题和次优问题。

（二）民间审计本质

民间审计是发展较为成熟的审计类型。世界范围内，民间审计业务类型差别不大，当然，审计取证实务存在一定的差异。总体来说，在全世界范围内，财务报表审计是民间审计的主体业务，也是主要的审计现象，所以，世界各国对民间审计的认识差异不大。

1. 国际会计师联合会的界定

国际会计师联合会（International Federation of Accountants，IFAC）并没有正式给审计下过定义，其下设的国际审计与鉴证准则理事会（IAASB）对财务报表审计目标的表述为："财务报表审计的目标是，使审计师（有时也指其所在的会计师事务所，下同）能够对财务报表是否在所有重大方面按照确定的财务报告框架编制发表意见。"

很显然，这个定义强调的审计功能是鉴证。

2. 中国注册会计师协会的界定

中国注册会计师协会并未正式对审计下过定义，相关的内容是《中国注册会计师审计准则第1101号——注册会计师的总体目标和审计工作的基本要求》第十八条对审计目标的表述："审计的目的是提高财务报表预期使用者对财务报表的信赖程度。这一目的可以通过注册会计师对财务报表是否在所有重大方面按照适用的财务报告编制基础编制发表审计意见得以实现。就大多数通用目的财务报告编制基础而言，注册会计师针对财务报表是否在所有重大方面按照财务报告编制基础编制并实现公允反映发表审计意见。"

很显然，这个定义强调审计的鉴证功能。

3. 本书的观点

民间审计是民间机构接受委托，以系统方法从经济信息、经济行为和经济制度三个维度独立鉴证经管责任履行情况并将结果传达给利益相关者的制度安排。这个概念特别强调了"民间审计是民间机构接受委托"，其他方面并没有特殊之处。

（三）内部审计本质

内部审计的历史很悠久，但各国的内部审计实务差异较大，不同国家、同一国家的不同组织之间，内部审计现象差异较大。因此，各国对内部审计的认识存在较大的差异。

1. 国际内部审计师协会的界定

内部审计经历了多个发展阶段，在不同的发展阶段，国际内部审计师协会（Institute of Internal Auditors，IIA）对内部审计本质的认识不同，这些不同的认识体现在其发布的公告或准则之中。

（1）财务审计阶段。1947年，国际内部审计师协会在第1号《内部审计职责说明书》中将内部审计界定为："内部审计是建立在审查财务、会计和其他经营活动基础上的独立评价活动。为管理提供保护性和建设性的服务，处理财务与会计问题，有时也涉及经营管理中的问题。"

很显然，这个概念强调内部审计的评价功能。

（2）经营审计阶段。随着经济活动的发展，内部审计逐步从财务审计过渡到经营审计，1957年，国际内部审计师协会在第2号《内部审计职责说明书》中将内部审计概念修改为："内部审计是建立在审查财务、会计和经营活动基础上的独立评价活动。为管理提供服务，是一种衡量、评价其他控制有效性的管理控制。”

很显然，这个概念继续强调内部审计的评价功能。

(3) 管理审计阶段。1971 年，国际内部审计师协会在第 3 号《内部审计职责说明书》中将内部审计概念修改为：“内部审计是建立在审查经营活动基础上的独立评价活动，并为管理提供服务，是一种衡量、评价其他控制有效性的管理控制。”

很显然，这个概念继续强调内部审计的评价功能。

1976 年的第 4 号《内部审计职责说明书》采用的内部审计概念与第 3 号相同。

1981 年，国际内部审计师协会在第 5 号《内部审计职责说明书》中将内部审计概念修改为：“内部审计是以检查、评价组织活动经济性、效率性和项目效果为基础的独立评价活动，并为组织提供服务。”

很显然，这个概念继续强调内部审计的评价功能。

1990 年，国际内部审计师协会在第 6 号《内部审计职责说明书》中将内部审计概念修改为：“内部审计是一个组织内部建立的独立评价功能，目的是作为对该组织的服务，对其活动进行审核和评价。”

很显然，这个概念继续强调内部审计的评价功能。

(4) 风险导向审计阶段。2001 年，国际内部审计师协会在《内部审计专业实务标准》(Standards for the Professional Practice of Internal Auditing，SPPI) 中将内部审计概念修改为：“内部审计是一种独立、客观的确认和咨询活动，旨在增加价值和改善组织的营运。它通过应用系统、规范的方法，评价并改善风险管理、控制和治理过程的效果，帮助组织实现其目标。”

很显然，这个概念强调内部审计的确认和咨询功能，这里的确认，类似于评价，但咨询功能是新内容。

2009 年，国际内部审计师协会的《内部审计专业实务框架》(International Professional Practice Framework，IPPF) 采用了与 2001 年的《内部审计专业实务标准》相同的审计概念。

2. 审计署的界定

《审计署关于内部审计工作的规定》第二条将内部审计界定为：“内部审计是独立监督和评价本单位及所属单位财政收支、财务收支、经济活动的真实、合法和效益的行为，以促进加强经济管理和实现经济目标。”

这个概念带有政府审计的痕迹，强调内部审计的监督和评价功能。

3. 中国内部审计协会的界定

中国内部审计协会在 2003 年颁布的《中国内部审计基本准则》第二条中将内部审计界定为：“内部审计，是指组织内部的一种独立客观的监督和评价活动，它通过审查和评价经营活动及内部控制的适当性、合法性和有效性来促进组织目标的实现。”

很显然，这个概念受到《审计署关于内部审计工作的规定》的影响，继续强调内部审计的监督和评价功能。

中国内部审计协会在 2013 年颁布的《中国内部审计准则第 1101 号——内部审计基本准则》第二条中将内部审计界定为：“内部审计，是一种独立、客观的确认和咨询活动，它通过运用系统、规范的方法，审查和评价组织的业务活动、内部控制和风险管理的适当性和有效性，以促进组织完善治理、增加价值和实现目标。”

很显然，这个概念与国际内部审计师协会的内部审计概念基本趋同，强调内部审计的确认和咨询功能。

4. 本书的观点

内部审计是组织内部机构以系统的方法从经济信息、经济行为和经济制度三个维度独立鉴证组织内部机构经管责任履行情况，并将结果传达给组织内部利益相关者的制度安排。这个概念特别强调了“内部审计是组织内部机构”，其他方面并没有特殊之处。

三、审计本质：不同审计内容视角

对于不同的审计内容，有不同的区分方法。民间审计主要是从事财务报表审计，内部审计主要是从事非财务审计，它们对区分不同审计业务类型的需求不强烈。所以，从审计内容视角区分审计业务类型的主要是政府审计机关。当然，即使是政府审计，对其审计业务类型的划分方法也有所不同。这里介绍 INTOSAI 和美国 GAO 对审计业务类型的理解。

（一）INTOSAI 的界定

INTOSAI 在 1977 年发布的《利马宣言》中指出：“最高审计组织的传统工作任务是审计财务管理与会计账目、会计工作是否符合法律和规章制度。除了其重要性和意义都不容置疑的财务审计之外，还有另一种类型的审计，即对公共当局的绩效、成果、经济性和效率进行审计。这种审计不仅包括具体的管理活动，而且包括公共当局的组织机构和管理系统的全部活动。”

《利马宣言》将审计分为传统审计和绩效审计，传统审计主要强调财务管理与会计账目、会计工作是否符合法律和规章制度，包括财务报表审计和财务收支合规审计，其核心内容是将财务报表审计和财务收支合规审计合并作为传统审计。然而，《利马宣言》的这些表述中没有显示其对不同类型审计业务功能的理解。

INTOSAI 目前正致力于公共部门审计准则的制定，在其公布的 *Fundamental Principles of Public Sector Auditing*（Exposure draft）中将审计业务类型分为合规审计、财务审计和绩效审计，并说明各种审计业务类型的定位。对于上述三种类型审计的本质，该准则中有如下解释：公共部门审计不是整齐划一的，而是有许多具体的应用领域。第一个应用领域是评估法律法规的遵守程度，这是合规审计的核心。第二个应用领域是审计人员在审核公共项目资金使用及对财务信息的确认方面发挥的重要作用，这是财务审计的核心。如果在财务审计时，审计人员还需要确认资金使用的合规性，财务审计可以与合规审计合并实施。正确地编制财务报表并遵守相关法律法规，其本身并不能保证公共项目为纳税人提供价值，这就产生了第三个应用领域。绩效审计查验公共项目是否达到经济性、效率性和效果性，确认妨碍绩效的原因，并在此基础上提出适宜的建议，改进公共管理的绩效。

（1）合规审计：关注特定主体的活动是否符合相关的法律法规。审计结果可能是一个审计结论，如果与财务报告审计相关联，其审计结果也可能是一个有限或合理保证的审计意见。

（2）财务审计：关注报告主体的财务信息是否按适用的财务报告框架来呈报。其主要方式是通过获得充分适用的审计证据，使得审计人员能就财务信息是否存在由于舞弊或错误而引发的重要错报发表意见。

(3) 绩效审计：关注政策、项目和机构的运行是否符合经济性、效率性和效果性，是否存在改进空间。其主要方式是将绩效与既定标准进行对照，并分析差异的产生原因；其主要目的是提供改进的建议；其审计结果一般是一个审计报告，这些报告通常包括审计范围、审计发现、审计结论和审计建议。

从上述表述中可以看出，财务审计和合规审计强调审计的鉴证功能，而绩效审计强调审计的评价功能。

(二) 美国GAO的界定

美国政府问责署（Government Accountability Office，GAO）一直致力于政府审计准则的制定，其2011版《国家审计准则》(Government Auditing Standards) 中对政府审计有如下表述：审计根据不同的审计类型和审计范围，对经管责任的履行绩效或政府、项目、营运机构的成本，提供独立、客观、无偏的评价。很显然，这个审计概念强调审计的评价功能。

这个版本的准则将政府审计业务区分为三种类型：财务审计、鉴证业务和绩效审计。对于各种类型的审计业务有如下表述：

(1) 财务审计：对报告主体报告的财务信息（如财务状况、财务结果、资源使用）是否符合既定标准提供独立评价。

(2) 鉴证业务：根据使用者的需求，鉴证业务可以包括一个广泛的范围，可以是针对财务或非财务的审计主题或认定。

(3) 绩效审计：以充分适当的审计证据为基础进行评估，根据评估得出结论并提供客观的分析，以帮助管理者和具有治理、决策和监督职责的人员或团体通过使用信息来改进项目绩效和经营管理，降低成本，做出决策，从而发挥促进公共问责的作用。

综观美国GAO对各种审计业务的表述，其强调的是审计的评价功能和鉴证功能。

四、审计本质：不同审计客体视角

(一) 财政审计

财政审计是以系统方法从经济信息、经济行为和经济制度三个维度对财政经管责任履行情况实施的鉴证、评价和监督，并将审计结果传递给利益相关者的财政治理制度安排。

财政审计概念包括四个核心内涵：(1) 财政审计是对财政经管责任的审计；(2) 财政审计需要履行鉴证、评价和监督三大职能；(3) 财政审计采用系统方法从行为、信息和制度三个维度开展；(4) 财政审计属于财政治理体系。

(二) 金融审计

金融审计是以系统方法从经济信息、经济行为和经济制度三个维度对金融经管责任履行情况实施的独立鉴证、评价和监督，并将审计结果传递给利益相关者的金融治理制度安排。

金融审计概念包括五个核心内涵：(1) 金融审计是对金融经管责任的审计；(2) 金融审计从行为、信息和制度三个维度开展对金融经管责任的审计；(3) 金融审计需要采用系统方法独立地进行鉴证、评价和监督；（4）金融审计需要将审计结果传递给利益相关者；（5）金融审计是金融治理体系的组成部分。

（三）企业审计

企业审计是以系统方法从经济信息、经济行为和经济制度三个维度独立鉴证企业类经管责任履行情况，并将结果传达给利益相关者的治理制度安排。

相对于审计一般本质，企业审计本质的表述中，限定了经管责任的范围，将审计一般本质中的经管责任限定为企业类经管责任，很显然，企业类经管责任是经管责任的一个局部，这种限定缩小了审计范围。企业类经管责任有其独特的内涵，增加了所要审计的经管责任的内涵。

（四）工程审计

工程审计是以系统方法从经济信息、经济行为和经济制度三个维度对工程类经管责任履行情况实施的独立鉴证、评价和监督，并将审计结果传递给利益相关者的工程治理制度安排。

工程审计本质的上述表述有五个核心内涵：（1）工程审计是对工程类经管责任的审计；（2）工程审计从行为、信息和制度三个维度开展对工程类经管责任的审计；（3）工程审计需要采用系统方法独立地进行鉴证、评价和监督；（4）工程审计需要将审计结果传递给利益相关者；（5）工程审计是工程治理体系的组成部分。

（五）领导干部经济责任审计

领导干部经济责任审计是以系统方法从经济信息、经济行为和经济制度三个维度，对领导干部经济责任履行情况进行独立鉴证、界定、评价和监督，并将结果传达给利益相关者的制度安排。

相对于审计一般的概念，领导干部经济责任审计在内涵上做了两个方面的调整：一是将经管责任调整为领导干部经济责任履行情况，缩小了审计对象的范围；二是将审计职能从鉴证扩展到鉴证、界定、评价和监督，扩大了审计职能，相当于增加了领导干部经济责任审计的内涵。正是上述两个方面的调整所带来的概念内涵的增加，使得领导干部经济责任审计在审计一般的基础上增加了自己的特有属性，又保留了审计一般的共有属性。

（六）领导干部资源环境责任审计

领导干部资源环境责任审计是以系统方法从经济信息、经济行为和经济制度三个维度，对领导干部资源环境责任履行情况进行独立鉴证、界定、评价和监督，以发现代理问题和次优问题，并将结果传达给利益相关者的制度安排。

本章参考文献

[1] 李建华. 论抽象概念与具体概念的区分. 湘潭师范学院学报，1990（1）：1-6.

[2] 傅小平. 论概念的两重面貌和三个发展阶段. 现代哲学，1992 (2)：13-16.

[3] 潘序伦，顾询. 审计学. 北京：商务印书馆，1935.

[4] 苏永强. 产权、契约与审计——对审计本质的再认识. 财会通讯，2004 (12)：64-65.

[5] 王文彬. 关于审计的若干问题. 上海会计，1981 (6)：3-9.

[6] 番场嘉一郎. 会计学大词典. 武汉：湖北省会计学会，1981.

[7] 林炳发. 审计本质研究（上）. 审计与经济研究，1998 (1)：5-10.

[8] 郭振乾. 郭振乾审计长关于研究审计定义的一封信. 审计研究，1995 (1)：24.

[9] 杨纪琬. 关于审计理论的若干问题. 审计通讯，1983 (12)：17-23.

[10] 张以宽. 论社会主义审计的特征. 审计通讯，1983 (12)：24-29.

[11] 阎金锷. 审计定义探讨——兼论审计的性质、功能、对象、任务和作用. 审计研究，1989 (2)：7-14.

[12] 管锦康. 试论社会主义审计的性质和对象. 审计通讯，1984 (1)：14-17.

[13] 蔡春. 审计理论结构研究. 大连：东北财经大学出版社，2001：163.

[14] 刘家义. 以科学发展观为指导 推动审计工作全面发展. 审计研究，2008 (3)：3-9.

[15] 刘家义. 树立科学审计理念 发挥审计监督"免疫系统"功能. 求是，2009 (10)：28-30.

[16] 刘家义. 积极探索创新 努力健全完善 中国特色社会主义审计理论体系. 审计研究，2010 (1)：3-8.

[17] 刘家义. 论国家治理与国家审计. 中国社会科学，2012 (6)：60-72.

[18] 阎新华. 审计职能新论：审计职能体系研究. 当代经济科学（陕西财经学院学报），1997 (4)：65-68.

[19] 陈志强. 风险导向审计理论结构中的一个缺陷. 审计研究，1998 (5)：48-49.

[20] 陈元燮. 试论审计理论体系的三个层次. 财贸经济，1991 (3)：39-43.

[21] 廖洪. 审计理论分类与审计基础理论结构. 审计与经济研究，2002 (3)：3-6.

[22] 桂建平. 对权力的监督和制约与国家审计职能定位研究. 审计研究，2004 (4)：8-11.

[23] 孙永尧. 论国家审计职能和作用. 会计之友，2006 (30)：8.

[24] 张东辉. 论审计职能，内蒙古煤炭经济. 2000 (5)：31-34.

[25] 韩少云，李凤生. 对审计职能的再认识. 吉林财税，1994 (5)：33.

[26] 李伟忠. 试论审计职能. 上海会计，1990 (5)：7-8.

[27] 林钟高. 谈谈审计职能和审计假定. 财会通讯，1986 (9)：38-39.

[28] 尚德尔，C.W. 审计理论. 北京：中国财政经济出版社，1992.

[29] 朱雅珊. 基于历史唯物主义的审计本质再认识. 湖南财经高等专科学校学报，2009 (4).

[30] Relly, V.M.O. Montgomery's auditing. New York: John Wiley & Sons, Inc., 1990: 4-10.

[31] Mautz, R.K. and Sharaf, H.A. The philosophy of auditing. Sarasota, FL: American Accounting Association, 1961: 15.

第三章　审计需求理论

审计为什么会产生？审计为什么会变迁？不同的国家或地区的审计为什么会呈现差异化？这些问题都涉及审计需求理论。本章首先介绍几种主流的审计需求理论；在此基础上，提出基于自利和有限理性的审计需求理论。具体来说，本章包括以下内容：审计需求的主要理论；审计需求：基于人性假设的总体框架；审计需求：自利、代理问题和审计；审计需求：有限理性、次优问题和审计。

第一节　审计需求的主要理论

关于审计需求的理论解释主要有四个流派，分别是代理理论、信息理论、行为理论和保险理论，它们分别从不同视角解释审计需求。

一、审计需求的代理理论

审计需求的代理理论是目前审计需求理论中的主流理论，它是在委托代理理论的基础上发展起来的。这种理论认为，在委托代理关系中，审计是委托人与代理人的共同需求，其目的是降低委托代理关系中的代理成本。

委托代理关系有多种类型，主要包括合约类、法定类和资源类。合约类委托代理关系是基于合约形成的委托代理关系，例如市场交易双方的关系；法定类委托代理关系是根据法律法规形成的委托代理关系，例如行业规制部门对行业内各行业的监督；资源类委托代理关系是基于资源的托付形成的委托代理关系，例如企业股东与管理层、纳税人与公共部门之间的关系。不同的委托代理关系代理问题及其治理机制不同，审计主要是资源类委托代理关系中的治理机制（郑石桥，2018）。本章所称的委托代理关系都是指资源类委托代理关系。

当一个人或更多人（即委托人）聘用另一个人或一些人（即代理人）代表他们来履行某些服务，并由此将若干决策权托付给受托人时，他们之间就形成了委托代理关系。委托代理关系是人类社会的基本关系，可以提高资源配置和使用效率，但也会带来代理成本。

代理成本包括三个部分：(1) 委托人的监督成本，是指委托人为了控制代理人的行为所花费的成本，如计量和观察代理人行为的成本、激励契约的建立和履行的成本等；(2) 代理人的保证成本，是指代理人用以保证不采取损害委托人行为的成本，以及如果采取了该行为，将给予赔偿的成本；(3) 剩余损失，是指即使有监督和成本，对于存在机会主义行为的代理人来说，仍有可能采取偏离委托人利益的行动，这样两者的差异就会导致委托人效用减少，所减少的数额就是委托人的剩余损失。代理人从自身利益出发，为了减少监督成本，将主动或应委托人的要求向委托人提供信息，以确保委托人能够确信其没有采取背离委托人利益的行动。

审计通过对代理人所提供的信息及其背后所隐含的经济行为进行鉴证，发现和阻止代理人机会主义行为。因此，审计可以检验代理人经济责任执行的效率和效果，保证代理人经济责任履行的完整性和稳定性，是一项能够缓解委托人与受托人之间的信息不对称分布状态，实现约束代理人机会主义行为从而降低代理成本的制度安排。

在许多情形下，对代理人行为的直接监督是不可能的，委托人更多的是通过制定恰当的合约来实现激励相容，而审计是通过确定和解除经济责任为这些合约的顺利制定和履行提供制度保证。正是在这一意义上，审计必须由独立于委托人和受托人的第三方关系人来执行，只有这样的制度安排才有助于审计结果为契约各方所接受。

二、审计需求的信息理论

审计需求的信息理论认为，审计的基本功能是提高财务报表的可信性，或为财务信息的可信性提供合理保证。由于对信息的强调角度不同，这种理论可分为两个分支：一是信号传递理论；二是信息质量理论。二者对审计解释的角度不同，但都以信息为主要特征，故均归入信息理论。

（一）信号传递理论

审计需求的信号传递理论认为，企业为了能在激烈的市场竞争中脱颖而出，将积极向市场传递信号以表明其自身所具有的优势。审计就是一个信号，公司在选择审计或者拒绝审计中，选择了审计，就是向市场传递了信号；审计时在选择聘请大的或者小的会计师事务所中，选择了大的会计师事务所，也是向市场传递了信号。

企业采用审计这种成本较高的信号传递方式在某种程度上等于向外界表明自身的与众不同。对于优质企业来说，为了避免逆向选择，一个有效的方式就是向市场传递真实的财务信息，同时通过聘请高素质的审计师向市场传递其财务信息可靠的信号，以区别于劣绩企业，展现企业优质优价，从而达到有效融资的目的。

（二）信息质量理论

审计需求的信息质量理论是基于信息决策有用观来认识审计的，它认为审计的本质功效在于增进财务信息的可信性及决策有用性。审计需求的信息质量理论认为，信息是一种公共产品，如果市场上的信息产品质量低劣，势必导致资源的无效配置，市场有必要保证这些公共产品的质量。由于个别的信息使用者作为个人无法进行委托，或者由个人分别进行委托鉴证代价高昂，因此就产生了利用专门的审计师对财务信息进行审计的需求。

三、审计需求的行为理论

审计需求的行为理论认为，人的行为都是有动机的，不同的人价值观不同、目标不同，每个人的动机和表现出来的行为方式也不一样。为了确保社会或组织的有序性并达到某种既定的目标，需要对人的行为加以控制和引导。在宏观层面，各国法律法规，各宗教、党派的章程都对人的行为进行了规范；在微观层面，各公司、组织的章程和制度都对人的行为进行了规范。在一个组织中，为了达到组织预定的目标，就需要对组织内部不同层次员工的活动进行引导、指挥和控制，使全体员工的行为与组织的目标保持协调一致。审计的过程是一个取证的过程，需要对众多的人的工作进行检查取证，审计可对一个组织、组织各层次员工的行为是否勤勉尽职、是否守规守法做出客观判断和鉴证，因此，审计的实施可对人的行为，特别是与财务活动相关的行为进行鉴证并产生很大的威慑作用。正如莎士比亚戏剧《雅典的泰门》中泰门的管家弗莱维斯所说："如果你疑心我办事欺心，你可以叫几个精明的审计师来当面查我的账。"因此，行为理论认为，实施审计可促进组织经营者与各层次员工自觉遵守法律法规、组织的各项内部控制制度，特别是财务制度，从而确保全体员工行为的规范性及与组织目标的一致性。

四、审计需求的保险理论

审计需求的保险理论强调审计降低财务信息风险的作用，不仅强调审计的鉴证机制，而且强调审计的风险转移机制。这种理论认为，审计兼具信息价值和保险价值。财务信息使用者除了寄希望于审计师通过鉴证机制在实质上降低财务信息风险，还可以通过风险转移机制将其所面临的财务信息风险全部或者部分地转移给审计师。

保险理论的产生是以审计师责任为基础的，如果审计师不用为其过错或舞弊承担责任，则信息使用者无保险可言；如果审计师需要为其过错或舞弊承担赔偿责任，则相当于审计师将其自身利益的一部分作为抵押品置于财务信息风险之下，与信息使用者的利益绑定。在这种制度安排下，审计师为了自身利益，必须勤勉地工作，因此，鉴证机制有效地发挥了作用；如果审计失败，审计师需要承担赔偿责任，风险转移机制就发挥了作用。然而，由于审计失败时，审计师要承担赔偿责任，对于信息使用者来说，鉴证机制是否真正发挥作用已经不重要，重要的是风险转移机制发挥作用。可见，审计需求的保险理论以风险转嫁理论作为立论基础，强调审计在信息风险转移过程中的作用。

五、评述

审计需求的四种主流理论对现实审计现象都有一定的解释力，并且都有一些实证研究的结论支持这些理论。然而，这些理论也存在许多问题，对许多审计现象没有解释力。

（一）代理理论

代理理论对某些审计现象没有解释力，许多问题需要继续深入研究，主要包括：

（1）为什么许多存在委托代理关系的地方没有审计？例如，新中国成立之后近 30 年都没有审计；只有上市公司财务报表有强制审计的要求，而对于非上市公司，却没有强制审计的要求；大部分中小企业都没有内部审计。这些现象表明，委托代理关系的存在并不一定会产生审计，代理理论并不能解释全部审计现象。当然，我们也找不到存在审计却没有委托代理关系的领域。因此，委托代理关系只是审计的必要条件，不是充分条件。

(2) 为什么不同时代的审计会不同？例如，最早的审计主要是查错防弊，后来发展为鉴证财务报表的公允性，再后来还出现了管理审计和绩效审计等。这些不同的时代都存在委托代理关系，如果审计只是源于委托代理关系，为什么不同时代的审计主题会发生变化？

(3) 为什么同一时期不同国家、不同组织的审计会呈现差异化？例如，不同单位的内部审计重点不同；不同国家的政府审计有不同的审计业务类型。

(4) 对委托代理的解释主要是以企业为对象，认为是企业所有权和经营权的分离才导致形成委托人和代理人之间的关系。这样解释委托代理关系，使得审计需求的代理理论只适用以企业为对象的审计，而对于以公共部门为对象的审计就没有解释力，因为公共部门不存在所谓的所有权和经营权分离。也正是因为这点，许多人否认审计与委托代理之间的关系。

总体来说，审计需求的代理理论对审计现象有一定的解释力，但还需要完善。一方面需要将委托代理关系理解得更加广泛，扩展到公共部门；另一方面需要在代理关系的基础上，再寻找一些其他的审计需求因素。

（二）信息理论

信息理论的核心是认为审计为相关决策提供了有用信息。很显然，信息理论带有明显的财务信息审计的烙印，对审计现象的解释力逊于代理理论。例如，这种理论无法解释下列问题：为什么最初的审计是以查错防弊为主？查错防弊审计主要针对的是错误和舞弊，而不是信息。为什么现在许多国家的政府审计部门还是以合规审计为主？合规审计关注是审计客体的行为是否合规，其审计主题不是信息，而是经济行为。总体来说，信息理论对于以信息为主题的审计有一定的解释力，但无法解释为什么有些地方主要以财务信息为审计主题，另一些地方以绩效信息为审计主题。

（三）行为理论

行为理论强调的审计主题是经济行为，这种理论对舞弊审计、合规审计或法纪审计、内部控制审计有较强的解释力。然而，除了经济行为之外，经济信息也是重要的审计主题，行为理论无法解释以经济信息为主题的审计。例如，为什么财务报表审计会成为目前最重要的审计业务？

（四）保险理论

保险理论认为，由于经过审计的信息存在错误或舞弊，审计师要承担赔偿责任，因此，审计费用类似于信息保险费用，审计是信息风险的保险机制。很显然，这种理论只能部分解释具有法定赔偿责任的信息审计，对审计现象的解释力更逊色于信息理论。例如，这种理论无法解释下列问题：为什么存在舞弊审计？为什么存在合规审计？不同国家或地区的审计为什么不同？为什么许多国家的政府审计不用承担赔偿责任？在审计的早期阶段，为什么民间审计不用承担赔偿责任？为什么内部审计不用承担赔偿责任？

总体来说，审计需求的保险理论基本上是以民间审计所从事的财务报表审计为背景的，对于其他审计业务或其他审计主体所从事审计的背景缺乏解释力。

第二节　审计需求：基于人性假设的总体框架

本章前面介绍了四种主要的审计需求理论，这些理论对审计现象有一定的解释力。然而，还有许多的审计现象是这些理论无法解释的。这说明，审计需求理论还存在缺陷，需要发展完善。我们以代理理论为主干，引入人性假设和审计主题，提出一个基于自利和有限理性的审计需求理论。

一、审计需求源于人性缺陷

著名社会学家雷蒙·阿隆认为，人类的历史就是人性的发展和成长的过程。人性是随着历史发展而不断丰富、充盈和变化的，也正因为它在自身限度内发展变化和明显地对抗与冲突，才使得几千年以来人类对人性的认识没有定论。但不管人性怎么变化，任何制度的选择和设计都毫无疑义地要体现人性的要求，因为制度的选择和设计归根到底是人自身的意义、价值和人性的要求。制度设计必须以某种人性预设为前提，无论是以人性善的预设还是以人性恶的预设，在其操作层面上都是以对人性的洞见为前提。

诺贝尔经济学奖获得者、奥地利经济学家哈耶克认为，从“好人”的假定出发，必定设计出坏制度，导出坏质量；从“坏人”的假定出发，则能设计出好制度，得到好结果。西方经济学里是把人假定为经济人，认为人都是自私的，西方政治学里则把政治家都假定为骗子和无赖。

1787 年，制宪会议的核心人物麦迪逊说：“如果人都是天使，就不需要任何政府了；如果是天使统治人，就不需要对政府有外来的或内在的控制了。”

邓小平说过：“制度好可以使坏人无法任意横行，制度不好可以使好人无法充分做好事，甚至会走向反面。”①

制度设计从价值判断上当然不是反对行善、利他，在事实判断上也不是怀疑人的善心或利他性，只不过是基于一个常识：一个人做件好事并不难，难的是一辈子做好事不做坏事。鉴于此，人们在制定制度时的出发点就应当考虑从人有可能为恶的假设着眼。“制度设计假定”是为了防止坏人用权力做坏事，但绝不会妨碍好人用权力做好事。人的局限性是腐败的根源，缺乏约束则为权力走向腐败提供了现实条件。改变人性很难，改变制度可以做到。

审计作为一种特殊的制度，同样需要以一定的人性假设为前提。那么，审计制度要以什么样的人性假设为前提呢？如果假设人性善，则无审计的必要。我们认为，审计制度赖以存在的人性假设应该是现实生活中正常人表现出来的人性。我们认为，正常人表现出来的人性主要包括两个方面：一是自利；二是有限理性（Williamson，1981）。

所谓自利（self-interest），是指人会计算、有创造性、能寻求自身利益最大化，具体

---

① 邓小平. 邓小平文选：第二卷. 北京：人民出版社，2001.

表现为经济人。亚当·斯密在《国富论》(1776)中指出，我们的晚餐并非来自屠宰商、酿酒师和面包师的恩惠，而是来自他们对自身利益的关切。在"看不见的手"的指引下，经济人追求自身利益最大化的同时也促进了社会公共利益的增长。从这些论述可以看出，人出于自利的目的并不一定会损害他人利益，相反，有可能增进他人利益。当然，自利也可能会给他人利益带来损害。人出于自利的本能，在一定的条件下可能出现机会主义行为，此时的自利就可能损害他人的利益。马歇尔把人类的动机分为两类：追求满足和避免牺牲。人类的经济生活就是由这两类动机支配的，前者促进人类的某种经济行为，后者制约人类的某种经济行为；而对机会主义进行防范是为了避免牺牲。审计以自利作为人性假设，主要是针对人类的机会主义行为。在各种委托代理关系中，这种机会主义行为也称为代理问题。

有限理性(bounded rationality)认为人的行为是有意识的理性选择，但这种理性又是有限的。也就是说，人并不能在任何情形下都做出最优的选择。其原因主要有三个方面：一是，环境是复杂的，人们面临的是具有不确定性的世界，信息是不完全的、有限的；二是，人对环境的计算能力和认识能力是有限的，人不可能无所不知，人的信息能力是有限的；三是，人会受到情境的影响，在某些情形下，会做出情绪化的选择，理性在这里的作用是有限的。基于上述三个方面，人是有限理性的。正由于人是有限理性的，人可能出现次优问题。特别需要说明的是，次优问题并不是指所有的选择都必须是最优选择，而是指在当前的环境下，要做出最适宜的选择，简单地说，次优问题是指没有做出当前环境下最适宜的选择，还存在改进的潜力。审计以有限理性作为人性假设，主要是鉴证人们是否做出了当前环境下的最适宜选择，目的是寻找可以改进的机会。

当然，现实生活中自利和有限理性是同时存在的，这就使得人类行为更加复杂，代理问题和次优问题相互交织，因此，审计需要面对的主题也就更加复杂。

二、审计需求理论的总体框架

审计主要是应对代理问题和次优问题。代理问题和次优问题有哪些表现呢？

根据信息经济学，代理人机会主义行为[①]表现有两点，分别是隐匿行动和隐匿信息，所以，代理问题表现在两个方面：一是行为方面；二是信息方面。

次优问题也表现在两个方面：一是行为次优，也就是没有选择当前环境下最适宜的行动方案或没有实施当前环境下的最优行动，从而出现较大的改进潜力；二是信息次优，也就是没有提供当前环境下最适宜的信息，从而出现信息错误或重大遗漏。

所以，总体来说，审计关注的代理问题和次优问题都表现在行为和信息两个方面。因此，审计有两大主题：一是行为主题[②]，鉴证行为是否存在改进的机会；二是信息主题[③]，鉴证信息是否真实。

以上所述审计需求理论的总体框架如图 3-1 所示。在下面内容中我们将较详细地阐述这个理论框架。

---

① 本书中的"机会主义行为"等同于"代理问题"，只是在不同的语境下使用的不同词汇。

② 这里的行为包括两个方面：一是经济行为；二是约束经济行为的制度，即经济制度。

③ 这里的信息可以分为财务信息和业务信息。

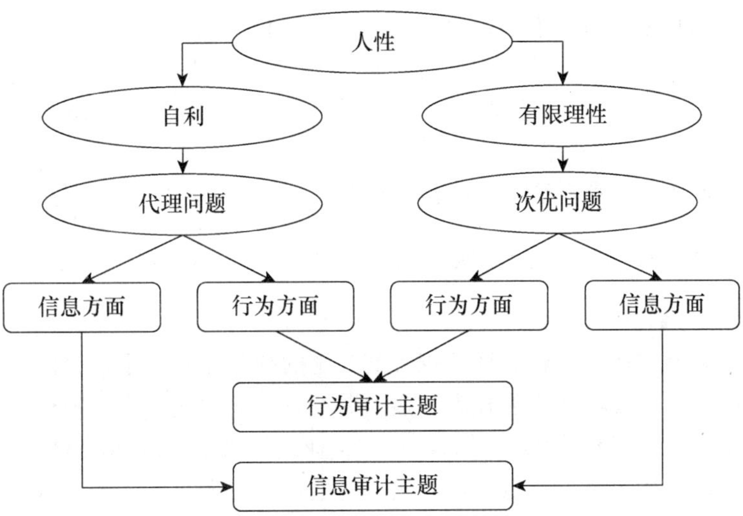

图 3-1　基于人性假设的审计需求

第三节　审计需求：自利、代理问题和审计

本章前面提出了基于自利和有限理性的审计需求理论框架，本节从自利的角度来分析审计需求。

审计作为社会机制有效运行的重要组成部分，具有悠久的历史。然而，由于现实生活中的审计具有多样化和差异化的特征，人们对于审计需求的认识仍然存在较大分歧。对于审计需求的不同认识会影响审计制度构建进而影响审计实践。基于此，本节依据两个原则来思考审计需求。一是，审计需求应该能解释国家审计、内部审计和民间审计等，如果对于审计需求的认识仅适用于一种审计主体，则这种审计需求并不是真正的审计需求，充其量是亚层级的审计需求。二是，审计需求应该能解释现实生活中的审计现象，即从这种审计需求出发，能说明现实生活中的审计多样化和差异化。根据这两个原则，本节沿着自利、代理问题、问责机制到审计这个逻辑路径来讨论审计需求，并以这个认识为出发点，对现实生活中的审计多样化和差异化进行解释。

一、文献综述

关于审计需求的理论解释主要有代理理论、信息理论、行为理论和保险理论（谢荣，2011；陈汉文，2012）。代理理论认为，在委托代理关系中，审计是委托人与代理人的共同需求，其目的是降低委托代理关系中的代理成本（Watta & Zimmerman，1983；杨时展，1986）。既然审计是源于委托代理关系，为什么许多委托代理关系中并没有审计？为什么同样是源于委托代理关系，审计需求会出现多样化？代理理论无法解释。信息理论有两个分支，其中，信号传递理论认为审计就是一个信号，信息质量理论认为审计的本质功效在于增进财务信息的可信性及决策有用性（Timan & Truman，1986）。很显然，信息理论无法解释不公开审计结果的审计需求。行为理论认为，为了确保社会或组织的有序性并达到某种既定的目标，对于人的行为需要加以控制和引导，审计是控制和引导的方式之一（谢荣，2011）。然而，审计不只是针对行为，信息审计是许多国家的主要审计业务类型。保险理论认为，审计兼具信息价值和保险价值（Menon & Williams，1994）。很显然，保险理论无法解释内部审计需求。

总体来说，各种审计需求理论对审计需求都有一定的解释力，但都还需要进一步完善。

二、机会主义、问责和审计的一般逻辑关系

（一）代理人的机会主义行为

委托代理关系是财产所有权和经营权分割产生的社会经济关系，当财产的所有者将财产托付给他人时，所有者就成为委托人，接受财产者就成为代理人。财产所有者之所以将财产托付给代理人，有多种原因。例如，对于企业组织来说，股东将财产托付给经营者，是为了提高财产的使用效率，为股东带来更多的增值。对于政府和非营利组织来说，供资者不以营利为目的，是因为法律要求或者是为了实现某项特定目的。代理人从股东或供资者那里接受财产后，就成了委托代理关系中的代理人。由于这种委托代理关系是其他派生委托代理关系的基础，因此也可以称为原始委托代理关系，代理人也可以称为原始代理人。原始代理人不可能独自完成对财产的一切操持事项，必须委托其他人来共同完成，从而形成了派生委托代理关系。财产事项的具体操持人成为派生代理人，原始代理人则成为派生委托人。一般来说，企业组织的委托代理关系称为私营委托代理关系，而政府部门的委托代理关系称为公共委托代理关系。私营委托代理关系和公共委托代理关系中，既有原始委托代理关系，也有派生委托代理关系。可以说，现代社会就是由各种委托代理关系构成的网络社会，委托代理关系是现代社会的主要社会经济关系，离开委托代理关系，整个社会将不复存在（Fama，1980；杨时展，1991；王光远，2002）。

然而，由于委托人与代理人之间存在激励不相容、信息不对称和环境不确定性，代理人有可能背离委托人的利益或不忠于委托人意图而采取机会主义行为，发生道德风险和逆向选择，随之产生的委托代理成本就困扰着委托代理关系的良好运行。激励不相容、信息不对称和环境不确定性是代理人机会主义行为的前提，道德风险和逆向选择是代理人机会主义的主要形式。激励不相容是激励相容的对立面，每个理性经济人都会有自利的一面，其个人行为会按自利的规则行动，如果有一种制度安排，使代理人追求个人利益的行为，正好与委托人的目标相吻合，这一制度安排就是激励相容。信息不对称是指代理人拥有委托人无法拥有的信息或拥有的信息数量或质量高于委托人。如果没有激励不相容，代理人就没有动机来实施机会主义行为。即使激励不相容存在，如果不存在信息不对称，则代理人的机会主义行为会被委托人发现，在这种情形下，代理人也就难以实施机会主义行为了。即使存在激励不相容和信息不对称，委托人还能根据产出来判断代理人的努力程度，但在环境不确定的情形下，代理人努力和环境共同决定代理人的产出，并且无法区分这种产出中代理人努力和环境的各自份额，委托人也就无法根据产出来判断代理人是否存在机会主义行为。

机会主义行为分为事前机会主义行为和事后机会主义行为。事前机会主义行为是指委托代理关系确定之前，代理人的一些特征是委托人无法观察到或无法验证的，此时，代理人可能会利用委托人的信息劣势为自己谋取利益，即逆向选择。逆向选择表现在委托代理关系中，是指委托人无法识别潜在的代理人的条件禀赋时，越是劣质的潜在代理人越容易

成为可能的代理人，导致劣币驱逐良币。事后机会主义则是指代理人在委托代理关系确定之后，利用信息不对称与信息优势，通过减少自己的要素投入或采取其他机会主义行为以达到自我效用最大化而影响组织效率的道德因素，即道德风险（Williamson，1981；Fama & Jensen，1983；Jensen，1993；Hart，1995；Shleifer & Vishny，1997）。当然，在委托代理关系下，代理人出现机会主义行为只是就一般情形而论，在某些特殊情形下，存在委托代理关系，也可能没有机会主义行为。例如，代理人大公无私，不追求个人利益，完全以委托人的利益为己任，则此时就不存在激励不相容，当然也就没有代理成本。

（二）问责机制

委托人如何应对代理人的机会主义行为呢?① 一是抑制代理人机会主义行为的前提条件。一般来说，委托人通常难以改变环境不确定性，所以，主要是降低激励不相容和信息不对称程度。二是直接控制代理人的机会主义行为。降低激励不相容和信息不对程度，可以降低代理人机会主义行为的需求，直接控制代理人的机会主义行为则是降低代理人机会主义行为的可能性。一般来说，委托人需要将这两种机制结合起来，建立一整套治理机制，问责是其中的要素。治理机制一般包括制衡机制、监督机制、激励机制、问责机制、公开透明机制和道德机制等。问责机制包括三个方面的含义：一是确定代理人的责任目标；二是获取代理人责任目标运行情况的信息；三是评价代理人责任目标的实现程度，并根据责任目标实现程度给予奖励或处罚。问责机制主要是通过抑制代理人机会主义行为的前提条件来发挥作用的。首先，问责机制通过责任目标清晰地表达了委托人的期望，为评价代理人的业绩提供了明确的标准，也为代理人的努力提供了明确的方向，可以在一定程度上降低代理人与委托人之间的激励不相容；其次，问责机制通过代理人报告其责任目标履行情况，减少信息不对称程度；最后，问责机制根据代理人的业绩进行奖励或处罚，可以减少代理人的激励不相容程度。② 虽然治理机制是抑制机会主义行为的手段，如果委托人本身对自己的利益不关心，对代理人的机会主义行为不介意，则治理机制也就不一定需要或者不一定会真正发挥作用。我们不能指望代理人自己来完善和执行治理机制，这是委托人的责任。现实生活中，一些机会主义很严重的领域长期不能得到抑制，主要原因是委托人不作为或没有作为能力（马骏，2010；宋涛，2005；唐斌，2010）。

（三）审计

委托人为了抑制代理人的机会主义行为，建立了治理机制。委托人有了治理机制是否就可以高枕无忧呢？答案是否定的。这里的关键问题是，这个系统是否真的在起作用？首先，代理人可能不遵守委托人建立的治理机制，所以，委托人需要知道代理人是否遵守了

---

① Eisenhardt（1989）认为，解决代理问题存在两个主要的机制：一是激励薪酬合同，旨在协调双方的经济利益；二是信息系统，旨在监督代理人的行动、实现双方的信息对称。

② 国内第一个行政问责规章《长沙市人民政府行政问责制暂行办法》称，行政问责制是指市人民政府对现任市政府领导，市政府各职能部门、直属机构、派出机构、直属事业单位和各区、县（市）政府的行政主要负责人在所管辖的部门和工作范围由于故意或者过失，不履行或者不正确履行法定职责，以致影响行政秩序和行政效率，贻误行政工作，或者损害行政管理相对人的合法权益，给行政机关造成不良影响和后果的行为，进行内部监督和责任追究的制度。这种问责是最狭义的问责。

治理机制；其次，就问责机制来说，代理人可能提供虚假信息或者不完整信息，使委托人无法了解其责任目标的真实状况。

就治理机制的遵守情况来说，委托人要求代理人报告其对治理机制的遵守情况，所以经营层报告中必须提供报告期间的治理活动情况。但是，没有遵守治理机制的代理人完全可能做出虚假报告，声称其遵守了治理机制。因此，这就产生了对代理人行为及相关制度的审计需求。

就问责相关信息的真实性和完整性来说，代理人所提供的信息是否真实，通过审计可以得到鉴证，这就形成了基于责任方认定的审计；对于代理人没有提供而委托人又关心的信息，委托人也可以通过审计途径获得，这就形成了直接报告业务。设想一下，如果没有审计，问责会是什么状况。如果没有审计，一方面，代理人可能会给委托人提供虚假信息；另一方面，委托人问责所需要的一些信息可能无法获得。由于问责信息的真实性和完整性没有保障机制，问责也可能会陷入困境。所以，审计是适应问责机制的需求而产生的，要么鉴定代理人提供的问责信息的真实性，要么直接提供问责信息。当鉴定问责信息的真实性时，就是基于责任方认定业务；当直接提供问责信息时，就是直接报告业务。当然，从另一方面来说，如果没有问责需求，也就不会有问责信息需求，从而也就没有审计需求。正是问责信息需求催生了审计。虽然问责的存在是审计存在的前提。但是，有问责并不一定就会有审计。如果委托人相信代理人的信息报告，审计就没有必要存在。只有当委托人认为代理人的信息报告需要进行鉴证时，才会有审计需要（杨时展，1986）。

所以，总体来说，当委托人需要抑制代理人的机会主义行为时就需要问责，当委托人不相信代理人的信息报告时就需要审计。当存在代理人机会主义而委托人不介意代理人的这种行为时，不需要问责。即使问责存在，当委托人相信代理人的信息报告时，也不需要审计。上述关系可表述为：

委托代理≥机会主义行为≥问责≥审计 (3-1)

三、审计多样化和差异化：基于问责的解释

以上分析了机会主义、问责和审计的一般逻辑关系。从中可以看出，对审计有直接影响的是问责机制。然而，为什么现实世界中的审计呈现多样化和差异化呢？下面，我们从问责的角度来分析审计多样化和差异化的原因。

（一）问责主体和审计主体

前已述及，根据委托人和代理人的不同，委托代理关系可以做多种区分，例如，分为原始委托代理关系和派生委托代理关系，分为私营委托代理关系和公共委托代理关系。正是委托代理关系的多样化，才使得整个社会呈现勃勃生机。

正是由于委托代理关系的多样化，问责主体也出现多样化。从私营委托代理关系来说，股东和经营层之间的委托代理关系是原始委托代理关系，股东是委托人，组织的最高经营层是代理人。股东作为问责主体，需要一个独立于最高经营层的审计人，这就产生了民间审计。私营组织内部的最高经营层是派生的委托人，组织内部的中层和基层管理者甚至重要岗位上的员工是派生的代理人，最高经营层作为问责主体，需要设立专门的部门为其问责服务，这就产生了内部审计。就公共委托代理关系来说，人民是最终的委托人，但

是，由于人口的数量太多，需要实行代议制，代议人是公共部门的委托人（当然，代议人本身是人民的代理人），是问责主体，这就产生了国家审计或政府审计。公共部门内部也需要实行分级管理，公共部门内部的中层和基层管理者甚至重要岗位上的员工是派生的代理人，公共部门的高层管理者需要对公共部门内部的这些代理人进行问责，从而产生了公共部门的内部审计。

当然，现实世界比我们的上述理论推导更加丰富。首先，许多私营组织不需要民间审计，这是为什么？原因是委托人本身就能判断代理人的行为及信息，所以不需要第三方来鉴证代理人的行为和信息，当然就不需要民间审计。其次，许多私营组织和公共部门没有内部审计，这是为什么？原因是派生委托人能判断派生代理人的行为及信息，或者派生委托人不需要对派生代理人进行问责，所以不需要第三方来帮助其鉴定派生代理人的行为及信息。最后，国家审计呈现多样模式，这是为什么？一般来说，现代国家可以分为两类：一类是分权制衡，实行立法、司法和行政分权治理；一类是议行合一，从立法权派生出行政权和司法权，三权之间不是相互制衡的关系，立法权对其派生的行政权和司法权有监督权。在分权制衡的国家制度中，各种权力之间地位一致，对于行政权力的问责当然应该来自行政权力之外，这就产生了立法型、司法型和独立型审计模式（国家审计模式的区分有不同的观点，这里要表达的是，这些审计模式的问责主体都是在行政权之外）。在议行合一的国家制度中，行政权和司法权是立法权派生出来的，从理论上来说，立法机构可以成为行政权的问责主体。但是，在议行合一的国家制度中，行政权较为强势，立法权作为问责主体对行政权进行问责的效果可能不一定好，由行政权内部问责也许效果更好，这就产生了行政型审计模式。

（二）问责内容和审计业务类型

从审计内容来说，现实生活中，有多种类型的审计，例如，合规审计、财务审计、绩效审计、综合审计等。既然审计是基于问责生产的，为什么会有多种审计业务类型呢？这其中的原因是问责内容决定审计业务类型。

一般来说，委托人的问责内容包括：财产安全、真实报告相关信息、遵守相关法律法规及合约、有效使用财产。其中，财产安全、真实报告相关信息和遵守法律法规及合约是最基本的要求，由于主要是与财务会计相关，因此可以称为财务责任。有效使用财产的含义较为模糊，根据杨时展（1986）的解释，有效使用财产就是最大善意地使用财产，其包括三个方面的内容：第一，遵守委托人建立的治理机制；第二，完成业务营运目标，追求业务营运的经济、效率和效果；第三，实现战略目标。这三个方面的问责是较高级的要求，因为主要与代理人的管理相关，所以可以称为管理责任或业务责任①。

如果委托人的问责内容主要是财务责任，则审计业务就是合规审计和财务审计。如果委托人主要关心管理责任，则审计业务就是绩效审计，也可能会出现制度审计（如现在美国及其他一些国家要求上市公司进行的内部控制审计就是这种性质）。如果委托人既关心财务责任，也关心管理责任，就会出现综合审计。可以预见，委托人的问责内容可能还会发展，同时审计业务类型也会发展。例如，公共责任中出现了公平责任和环境责任，公共

① 本书中的“管理责任”等同于“业务责任”，只是在不同的语境下使用的不同词汇。

问责主体如果在问责内容中增加了公平责任和环境责任，则审计业务就会出现公平责任审计和环境责任审计。

为什么不同单位的内部审计业务类型会不同？为什么不同国家的审计业务类型会不同？这其中的原因就是问责主体的问责内容需求不同。如果问责主体主要关心财务责任甚至是财务责任的某一方面，则审计业务是以真实性、合法性审计为主；如果问责主体主要关心管理责任，则绩效审计会成为主要审计业务；如果问责主体对治理机制特别关心，则制度审计就是主要审计业务。那么，为什么不同问责主体的问责内容会不同呢？这是个较为复杂的问题。总体来说，代理人在某些方面的表现让委托人的不满意程度越高，这些方面越有可能成为问责内容，也可能委托人尚未察觉到一些可以问责的内容，所以，就没有这种问责，当然也就没有这种审计业务。

以上述原则为基础，我们来分析国家审计和内部审计业务类型的差异化。从国家审计来说，以美国为代表的许多发达国家审计是以绩效审计为主，而我国国家审计目前是以真实性、合法性审计为主。这其中的原因是，以美国为代表的这些发达国家，国家审计的历史较长，真实性、合法性方面的财务问责已经经历了较长的时期，问责主体的不满意程度已经较低，而经济、效率和效果这些管理责任，是问责主体更关心的问题，所以，这些方面的问责需求强于财务责任方面的问责需求。我国的国家审计历史不长，改革开放过程中大量的制度变迁，所以，以真实性、合法性为主的财务问责具有较强的需求。审计署披露，抽查 56 个中央部门已报销的 29 363 张可疑发票中，有 5 170 张为虚假发票，列支金额为 1.42 亿元。在这种背景下，以真实性、合法性为主题的财务审计、合规审计理所应当就成为重要的审计业务类型。当然，这并不表明公共部门的管理责任就没有问题，这与国家审计资源配置有关。既有审计资源当然要用于最迫切的领域。所以，围绕党和政府的中心工作开展审计工作，就是根据公共责任委托人的问责需求来确定审计业务。

从内部审计来说，在不同的组织中，不同审计业务类型的重要性不同，这也是问责内容需求不同所导致的。派生委托人认为，如果派生代理人的机会主义行为主要与财务责任相关，则财务审计和合规审计就会成为主体业务；如果派生代理人的机会主义行为主要在管理责任方面，则绩效审计、制度审计就会成为主体业务。不少内部审计做得好的单位一个重要的经验就是围绕高层领导的需求开展审计工作，其实就是把握本单位最高问责主体的问责需求，这会更好地在问责中发挥审计的作用，实现“有为就有位”。

（三）问责机制构建和审计权限

审计基于问责，为什么不同审计主体在问责中的权力不同？民间审计只是发表审计意见，不同单位的内部审计权力差别很大，国家审计的权力在不同国家之间差异更大。这其中的主要原因是，审计只是问责的一个组成部分，问责机制还包括审计之外的要素，而如何构建问责机制则是委托人的独有权力。委托人在构建问责机制时，如果赋予审计较多的权力，审计的权限就较大；如果赋予审计的权限较少，审计在问责机制中可能就只是一个问责信息的鉴定机制。

前已述及，问责包括三个方面的含义：一是确定代理人的责任目标；二是获取代理人责任目标运行情况的信息；三是评价代理人责任目标的实现程度，并根据责任目标实现程度给予奖励或处罚。这三个方面的权力配置可能性分析如下：

（1）确定代理人的责任目标（财务责任目标和管理责任目标），是委托代理关系中的重要环节。一般来说，对于这种权力，委托人是不会与审计主体分享的。

（2）获取代理人责任目标运行情况的信息有两种情形：一是代理人直接提供报告，包括财务报告和非财务报告；二是代理人不提供报告或不便于提供报告。在财务报告下，委托人要求代理人建立合适的会计系统，并将鉴证会计信息质量的权力赋予审计主体，形成审计主体的基于责任方认定的审计业务。对于财务报告之外的非财务报告信息，委托人也会对代理人提出要求，但是，能否赋权审计主体来鉴证这种信息的质量，可能还要受到审计技术的限制，如果审计技术上达不到，鉴证就无法实现，只有在审计技术可能实现的非财务领域，才可能形成基于责任方认定的审计业务，如统计报表审核等。当代理人不提供报告或不便于提供报告而委托人又需要某些信息时，委托人可能会授权审计主体采用直接报告业务的方式来提供这方面的信息。例如，绩效审计的绩效信息鉴证就可能形成这种审计业务。

（3）根据责任目标实现程度给予奖励或处罚，一般来说，包括奖励权、纠正权、处罚权和建议权。奖励权一般是委托人独享。至于纠正权和处罚权，委托人可能与审计主体分享，甚至全部赋予审计主体（一般不包括民间审计）。至于建议权，委托人当然可能赋予所有的审计主体。以上分析归纳如表 3-1 所示。

表 3-1　问责中的权力配置

项目	要素		可能的权力配置			
			委托人	民间审计	国家审计	内部审计
责任目标确定	财务责任目标		确定责任	无关	无关	无关
	管理责任目标		确定责任	无关	无关	无关
责任运行情况报告	责任方（代理人）有报告	财务报告	建立报告系统	鉴证信息（基于责任方认定业务）	鉴证信息（基于责任方认定业务）	鉴证信息（基于责任方认定业务）
		非财务报告	建立报告系统	在技术上可行时，鉴证信息	在技术上可行时，鉴证信息	在技术上可行时，鉴证信息
	责任方（代理人）无报告		提出信息需求	鉴证信息（直接报告业务）	鉴证信息（直接报告业务）	鉴证信息（直接报告业务）
根据责任目标实现程度给予奖励或处罚	奖励权		决定奖励	无关	无关	无关
	纠正权		可能独有，也可能分权甚至全部赋予审计	无关	可能获得委托人的分权甚至全部授权	可能获得委托人的分权甚至全部授权
	处罚权		可能独有，也可能分权甚至全部赋予审计	无关	可能获得委托人的分权甚至全部授权	可能获得委托人的分权甚至全部授权
	建议权		享有	享有	享有	享有

总体来说，审计只是委托人问责机制中的一个组成部分，其基本功能是问责信息保障。是否还有其他功能，取决于委托人如何构建问责机制，也就是委托人如何将问责中的权力进行配置，如果给审计配置问责信息保障之外的其他权力，审计就具有了保障问责信息之外的其他功能。赋予什么权限，就有什么功能。也正是因为问责主体在问责中给审计配置的权力不同，国家审计、民间审计和内部审计的权力才出现不同，审计制度出现差异化和多样化。至于不同的委托人为什么要构建不同的问责机制（也就是为什么要在问责中给审计配置不同的权力），这是一个值得探究的课题。

四、结论和启示

本节依据两个原则来思考审计本质。首先，审计需求理论应该适用于不同的审计主体，如果对于审计需求理论的认识只适用于一种审计主体，则这种审计需求理论并不是真正的审计需求理论。其次，审计需求理论应能解释现实生活中的审计现象，即从这种审计需求理论出发，能说明现实生活中的审计多样化和差异化。基于此，本节沿着委托代理关系、机会主义、问责机制到审计这个逻辑路径，提出审计需求理论并以此为出发点，对现实生活中的审计多样化和差异化进行解释。

委托代理关系是现代社会的主要社会经济关系，当委托人需要抑制代理人的机会主义行为时就需要问责，当委托人不相信代理人的信息报告时就需要审计。即使代理人机会主义存在，如果委托人不介意代理人的这种行为，则不需要问责。如果问责存在，当委托人相信代理人的信息报告时，也不需要审计。审计的本质是问责机制的组成要素，其基本功能是问责信息保障，问责主体还可以将问责中的其他权限配置给审计，从而在审计基本功能的基础上扩展出审计的辅助功能。审计主体多样化的原因是问责主体多样化，审计业务类型多样化的原因是问责内容多样化，而审计权限差异化的原因是委托人在构建问责时给不同主体的权力配置不同。

关于审计需求理论的讨论看似理论问题，实际上具有重要的实践意义。在不同的审计需求认识下，审计制度的构建会不同。例如，审计究竟应该干什么？哪些是审计业务？哪些不是审计业务？审计的边界在何处？审计应该有什么权力？审计教育应该开设什么样的课程体系？这些问题都与审计需求理论相关。审计需求理论的认识不同，对上述重要实践问题也会有不同的回答。现实世界中的审计实践者存在一种机会主义行为，就是盲目扩大审计范畴，例如，事前审计、事中审计，强调审计的咨询和服务功能，将英文中的所有“audit”都视作审计（事实上，audit 的含义很多，审计只是其中之一，凡不是因为问责需要而产生的 audit 就不是审计，而是审核）。这种做法也许会在短期内扩展审计的范畴，但从根本上来说，可能会导致审计变得不可捉摸，最终失去存在的根基，这种机会主义行为是饮鸩止渴。

第四节　审计需求：有限理性、次优问题和审计

前面从自利的角度分析了审计需求，本节从有限理性的角度来分析审计需求。关于审计需求的理论解释主要有代理理论、信息理论、行为理论和保险理论，它们分别从不同视

角解释审计需求。这些经典理论对财务审计和合规审计的需求具有较强的解释力，然而，在解释绩效审计和制度审计的需求时却显得非常乏力。

我们认为，审计作为一种人类社会的制度安排，是源于自利和有限理性这两种人性特征的，代理理论、信息理论、行为理论和保险理论都是基于人性自利这个假定，现有审计需求理论中尚缺乏基于有限理性这一人性假设的理论。本节拟建立以有限理性为基础的审计需求理论。内容安排如下：首先是做简要的文献综述；其次提出一个以有限理性为基础的审计需求理论框架；再次用这个理论框架来解释管理审计的产生；最后得出结论和启示。

一、文献综述

关于审计需求有许多研究（陈汉文，2012），关于有限理性也有许多研究（Simon，1955；西蒙，2002；杨小凯，2003）。然而，现有文献中没有直接研究有限理性与审计的关系的，相关的是内部审计动因的研究。关于内部审计的动因，可以用代理理论、受托责任理论和信息理论进行解释（王光远，1995a；1995b），与有限理性有关联的解释以管理需要论为代表。

内部审计发展到今天，究竟是职业界努力的结果，还是管理的需要强化所产生的结果？依管理需要论来看，这是管理需要强化所产生的结果（冯均科，1996）。

布瑞克认为，“在内部审计师职业建立以前，随着工商企业和其他各种组织的活动范围变得愈来愈庞大，愈来愈复杂，对控制和经营效率的管理更加困难。……愈来愈多的管理部门发现有必要任用一些专门的职员去检查和报告正在发生的事情，并对其原因进行深入的调查，这些专业人员就是内部审计人员。”①

娄尔行等（1987）认为，企业规模不断扩大、控制跨度增加、经营地点分散，削弱了企业管理人员能够直接了解所属各级经营管理情况的能力，企业管理人员需要有鉴别能力、能够做出客观评价的专门人员予以帮助，于是产生了企业内部审计。

冯均科（1996）提出了职能缺位论与职能强化论。职能缺位论认为，每一种专门的活动之所以能够存在，是因为它们各自正在履行着通过分工赋予的特殊职能。由于这种职能具有不可替代性，因此，相应的活动就出现了。内部审计所实现的职能，是经济单位管理职能的一部分，没有这种职能，与之有关的管理职能的履行可能会出现故障，而一旦形成了这种职能，整个管理系统就能够协调运转。职能强化论认为，社会给予各种专门工作的职能分工总是随着社会的进步而发生各种变化，对某些工作的需要强化，进而需要对该项工作的职能强化；与此相反，也可能对某些工作的需要变得弱化，进而需要将该项工作的职能萎缩。内部审计的成长，表明随着社会的进步，对它的需要得以强化。

上述部分文献从不同的视角论述了内部审计是基于管理的需求产生和发展的。然而，问题的关键在于，为什么会有这种管理需求呢？管理需要论没有回答。我们认为，管理之所以需要内部审计，其中一个很重要的原因是有限理性的作用。正是由于有限理性，管理才需要内部审计。

① 文硕．世界审计史．北京：中国审计出版社，1990．

二、有限理性、次优问题和审计：理论框架

有限理性作为一种人性假设，会影响人的行为。在有限理性约束下，会产生次优问题，为了应对次优问题，需要一些有针对性的制度安排，审计是其中之一。从有限理性到审计需求的逻辑路径如图 3-2 所示。

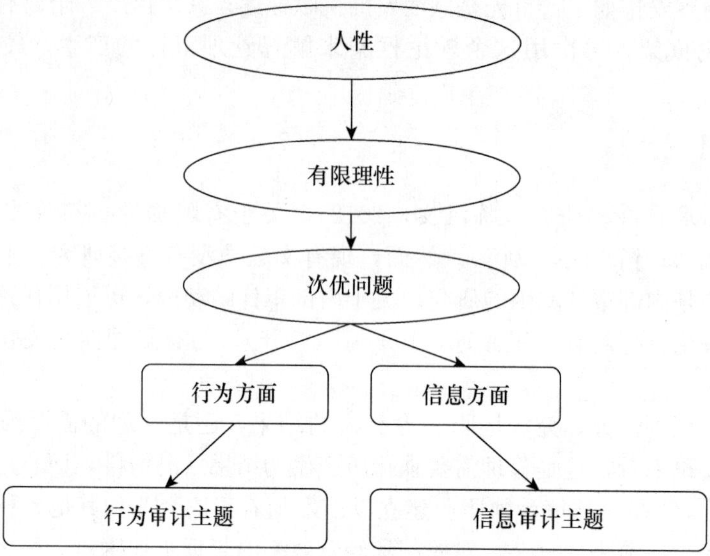

图 3-2　基于有限理性的审计需求

（一）人性中的有限理性

经典经济学理论一直以经济人假设为前提。经济人有两大特征：一是自利，即人们的行为动机是趋利避害，是利己的；二是完全理性，即每个人都能够通过成本/收益或趋利避害原则来对其所面临的一切机会和目标及实现目标的手段进行优化选择。具体地讲，完全理性有以下内涵：(1) 理性人具有关于其所处环境的完备知识，这些知识即使不是绝对完备的，至少也是相当丰富、相当透彻的；(2) 理性人有稳定且清楚的偏好；(3) 理性人有很强的计算能力，能算出每种选择的后果；(4) 理性人能使其选中的方案自然达到其偏好的最高点，即理性人总是选择最优。

哈耶克在《自由秩序原理》中指出："毋庸置疑，理性乃是人类所拥有的最为珍贵的禀赋。"然而，完全理性假设不仅在真实性方面存在缺陷，而且在逻辑推理上和实践检验中都遭到质疑。实际上，行为人的理性是有限的，在此前提下，新制度经济学、演化经济学和行为经济学等经济学分支构建了自己的学科体系并创建了行为人在有限理性条件下的真实选择模式（柴盈、何自力，2006）。

西蒙认为，现实生活中管理者和决策者是介于完全理性与完全非理性之间的有限理性的管理人。在实际决策中，有限理性表现为：决策者无法寻找到全部备选方案，也无法完全预测全部备选方案的后果，还不具有一套明确的、完全一致的偏好体系，以使他能在多种多样的决策环境中做出最优决策方案的选择。具有有限理性的管理人就是现实生活中的人，其相对于经济人假设做了两个根本性转变：第一，经济人同真实世界的一切事物打交

道，而管理人同自己头脑里所感知的世界打交道；第二，经济人寻找最优决策，管理人只寻找满意决策（Simon，1955；西蒙，2002）。

威廉姆森接受了西蒙的有限理性学说，指出经济人在接收、存储、检索、处理信息以及语言运用等方面的认知能力不足会影响人的抉择（Williamson，1975）。

杨小凯（2002）认为，如果计算和收集信息的费用很高，则最优决策和全部均衡中都会出现直观决策、模仿、按固定规则决策等看似不是完全最优化的决策过程。个人理性可能产生社会无理性的后果，而缺乏个人理性的决策的交互作用的演化有可能会产生对全社会而言看似理性的后果。收集不完全信息的费用巨大，以此为基础计算最优决策的费用也十分高昂。因此，每个人只能按照看得见的市价做决策，而不参考他人的决策及他人的私人信息。

大量的心理学实验和近年来实验经济学的迅速发展表明，在现实中，人并不是完全理性的，人们在做出经济决策时总是存在误差，而这些误差产生的原因大多来自信息成本、思考成本、激动和经验等因素的影响，人们的认知能力有心理的极限，认知作为一种资源是稀缺的，使用它时必须支付一定的成本，然而，人们在决策时很少把这种成本考虑进去（张良桥、冯从文，2001）。

总体来说，在有限理性理论看来，人的行为是有意识的理性，但这种理性又是有限的。也就是说，人并不能在任何情形下都做出最优选择。其原因主要有三个方面：一是，环境是复杂的，人们面临的是具有不确定性的世界，因此，信息是不完全的、有限的；二是，人对环境的计算能力和认识能力是有限的，人不可能无所不知，因此，人的信息能力是有限的；三是，人会受到情境的影响，在某些情形下，会做出情绪化的选择，理性在这里的作用是有限的。基于上述原因，人是有限理性的。

（二）次优问题及其两个方面

西蒙认为，正是由于人类的有限理性，人们不可能追求最优决策，而只能追求满意决策。那么，什么是满意决策呢？西蒙认为，所谓满意，就是满意的资源，通过满意的组合和利用，获得满意的效果，而这才是合理的，也是能实现的。西蒙在论述这个理论的时候举过一个例子：两个饿得快要晕倒的人，爬到一块玉米地的边上，这些玉米正好能给他们恢复体力和重新获得生命的机会。其中一个人追求最优，他的想法是：既然要填饱肚子，那么最好的方式就是找到一个最大的玉米，找到它就能延续生命。于是他在玉米地里不停地爬行、寻觅。但是最大的玉米还没有找到，他就饿死在寻找的途中。第二个人追求满意，他想：只要能填饱肚子，一个比较大的玉米就行。于是，他在手所能触及的范围内，摘下来一个最大的玉米。吃下去之后，体力便恢复了一点；然后，他在能力所允许的活动范围内继续寻找，又找到一个最大的玉米吃了下去……他的生命终于得救，体力也完全恢复。最后，这块地里最大的玉米被不断寻找满意的他得到了（Simon，2002）。

满意决策是指决策者根据现实的条件，追求一种满意结果的决策，它是以对现实条件的充分分析为基础，选择一种满意的方案，继而达到决策目标的一种决策。最优决策和满意决策，两者对决策条件和决策效果的要求存在差异。前者追求在最佳条件下实现最优目标，后者强调在现实条件下取得满意结果。满意决策的经济意义在于以有限的资源获得次优但让人满意的结果。对应的极端情况是不计成本耗用资源（时间、人力、金钱）以获得最佳结果。

满意决策具体体现在以下几个方面：决策目标追求的不是使期望值达到理想的要求，而是使它们能够得到切实的改善，实力得到增强；决策备选方案不是越多越好，而是要达到能够满足分析对比和实现决策目标的要求，能够较充分利用外部环境提供的机会，并能较好地利用内部资源；决策方案选择不是要避免一切风险，而是对可实现决策目标的方案进行权衡，做到“两利相权取其重，两害相权取其轻”。

然而，即使是“满意”，本身也有程度的区分，例如，“满意”“很满意”“较满意”“满意”等。西蒙及其他学者没有直接论及满意决策的满意程度的区分。何大安（2004）指出，西蒙的学说认为目标函数只能实现满意，而难以达到最优，意味着人在有限理性思考下的抉择结果难以取得最大值，这实际上是在质疑传统经济学的同时折射出有限理性的程度问题。

何大安（2004）将有限理性分为潜在有限理性、即时有限理性和实际有限理性三个层级。潜在有限理性是有限理性的最大值。从时间长短来测度有限理性实现程度，必须考虑行为人在单位时间内（日、周、月等）对影响抉择的不确定性因素的分析程度，行为人在有限理性范围内存在一个实现程度的最大值，这一最大值的实现要求行为人能够在充分发挥自身认知能力的基础上，全方位考虑影响抉择的所有不确定性因素，并且，从抉择效率的角度来考察，还必须能够正确分类、加工和处理好这些不确定性因素。因此，可以把行为人的这种状态称为潜在有限理性。即时有限理性是有限理性的最小值。在较短的时间内，行为人难以对影响抉择的各种不确定性因素做出合理的预测、判断、加工和处理，认知偏差显著，有限理性的实现程度通常较低，可以将这种状态称为即时有限理性。即时有限理性，类似于西蒙所说的直觉理性。实际有限理性的取值处于最大值和最小值之间。在现实生活中，行为经济人的有限理性，既不是在较长时间也不是在较短时间内实现的，它通常要经历一定时间的思考。为此，将介于较短时间和较长时间之间所实现的有限理性状态，称为实际有限理性。显然，在实际有限理性状态下，行为人对影响抉择的不确定性因素经历了一定时间的思考和分析，其认知能力得到了一定程度的提高。从有限理性的实现程度来看，实际有限理性介于即时有限理性与潜在有限理性之间。然而，即使是实际有限理性，也存在实际有限理性实现程度的最小值和最大值，行为人理性抉择所能达到的实际程度值，通常介于最小值和最大值之间。

次优选择或满意决策在经济学中对应最优选择，但不是对最优的任何偏离都可以称为次优或满意，所以，次优选择或满意决策并不是可以随意达到的，其本质是现实条件下的最优，任何对现实条件没有充分利用的选择或决策都不是西蒙意义上的次优选择或满意决策，我们称之为次优问题。次优问题不同于次优选择，并不是所做的选择或决策没有达到西蒙意义上的最优，而是在当前的环境下，没有做出最适宜的选择。简单地说，次优问题是指没有做出当前环境下最适宜的选择，还存在改进的潜力。

一般来讲，次优问题也就是没有达到何大安（2004）所指出的实际有限理性的最大值，而是处于最小值和最大值之间。从结果上来看，有限理性引发的次优问题与机会主义行为引发的代理问题很相似，只是机会主义行为引发的代理问题是有意为之，也就是代理人有意追求某种偏离委托人期望的结果，而有限理性引发的次优问题是无意为之，也就是行为人本身无意追求次优结果，由于有限理性，才出现了次优结果。最典型的形态是，舞弊是机会主义行为引发的代理问题，而错误是有限理性引发的次优问题。因此，对于许多非常严重的次优问题，通常难以区分是无意还是有意，所谓的“推定欺诈”就是这种情形的典型。

既然次优问题与代理问题很类似，而根据信息经济学理论，代理问题主要包括隐匿行为和隐匿信息两种类型，与之相类似，次优问题也就表现在行为方面和信息方面。

从行为方面来说，次优行为主要表现为没有选择当前环境下的最适宜行动方案（包括制度）或没有实施当前环境下的最优行动，从而存在较大的改进潜力。例如，没有确定适宜的组织目标，没有选择适宜的战略，没有建立适宜的管理体系，没有建立适宜的人力资源队伍，没有建立适宜的职能体系，已经建立的管理体系没有得到执行，国家颁布的法律法规没有得到遵守，上级颁布的政策没有正确落实等。这些次优行为有两个共同特点：第一，在现实条件下，完全可以不出现上述问题，且可以做得更好，也就是说，这些行为并不是西蒙意义上的次优选择，而是没有达到实际有限理性实现程度的最大值；第二，出现上述次优行为不是有意为之，而是有限理性所导致的，如果是有意为之，那么就是机会主义行为了。

从信息方面来说，信息次优是指没有提供当前环境下的最适宜信息，从而出现信息错误或重大遗漏。信息的一般要求是真实完整，而信息机会主义偏离真实完整，其主要有两种类型：一是信息虚假；二是信息不完整。信息虚假是指代理人有意弄虚作假，信息不完整是指代理人有意不提供某些信息。信息次优的最终结果也是信息不真实、不完整，但这里的信息不真实是行为人的错误所致，不是故意弄虚作假；这里的不完整是行为人的错误或疏忽所致，不是故意为之。当信息出现不真实、不完整时，有些情形容易确定是故意为之还是无意为之，也就是说，信息舞弊和信息错误是能区分的；但是，在某些情形下，无法区分是有意还是无意，也就是说，信息舞弊和信息错误难以区分。所以，信息舞弊和信息错误是相互交织的。

（三）审计及其主题

人的有限理性可能产生次优问题（不是次优选择）。如何应对次优问题呢？主要的方法是建立制度并执行制度。例如，从法律的角度来看，程序正义大于实体正义是基本常识，一些有事实犯罪的人，会由于证据不足不能定罪，但这是人类认知的局限导致的，是不得不做的“两害相权取其轻”的选择。

一般来说，应对有限理性的具体制度与应对代理问题或机会主义行为的制度具有相似之处，主要的制度包括制衡制度、激励制度、监督制度、问责制度、公开透明制度和道德制度等。这些制度有两个焦点：第一，提高效率，也就是防止低效率问题的出现；第二，防范风险，也就是抑制对目标达成有负面影响的因素。通过这些制度对低效率问题的阻止和风险的抑制，次优问题得到控制，其最终表现为行为次优和信息次优得到有效抑制。

在这个过程中，审计如何发挥作用呢？主要有三个路径：第一，作为这些制度的组成部分，直接应对行为次优和信息次优，例如，作为监督制度的组成部分，直接发挥对行为的监督作用；作为问责制度的组成部分，直接发挥责任信息的鉴证作用。第二，对这些制度本身进行评估，关注制度设计是否有缺陷，关注制度是否得到执行。第三，对制度的执行效果进行评估，关注制度执行的真正效果如何，是否存在改进的机会。一般来说，在许多情形下，制度执行的效果体现为一些信息，对这些信息的鉴证是对制度执行效果评估的前提。

上述三个路径归纳起来有两个主题：一是行为；二是信息。当审计作为直接应对次优问题的制度的组成部分时，要么直接监督行为，要么鉴证信息；当审计对制度设计及其执行进行评估时，要么是规范行为的制度，要么是规范信息生产的制度，从本质意义上来说，审计关注行为规则和信息规则；当对制度执行效果进行评估时，一方面需要对体现制度执行效果的信息进行鉴证，另一方面需要从制度执行效果的优劣来反思制度本身是否存在缺陷，这又回归到了对制度本身的评估。总体来说，审计的主题可以概括为行为和信息两个方面。①

三、有限理性、次优问题和审计：管理审计产生动因

管理审计的萌芽可追溯到1875年的德国克虏伯公司，真正意义上的管理审计孕育于20世纪30年代。管理审计在发展过程中取得了许多成就，也遇到许多障碍。管理职业界、政府审计界、内部审计界和民间审计界共同推动着管理审计的发展。总的来说，20世纪60年代以前，是管理审计的起步和探索阶段，各方力量从管理审计实务和管理审计理论来探索管理审计，管理审计总体上仍处于不规范和无准则的状态。20世纪60年代以后，管理审计进入发展完善阶段，朝着准则化和规范化方向发展（郑石桥，2012）。

对于推动管理审计理论和实务发展的力量，职业界及学术界认识不一。戴尔·弗莱谢和斯图尔特·西沃特认为，管理审计的概念出现于20世纪30年代，推动管理审计理论和实务发展的有三股力量：政府审计、管理职业界和内部审计。就美国当时的情况而言，这三股力量分别是：科尔曼·安德鲁斯领导下的联邦政府审计署（GAO）；杰克逊·马丁德尔领导下的美国管理协会（AMA）；约翰·舍斯顿领导下的内部审计师协会（IIA）。日本的松田修一认为，推动管理审计理论和实务发展的有三股力量：内部审计、政府审计和审计委员会，他强调了审计委员会的作用，但未考虑管理职业界的作用。概括起来，政府审计、管理职业界和内部审计作为推动管理审计理论和实务发展的力量得到了认可。同时，美国注册会计师协会所发布的有关管理审计的各种文告也说明，民间审计对管理审计理论和实务的发展发挥了重要作用，这一点也是不容忽视的。总的来说，推动管理审计理论和实务发展的力量包括管理职业界、政府审计、内部审计、民间审计（郑石桥，2012）。

为什么多方力量会共同推进管理审计理论和实务的发展？众多专家和权威机构从不同角度论证了管理审计源于有限理性。

久保田音二郎指出，大多数会计学家持有这样的观点：企业的生产、购销等具体活动因受到技术革命和流通革命的影响而飞速发展，经营管理却没有相应的进步，所以，也就出现了不平衡现象。这一点在国外设有事业部和工厂等的现代大企业中表现更为突出。因此，企业为了改善经营管理，使之适应生产和购销活动的新形势，开始采用管理审计这种审计的新形式。②

① 虽然审计的主题可以概括为行为和信息两个方面，但行为和信息包含约束它们的制度，所以，制度可以成为独立的审计主题，如此一来，审计主题就可以分为行为、信息和制度三个方面。

② 番场嘉一郎．会计学大词典．武汉：湖北省会计学会，1981．

维克托·布林克将管理审计发展变化的动因归结为四个方面：日常各项管理活动的发展；企业活动向更大范围渗透；分权管理的动向；企业对审计师的信任。[①]

国际内部审计师协会认为，期望内部审计师能够从企业整体利益出发，检查各项管理是否在有效地发挥功效，是管理审计产生的重要原因。同时，国际内部审计师协会的“内部审计师责任说明书”一直认为，内部审计就是通过计量和评价其他各项控制的有效性来发挥作用的管理控制（王光远，1995a）。

四、结论和启示

关于审计需求的理论解释主要有代理理论、信息理论、行为理论和保险理论，然而，这些理论在解释财务审计之外的审计需求时显得非常乏力。本节以有限理性为基础来解释审计需求。

有限理性作为一种人性假设，会影响人的行为。在有限理性约束下，会产生次优问题，为了应对次优问题，需要一些有针对性的制度安排，审计是其中之一。

任何对现实条件没有充分利用的选择或决策都不是西蒙意义上的次优选择或满意决策，我们称之为次优问题。次优问题不同于次优选择，是在当前的环境下，没有做出最适宜的选择，也就是没有达到实际有限理性的最大值，而是处于最小值和最大值之间。从结果来看，有限理性引发的次优问题和机会主义行为引发的代理问题很相似，只是机会主义行为引发的代理问题是有意为之，也就是代理人有意追求某种偏离委托人期望的结果，而有限理性引发的次优问题是无意为之，也就是行为人本身无意追求次优结果，由于有限理性，才出现了次优结果。

次优问题与代理问题很类似，也体现在行为方面和信息方面。从行为方面来说，行为次优主要表现为没有选择当前环境下的最适宜行动方案或没有实施当前环境下的最优行动，从而存在较大的改进潜力。从信息方面来说，信息次优是指没有提供当前环境下的最适宜信息，从而出现信息错误或重大遗漏。

应对次优问题的主要方法是建立制度并执行制度。一般来说，应对有限理性的具体制度与应对代理问题或机会主义行为的制度具有相似之处，主要包括制衡制度、激励制度、监督制度、问责制度、公开透明制度和道德制度等。

在应对次优问题的过程中，审计发挥作用主要有三个路径：第一，作为这些制度的组成部分，直接应对行为次优和信息次优；第二，对这些制度本身进行评估，关注制度设计是否有缺陷，关注制度是否得到执行；第三，对制度的执行效果进行评估，关注制度执行的真正效果如何，是否存在改进的机会。上述三个路径归纳起来有两个主题：一是行为；二是信息。所以，审计的主题可以概括为行为和信息两个方面。

众多专家和权威机构从不同角度论述了管理审计的动因，归纳起来就是：管理审计源于有限理性，这与本节的理论框架相一致。

审计需求理论看似理论问题，实际上具有重大的实践意义。例如，审计的界定究竟在何处？审计究竟应该关注什么问题？对于这些问题的不同回答，对审计制度会有不同的选择。如果审计需要关注次优问题，那么，我国审计界所倡导的建设性审计就正是审计的本

---

① 维克托·布林克．布林克内部审计学．北京：中国时代经济出版社，2006．

意。从问题出发，分析体制、机制和制度存在的问题，通过这些问题的整改，为解决国家治理中的次优问题提供参考，推进国家治理现代化。

本章参考文献

[1] 郑石桥. 金融审计需求：一个理论框架. 财会月刊，2018（24）：124-129.

[2] 杨时展. 审计的产生和发展. 财会通讯，1986（4）：4-8.

[3] 杨时展. 现代会计的特质. 财会通讯，1991（3）：3-6.

[4] 林炳发. 审计本质研究. 审计与经济研究，1998.

[5] 王光远. 管理控制与内部受托责任审计. 财会月刊，2002（5）：3-5.

[6] 郑石桥，陈丹萍. 机会主义、问责机制和审计. 中南财经政法大学学报，2011（4）：129-134.

[7] 郑石桥，贾云洁. 预算机会主义、预算治理构造和预算审计——国家审计嵌入公共预算的理论架构. 南京审计大学，2012（4）：80-88.

[8] 郑石桥，马新智. 审计基础理论探索——机会主义、问责和审计. 北京：中国出版集团，2012.

[9] 李永强. 美国政府审计发展及其启示. 财会通讯，2007（11）：84-86.

[10] 李璐. 美国政府绩效审计方法的变迁及启示. 中南财经政法大学学报，2009（6）：51-59.

[11] 郑石桥. 绩效审计方法. 北京：东北财经大学出版社，2012.

[12] 黄小菊. 美国政府绩效审计与政府治理的关系及其启示. 审计与理财，2012（3）：29-31.

[13] 马骏. 实现政治问责的三条道路. 中国社会科学，2010（5）：103-120.

[14] 宋涛. 行政问责概念及内涵辨析. 深圳大学学报，2005（2）：42-46.

[15] 唐斌. 我国政府问责中的理论误读及反思. 中共山西省委党校学报，2010（6）.

[16] 谢荣. 高级审计理论与实务. 北京：经济科学出版社，2011：10-11.

[17] 陈汉文. 实证审计理论. 北京：中国人民大学出版社，2012：274.

[18] 西蒙. 理性选择行为模型. 西蒙选集. 黄涛，译. 北京：首都经贸大学出版社，2002.

[19] 杨小凯. 不完全信息与有限理性的差别. 开放时代，2002（3）：76-81.

[20] 王光远. 管理审计动因论（上）. 审计与经济研究，1995（3）：15-21.

[21] 王光远. 管理审计动因论（下）. 审计与经济研究，1995（4）：18-21.

[22] 冯均科. 内部审计动因初探. 当代财经，1996（12）：43-46.

[23] 娄尔行. 审计学概论. 上海：上海人民出版社，1987：492.

[24] 柴盈，何自力. 论完全理性与有限理性——对现代经济学理性假设的反思. 华中师范大学学报，2006（5）：57-63.

[25] 张良桥，冯从文. 理性与有限理性：论经典博弈理论与进化博弈理论之关系. 世界经济，2001（8）：74-78.

[26] 何大安. 行为经济人有限理性的实现程度. 中国社会科学，2004 (4)：91-101.

[27] 郑石桥，管理审计方法. 大连：东北财经大学出版社，2012.

[28] Eisenhardt，K. M. Agency theory：an assessment and review. The Academy of Management Review，1989，14 (1)：57-74.

[29] Watta，R. L. and Zimmerman，J. L. Agency problems，auditing，and the theory of the firm：some Evidence. Journal of Law and Economics，1983：613-633.

[30] Timan，S. and Trueman，B. Information quality and the valuation of new issues. Journal of accounting and economics，1986：159-171.

[31] Menon，K. and Williams，D. The insurance hypothesis and market price. The Accounting Review，1994，69 (2)：327-342.

[32] Fama，E. F. Agency problems and the theory of the firm. The Journal of Political Economy，1980，88 (2)：288-307.

[33] Fama，E. F. and Jensen，M. C. Separation of ownership and control. Journal of Law and Economics，1983，26 (2)：301-325.

[34] Hart，O. Corporate governance：some theory and implications. The Economic Journal，1995，105 (430)：678-689.

[35] Jensen，M. C. The modern industrial revolution，exit，and failure of internal control systems. The Journal of Finance，1993，48 (3)：831-880.

[36] Shleifer，A. and Vishny，R. W. A survey of corporate governance. The Journal of Finance，1997，52 (2)：737-783.

[37] Williamson，O. E. The modern corporation：origins，evolution，attributes. Journal of Economics Literate，1981，19 (4)：1537-1568.

[38] Simon，H. A. A behavioral model of rational choice. The Quarterly Journal of Economics，1955，69 (1).

[39] Williamson，O. E. Markets and hierarchies：analysis and antitrust implications. New York：The Free Press，1975：21-23.

第四章　审计目标理论

审计目标就是人们通过审计实践活动所期望达到的境地或希望得到的结果，它是审计工作的出发点和归宿。审计目标受审计需求和审计功能制约，在不同的审计需求和审计功能下，审计目标不同。同时，不同的审计目标选择又会影响具体的审计行为，从而出现不同的审计现象，这些审计现象又会影响人们对审计本质的理解。本章的主题是审计目标理论，首先介绍关于审计目标的主要理论；然后阐述审计目标体系；在此基础上，分析审计目标的影响因素及不同审计目标选择所产生的后果。具体来说，本章包括以下内容：审计目标的主要理论；审计目标体系；审计主题、权变因素和审计目标；审计目标、审计意见和审计法律责任；审计目标、审计意见和审计期望差。

第一节　审计目标的主要理论

审计目标的主要理论涉及两个问题：一是审计目标的层级；二是不同审计主体的审计目标。本节对这些问题的相关研究做简要介绍和评述。

一、审计目标的层级

关于审计目标的层次划分问题有两种观点：二层次论；三层次论。

二层次论认为，审计目标分为两个层级。两个层级的具体内容，不同文献有不同主张。

林炳发（1997）认为，审计基本目标的内容是评价受托经济责任履行的合法合规性、效率性、合理性、效益性和真实性。审计具体目标是审计基本目标在各项审计工作中的具体形式，一般体现在审计任务中。

秦荣生（2001）认为，审计目标在于评价受托经济责任，并随着评价受托经济责任内容的扩展而有所发展。在这一总目标下，不同审计的目标也有所不同。传统财务审计的目标，主要是对经营管理者所负受托经济责任进行审查和评价，经济效益审计的目标则是评价经营管理者在经营管理诸方面所负受托经济责任的履行情况。

罗文斌（2002）认为，审计目标分为两大类，针对审计管理工作的目标称为审计工作目标，针对审计业务工作的目标称为项目审计目标。审计工作目标是一个综合性的目标，根据审计行政管理所规划的期限长短又分为近期目标和远期目标。项目审计目标是一个单纯业务性的目标，只涉及审计实务方面。在审计工作中，项目审计目标常常简称为审计目标。

刘三昌、杨昌红（2003）认为，审计目标体系应包括审计本质目标和分类审计目标。审计本质目标是由审计本质所推出的不同社会形态下不同审计主体实施的不同类型审计所要实现的共同的、终极的目标。也就是说，审计的本质目标源自审计本质，应体现审计本质。分类审计目标是针对不同审计类型所设立的审计目标，其设立的依据是审计本质目标。

三层次论认为，审计目标分为三个层级。三个层级的具体内容，不同文献也有不同主张。

王文彬、林钟高（1992）认为，审计目标由审计工作目标、审计报告目标和审计质量目标组成。审计工作目标是提高经济效益和优化社会效益，审计报告目标是提供审计信息和利用审计信息，审计质量目标是保证决策有用性。

安亚人、宋英慧（1998）认为，审计目标是多元的、有层次的，审计目标体系一般包括本质目标、具体目标和分类目标三个层次。审计本质目标是评价受托经济责任的履行情况。审计具体目标包括：真实性、正确性目标；合法性、合规性目标；合理性、效益性目标；社会性目标。分类审计目标是审计具体目标的进一步展开，其具体表现形式繁多，从而使审计目标呈现多元化。

宋夏云（2006）认为，审计目标分为总目标、具体目标和项目目标，其中，总目标居于最高层次，它是具体目标和项目目标确立的基础，是相对稳定的；具体目标和项目目标是审计总目标的分解与实现形式，是动态发展的。

二、不同审计主体的审计目标

（一）政府审计目标

1. 国家审计总目标

秦荣生（1994）认为，国家审计总目标在于评价公共受托经济责任。刘建军（2000）认为，国家审计的本质目标在于监督保证国家资源使用、管理和报告公共责任的实现情况。蔡春（2001）认为，审计的本质目标是确保受托经济责任全面有效地履行。受托经济责任包括行为责任和报告责任。项俊波（2002）认为，审计的总目标是评价经济责任。沈国平（2003）认为，国家审计总目标在于检查公共责任。李金华（2003）认为，国家审计战略目标在于加强对权力的制约与监督，实现国家审计对象由“民”到“官”的转变，促进民主与法制建设，维护国家经济安全。

2. 国家审计具体目标

宋夏云（2006）对政府审计的具体目标相关研究文献进行了归纳，大致情形如表 4-1 所示。

表 4-1 政府审计具体目标

作者	审计具体目标
谢荣	真实、可靠、完整
秦荣生	合法、合规、真实、正确、社会、环保
王光远	合法、安全、经济、效率、效果、公平、环保
鲍国明	真实、合法、效益
孙宝厚	合法、真实、公允、效益
张继勋	合法、公允、一贯、经济、效率、效果
蔡春	保全、合法、经济、效率、效果、社会、控制、公允、可信
程新生	合法、真实、经济、效率、效果、公平、环保、风险、创新
项俊波	合规、真实、经济、效率、效果、社会、环保
石爱中	真实、合法、效益
张立民	合法、真实、经济、效率、效果
张龙平	经济、效率、效果、公平、环境生态

此外，宋夏云（2006）就政府审计目标进行了问卷调查，结果如表 4-2 所示。

表 4-2 国家审计基本内容

项目	人数	比例
合法性	194	78.86%
效益性	184	74.80%
真实性	171	69.51%
其他	11	4.47%

3. 政府审计三层次的目标

《中国特色社会主义审计理论研究》课题组（2013）认为，审计目标是审计行为要达到的目的，国家审计的目标不是单一的，而是具有多个层次的。总体来看，国家审计目标包括根本目标、现实目标和直接目标三个层次。这种层次性是由国家的根本性质、国家在特定阶段所面临的形势和任务、审计事项的性质和特点决定的。在实际工作中，审计机关通过实施单个审计项目，实现直接目标；通过开展一系列的审计项目，实现现实目标；通过完成不同时期的现实目标，最终实现根本目标。国家审计的根本目标是国家审计活动的最高层次的目标，体现了国家审计所期望达到的理想境地和最终结果。我国国家审计的根本目标是维护人民群众的根本利益。现实目标即在社会经济背景下一定发展阶段的国家审计为实现根本目标应达到的阶段性目标，是根本目标在一定发展阶段的分解和具体化。当前，国家审计的现实目标是推进法治、维护民生、推动改革、促进发展。国家审计的直接目标是实施审计活动最直接的目的，是处于基础地位的目标，是具体的、明确的，对审计过程具有指导作用。根据审计法的规定，国家审计的直接目标应当是监督和评价被审计单位财政收支、财务收支的真实性、合法性和效益性。

（二）内部审计目标

内部审计目标的相关研究不多，总体来说，关于内部审计目标有两种主要观点：一是，内部审计目标是增加组织价值，即增值论；二是，内部审计目标是保证和促进管理当局受托经济责任的有效履行，即受托经济责任论。

内部审计目标的增值论源于国际内部审计师协会 2001 年颁布的《内部审计实务标准》，这种观点认为，内部审计目标通常是为组织增加价值和提高运作效率（孟建军，2004；欧阳丽君、武喜元，2006；郭艳萍，2007；刘远梅，2010）。

内部审计目标的受托经济责任论的代表性观点是蔡春（1996）提出的，他认为内部审计目标是保证和促进管理当局受托经济责任的有效履行。受托经济责任划分为两部分，即行为责任和报告责任。前者是指按照特定要求和原则，比如保全性、合法性、经济性、效率性、效果性、社会性和控制性等，经营受托经济资源，从而相应地形成保全责任、遵纪守法责任、节约责任、效果责任、社会责任等受托经济责任的具体内容；后者是指按照特定要求和原则，比如真实性、公允性和可信性等，报告经营状况。

（三）民间审计目标

关于民间审计目标的研究文献不多，基本观点也较为统一，即认为民间审计目标是验证财务报表的真实与公允，而“真实与公允”有时也表述为“合法性和公允性”或“公允合法性”（孙立新，2008）。

除了上述公认的观点外，对于民间审计目标还有一些其他的观点，主要涉及舞弊及管理方面。关于民间审计与舞弊相关的目标，李君（2003）认为，无论是过去、现在和将来，查找被审计单位舞弊行为应一直是注册会计师审计的目标；胡春元（2003）认为，将验证财务报表的真实公允与查错纠弊并重是注册会计师审计的目标；刘慧芬（2006）认为，独立审计目标应定位于报表公允合法性和重大舞弊的揭示。关于民间审计与管理相关的目标，陈晓芳（2000）认为，审计目标是一定历史阶段的产物，随着我国市场经济的深层次发展，有关法律法规的不断健全和完善，企业的会计行为将逐步走向规范。基于此，注册会计师审计的主要目标将不再是财务报表的“三性”鉴证，而应向管理的领域有所深入和发展。因此，企业的报表审计将处于次要地位，而评价企业工作的经济性、效率性、效果性将成为审计工作的主要目标。

三、评述

以上简要介绍了关于审计目标的相关研究，丰富了我们对审计目标的认识，然而，关于审计目标的研究，还有许多问题需要进一步探讨。

第一，需要区分终极目标和直接目标。审计目标就是人们通过审计实践活动所期望达到的境地或希望得到的结果，简单地说，审计目标就是期望通过审计实践活动得到什么结果。这里的结果有两个层次，第一个层次是审计实践活动的直接结果，通常是审计报告，但是，审计报告中应报告什么内容呢？是关于经管责任履行中的代理问题还是经管责任履行中的次优问题？是信息方面的问题还是行为方面的问题抑或是制度方面的问题？对于这些问题的不同的选择，会出现不同类型的审计业务和审计报告。但是，无论如何，这种结果都是审计实践活动的直接结果，与这种结果相关的审计目标可以称为审计的直接目标。

然而，审计作为一种制度安排，其直接结果是要传达给利益相关者的，这些利益相关者在使用审计结果之后，又会产生一些新的结果，这也正是审计的终极价值所在。如果审计的直接结果对于利益相关者而言毫无价值，审计也就失去存在的意义，从这个角度来说，利益相关者使用审计结果之后的结果，才是审计的终极目标。现有研究中，绝大多数文献只论及了审计的直接目标，仅有少数文献论及了审计的终极目标，更少有文献明确区分审计的直接目标和终极目标。

第二，需要区分不同审计主题的审计目标。审计主题就是审计人员所要发表审计意见或形成审计结论的直接对象，审计过程就是围绕审计主题收集证据并发表审计意见或形成审计结论的系统过程。一般来说，审计主题可以分为三类：一是经济信息，也就是通常所说的认定；二是经济行为，也就是审计客体的作为或过程；三是经济制度，也就是约束经济信息和经济行为的规则。与上述三类主题相对应，审计分为信息审计、行为审计和制度审计。很显然，不同审计主题的审计目标不同。对于信息主题来说，直接审计目标是鉴证信息的真实性；对于行为主题来说，直接审计目标是鉴证其合法性；对于制度主题来说，直接目标是鉴证制度的健全性。然而目前未发现用区分审计主题来研究审计目标。

第三，由于审计体系包括不同的审计主体针对不同的审计客体所从事的不同审计业务类型，因此，审计目标也应该是一个体系。综观现有研究文献，未能形成系统的审计目标体系。同时，一些研究文献对于审计总目标和审计具体目标的区分也存在缺陷，例如，在民间审计中将鉴证财务报表的真实性和公允性作为其审计总目标，在国家审计中则将真实性、合法性、效益性作为具体审计目标。真实性审计目标，在民间审计是总目标，在国家审计则成了具体目标。这显然不合逻辑。

第二节　审计目标体系

审计目标的影响因素较多，不同的审计主题、审计主体和审计内容有不同的审计目标，甚至权变因素也会影响审计目标，同时，各类审计作为一个审计共同体，应该具有共性的审计目标，所以，审计目标应该是一个体系。本节介绍审计目标体系的构成并阐述主要审计目标的内容。

一、审计目标及其体系

审计目标就是人们期望通过审计实践活动得到的结果。这里的结果有两个层次，第一个层次是审计实践活动的直接结果，通常是以审计报告的方式展现。但是，审计报告中应报告什么内容呢？是关于经管责任履行中的代理问题还是经管责任履行中的次优问题？是信息方面的问题还是行为方面的问题抑或是制度方面的问题？对于这些问题的不同的选择，会出现不同类型的审计业务和审计报告。但无论如何，这些结果都是审计实践活动的直接结果，与这种结果相关的审计目标可以称为审计的直接目标。然而，审计作为一种制度安排，不是为审计而审计，利益相关者需要使用审计结果以达到其某种目标，所以，这些利益相关者在使用审计结果之后，又会产生一些新的结果，这也正是审计的终极价值所在。如果审计的直接结果对于利益相关者而言毫无价值，审计也就失去存在的意义，从这个角度来说，利益相关者使用审计结果之后的结果，才是审计的终极目标。

由于不同审计主体和不同审计内容都有其直接结果，并且利益相关者使用这些直接结果之后都会产生一些新的结果，因此，每个审计主体、每种审计业务、审计客体都有其终极目标和直接目标，从而形成了一个目标体系，大致情形如表 4－3 所示。

表 4－3　审计目标体系

项目			审计目标		
			终极目标	直接目标	
				总目标	具体目标
审计一般			√	√	×
专门审计	不同审计主体	政府审计	√	√	×
		民间审计	√	√	×
		内部审计	√	√	×
	不同审计内容	财务审计	√	√	√
		合规审计	√	√	√
		绩效审计	√	√	√
		制度审计	√	√	√
	不同审计客体	财政审计	√	√	×
		金融审计	√	√	×
		企业审计	√	√	×
		工程审计	√	√	×
		资源环境审计	√	√	×
		领导干部履责审计	√	√	×

√表示有这种情形，×表示没有这种情形。

需要说明的是，直接目标包括总目标、具体目标和项目目标三个层级，审计总目标是通过审计实践活动得到的直接总体结果，而审计具体目标是审计总目标的分解，是审计实践活动的框架，审计具体目标组合起来，就形成了审计总目标。项目审计目标是审计总目标和具体目标在特定项目的具体化，对于某一特定审计项目而言，审计总目标和具体目标需要根据该项目的具体情形予以落实，这种落实后的总目标和具体目标就是项目审计目标。另外，由于审计一般是各种专门审计的抽象，因此存在终极审计目标，而直接审计目标中只有总目标，即发现代理问题和次优问题。不同的审计业务中，代理问题和次优问题不同，因此，无法分解为具体审计目标。

二、终极审计目标

终极目标就是利益相关者使用审计的直接结果之后所期望得到的结果，审计作为一种鉴证制度安排，有其共性的终极目标，而各种审计主体针对各种审计客体实施的各种审计业务都有其独立的终极目标。

（一）审计一般的终极目标

审计一般的终极目标与审计需求理论和审计本质理论相关，前已述及，审计源于两个方面：一是自利产生的代理问题；二是有限理性产生的次优问题。为了应对代理问题和次优问题，人们建立了一整套的应对机制，审计是这些应对机制的重要部分，在这一整套的应对机制中，审计的定位是鉴证经管责任履行情况，关注经管责任履行情况中是否存在代理问题和次优问题，鉴证的最终目的是抑制代理问题和次优问题。所以，总体来说，委托人和利益相关者使用审计鉴证的结果是为了抑制代理人的代理问题和次优问题，以促使代理人更好地履行其经管责任。

审计是如何提供鉴证服务的呢？总体来说，有三个路径：一是以经济信息为主题，鉴证信息中是否存在代理问题和次优问题；二是以行为为主题，鉴证特定的行为中是否存在代理问题和次优问题；三是以制度为主题，鉴证履行经管责任的相关制度设计及执行是否存在缺陷。所以，信息审计的终极目标是抑制代理人履行经管责任相关的经济信息、经济行为和经济制度这三个维度的代理问题和次优问题，以促使代理人更好地履行其经管责任。

（二）内部审计的终极目标

国际内部审计师协会通过内部审计职责说明书或标准对内部审计概念做过多次界定，同时，对内部审计目标也有涉及：1947 年的 SRIA No. 1 将内部审计目标确定为“向管理部门提供防护性和建设性服务”，1957 年的 SRIA No. 2 到 1976 年的 SRIA No. 4 将内部审计目标确定为“向管理部门提供服务”，1981 年的 SRIA No. 5 到 1990 年的 SRIA No. 6 将内部审计目标确定为“为组织提供服务”，2001 年的 SPPI 和 2009 年的 IPPF 将内部审计目标确定为“增加价值和改善组织的运营，帮助组织实现其目标”。这些目标都是基于审计人角度的结果，而不是基于委托人角度的结果。从组织治理层、管理层角度出发，他们期望通过使用内部审计的成果得到什么结果呢？抑制组织内部的代理问题和次优问题，从而实现组织良治，这就是内部审计的终极目标。

包括审计委托人在内的利益相关者希望通过内部审计得到什么结果呢？这需要从内部审计需求出发来讨论。任何一个组织的设立都有一定的目标，任何组织也都离不开委托代理关系，而人性缺陷会带来影响组织目标的代理问题、次优问题，同时，组织环境会带来影响组织目标的风险，代理问题、次优问题和风险都会给组织目标的达成产生负面影响，通常称为消极因素。为了应对这个消极因素，需要创设治理机制，内部审计就是治理机制的组成部分。所以，从内部审计需求出发，利益相关者是希望通过内部审计抑制消极因素，从而促进组织目标的达成，这是最概括意义上的内部审计终极目标。

（三）政府审计的终极目标

政府审计的终极目标是政府审计的委托人通过使用政府审计成果所期望得到的结果。这种结果是什么呢？

最高审计机关国际组织 1977 年在秘鲁利马召开的第九届大会通过的《利马宣言》指出："公共资金的管理意味着一种委托关系，因此，有公共财政管理就一定要有审计。审计本身不是目的，而是控制体系不可缺少的组成部分。这种控制的目的是要及早地揭露背离公认标准、违反原则和法令制度及违背资源管理的效率、效果和经济原则的现象，以便在各种情况下尽可能及早采取改正措施，使当事人承担责任、赔偿经济损失或采取措施防止重犯，至少也要使今后更难发生"

这里的"揭露背离公认标准、违反原则和法令制度及违背资源管理的效率、效果和经济原则的现象"是政府审计的直接成果，而"以便在各种情况下尽可能及早采取改正措施，使当事人承担责任、赔偿经济损失或采取措施防止重犯，至少也要使今后更难发生"是使用政府审计直接成果后的结果，是政府审计的终极目标。

最高审计机关国际组织 2013 年在北京召开的第二十一届大会通过《北京宣言——最高审计机关促进良治》（以下简称《北京宣言》），其标题就显示政府审计机关的终极目标是"促进良治"。《北京宣言》指出，"世界审计组织通过强化各国最高审计机关，帮助各国政府提高绩效、增强透明度、落实问责制、维护信誉、打击腐败、提升公信力、保护公民的利益，进而促进了良治"，"最高审计机关可以通过增强透明度、落实问责制、提高绩效、打击腐败，进而实现国家良治，促进公平"。从《北京宣言》来看，政府审计机关的目标是促进国家良好治理。

因此，综观《利马宣言》和《北京宣言》，政府审计的终极目标是抑制公共治理的代理问题和次优问题，促进国家良治。

我们认为，从委托人角度来看，在国有资源经管责任履行中，由于人性自利和有限理性，在信息不对称、激励不相容、环境不确定的情形下，代理人（国有资源经管责任承担者）可能出现代理问题或次优问题，从而会使得国有资源经管责任偏离委托人的期望，为此，委托人会推动建立一个治理构造来应对代理人的代理问题或次优问题，政府审计是其中之一。所以，从终极目标来说，委托人是希望通过政府审计抑制国有资源经管责任履行中的代理问题或次优问题，如果这个目标能达成，国有资源经管责任就可以按预期目标运行。

（四）民间审计的终极目标

民间审计是接受委托从事审计业务，委托人的要求决定了民间审计目标，所以，民间审计并无特定的审计目标，其审计目标要根据委托人的要求来确定。一般意义上的民间审计终极目标需要从民间审计所从事的各类审计业务中来概括，正是从这个意义出发，民间审计的终极目标与审计一般的终极目标很类似。民间审计的定位是鉴证是否存在代理问题和次优问题，这种鉴证的最终目的是为了抑制代理问题和次优问题。总体来说，民间委托人使用审计鉴证的结果是为了抑制代理人的代理问题和次优问题。所以，民间审计的终极目标是抑制代理问题和次优问题。

三、审计总目标

审计总目标是通过审计实践活动得到的直接总体结果，一般来说，审计一般及各种专门审计的审计总目标如表 4－4 所示。

表 4-4　审计总目标体系

<table>
<tr><td colspan="3" rowspan="2">项目</td><td colspan="4">审计总目标</td></tr>
<tr><td>真实性</td><td>合法性</td><td>效益性</td><td>健全性</td></tr>
<tr><td colspan="3">审计一般</td><td colspan="4">发现经管责任履行中的代理问题和次优问题</td></tr>
<tr><td rowspan="14">专门审计</td><td rowspan="4">不同审计内容</td><td>财务审计</td><td>√</td><td></td><td></td><td></td></tr>
<tr><td>合规审计</td><td></td><td>√</td><td></td><td></td></tr>
<tr><td>绩效审计</td><td></td><td></td><td>√</td><td></td></tr>
<tr><td>制度审计</td><td></td><td></td><td></td><td>√</td></tr>
<tr><td rowspan="4">不同审计主体</td><td>政府审计</td><td colspan="4">发现经管责任履行中的代理问题和次优问题</td></tr>
<tr><td>内部审计</td><td colspan="4">发现经管责任履行中的代理问题和次优问题</td></tr>
<tr><td>民间审计</td><td colspan="4">发现经管责任履行中的代理问题和次优问题</td></tr>
<tr><td>军事审计</td><td colspan="4">发现经管责任履行中的代理问题和次优问题</td></tr>
<tr><td rowspan="6">不同审计客体</td><td>财政审计</td><td colspan="4">发现经管责任履行中的代理问题和次优问题</td></tr>
<tr><td>金融审计</td><td colspan="4">发现经管责任履行中的代理问题和次优问题</td></tr>
<tr><td>企业审计</td><td colspan="4">发现经管责任履行中的代理问题和次优问题</td></tr>
<tr><td>工程审计</td><td colspan="4">发现经管责任履行中的代理问题和次优问题</td></tr>
<tr><td>资源环境审计</td><td colspan="4">发现经管责任履行中的代理问题和次优问题</td></tr>
<tr><td>领导干部履责审计</td><td colspan="4">发现经管责任履行中的代理问题和次优问题</td></tr>
</table>

√表示有这种情形。

下面，我们来具体分析不同审计主体和不同审计内容的审计总目标。

（一）不同审计主体的审计总目标

1. 中国国家审计总目标

无论何种类型的国家审计，其审计总目标都是发现国有资源经管责任履行中的代理问题和次优问题。当然，国家审计机关会开展多种审计业务，所以，国家审计的总目标会通过不同的审计业务将审计总目标予以体现。

中国国家审计目标体现在《审计法》及其实施条例中，对中国国家审计目标给予明确解释的是《中华人民共和国国家审计准则》简称《国家审计准则》，该准则的第六条规定："审计机关的主要工作目标是通过监督被审计单位财政收支、财务收支以及有关经济活动的真实性、合法性、效益性，维护国家经济安全，推进民主法治，促进廉政建设，保障国家经济和社会健康发展。真实性是指反映财政收支、财务收支以及有关经济活动的信息与实际情况相符合的程度。合法性是指财政收支、财务收支以及有关经济活动遵守法律、法规或者规章的情况。效益性是指财政收支、财务收支以及有关经济活动实现的经济效益、社会效益和环境效益。"

根据《审计法》的解释，一般认为，中国国家审计目标是真实性、合法性、效益性。那么，这些审计目标与审计主题是什么关系呢？从《国家审计准则》第六条对审计目标的解释中可以看出：

（1）“真实性是指反映财政收支、财务收支以及有关经济活动的信息与实际情况相符合的程度。”这里的审计主题是反映财政收支、财务收支以及有关经济活动的信息，针对这些信息的审计目标是真实性。

（2）“合法性是指财政收支、财务收支以及有关经济活动遵守法律、法规或者规章的情况。”这里的审计主题是财政收支、财务收支以及有关经济活动，财政收支、财务收支及相关经济活动都是行为，所以，这里的审计主题最终可以归结为行为，针对这些行为的审计目标是合规合法性。

（3）“效益性是指财政收支、财务收支以及有关经济活动实现的经济效益、社会效益和环境效益。”这里的审计主题是经济效益、社会效益和环境效益，一般来说，这些效益需要表现为一些指标，所以，也可以归结为信息主题。《国家审计准则》已将该审计主题作为审计目标。事实上，效益性表现为一些数据，首先，需要鉴证其真实性，此时的审计目标也是真实性；其次，需要对效益与既定的效益标准进行比较，以评价效益的优劣，此时的审计目标在本质上就是合理性。

接下来的问题是，在真实性、合法性和合理性三大目标中，中国国家审计机关如何选择？也就是说，是三种目标同时关注，还是有选择地以某些目标为重点呢？从中国国家审计实践来看，应该是选择了以合法性和合理性目标为主。国家审计工作“立足建设性，坚持批判性”较好地解释了这种审计目标定位。批判性就是揭示问题、查处问题，主要关注财政收支、财务收支以及有关经济活动是否符合规定，而建设性是在揭示问题、查处问题的基础上，查找问题赖以产生的体制、机制和管理方面的缺陷，以促进更好、更多地提出解决问题的办法和措施，促进国家治理现代化，所以，建设性主要关注合理性（刘家义，2008）。

那么，中国国家审计机关为什么会做出这种审计目标选择呢？这主要是由审计需求决定的。新中国成立之后，我们建立了高度集中的计划经济体制。这种体制对中国社会经济发展发挥了一定的积极作用。然而，对生产力的束缚也很大，必须进行改革。目前，中国还处于体制转型时期，与社会主义市场经济体制相适应的制度体制还没有完全建立起来，各种体制、机制和制度方面问题还较多，违规等机会主义行为较为严重。在这种背景下，行为自然也就成为主要的审计主题。

2. 民间审计总目标

民间审计是通过接受委托开展业务的，其审计总目标都是发现委托人所关注的经管责任履行中的代理问题和次优问题。当然，由于民间审计机构会开展多种审计业务，因此，民间审计机构的总目标会通过不同的审计业务来体现审计总目标。

民间审计经历了多个发展阶段，在不同时期，其审计主题不同、影响审计目标的权变因素不同，因此目标也不同。

（1）以查错防弊为主要审计目标（20 世纪 30 年代以前）。这一阶段中发现舞弊被公认为是民间审计的首要目标，审计的目的就是鉴证管理人员在业务经营过程中有无舞弊行为。很显然，在这个阶段，审计主题是管理人员的行为，审计目标是揭露舞弊，也就是鉴证管理人员是否存在违法违规行为，合法合规性是主要的审计目标。

（2）以验证财务报表的真实公允性为主要审计目标（20 世纪 30 年代到 80 年代）。在这一阶段，审计目标转向了评价被审计单位管理当局提供的财务报表是否真实公允地反映了被审计单位的财务状况、经营成果和资金变动情况。很显然，在这个阶段，审计主题是财务报表，也就是信息，审计目标是真实公允性，真实性是主要审计目标。

（3）查错防弊和验证财务报表的真实公允性两目标并重（1988 年 AICPA 发布第 53，54 号《审计准则说明书》至今）。这一阶段的开始以 1988 年 AICPA 发布的第 53，54 号《审计准则说明书》为标志，查错防弊和验证财务报表的真实公允性成为并重的审计目标。

在这个阶段，以财务报表为代表的信息依然是重要的审计主题，与此相一致，真实性仍然是主要的审计目标。然而，这一阶段的“查错防弊”是否意味着行为又重新成为重要的审计主题，与之相关的合法合规性又成为重要的审计目标呢？根据相关准则的分析，并不能得出这样的结论。因为，此时的查错防弊不是 20 世纪 30 年代以前“查错防弊”所特指的鉴证管理人员在业务经营过程中有无舞弊行为，而是特指财务报表中的错误和舞弊。美国的 53 号《审计准则说明书》和我国的相关审计准则都体现了此种概念。

美国的 53 号《审计准则说明书》指出“审计人员必须评价舞弊和差错可能引起财务报表严重失实的风险，并依据这种评价设计审计程序，以合理地保证揭露对财务报表有重大影响的舞弊和差错”。很显然，这里关注的是“以合理地保证揭露对财务报表有重大影响的舞弊和差错”，并不是一般意义上的舞弊和差错。

《中国注册会计师审计准则第 1141 号——财务报表审计中与舞弊相关的责任》第九条指出，“本准则的规定旨在帮助注册会计师识别和评估舞弊导致的重大错报风险，以及设计用以发现这类错报的审计程序”。《中国注册会计师审计准则第 1142 号——财务报表审计中对法律法规的考虑》第五条指出，“本准则旨在帮助注册会计师识别由于违反法律法规导致的财务报表重大错报。注册会计师没有责任防止被审计单位违反法律法规行为，也不能期望其发现所有的违反法律法规行为”。很显然，上述两个准则都表明，注册会计师主要关注与财务报表重大错报相关的舞弊和违反法律法规行为，并不是要以这些行为作为审计主题，审计主题仍然是财务报表。

美国和中国的民间审计准则都表明，在查错防弊和验证财务报表的真实公允性两目标并重阶段，实质上审计主题还是财务报表信息，舞弊和违反法律法规行为只是当其影响财务报表的真实公允性时才进入审计视野，所以，这个阶段的审计主题仍然是信息，审计目标仍然是真实性。

3. 内部审计总目标

无论何种类型的内部审计，其审计总目标都是发现内部经管责任履行中的代理问题和次优问题。当然，内部审计机构会开展多种审计业务，所以，内部审计的总目标会通过不同的审计业务体现审计总目标。

国际内部审计师协会通过内部审计职责说明书或标准对内部审计概念做过多次界定，根据这些界定，我们将其性质、内容和终极目标归纳如表 4－5 所示。

表 4－5　内部审计性质、对象和终极目标

职责说明书或标准	内部审计性质	内部审计内容	内部审计目标
SRIA No. 1（1947）	独立评价活动	会计、财务及其他业务活动	向管理部门提供防护性和建设性服务

续表

职责说明书或标准	内部审计性质	内部审计内容	内部审计目标
SRIA No. 2（1957）	独立评价活动	会计、财务及其他业务活动	向管理部门提供服务
SRIA No. 3（1971）	独立评价活动	业务活动	向管理部门提供服务
SRIA No. 4（1976）	独立评价活动	业务活动	向管理部门提供服务
SRIA No. 5（1981）	独立评价活动	组织活动	为组织提供服务
SRIA No. 6（1990）	独立评价活动	组织活动	为组织提供服务
SPPI（2001）	确认和咨询活动	风险管理、控制和治理过程	增加价值和改善组织的运营，帮助组织实现其目标
IPPF（2009）	确认和咨询活动	风险管理、控制和治理过程	增加价值和改善组织的运营，帮助组织实现其目标

内部审计的内容分为三类：一是信息，体现为会计活动，主要是会计信息，也包括一些业务信息；二是各种活动，包括财务活动、业务活动和组织活动；三是制度，包括风险管理、控制和治理的过程。这些审计内容显示了怎样的审计主题呢？首先，各类信息明显属于信息主题，在各种活动中，会计活动与会计信息相关，不应理解为是行为主题，应理解为是信息主题。除了会计活动之外的其他各种活动，都可以理解为是行为主题。其次，当以风险管理、控制和治理过程作为审计对象时，审计主题应该是制度。因为风险管理、控制和治理过程是约束行为的，评价这些过程的设计及执行是从更高层次对与之相关的制度进行审计。所以，总体来说，在内部审计发展的早期，行为和信息共同构成审计主题；从 1971 年的 SRIA No. 3 开始，内部审计的主题是行为；从 2001 年的 SPPI 开始，作为约束行为的制度成为审计主题，这是更高层次的制度主题。

（二）不同审计内容的审计总目标

财务审计的审计主题是财务信息，其终极审计目标是从财务信息角度入手，抑制代理问题和次优问题。从直接审计目标来说，财务信息必然表现为一些数据，这就需要鉴证其真实性，此时的审计主题是信息，审计目标是真实性，通俗地说，就是寻找财务信息错弊。

合规审计的审计主题是经济行为，从行为角度入手，抑制代理问题和次优问题。合规审计关注财政财务收支及相关经济活动是否遵守了相关的法律法规和规章制度，合法合规性是其审计目标，通俗地说，就是寻找违规经济行为。

绩效审计有否定的定位，当定位于绩效信息鉴证时，绩效审计的直接审计目标是鉴证其真实性，审计主题是绩效信息，通俗地说，就是寻找绩效信息错弊。

制度审计的审计主题是制度（包括信息系统及网络系统或网络平台），直接审计目标是健全性，包括设计健全性和执行有效性，通俗地说，就是寻找制度设计和制度执行缺陷。

（三）不同审计客体的审计总目标

1. 财政审计

就直接目标来说，财政经管责任鉴证的总目标是发现财政经管责任履行中的代理问题和次优问题。各种内容的财政经管责任都要转换为财政财务信息、业务信息、财政财务行为和财政财务制度四种审计主题，不同类型的财政审计主题，代理问题和次优问题不同，从而产生不同的审计直接目标。对财政财务信息进行鉴证，就是为了判断其真实性，实质是找出已经失真的财政财务信息；对业务信息进行鉴证，就是为了判断业务信息的真实性，实质是找出已经失真的业务信息；对财政财务行为进行鉴证，就是为了判断财政财务行为的合法合规性，实质是找出已经发生的违纪违规的财政财务行为；对财政财务制度进行鉴证，就是为了判断财政财务制度的健全性，实质是找出财政财务的制度设计缺陷及执行缺陷。

2. 金融审计

就直接目标来说，审计机构必须找出金融机构及其管理层在履行金融经管责任中的代理问题和次优问题。金融经管责任要落实到信息、行为和制度三类审计主题。信息主题承载的审计目标是信息错报，对于审计机构来说，其目标就是通过审计来发现信息错报，一般称为真实性目标；行为主题承载的审计目标是行为违规，对于审计机构来说，其目标就是通过审计来发现违规行为，一般称为合法性目标；制度主题承载的审计目标是制度缺陷，对于审计机构来说，其目标就是通过审计来发现制度缺陷，一般称为健全性目标。

3. 企业审计

为了抑制代理人在履行企业类经管责任中的代理问题和次优问题，审计机构必须检查代理人是否存在这些问题，所以，鉴证、评价和监督代理人在履行企业类经管责任中的代理问题和次优问题，就成为审计机构的目标，也称为审计直接目标。

4. 工程审计

工程审计的直接目标是审计机构希望通过审计得到的结果，那么，审计机构希望通过工程审计得到什么呢？由于直接目标要服务于终极目标，审计机构希望通过工程审计发现代理人履行其工程类经管责任中的负面问题（包括代理问题和次优问题），并推动负面问题得到整改，这个目标有两个方面的含义：一是希望通过工程审计发现代理人在履行工程类经管责任中的负面问题，这些问题会给工程类经管责任的履行带来负面影响，影响委托人的利益；二是对于发现的这些负面问题，审计机构还要推动其整改，因为如果只是发现这些问题，并不能整改这些问题，那么，代理人工程类经管责任的履行状况就无法得到改善，只有这些负面问题得到了整改，代理人工程类经管责任履行状况才能得到真正的改善。

5. 领导干部经济责任审计

对于审计机构来说，希望通过领导干部经济责任审计找出领导干部经济责任履行中的代理问题和次优问题，并推动整治这些问题，是领导干部经济责任审计的直接目标。找出领导干部经济责任履行中的代理问题和次优问题是审计结果的主要体现，通过应用这些结果，促使领导干部更好地履行经济责任。找出领导干部经济责任履行中的代理问题和次优问题是基础，没有这些审计结果，也就没有审计结果的应用。

6. 领导干部资源环境责任审计

领导干部资源环境责任审计的直接目标是在资源环境委托代理关系中，审计机构期望通过这种审计得到的结果。这种结果是什么呢？我们认为，这种审计的直接目标就是找出领导干部资源环境责任履行中的代理问题和次优问题，并推动审计整改和审计结果应用，其核心内容有两个：一是找出领导干部资源环境责任履行中的代理问题和次优问题；二是推动审计整改和成果应用。

四、审计具体目标：以财务审计为例

审计具体目标是审计总目标的分解，是审计实践活动的框架。从审计主题角度来看，信息审计分为财务信息审计和非财务信息审计，行为审计包括财经法纪审计、舞弊审计、内部控制审计和管理审计等。从具体审计目标来说，除财务信息审计的具体目标较清晰外，其他各类审计的具体审计目标并不清晰。所以，我们这里仅介绍财务信息审计的具体审计目标。

（一）管理层认定

认定是指管理层对财务报表组成要素的确认、计量、列报做出的明确或隐含的表达。认定与审计目标密切相关，审计师的基本职责就是确定被审计单位管理层对其财务报表的认定是否恰当。管理层对财务报表各组成要素均做出了认定之后，审计师的审计工作就是要确定管理层的认定是否恰当。

1. 与各类交易和事项相关的认定

各类交易和事项的认定通常分为以下类别：

发生：记录的交易和事项已发生且与被审计单位有关。

完整性：所有应当记录的交易和事项均已记录。

准确性：与交易和事项有关的金额及其他数据已恰当记录。

截止：交易和事项已记录于正确的会计期间。

分类：交易和事项已记录于恰当的账户。

2. 与期末账户余额相关的认定

期末账户余额的认定通常分为以下类别：

存在：记录的资产、负债和所有者权益是存在的。

权利和义务：记录的资产由被审计单位拥有或控制，记录的负债是被审计单位应当履行的偿还义务。

完整性：所有应当记录的资产、负债和所有者权益均已记录。

计价和分摊：资产、负债和所有者权益以恰当的金额包括在财务报表中，与之相关的计价或分摊调整已恰当记录。

3. 与列报相关的认定

列报的认定通常分为以下类别：

发生及权利和义务：披露的交易、事项和其他情况已发生，且与被审计单位有关。

完整性：所有应当包括在财务报表中的披露均已包括。

分类和可理解性：财务信息已被恰当地列报和描述，且披露内容表述清楚。

准确性和计价：财务信息和其他信息已公允披露，且金额恰当。

（二）具体审计目标

审计师了解了认定，就很容易确定每个项目的具体审计目标，并以此作为评估重大错报风险以及设计和实施进一步审计程序的基础。

1. 与各类交易和事项相关的审计目标

发生：由发生认定推导的审计目标是已记录的交易是真实的。例如，如果没有发生销售交易，但在销售日记账中记录了一笔销售，则违反了该目标。发生认定所要解决的问题是管理层是否把那些未曾发生的项目记入财务报表，它主要与财务报表组成要素的高估有关。

完整性：由完整性认定推导的审计目标是已发生的交易确实已经记录。例如，如果发生了销售交易，但没有在销售日记账和总账中记录，则违反了该目标。发生和完整性两者强调的是相反的关注点。发生目标针对潜在的高估，完整性目标则针对漏记交易（低估）。

准确性：由准确性认定推导出的审计目标是已记录的交易是按正确金额反映的。例如，如果在销售交易中，发出商品的数量与账单上的数量不符，或是开账单时使用了错误的销售价格，或是账单中的乘积或加总有误，或是在销售日记账中记录了错误的金额，则违反了该目标。

准确性与发生、完整性之间存在区别。例如，若已记录的销售交易是不应当记录的（如发出的商品是寄销商品），则即使发票金额是准确计算的，仍违反了发生目标。再如，若已入账的销售交易是对正确发出商品的记录，但金额计算错误，则违反了准确性目标，但没有违反发生目标。在完整性与准确性之间也存在同样的关系。

截止：由截止认定推导出的审计目标是接近于资产负债表日的交易记录于恰当的期间。例如，如果本期交易推迟到下期，或下期交易提前到本期，均违反了截止目标。

分类：由分类认定推导出的审计目标是被审计单位记录的交易经过适当分类。例如，如果将现销记录为赊销，将出售经营性固定资产所得的收入记录为营业收入，则导致交易分类的错误，违反了分类的目标。

2. 与期末账户余额相关的审计目标

存在：由存在认定推导的审计目标是已记录的金额确实存在。例如，如果不存在某顾客的应收账款，在应收账款试算平衡表中却列入了对该顾客的应收账款，则违反了存在的目标。

权利和义务：由权利和义务认定推导的审计目标是资产归属于被审计单位，负债属于被审计单位的义务。例如，将他人寄售商品记入被审计单位的存货账中，违反了权利的目标；将不属于被审计单位的债务记入账内，违反了义务目标。

完整性：由完整性认定推导的审计目标是已存在的金额均已记录。例如，如果存在某顾客的应收账款，在应收账款试算平衡表中却没有列入对该顾客的应收账款，则违反了完整性目标。

计价和分摊：资产、负债和所有者权益以恰当的金额包括在财务报表中，与之相关的计价或分摊调整已恰当记录。

3. 与列报相关的审计目标

发生及权利和义务：将没有发生的交易、事项，或与被审计单位无关的交易和事项包括在财务报表中，则违反该目标。例如，复核董事会会议记录中是否记载了固定资产抵押等事项，询问管理层固定资产是否被抵押，即是对列报的权利认定的运用。如果抵押固定资产则需要在财务报表中列报，说明其权利受到限制。

完整性：如果应当披露的事项没有包括在财务报表中，则违反该目标。例如，检查关联方和关联交易，以验证其在财务报表中是否得到充分披露，即是对列报的完整性认定的运用。

分类和可理解性：财务信息已被恰当地列报和描述，且披露内容表述清楚。例如，检查存货的主要类别是否已披露，是否将一年内到期的长期负债列为流动负债，即是对列报的分类和可理解性认定的运用。

准确性和计价：财务信息和其他信息已公允披露，且金额恰当。例如，检查财务报表附注是否分别对原材料、在产品和产成品等存货成本核算方法作了恰当说明，即是对列报的准确性和计价认定的运用。

第三节　审计主题、权变因素和审计目标

审计目标就是人们通过审计实践活动所期望达到的境地或希望得到的结果，它是审计工作的出发点，也是审计工作的归宿。不同的审计目标选择会导致不同的审计制度构建和不同的审计资源配置，进而会产生不同的审计效果，最终表现为在国家治理、组织治理中发挥不同的作用。

关于审计目标主要有三个问题，一是审计目标究竟是什么？二是审计目标究竟受哪些因素的影响？三是不同的审计目标选择会产生什么后果？本节主要关注第二个问题。不少文献研究了审计目标的影响因素，一般认为，审计需求、审计供给和社会环境是影响目标的主要因素，然而以这种方式确定的审计目标影响因素无法将审计目标影响因素和具体的审计业务联系起来。我们认为，不同的审计主题有不同的审计目标，审计主题决定了审计目标的基本类型，在此基础上，一些权变因素影响特定时空范围内的审计目标的确定。本节内容安排如下：首先是做简要的文献综述，在此基础上，提出一个关于审计主题、权变因素和审计目标的关系的理论架构。

一、文献综述

关于审计目标影响因素的研究大致分为两类：一是不区分审计主体来讨论审计目标；二是讨论不同审计主体的审计目标。

关于不区分审计主体来讨论审计目标的研究，一般认为，审计需求、审计供给和社会环境是影响目标的主要因素。安亚人、宋英慧（1998）认为，审计目标的确定受制于两个因素：一是社会需要审计做什么；二是审计能做什么。社会需要审计做什么，表明社会经济环境是制约审计目标的外在规定性。审计能做什么，表明审计的功能是制约审计目标的内在因素。赵华、卢洁（2010）认为，影响审计目标的因素包括审计需求、审计供给和社会环境三个方面，审计需求主体包括政府部门、企业管理当局和投资者，这些需求主体的审计信息需求发生变化，审计目标也会发生变化。审计供给能力包括审计理论和技术的发

展、审计主体规模的扩大，这些供给能力发生变化，审计目标也会发生变化。社会环境包括经济体制、法律体系、法制意识等，这些因素发生变化，对审计目标会提出新的要求。王文彬、林钟高（1992）在更加广泛的意义上研究了影响审计目标的因素，他们认为，审计目标具有主观见之于客观的性质，一定时间和空间范围内的审计目标，受审计发展过程中的客观内在规律的影响，主要的因素包括：决定审计运行目标的首先是审计的社会性质，在不同的社会制度下，审计的目标必然不同；在同样的社会性质下，由于审计体制或审计方式不同，审计的运行目标也不一样；审计运行目标还取决于审计本身的特征及其在经济监督中的地位和作用；审计运行目标的规定还要考虑审计环境的发展变化，特别是经济环境的变革对审计提出的挑战。

关于不同审计主体的审计目标的研究，内部审计目标的相关研究主要集中在对增值目标的理解（孟建军，2004；郭艳萍，2007）。关于政府审计目标，李凤鸣、刘世林（1986）认为，审计目标要体现审计的基本职能和反映社会的要求。鲍国民（1998）认为，在不同的审计环境下，由于对受托经济责任的理解和要求不同，审计目标也不同。薛小荣（2004）认为，政府行为及行为方式对财政审计目标、金融审计目标、企业审计目标、社会保障基金审计目标和经济责任审计目标都会形成影响。王秦湘（2011）认为，审计目标的确定受诸多因素的影响和制约，其中较为重要的因素有：社会需求；审计能力；国家政治经济环境。其中，审计能力受审计理论、审计技术、审计人员素质、审计条件等因素的制约。国家政治经济环境对审计目标定位的影响，具体表现在国家法律的制定和变化，法律诉讼判决，会计职业团体的整体职业素质和职业道德。《中国特色社会主义审计理论研究》课题组（2013）认为，影响审计目标的因素主要有两个：一是经济社会发展的客观需求；二是审计自身的能力和水平。民间审计目标较为明确，主要的研究集中于其变迁原因。刘圣妮（2000）认为，注册会计师审计目标演变的根本原因是社会公众的需求。此外，审计技术的革新和社会环境的变化也对注册会计师审计目标的发展有较大影响。胡春元（2003）认为，注册会计师审计目标是社会需求与审计能力的有机统一。

上述文献丰富了我们对审计目标影响因素的认识，但是，以这种方式确定的审计目标影响因素，难以在实际工作中将其与具体的审计业务联系起来。本节从审计主题的角度研究审计目标影响因素，能够弥补这个缺陷。

二、审计主题、权变因素和审计目标：总体框架

根据本节前面的文献综述，可以了解影响审计目标的因素主要是审计需求、审计供给和环境因素。基于此，本节首先引入了审计主题，并将审计需求和审计供给统一于审计主题；其次，由于环境因素较为复杂，不同国家、不同组织、不同时期的环境因素不同，因此，本节将环境因素归纳为权变因素。联系审计需求理论，本节提出关于审计目标影响因素的理论框架如图 4－1 所示。

该图表示的理论框架主要含义如下：第一，自利和有限理性这两个人性假设产生了信息和行为两类代理问题及次优问题，进而产生信息、行为和制度三类审计主题，但最终选择什么主题作为重点，是由权变因素决定的；第二，信息审计目标是真实性和效益性，行为审计目标是合法性，制度审计目标是健全性，但最终选择什么目标，也是由权变因素决定的。下面，我们来详细阐述这个理论框架。

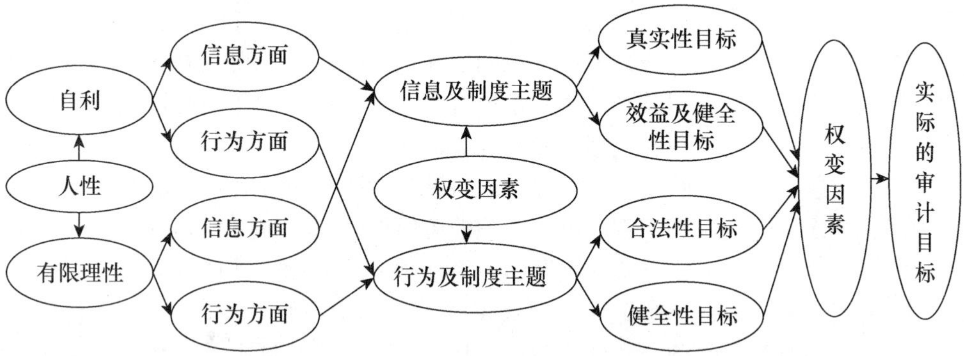

图4-1　审计目标影响因素的理论框架

三、审计主题及权变因素的影响

审计主题就是审计人员所要发表审计意见的直接对象，审计过程就是围绕审计主题收集证据并发表审计意见的系统过程。一般来说，审计主题可以分为三类：一是信息，也就是通常所说的认定；二是行为，也就是审计客体的作为或过程；三是制度，也就是约束信息和行为的规则或过程。与上述三类主题相对应，审计也分为信息审计、行为审计和制度审计。

为什么审计主题分为信息、行为和制度三类呢？关于这个问题的解释涉及审计需求理论。限于本节的主题，这里不展开讨论，仅仅阐述其核心思想。

由于人是自利的，会寻找一切机会进行自利。在委托代理关系中，由于信息不对称、激励不相容和环境不确定，代理人会有机会主义行为（或称为代理问题），主要表现为两个方面，一是隐藏行为，二是隐藏信息，或者称为败德行为和逆向选择。总体来说，机会主义行为表现为信息方面、行为方面及约束二者的制度方面。针对代理人的这种机会主义行为，委托人当然会有所行动，建立应对这些机会主义行为的治理机制，审计是其中的重要组成部分，其基本功能就是从信息和行为及约束二者的制度这三个方面鉴证代理人是否存在机会主义行为。

自利只是人性之一，有限理性是人性的另一个重要方面。由于有限理性，人们难以做出最优选择，即使是西蒙意义的次优选择也难以做到，实际生活中做出的选择一般都会次于西蒙意义的次优选择，从而出现许多改进的机会，这些改进机会的存在，表示现实生活中的选择是存在缺陷的，并没有充分利用现有资源和条件，所以，从一般意义上来说，现实生活中的选择与西蒙意义上的次优选择总是存在差距，可以将这个差距称为次优问题。从根源上来说，次优源于有限理性；从表现形式或内容来说，也主要体现在次优行为、次优信息和制度次优三个方面。从次优行为来说，主要是行动存在重大的改进机会，也就是存在缺陷。从次优信息来说，主要表现为无意识的信息错误或遗漏。从次优制度来说，主要是制度设计或制度执行存在缺陷。针对人的有限理性，人们也会采取针对性的措施，尽量减少次优问题。审计是其中的重要手段之一，其基本功能就是从信息、行为和制度三个方面鉴证是否存在次优问题。

总体来说，从自利和有限理性这两个人性假设出发，产生了信息、行为和制度三大类审计主题。一般来说，在特定的空间和时间范围内，哪类审计主题是重点主题，没有普通的规律可循，而是体现为受一些权变因素的影响。已经发现的权变因素包括：

（1）委托人及利益相关者的需求。代理问题和次优问题都会损害委托人及利益相关者的利益，但是，不同的代理问题和次优问题损害利益的程度不同。同时，同样的代理问题和次优问题对于不同委托人和利益相关者的利益损害程度也不同，因此，对于需要审计重点关注的审计主题会有不同的偏好。一般来说，越是对委托人及利益相关者利益损害程度大的代理问题和次优问题，成为重点审计主题的可能性越大；越是重要的委托人和利益相关者关注的审计主题，成为重点审计主题的可能性越大。例如，就债权人来说，信息问题对债权人可能很重要，而行为问题对债权人可能损害不大，如果审计主要为债权人服务，信息主题就会成为重要的主题。同样的股东，相对于非公开募集来说，当资本是通过资本市场公开募集时，信息主题的重要性将大大增加。

（2）治理构造。治理构造是应对代理问题和次优问题的制度安排，审计是其中的重要内容。治理构造作为一个整体来应对代理问题和次优问题，在不同的治理构造下，审计应对的重点代理问题和次优问题不同，从而使得不同的治理构造下重点审计主题不同。例如，中国政府审计目前主要关注行为主题，主要的原因是中国的治理构造还处于转型中，代理问题和次优问题较多，在这种背景下，当然要将行为作为主要的审计主题。美国则不同，美国的国家治理构造较为完善，行为违规的机会较少，在这种背景下，信息成为其重点审计主题。

当然，委托人及利益相关者的需求与治理构造有密切的关系，治理构造不同，会影响委托人及利益相关者对审计的需求。尽管如此，二者还是各有独立的内容。此外，政治环境、法律环境、社会环境和审计自身的一些因素对审计主题的选择也会产生一定的影响，这里不再详细分析。

四、不同审计主题的审计目标

审计目标就是人们通过审计实践活动所期望达到的境地或希望得到的结果。一般来说，审计目标至少包括终极审计目标和直接审计目标两个层级。

终极审计目标，就是人们通过审计实践活动最终所期望达到的境地或希望得到的结果。人们为什么需要信息审计？为什么需要行为审计？为什么需要制度审计？其主要原因是人类的代理问题和次优问题表现在信息、行为和制度三个方面。如果要抑制代理问题和次优问题，就必须从这三个方面入手，首先是鉴证这三个方面是否存在问题，其次在此基础上，再采取相应的行动。所以，总体来说，终极审计目标是抑制代理问题和次优问题，信息主题、行为主题和制度主题是三个不同的路径，信息审计从信息角度入手来抑制代理问题和次优问题；行为审计从行为角度入手来抑制代理问题和次优问题；制度审计从制度的角度入手来抑制代理问题和次优问题。

关于直接审计目标有不同的观点。就审计一般而论，关于审计目标有多种不同的观点，但是，真实性、合法性、效益性和健全性这四个目标得到大多数人的认可，也得到我国政府审计机关的官方认可。很显然，对于不同审计主题，人们关注的角度不同，期望不同，审计目标也不同。

真实性关注的是信息有无虚假或错报，是针对信息审计主题的。合法性也称为合法合规性，关注的是财政财务收支及相关经济活动是否遵守了相关的法律法规和规章制度，是针对行为审计主题的。效益性关注的是财政收支、财务收支以及有关经济活动实现的经济效益、社会效益和环境效益，这里的审计内容是经济效益、社会效益和环境效益，它们属于信息审计主题，其原因如下：首先，效益性必然表现为一些数据，需要鉴证其真实性，此时，审计主题是信息，审计目标是真实性；其次，需要对鉴证后的效益与既定的效益标准进行比较，以评价效益的优劣，此时，审计主题仍然是信息，当然还需要评价效益本身的优劣，正是在这种意义上，审计目标可以归结为效益性；最后，如果效益不好，就需要寻找原因，这就必然会涉及效益生产的全过程，从全过程中寻找缺陷，发现增进效益的机会，此时，针对的是次优问题和代理问题，从这个意义上来说，审计目标也可以归结为效益性。所以，总体来说，效益性既包括真实性的要求，其内涵又超越了真实性。健全性关注的是制度设计是否存在缺陷、制度执行是否有效，其针对的是制度审计主题。

综上所述，审计主题、终极审计目标和直接审计目标之间的关系归纳如表 4-6 所示。

表 4-6 审计主题、终极审计目标和直接审计目标

审计目标		信息审计主题	行为审计主题	制度主题
终极审计目标		从信息角度入手，抑制代理问题和次优问题	从行为角度入手，抑制代理问题和次优问题	从制度角度入手，抑制代理问题和次优问题
直接审计目标	真实性	√	×	×
	合法性	×	√	×
	效益性	√	×	×
	健全性	×	×	√

√表示有这种情形，×表示没有这种情形。

五、权变因素对审计目标的影响

以上分析了信息审计和行为审计的审计目标，这些分析仅就一般情形而论，实际中的审计目标确定还会受到一些权变因素的影响。这些权变因素在不同的时空范围表现不同，使具体的审计目标呈现多样化的特征。

影响审计目标确定的权变因素较为复杂，前面分析过的影响审计主题的委托人及利益相关者的需求、治理构造、政治环境、法律环境、社会环境和审计自身的一些因素都可能会影响审计目标的最终确定。

就信息审计主题来说，它具有真实性和效益性两个审计目标。在许多情形下，可能只关注真实性目标，而忽视效益性目标。例如，民间审计机构对上市公司的财务报表进行审计，一般只是对财务报表的公允性发表审计意见，实施真实性目标审计。然而，就这些财务信息反映的财务绩效的优劣状况如何？优劣的原因是什么？对于这些涉及效益性目标的内容，现行的民间审计实务并未涉及。为什么不涉及呢？主要有两个原因，一是委托人及利益相关者的这种需求并不强烈；二是审计技术方面还存在一定的困难。在另外一些情形下，则可能出现相反的情形，只关注效益性目标，不重视真实性目标。例如，许多审计机构开展的经济责任审计中，对于许多列为经济责任的指标并未鉴证其真实性，却根据这些指标对领导干部经济责任进行评价。这显然是忽视信息的真实性，而关注信息所反映的业绩的效益性。这其中的原因，一方面是审计机构对审计本质的理解存在误差；另一方面是非财务信息审计还存在一些技术困难。

就行为审计主题来说，主要是合法性审计目标。不同的审计主体可能对这个审计目标有不同的选择。从内部审计来说，当然也关注本组织是否执行国家相关的法律法规，但是，本组织内部的规章制度的执行，也可能是合法性目标的重点。同时，相对于合法性目标来说，制度健全性目标可能更为重要，因为所谓的“通过应用系统、规范的方法，评价并改善风险管理、控制和治理过程的效果，帮助组织实现其目标”，其实质就是要寻找风险管理、控制和治理过程的缺陷，这里的风险管理、控制和治理是约束行为的制度，此时的审计主题是制度，而审计目标是健全性。所以，总体来说，内部审计更加重视健全性目标。

就民间审计来说，是接受委托从事审计活动，所以，委托人要求审计什么，民间审计就审计什么。目前，民间审计的主要业务是财务报表审计，其审计主题是信息，不是行为，主要关注真实性目标。如果在审计过程中发现了被审计单位的违法行为，当然要采取相应的行动，但是，民间审计机构没有责任设计专门的程序来检查被审计单位是否存在违法行为，所以合法性不是其关注的审计目标。至于效益性，民间审计当然可能给被审计单位提供管理建议书，然而，这是真实性审计的副产品，民间审计机构没有责任设置专门的程序来生产这类副产品。所以，总体而言，对于民间审计来说，合法性和效益性不是其主要的审计目标。对于国家审计机关来说，在理论上，国家相关法律法规的执行当然是重要的审计主题，但是，如果国家治理构造较为健全，违法违规的机会较少，那么合法性可能就不一定是重要的审计目标，只有在国家治理较为粗糙，违法违规的机会较多时，合法性才是重要的审计目标。同样，如果国家治理较为健全，体制、机制和管理方面的改进机会不多，那么健全性也就难以成为重要的审计目标，只有在国家治理较为粗糙，体制、机制和管理方面的改进机会较多时，健全性才会成为重要的审计目标。

六、结论和启示

审计目标就是人们通过审计实践活动所期望达到的境地或希望得到的结果，不同的审计目标选择会导致不同的审计制度构建和不同的审计资源配置，从而产生不同的审计效果。一般认为，审计需求、审计供给和社会环境是影响目标的主要因素，然而以这种方式确定的审计目标影响因素无法将审计目标影响因素和具体的审计业务联系起来。因此，本节从审计主题的角度研究了审计目标的影响因素。

审计主题就是审计人员所要发表审计意见的直接对象，审计过程就是围绕审计主题收集证据并发表审计意见的系统过程。自利和有限理性这两个人性假设产生了信息、行为和制度三类主题，最终选择什么主题作为重点，是由权变因素决定的；信息审计的审计目标是真实性和效益性，行为审计的审计目标是合法性，制度审计的审计目标是健全性，最终选择什么目标，也是由权变因素决定的。根据对国家审计目标、民间审计目标和内部审计目标的界定和变迁的分析，得出的结论符合上述理论框架。

审计主题是决定审计目标的基本因素，在此基础上，权变因素才会发生作用。既定的审计目标，只有在既定的审计主题下才能实现，所以，在审计实践中，确定合适的审计主题是最重要的，在审计主题既定的情况下，审计目标的大致方向也就确定了。审计主题和审计目标之间的匹配性决定审计工作的效率和效果，如果割裂了二者之间的关系，则审计工作的效率和效果将受到负面影响。同时，在二者正确匹配的情况下，还需要重视具体时空条件下的特定因素对审计目标的影响。

第四节　审计目标、审计意见和审计法律责任

审计作为一种职业，应对所有依赖其工作的人承担责任，审计只有接受这些社会责任，才会确立它作为一种职业的地位（莫茨、夏拉夫，1990）。审计作为一种鉴证代理问题和次优问题的制度安排，对其应有责任的担当是其社会价值的基础。由于审计法律责任不同，人们观察到的审计现象不同，对审计本质的认识也不同。审计本质理论中的保险论将审计作为一种信息保险机制，这无疑是以一定的审计法律责任担当为背景的。

关于审计责任的研究主要涉及审计责任的概念、界定及对策，少量文献涉及影响审计责任的因素，因此，本节主要关注审计法律责任的影响因素。内容安排如下：首先是做简要的文献综述；其次以审计主题为基础，从审计目标和审计意见角度，提出一个关于审计目标、审计意见和审计法律责任关系的通用理论框架；再次用这个理论框架来解释我国政府审计、民间审计和内部审计法律责任；最后得出结论和启示。

一、文献综述

关于审计责任有许多研究，研究主题主要是审计责任的概念、界定及对策，少量文献涉及影响审计责任的因素。

关于审计责任的概念，公认的是：审计责任是指审计人员在执行审计业务中应履行的专业职责，以及因工作失误对公众造成损失所应承担的法律责任。前者称为审计职业责任，后者称为审计法律责任（谢荣，1994；刘兵，1994；刘力云，1998；杨书怀，2008）。

关于审计责任的界定，一些文献强调区分审计责任和会计责任（王朝华，2001；邱景忠，2005），一些文献强调法律界和职业界的协调（方广海，1996；刘燕，1998）。

关于应对审计责任的对策，大多数文献认为，职业界应该对舞弊审计承担责任，为此，需要采取提高人才素质、优化审计准则和审计技术、改进审计报告内容甚至购买审计责任保险等措施（仇莹、陈纪林，2001；颜军、孙益文、牟蔚，2004；朱萍，2008）。

少量文献涉及影响审计责任的因素。谢荣（1994）对影响审计责任的因素从两个角度进行了分析，一方面，审计职责是一个由审计目标和审计行为依据所组成的二维职责域，其中，第一维由审计目标的内容确定，第二维由审计的行为依据确定。另一方面，他从审计目标变迁中分析了审计目标与审计责任的关系，当以揭弊查错为审计目标时，审计人员的责任就是揭露舞弊和差错，尤其是重大舞弊和差错；当以验证财务报表的真实公允为主要审计目标时，审计人员的责任就不再以揭弊查错为主，而是着重对财务报表的公允性做出评价；当以验证财务报表的真实公允与揭弊查错并重为审计目标时，社会对审计人员应承担揭弊查错的责任的呼声越来越高，双重审计目标已为越来越多的国家、组织所接受。

此外，谢志华（2000）认为，由于审计中充满职业判断，因此审计责任与会计事项本身的不确定性成反向变动关系。刘明辉、胡波（2005）认为，审计师的技术能力、审计效

果与期望差距始终与审计师的揭弊查错责任相伴相随。如果职业界不能从根本上创新审计思路、审计方法及审计技术，以及提高审计师发现舞弊的能力和效果，审计师作为一种职业就会逐渐走向萎缩。吴溪（2007）发现，监管者对审计责任的认定倾向直接影响注册会计师审计执业行为的行政法律责任和民事法律责任。

上述这些文献对于我们理解、界定和应对审计责任有较大的价值，然而，关于审计法律责任的影响因素，除了谢荣（1994）的二维审计职责域外，并无一个解释审计法律责任的通用理论框架，下面将以审计主题为基础，从审计目标和审计意见的角度，提出一个解释审计法律责任的通用理论框架。

二、审计目标、审计意见和审计责任：理论框架

一般认为，只有在发表了错误的审计意见之后，才需要承担相应的审计法律责任。然而，发表什么样的审计意见是由审计目标决定的，不同的审计目标要求不同类型的审计意见，从而产生不同的审计法律责任。为什么不同的审计目标要求不同的审计意见类型呢？主要是因为审计目标与审计主题有密切关系，正是不同的审计主题决定了不同的审计目标。所以，总体来说，审计主题决定审计目标，而审计目标决定审计意见类型，不同的审计意见类型又会有不同的审计法律责任，三者之间的关系如图 4－2 所示。

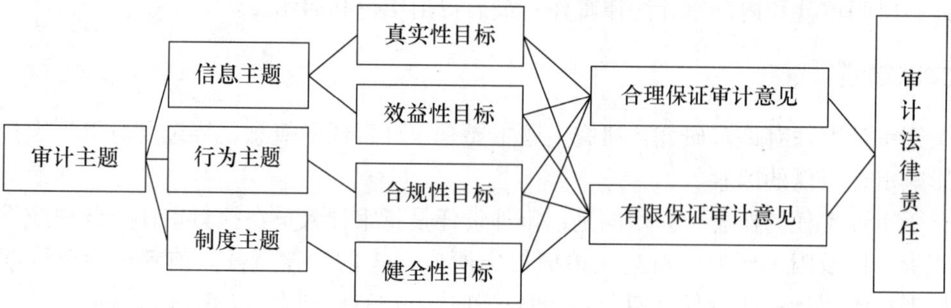

图 4－2　审计目标、审计意见和审计责任的关系

（一）审计主题和审计目标

审计目标就是人们通过审计实践活动所期望达到的境地或希望得到的结果，不同的审计主题有不同的审计目标。审计主题就是审计人员所要发表审计意见的直接对象，审计过程就是围绕审计主题收集证据并发表审计意见的系统过程。一般来说，审计主题可以分为三类：一是信息，也就是通常所说的认定；二是行为，也就是被审计单位的作为或过程；三是制度，也就是约束信息和行为的规则或过程。与上述三类主题相对应，审计也分为信息审计、行为审计和制度审计。

不同的审计主题有不同的审计目标。如果不考虑不同的审计主体、不同的审计业务类型，就审计一般而言，真实性、合法性、效益性和健全性这些目标得到大多数人的认同（宋夏云，2006）。真实性关注的是信息有无虚假或错报，适用于信息审计主题。合法性也称为合法合规性，关注的是财政财务收支及相关经济活动是否遵守了相关的法律法规和规章制度，适用于行为审计主题。效益性关注的是财政收支、财务收支以及有关经济活动实现的经济效益、社会效益和环境效益，这里的审计内容是经济效益、社会效益和环境效益，它们是信息审计主题。健全性关注的是制度设计是否存在缺陷、制度执行是否有效。

（二）审计目标和审计意见类型

根据《中国注册会计师鉴证业务基本准则》第八条规定，鉴证业务的保证程度分为合理保证和有限保证。合理保证的鉴证业务的目标是注册会计师将鉴证业务风险降至该业务环境下可接受的低水平，以此作为以积极方式提出结论的基础。有限保证的鉴证业务的目标是注册会计师将鉴证业务风险降至该业务环境下可接受的水平，以此作为以消极方式提出结论的基础。事实上，这里界定的审计意见保证程度也同样适用于政府审计和内部审计。

审计意见保证程度和审计主题密切相关，不同类型的审计主题有不同的审计意见保证程度。就信息主题来说，其技术逻辑属于命题论证型，即从基本命题中引出一组可观察命题，通过证明可观察命题进而证明基本命题。从技术逻辑来说，可以获得充分、适当的审计证据来证明审计命题。在这种情形下，审计人员对审计结论的把握程度可以达到较高的水平，因此，从技术上来说，可以采用合理保证程度来发表审计意见。当然，基于成本效益以及其他原因的考虑，可以减少审计证据，降低保证程度，采用有限保证。所以，总体来说，信息主题可以采用有限保证和合理保证两种保证程度。

就行为主题来说，其技术逻辑属于事实发现型，其审计命题具有多样性、非穷尽性的特征，在成本效果约束下，一般无法获取充分、适当的审计证据来证明审计命题，所以，也无法就行为整体发表意见，只能就已经发现的行为事实形成审计意见。在这种情形下，审计意见无法采用合理保证程度，只能采用有限保证程度。

就制度主题来说，它不直接以行为或信息为内容，而是以约束行为的制度为审计内容，而制度相关的命题是可以合理分解的，因此，可以采用合理保证方式发表审计意见。当然，也可以采取简化的方式，发表保证审计意见。

总之，真实性目标、健全性目标可以采取有限保证和合理保证两种保证程度，而合法性目标一般采取有限保证程度，特殊情形下采取合理保证程度。

（三）审计意见类型与审计法律责任

通过前面的分析可知，审计意见包括有限保证和合理保证两种类型。它们与审计法律责任是什么关系呢？我们分别来介绍。

1. 合理保证审计意见与审计责任

在合理保证方式下，审计人员要就审计主题的总体发表审计意见，如果发表了错误的审计意见，就形成了审计法律责任，其基本情形如表 4－7 所示。

表 4－7　审计法律责任类型

<table>
<tr><th colspan="2" rowspan="2">项目</th><th colspan="2">被审计单位是否存在问题</th></tr>
<tr><th>不存在</th><th>存在</th></tr>
<tr><td rowspan="2">审计意见表明是否存在问题</td><td>不存在</td><td>A 正确</td><td>D 误受险（β 风险）</td></tr>
<tr><td>存在</td><td>B 误拒险（α 风险）</td><td>C 正确</td></tr>
</table>

α 风险：客观上是正确的判断为错误的并给予否定。
β 风险：客观上是错误的判断为正确的并加以肯定。

情形 A 和 C，审计人员发表了正确的审计意见，不会产生审计法律责任。情形 B 和 D 都发表了错误的审计意见，但是，这两种情形产生的后果不同，在情形 B 下，被审计单位本身没有问题，由于是抽样审计，根据样本推断总体时得出了错误的结论，此时，被审计单位会据理力争，审计人员最终会扩大样本，从而得出正确的结论，因此，情形 B 一般不会最终形成。而情形 D 不同，被审计单位本身有问题，而审计人员由于种种原因却未能发现，从而得出了错误的审计结论。在这种情形下，被审计单位一般不会有所表示。总体来说，形成审计法律责任的是情形 D，即被审计单位有问题，而审计人员没有发现，从而形成了错误的审计意见。

2. 有限保证审计意见与审计责任

在有限保证审计意见方式下，审计人员并不就审计主题整体发表审计意见，而就已经发现的事实发表意见。也就是说，在这种方式下，审计人员只是陈述已经发现的事实。所以，如果这种审计意见错误，会出现两个情形，情形一是发现的事实并不是真正的事实，而与事实的真相有出入。一般来说，这种情形出现的可能性不大，因为审计结论是要与被审计单位沟通的，如果事实不符，被审计单位会据理力争，最终会通过增加或补充审计证据，修正审计结论。情形二是审计定性错误，在这种情形下，发现的事实本身是证据确凿，但是，对这个发现的事实的定性却发生了错误，正是这种定性错误导致了审计法律责任。

总之，在合理保证方式下，只有在被审计单位有问题而审计人员没有发现时才会形成审计法律责任；在有限保证方式下，当审计定性发生错误时，才会形成审计法律责任。

以上所述审计主题、审计目标、审计意见和审计法律责任之间的关系归纳起来如表 4-8 所示。

表 4-8　审计主题、审计目标、审计意见和审计法律责任

审计主题	审计目标	审计意见类型	审计法律责任
信息审计	真实性目标	合理保证	被审计单位有信息错弊而审计人员没有发现形成审计法律责任
		有限保证	没有审计法律责任
	效益性目标	合理保证	被审计单位有信息错弊而审计人员没有发现形成审计法律责任
		有限保证	没有审计法律责任
行为审计	合法性目标	有限保证	当审计定性发生错误时，才会形成审计法律责任
制度审计	健全性目标	合理保证	被审计单位有制度缺陷而审计人员没有发现形成审计法律责任
	健全性目标	有限保证	当制度缺陷认定发生错误时，才会形成审计法律责任

三、审计目标、审计意见和审计责任：不同审计主体的审计法律责任分析

以上以审计主题为基础，从信息审计、行为审计和制度审计三个角度出发，建立了关于审计目标、审计意见和审计法律责任关系的理论框架，下面，我们用这个框架来分析我国各审计主体的法律责任。

（一）民间审计法律责任

目前，民间审计的主要业务是财务审计和内部控制审计。就财务审计来说，其审计主题是财务信息，审计目标是真实性，年度报告的审计意见类型是合理保证，在这种情形下，只有被审计单位有重大错报而审计人员没有发现才会形成审计法律责任；中报是审核，其意见类型是有限保证，并且不涉及审计定性，所以，中报审核一般没有法律责任。就内部控制审计来说，其审计主题是约束行为的制度，是一种特殊的行为主题审计，其审计目标是合理性，只有被审计单位内部控制有重大缺陷而审计人员没有发现才会形成审计法律责任。

（二）我国政府审计法律责任

我国政府审计主要从事行为主题审计，其审计目标主要是合法性，采取有限保证方式发表审计意见。所以，审计法律责任主要源于审计定性错误，如果审计定性正确，则不会形成审计法律责任。由于目前审计定性的法律法规依据较混乱，难以判断审计定性是否正确，因此，我国政府审计难以形成审计法律责任。

（三）内部审计法律责任

内部审计以制度审计为主，审计目标是健全性，以有限保证方式发表审计意见，如果不进行缺陷等级认定，则难以形成法律责任。当然，有一种特殊情形，作为上市公司的内部审计部门，要出具内部控制评估报告，并且以董事会的名义对外公告，此时，是以合理保证方式对内部控制有效性发表意见。如果本单位内部控制有重大缺陷，而发表的意见是内部控制有效，这就出具了错误的审计意见，可能形成审计法律责任。

四、结论和启示

审计作为一种鉴证代理问题和次优问题的制度安排，对其应有责任的担当是其社会价值的基础。本节以审计主题为基础，从审计目标和审计意见的角度，提出了一个解释审计法律责任的通用理论框架。

一般认为，只有在发表了错误的审计意见之后，才需要承担相应的审计法律责任。然而，发表什么样的审计意见是由审计目标决定的，不同的审计目标要求不同类型的审计意见，从而产生不同的审计法律责任。而审计目标与审计主题有密切关系，正是不同的审计主题决定了不同的审计目标。所以，总体来说，审计主题决定审计目标，而审计目标决定审计意见类型，不同的审计意见类型会形成不同的审计法律责任。

信息审计主题具有真实性和效益性两个审计目标，行为审计主题具有合法性审计目标，制度审计主题具有健全性目标。

真实性目标、效益性目标、健全性目标可以采取有限保证和合理保证两种保证程度，而合法性目标一般采取有限保证程度，特殊情形下采用合理保证程度。在合理保证方式下，只有在被审计单位有问题而审计人员没有发现时，才会形成审计法律责任；在有限保证方式下，当审计定性或制度缺陷认定发生错误时，才会形成审计法律责任。

本节告诉我们，为了规避审计法律责任，除了以应有的职业关注执行审计职业责任之外，正确理解不同审计主题下的审计目标、不同审计目标下的审计意见类型及不同审计意见类型下的审计法律责任至关重要，所以，审慎选择审计主题、确定审计目标和审计意见类型，能有效地规避审计法律风险。

第五节　审计目标、审计意见和审计期望差

审计作为一种制度安排，其终极目标是要满足利益相关者的某些需要，为社会提供价值。审计期望差的存在，表明审计的实际表现未能满足社会的期望，如果任凭这种期望差存在甚至扩大，审计的社会价值将受到负面影响。

关于审计期望差有不少研究，主要探讨了审计期望差的内容、原因及降低对策。本节认为，审计期望差的核心内容应该是审计准则界定的水准与利益相关者对审计的期望水准之间的差距；同时，对于审计期望差的理论解释，应该具有适用各种审计主体、各种审计业务类型的通用理论框架。基于上述认识，本节以审计主题为基础，从审计目标和审计意见两个角度来探讨审计期望差产生的原因，期望建立一个解释审计期望差的通用理论框架。

本节内容安排如下：首先是做简要的文献综述；其次以审计主题为基础，从审计目标和审计意见两个角度，提出一个解释审计期望差的通用理论框架；再次用这个理论框架来分析各审计主体的审计期望差，在一定程度上验证上述理论框架；最后得出结论和启示。

一、文献综述

审计期望差最早由 Liggio（1974）提出，他认为审计期望差表示审计人员和财务报告使用者关于审计执业之间的认识差距。美国执业会计师协会下的科恩委员会（1978）扩展了这个概念，将审计期望差定义为公众的期望或需要与审计人员实际完成的水准之间的差距。加拿大特许会计师协会下的麦克唐纳委员会（1988）对审计期望差进行了系统研究，认为审计期望差是公众对审计的需求或期望与公众感知到的审计人员执业水平之间的差距，它是由“公众对审计的不合理期望”“审计准则的不充分性导致的合理期望差”“实际执业缺陷导致的合理期望差”“公众对现行执业质量的认识偏差导致的不合理认识”四个要素构成的。Porter（1993）根据科恩委员会的概念，将审计期望差分为合理差距和执行差距，其中，合理差距是指社会期望与审计人员能合理完成的水准之间的差距，执行差距是社会期望审计人员完成的水准和感知到的审计人员完成的水准之间的差距。在此基础上，他还对审计期望差是否存在进行了问卷调查。有些文献将审计期望差分为准则缺陷和执行缺陷，前者指审计准则与合理期望之间的差距，后者指准则的规定与社会感知到的审计人员执行水平之间的差距（Harris & Marxen，1997；Koh & Woo，1998）。

此外，还有一些文献对不同国家是否存在审计期望差进行了实证研究，提出了降低审计期望差的对策（Kelly & Mohrweis，1989；Humphrey，Moizer & Turley，1993；Monroe & Woodcliff，1994；Epstein & Geiger，1994）。

国内也有不少文献研究审计期望差，它们以国外研究成果为基础，探讨审计期望差的概念、内容、原因及降低对策（胡继荣，2001；刘圻，2008；何敬，2010；李雪、张帆，2011），还有文献对中国是否存在审计期望差进行了问卷调查（周赟，2007；吴瑞勤，2009）。

国内外的这些研究文献丰富了我们对审计期望差的认识，许多研究结论已经被职业组织或官方机构采纳并付诸实施，提升了审计的社会价值。然而，我们认为，审计期望差的核心内容应该是审计准则界定的水准与公众对审计的期望水准之间的差距，目前的研究尚未对这部分差距的机理解释清楚；同时，大多数的文献都是从民间审计的角度来解释审计期望差，并未形成一个通用的理论框架。基于上述认识，本节聚焦审计准则界定的水准与公众对审计的期望水准之间的差距，以审计主题为基础，从审计目标和审计意见两个角度来探讨审计期望差的原因，期望建立一个解释审计期望差的通用理论框架。

二、审计目标、审计意见和审计期望差：理论框架

审计期望差的核心内容应该是审计准则界定的水准与利益相关者对审计的期望水准之间的差距，这种差距形成的机理是什么呢？一般来说，审计准则界定的审计供给虽然包括一个完整的生产过程，但从技术逻辑来说，主要包括三个环节：一是确定审计目标；二是围绕审计目标来获取审计证据；三是根据审计证据得出审计结论或审计意见，并报告给利益相关者。在这三个环节中，利益相关者直接感知的是审计意见，而审计意见实质上是审计目标的结果性表述，不同审计目标下，审计意见的内容不同。审计取证是围绕审计目标展开的，其目的是为审计意见提供证据。因此，实际上是审计目标和审计意见决定了审计供给，从而也决定了利益相关者对审计的感知。在审计机构和审计人员严格遵守审计准则的情形下，利益相关者感知的审计供给也就是审计准则确定的审计供给。如果这种感知到的审计水准与利益相关者期望的审计水准有差距，那么审计期望差就出现了。在上述审计期望差的形成过程中，审计主题发挥基础性的作用，影响审计准则对审计目标和审计意见的界定。当然，对于审计发现的问题的处理处罚，也可能出现审计期望差。由于本节旨在建立一个通用的理论框架，且民间审计并无处理处罚的权限，因此，本节不包括这部分内容。上述过程大致如图 4-3 所示。

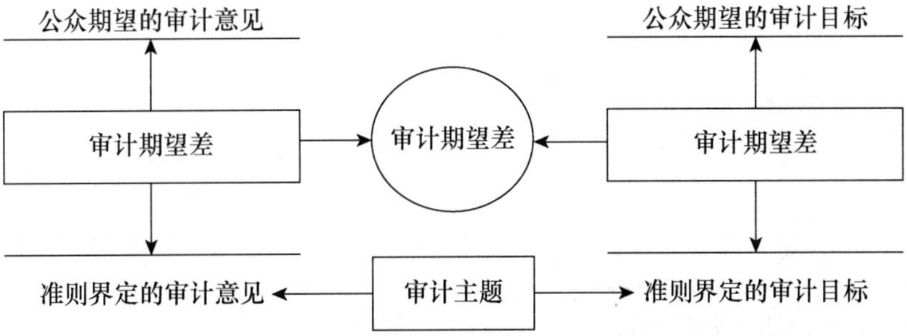

图 4-3 审计目标、审计意见和审计期望差

（一）审计主题、审计目标和审计期望差

审计目标就是人们通过审计实践活动所期望达到的境地或希望得到的结果，不同的审计主题有不同的审计目标。审计主题就是审计人员所要发表审计意见的直接对象，审计过程就是围绕审计主题收集证据并发表审计意见的系统过程。一般来说，审计主题可以分为三类：一是信息，也就是通常所说的认定；二是行为，也就是审计客体的作为或过程；三是制度，也就是约束信息和行为的规则或过程。与上述三类主题相对应，审计也分为信息审计、行为审计和制度审计。

不同的审计主题有不同的审计目标。如果不考虑不同的审计主体、不同的审计业务类型，就审计一般而言，真实性、合法性、效益性和健全性这四个目标得到大多数人的公认（宋夏云，2006）。

真实性关注的是信息有无虚假或错报，适用于信息审计主题。合法性也称为合法合规性，关注的是财政财务收支及相关经济活动是否遵守了相关的法律法规和规章制度，属于行为审计主题。效益性关注的是财政收支、财务收支以及有关经济活动实现的经济效益、社会效益和环境效益，其审计主题主要是绩效信息，属于信息审计主题。健全性关注的是制度设计是否存在缺陷、制度执行是否有效果，属于制度主题。

从审计目标角度来说，审计期望差是如何产生的呢？主要的机理是对于不同的审计主题，利益相关者期望而审计准则未界定的审计内容和审计目标。第一，审计内容差距。前已述及，信息主题的直接内容是信息，如果在信息主题中，利益相关者期望将行为主题或制度主题的内容也包括在其中，这显然是审计准则没有界定的。同样，行为主题的直接内容是行为，如果在行为主题中，利益相关者期望将信息主题或制度主题的内容也包括在其中，这显然也是审计准则没有界定的。制度主题的审计也是如此。第二，审计目标差距。前已述及，信息主题的审计目标是真实性和效益性，如果利益相关者期望在信息主题的审计目标中包括合法性目标，这显然也是审计准则没有界定的。同样，行为主题的审计目标是合法性，如果利益相关者期望在行为主题的审计目标中包括真实性目标，这显然也是审计准则没有界定的。制度主题的审计目标是健全性，如果利益相关者在制度审计主题中期望其他目标，这同样也是审计准则没有界定的。

以上所述审计主题、审计目标和审计目标期望差距之间的关系如表 4－9 所示。

表 4－9　审计主题、审计目标和审计期望差

审计目标		信息审计主题	行为审计主题	制度审计主题
审计内容	信息	√	×	×
	行为	×	√	×
	制度	×	×	√
审计目标	真实性	√	×	×
	合法性	×	√	×
	效益性	√	×	×
	健全性	×	×	√

√表示有这种情形，×表示没有这种情形。

（二）审计主题、审计意见和审计期望差

审计意见有三个维度与审计期望差相关：一是审计意见的保证程度；二是审计意见的表达方式，也就是采用详式报告还是简式报告；三是审计结果是否公开。我们分别来分析上述三个维度。

1. 审计主题、审计意见保证程度和审计期望差

根据《中国注册会计师鉴证业务基本准则》第八条规定，鉴证业务的保证程度分为合理保证和有限保证。合理保证的鉴证业务的目标是注册会计师将鉴证业务风险降至该业务环境下可接受的低水平，以此作为以积极方式提出结论的基础。有限保证的鉴证业务的目标是注册会计师将鉴证业务风险降至该业务环境下可接受的水平，以此作为以消极方式提出结论的基础。事实上，这里界定的审计意见保证程度也同样适用于政府审计和内部审计。

审计意见保证程度和审计主题密切相关，不同的审计主题会有不同的审计意见保证程度。就信息主题来说，其技术逻辑属于命题论证型，即从基本命题中引出一组可观察命题，通过证明可观察命题进而证明基本命题。从技术逻辑来说，可以获得充分、适当的审计证据来证明审计命题。在这种情形下，审计人员对审计结论的把握程度可以达到较高的水平，因此，从技术上来说，可以采用合理保证程度来发表审计意见。当然，基于成本效益以及其他原因的考虑，可以减少审计证据，从而降低保证程度，采用有限保证。所以，总体来说，信息主题可以采用有限保证和合理保证两种保证程度。

就行为主题来说，其技术逻辑属于事实发现型，其审计命题具有多样性、非穷尽性的特征，在成本效益约束下，一般无法获取充分、适当的审计证据来证明审计命题，也无法就行为整体发表意见，只能就已经发现的行为事实形成审计意见。在这种情形下，审计意见无法采用合理保证程度，只能采用有限保证程度。

就制度主题来说，它不直接以行为为对象，而是以约束行为的制度为直接对象，而制度相关的命题是可以合理分解的，因此，可以采用合理保证方式发表审计意见。当然，也可以采取简化的方式，发表保证审计意见。

从审计意见保证程度来说，审计期望差是如何产生的呢？主要的机理是对于行为审计主题，利益相关者期望而审计准则未界定的审计意见保证程度。由于信息审计和制度审计的审计意见可以采用合理保证或有限保证，一般不会出现审计期望差。但是，行为审计只能采用有限保证，如果利益相关者期望的是合理保证，这显然是审计准则所没有界定的，从而也就出现了审计期望差。

以上所述的审计主题、审计意见保证程度和审计期望差归纳起来如表 4-10 所示。

表 4-10　审计主题、审计意见保证程度和审计期望差

审计意见		信息审计主题	行为审计主题	制度审计主题
保证程度	合理保证	√	×	√
	有限保证	√	√	√

√表示准则界定的情形，×表示审计期望差。

2. 审计报告方式与审计期望差

一般来说，审计意见通过审计报告来传达。审计报告有详式和简式两种类型。目前，

民间审计主要采用简式审计报告，而政府审计和内部审计主要采用详式审计报告。不同的审计主题和审计业务类型，与审计报告方式并无必然联系。

从审计报告方式来说，审计期望差是如何产生的呢？一般来说有两种情形：一是利益相关者期望的是简式报告，而提供的是详式报告；二是利益相关者期望的是详式报告，而提供的是简式报告。后一种情形可能是审计期望差的主要情形，前一种情形也可能存在，例如，对于政府审计报告的需求并不是详式报告，而是简明扼要的简式报告。

3. 审计结果是否公开与审计期望差

审计意见是审计结果的主要内容。一般来说，审计结果有公开和不公开两种情形，也可能产生审计期望差：一是，利益相关者期望审计结果公开，而事实上没有公开；二是，利益相关者期望审计结果不公开，而事实上公开了。当然，前一种情形可能是主要的期望差距。

以上所述的审计报告方式、审计结果和审计期望差的关系归纳起来如表 4－11 所示。

表 4－11 审计报告方式、审计结果和审计期望差

组合情形		表示准则界定的情形	利益相关者的期望	是否形成审计期望差
审计报告方式	1	详式报告	详式报告	不形成
	2	简式报告	简式报告	不形成
	3	详式报告	简式报告	形成
	4	简式报告	详式报告	形成
审计结果是否公开	5	公开	公开	不形成
	6	不公开	不公开	不形成
	7	公开	不公开	形成
	8	不公开	公开	形成

三、审计目标、审计意见和审计期望差：不同审计主体期望差距分析

本节前面以审计主题为基础，从审计目标和审计意见两个角度提出了一个关于审计期望差产生原因的通用理论框架。下面，我们用该理论来解释我国三大审计主体的审计期望差，在一定程度上验证上述理论框架。

（一）我国民间审计期望差

我国民间审计以财务审计为主。民间审计的期望差距主要体现在两个方面：一是审计主题差异。财务审计的主题是财务信息，公众期望的不只是验证财务信息是否真实，还包括检查是否存在舞弊。目前，我国的民间审计准则已经认定了与财务信息错报相关的舞弊的审计是审计内容的组成部分，但是，公众更加期望即使与财务信息错报无关的舞弊也要列为审计内容。二是审计报告方式差异。目前，民间审计采用的是标准式的简式报告，公众看到千篇一律的审计报告后，认为信息含量不够，期望审计报告中包含更多的相关信息。

（二）我国政府审计期望差

我国政府审计的业务类型较多，其审计期望差也较多。第一，审计主题期望差距。我国政府审计以行为作为主要的审计主题，在国家治理还未完全现代化的情形下，这种选择无疑是有道理的。但是，公众也期望有信息主题方面的审计结果，例如，财政决算审计、绩效数据审计等。目前，我国政府审计在信息主题方面开展的工作还很少，与公众的期望有较大的差距。第二，审计意见保证程度。我国政府审计是以行为主题为主，发表的审计意见是有限保证，而公众期望的是合理保证。简单地说，公众可能会关心是否会发现问题，但更关心究竟存在多少问题。由于是以有限保证方式形成审计意见，无法回答被审计单位作为一个整体究竟存在多少问题，从而出现审计期望差。第三，审计报告方式。一般来说，政府审计的结果要面向公众，而公众掌握的审计知识有限，所以，审计报告要采用简明扼要的方式，而现行的政府审计报告通常都是篇幅较长，专业术语较多，无法满足全部公众的要求。第四，审计结果是否公开。一般来说，政府审计结果要及时全面地公开，目前，我国政府审计结果的公开在及时性和全面性方面都与公众的期望有差距。

（三）我国内部审计期望差

不少内部审计做得好的单位有一个成功的经验，那就是领导重视；而内部审计做得不好的单位有一个失败的教训，那就是领导不重视。领导重视和不重视内部审计的原因有很多，其中一个重要的原因是审计主题的选择。如果领导期望的是行为主题，内部审计选择了信息主题，则领导不会重视内部审计；如果领导期望的是信息主题，内部审计选择了行为主题，则领导不会重视内部审计；如果领导对信息主题和行为主题都重视，内部审计只选择其中一方面，则领导也不会满意。制度审计也是如此。所以，领导作为内部审计成果的主要使用者，其需求就应该是内部审计选择审计主题时应该考虑的主要因素。我国有许多内部审计机构模仿政府审计，不从本单位的实际需求出发，从而出现审计主题期望差距。

四、结论和启示

审计期望差的存在，表明审计的实际表现未能满足社会的期望。关于审计期望差有许多研究，主要探讨了审计期望差的内容、原因及降低对策。本节以审计主题为基础，从审计目标和审计意见两个角度来探讨审计期望差的原因，期望建立一个解释审计期望差的通用理论框架。

从审计目标角度来说，审计期望差产生的主要机理是对于不同的审计主题，利益相关者期望而准则未界定的审计内容和审计目标。第一，审计内容差距。如果在信息主题中，利益相关者期望将行为主题的内容包括在其中，这显然是审计准则没有界定的。同样，行为主题的直接内容是行为，如果在行为主题中，利益相关者期望将信息主题的内容包括在其中，这显然也是审计准则没有界定的。制度主题也是如此。第二，审计目标差距。如果利益相关者期望在信息主题的审计目标中包括合法性目标，这显然是审计准则没有界定的。同样，如果利益相关者期望在行为主题的审计目标中包括真实性目标，这显然也是审计准则没有界定的。制度主题同样如此。

审计意见有三个维度与审计期望差相关：一是审计意见的保证程度；二是审计意见的

表达方式，也就是采用详式报告还是简式报告；三是审计结果是否公开。

审计意见保证程度和审计主题密切相关，就信息主题和制度主题来说，技术逻辑属于命题论证型，审计意见可以采用有限保证和合理保证两种保证程度；就行为主题来说，其技术逻辑属于事实发现型，审计意见只能采用有限保证程度，如果利益相关者对行为审计意见期望的是合理保证程度，这显然是审计准则所没有界定的，从而出现审计期望差。

审计报告有详式和简式两种类型，这方面的审计期望差有两种情形：一是利益相关者期望的是简式报告，而提供的是详式报告；二是利益相关者期望的是详式报告，而提供的是简式报告。

审计结果有公开和不公开两种情形，也可能产生审计期望差：一是，利益相关者期望审计结果公开，而事实上没有公开；二是，利益相关者期望审计结果不公开，而事实上公开了。

我国民间审计的期望差距主要体现在两个方面：一是审计主题差异，公众期望与财务信息错报无关的舞弊也列为审计内容；二是审计报告方式差异，公众期望审计报告中有更多的相关信息。我国政府审计的审计期望差较多，一是审计主题期望差距，公众期望有信息主题方面的审计结果；二是审计意见保证程度，公众期望合理保证的审计意见；三是审计报告方式，公众期望简明扼要的审计报告；四是公众期望政府审计结果要及时全面地公开。我国内部审计的期望差距主题是审计主题选择，不少内部审计机构模仿政府审计，不从本单位的实际需求出发，从而出现审计主题期望差距。

本节以审计主题为基础，从审计目标和审计意见出发，发现了多种类型的审计期望差。这些差距可以分为三种类型：一是利益相关者有期望，但目前的审计技术难以做到，这需要依赖审计技术的进步；二是利益相关者有期望，目前的审计技术也可以做到，这需要审计机构重视这些期望，大力改进目前的审计工作；三是利益相关者对审计有误解，这需要加强与利益相关者的沟通，消除误解。本节认为，也正是这些期望差距的存在，表明审计在未来还有很大的发展空间。

本章参考文献

[1] 林炳发．审计目标研究．财会月刊，1997（11）：29-30．

[2] 秦荣生．论审计与受托经济责任的关系．审计研究，1995（2）：6-13．

[3] 罗文斌．浅析国家审计目标．审计月刊，2002（7）：10．

[4] 刘三昌，杨昌红．关于建立我国审计目标体系的两点看法．经济论坛，2003（4）：59．

[5] 王文彬，林钟高．关于审计目标的研究．税务与经济，1992（6）：63-71．

[6] 安亚人，宋英慧．论审计目标．当代审计，1998（3）：13-14．

[7] 宋夏云．国家审计目标及实现机制研究．上海：上海财经大学，2006．

[8] 秦荣生．受托经济责任论．大连：东北财经大学出版社，1994．

[9] 刘建军．试论受托责任关系与国家审计目标的调整．审计理论与实践，2000（8）：7-8．

［10］蔡春．审计理论结构研究．大连：东北财经大学出版社，2001．

［11］项俊波．国家审计法律制度研究．北京：中国时代经济出版社，2002．

［12］沈国平．检查公共责任：现代政府审计目标定位．山东审计，2003（2）：12-13．

［13］《中国特色社会主义审计理论研究》课题组．国家审计目标研究．审计研究，2013（6）：3-11．

［14］孟建军．内部审计的增值目标及其实现途径．财会通讯，2004（1）：40-41．

［15］欧阳丽君，武喜元．试论国家审计、民间审计、内部审计在目标上的区别．山西财经大学学报，2006（A2）：154．

［16］郭艳萍．内部审计增值目标实现途径——参与企业风险管理．审计月刊，2007（8）：29-31．

［17］刘远梅．论企业内部审计目标的理性选择．财经界，2010（4）：218．

［18］蔡春．论内部审计的功能、目标及其实现条件．审计研究，1996（1）：41-43．

［19］陈晓芳，邓明然．注册会计师的审计目标．中南财经大学学报，2000（5）：119-121．

［20］胡春元．注册会计师审计目标的新发展．中国审计，2003（7）：51-55．

［21］李君．查找舞弊是注册会计师永恒的审计目标．北京工商大学学报（社会科学版），2003（1）：55-57．

［22］刘慧芬．二元审计目标的确立及其保障．审计月刊，2006（5）：36-38．

［23］孙立新．对注册会计师审计目标的再认识．中国乡镇企业会计，2008（9）：156-157．

［24］赵华，卢洁．对审计目标重新定位的思考．商业会计，2010（6）：63-64．

［25］李凤鸣，刘世林．论我国政府审计的目标．安徽财贸学院学报，1986（2）：62-65．

［26］鲍国民．试论国家审计目标的调整——兼论审计目标应适应审计环境．审计理论与实践，1998（12）：10-12．

［27］薛小荣．政府行为方式与审计目标的调整．唐都学刊，2004（1）：125-129．

［28］王秦湘．审计目标发展与未来前瞻性分析．才智，2011（18）：3．

［29］刘圣妮．注册会计师审计目标的演变．江汉大学学报，2000（4）：111-113．

［30］刘家义．以科学发展观为指导 推动审计工作全面发展．审计研究，2008（3）：3-9．

［31］罗伯特·K. 莫茨，侯因赛·A. 夏拉夫．审计理论结构．文硕，肖泽忠，贾丛民，等译．北京：中国商业出版社，1990．

［32］谢荣．市场经济中的民间审计责任．上海：上海社会科学院出版社，1994．

［33］刘兵．论审计责任．审计研究，1994（3）：16-19．

［34］刘力云．审计风险与控制．武汉：武汉测绘科技大学出版社，1998．

［35］杨书怀．审计报告中的审计责任：演进与反思．审计与经济研究．2008（1）：46-49．

［36］王朝华．论会计责任与审计责任．湖北审计，2001（4）：3．

［37］邱景忠．会计责任与审计责任之比较．河北法学，2005（3）：147-149．

［38］方广海．注册会计师提供虚假验资报告的法律责任．法学杂志，1996（4）：34-36．

［39］刘燕．验资报告的“虚假”与“真实”法律界与会计界的对立——兼评最高人民法院法函［1996］56 号．法学研究，1998（4）：92-105．

[40] 仇莹，陈纪林. 注册会计师执业责任保险初探. 上海会计，2001 (12)：54.

[41] 颜军，孙益文，牟蔚. 注册会计师审计责任研究. 审计研究，2004 (6)：68-70.

[42] 朱萍. 舞弊审计责任：成因与应对. 财会研究，2008 (14)：66-68.

[43] 谢志华. 审计职业判断、审计风险与审计责任. 审计研究，2000 (6)：42-47.

[44] 刘明辉，胡波. 法务会计、舞弊审计与审计责任的历史演进. 审计与经济研究，2005 (6)：10-13.

[45] 吴溪. 审计失败中的审计责任认定与监管倾向：经验分析. 会计研究，2007 (7)：53-61.

[46] 宋夏云. 国家审计目标及实现机制研究. 上海：上海财经大学，2006.

[47] 胡继荣. 论审计期望差距的构成要素. 2001 (1)：39-41.

[48] 刘圻. 论审计期望差距的分类治理——一个程序理性的视角. 审计研究，2008 (2)：65-71.

[49] 李雪，张帆. 审计期望差距的成因及校正路径的探讨. 南京财经大学学报，2011 (4)：84-91.

[50] 何敬. 审计期望差距研究. 大连：东北财经大学，2010.

[51] 周赟. 我国舞弊审计期望差的实证调查. 审计与理财，2007 (8)：9-10.

[52] 吴瑞勤. 我国审计期望差调查研究. 财会通讯，2009 (36)：113-115.

[53] Liggio，C. D. The expectation gap：the accountant's legel waterloo. Journal of Contemporary Business，1974，3：27-44.

[54] Porter，B. An empirical study of the audit expectation-performance gap. Accounting and Business Research，1993，24.

[55] Harris，S. L. and Marxen，D. E. The auditor expectation and performance gaps：views from auditors and their clients. Research in Accounting Regulation，1997：159.

[56] Koh，H. C. and Woo，E. The expectation gap in auditing. Managerial Auditing Journal，1998：147-154.

[57] Kelly，A. S. and Mohrweis，L. C. Bankers' and investors' perceptions of the auditor's role in financial statement reporting：the impact of SAS No. 58. In Auditing：A Journal of Practice and Theory，1989，9 (1)：87-97.

[58] Humphrey，C.，Moizer，P. and Turley，S. The audit expectation gap in britain：an empirical investigation. Accounting and Business Research，1993，23 (9)：395-411.

[59] Monroe，G. S. and Woodcliff，D. R. An empirical investigation of the audit expectation gap：australian evidence. Accounting and Finance，1994：47-74.

[60] Epstein，M. J. and Geiger，M. A. Investor views of audit assurance：recent evidence of the expectation gap. Journal of Accountancy，1994，177 (1)：60-66.

第五章　审计客体理论

审计对象、审计内容、审计客体、审计范围是相关的概念，在一些文献中，这四者经常混同。本章将审计客体界定为“对谁审计”或“审计谁”这个问题，首先介绍和评述关于审计客体的主要理论；其次讨论审计客体的概念及其审计需求；最后讨论选择审计客体的影响因素及不同选择产生的经济后果。具体来说，本章包括以下内容：审计客体的主要理论；审计客体的界定及其审计需求；团队生产、审计主题和审计客体选择；审计客体选择的经济后果。

第一节　审计客体的主要理论

在审计客体主要涉及“对谁审计”或“审计谁”这个前提下，对于审计客体的认识有高度的一致性，那就是委托代理关系中承担经管责任的代理人或履行者（杨时展，1986）。这是从审计需求理论、审计本质理论、审计内容理论中必然会得出的结论。与审计客体研究相关的理论主要涉及如下问题：自然人是不是审计客体，延伸单位是否作为审计客体，组织群体能否作为审计客体，审计客体应对审计的策略。本节拟对这些研究做简要介绍和评述。

一、自然人是不是审计客体

从委托代理关系出发，代理人有两个视角：一是组织；二是自然人。组织作为审计客体已经得到公认，自然人是否要作为审计对象呢？一般来说，这里的自然人是组织的领导者，而不是普通的自然人。这些领导者是否要作为审计对象呢？

徐雪林、郭长水（2005）认为，领导干部经济责任的审计工作应当使得党和国家、各级政府不仅要知道其所委托的领导人员经营管理国家资源效果的好坏，更重要的是要了解领导人员在其中应承担责任的大小。要完成好上述审计任务，就必须明确将领导干部经济责任审计的对象定位于自然人，所以，领导干部经济责任的审计对象应是自然人，而非法人。

冯均科（2009）认为，国家审计问责客体，是指国家审计问责应当指向的单位及个人，这是国家审计机关直接作用的对象。为什么个人要作为问责对象呢？由于中国几千年的人治文化积淀，法制基础十分薄弱，人治意识比较常见，在这样一种特殊社会环境下，作为一种重要权力制衡工具的国家审计，在弥补法制不足方面能够发挥比较突出的作用，它较好地解决了政府以及国有单位负责人在经济责任履行方面的监督问题，以示范效应推动建立责任政府及责任企业。

王会金、王素梅（2009）认为，审计问责的客体，即“向谁问”，也即承担责任的主体。政府的权力来自公民，而公民因其分散性，直接行使权力已无可能。因此，确立了一种合理程序推选代表组成政府，代替公民行使国家的管理权，从而形成民主授权。在现代政治体系中，尽管权力来源于民众意愿，但因国家管理的复杂性，授权方式演变成民主授权和行政授权二元结构。因此，政府审计问责的客体分为两类，一类为单位，即政府及公营部门等；一类为个人，即政府官员及国有企业负责人。

杨婧、熊琴琴（2013）认为，政府、国有企业以及非营利组织由于接受公众的委托，承担着公共受托经济责任，是国家审计的经济问责对象。政府组织的首长、国有企业的厂长（经理）以及非营利组织的经营者（管理者）是公共经济责任受托人的具体化和人格化，必然也是国家审计的经济问责对象。

二、延伸单位是否作为审计客体

对某一组织实施审计时，能否延伸一些相关单位作为审计客体呢？例如，审计某大学的工程项目，为这个工程项目提供材料的供应商是否可以作为延伸审计客体呢？又如，审计税务机关，纳税人能否作为延伸审计客体呢？一些文献对这类问题进行了讨论，基本一致的观点是，相关单位应该作为延伸审计客体。

吴焕亮、汤全荣（1990）认为，被审计单位的经济活动是审计对象的观点已为大多数审计理论工作者和实际工作者接受。但在实践过程中，这种观点是值得商榷的。如果按上述观点去指导审计实践，即某一审计机关只对其管辖范围内的被审计单位的经济活动进行审计，而对发生在其范围之外又与其范围内的被审计单位经济活动密切相关的经济活动不进行审计，势必造成审计监督无法有效执行，一些违反财经法规的经济活动得不到应有的监督和约束。他们在列举三个典型案例之后，得出如下结论：对各级审计机关来说，被审计单位的经济活动是审计对象，不属于被审计单位的经济活动，但与被审计单位的经济活动的合法性、适当性有关的，也应属于审计对象。

朱亮（2008）介绍了一个审计署的金融审计项目的延伸审计。在审计过程中，审计人员通过对金融机构异常资金流动的追查分析，最终发现了不法团伙利用某省招商引资政策的漏洞，大量注册空壳外资企业，向有关政府主管部门骗取粤港两地车牌加以倒卖牟利，同时大肆抽逃企业注册资本金，为境外热钱流入境内提供便利途径，涉及金额近百亿元。后来，该项目延伸到这些外资企业。该项审计工作切切实实地为打击违法犯罪活动、堵塞政策漏洞、引导政策修订完善、进一步改善政府宏观调控管理的能力发挥了促进作用。通过对这个审计案例的深入分析，可以发现此类事项具有一些共性，里面牵涉到的审计对象或审计调查对象非常复杂，包括金融机构、行政机关、会计师事务所、外资企业、国内企业、境外出资人。

杨献龙（2009）认为，投资审计的被审计单位不仅包括项目业主，还包括审批、咨询、勘察、设计、建设管理、施工、监理、质检、验收、拆迁等所有建设项目利益相关者。杨金萍（2009）认为，税务审计不应仅局限于税务部门自身的征管会计资料的审计，还要对纳税单位进行延伸审计，选择合适的税务延伸审计对象，是做好税务审计工作的关键。

三、组织群体能否作为审计客体

组织群体就是具有某种特征的多个组织的集合。组织群体作为审计客体主要与专项审计调查相关。一般认为，专项审计调查，是指审计机关主要通过审计方法，对与国家财政收支有关或者本级人民政府交办的特定事项，向有关地方、部门、单位进行的专门调查活动。从对象上看，凡是与被调查事项有关的单位和个人都属于专项审计调查的范围。所以，人们一致认为，某种特征的组织群体可以作为审计客体（颜志敏，2005；王志楠，2006；林图，2008；颜志敏，2010；桂春荣，2011）。

四、审计客体应对审计的策略

一些文献以博弈论为工具，研究审计客体应对审计的策略，一般的结论是，审计客体会策略性地应对审计（鲁桂华，2003；马曙光，2005；高雷，2011）。高雷（2011）认为，中国政府审计的过程实质上就是审计方、被审计方、上级部门三方相互博弈的过程，而且三方的行为倾向明显有着混合博弈的行为动机和特征。同时，由于中国政府审计可能存在上级部门的行政干预，所以，中国政府审计机关存在坚持到底（P_i）和不坚持到底（$1-P_i$）两种概率。西方国家的政府审计不存在行政干预，主要是审计方和被审计方两方相互博弈的过程。通过比较中国和西方的博弈分析结果发现：西方国家开展国家审计时，被审计方造假的最优概率低于中国开展国家审计时被审计方造假的最优概率；当中国的审计方进行审计 P_i 偏低时，中国的被审计方造假的概率将大幅度高于西方国家；当 P_i 逐渐提高时，中国的被审计方造假的概率将逐渐降低，接近于西方国家。

五、评述

关于审计客体的研究具有高度的共识，下列问题都达成了一致认识：审计客体是经管责任的代理人或履行者；组织群体可以作为审计客体，自然人也可以作为审计客体；审计客体会策略性地应对审计。总体来说，这些研究丰富了我们对审计客体的理解。然而，总体来说，审计客体的研究，还处于未深入的层面，例如，审计客体是否存在审计需求？组织客体和自然人客体如何选择？不同的审计客体选择会有什么样的经济后果？本章将围绕上述主题展开初步研究。

第二节 审计客体的界定及其审计需求

审计客体主要涉及“对谁审计”或“审计谁”，政府审计称为被审计单位，民间审计称为客户或被审计单位，内部审计称审计客户或被审计单位。本节关注两个问题：审计客体的界定；审计客体的审计需求。

一、审计客体的界定

（一）政府审计客体的界定

政府审计所涉及的领域，各国的情况大同小异，一般包括：政府各部门及所属单位；使用国家资源的公私合资和与外国合资经营的企业；接受国家资助的社会团体及个人；依据法律法规或有关协议应当进行审计的部门单位等（吴频，1994）。

最高审计机关国际组织1977年通过的《利马宣言》指出，所有公共部门的财政财务收支，不论其是否反映或以什么形式反映在国家总预算中，都应由最高审计组织进行审计。公共部门未列入国家预算的部分也由最高审计组织进行审计，不属于免受审计的范围。审计机关的审计客体是政府及其所属的各部门和单位，这意味着审计客体包括三个层次：一是政府；二是政府所属的各个部门；三是政府投资的企业和其他单位。

美国于1921年颁布的《预算和会计法案》规定，无论是在政府所在地或是其他地方，审计机关都有权调查所有与公共资金的收入、支出和运用有关的事务。

由于中国特殊的政治经济体制，中国的政府审计客体范围更加广泛。《审计法》规定，审计机关对下列单位进行审计：对本级各部门（含直属单位）和下级政府预算的执行情况和决算以及其他财政收支情况，进行审计监督；对本级预算执行情况和其他财政收支情况，进行审计监督；对国有金融机构的资产、负债、损益，进行审计监督；对国家的事业组织和使用财政资金的其他事业组织的财务收支，进行审计监督；对国有企业的资产、负债、损益，进行审计监督；对国有资本占控股地位或者主导地位的企业、金融机构的审计监督，由国务院规定；对政府投资和以政府投资为主的建设项目的预算执行情况和决算，进行审计监督；对政府部门管理的和其他单位受政府委托管理的社会保障基金、社会捐赠资金以及其他有关基金、资金的财务收支，进行审计监督；对国际组织和外国政府援助、贷款项目的财务收支，进行审计监督。上述这些单位，都是与公共财政资金相关的单位，所以，2009年，国务院总理温家宝在第十一届全国人民代表大会第二次会议上所做的政府工作报告中提出“财政资金运用到哪里，审计就跟进到哪里”，党的十八届四中全会也提出对“公共资金、国有资产、国有资源、领导干部经济责任履行情况实行审计全覆盖”。

（二）民间审计客体的界定

民间审计属于受托审计，在法律法规规定的范围内，只要有人委托，民间审计就可以审计。所以，总体来说，民间审计的审计客体很广泛。《中华人民共和国注册会计师法》第十四条规定，注册会计师承办下列审计业务：审查企业会计报表，出具审计报告；验证企业资本，出具验资报告；办理企业合并、分立、清算事宜中的审计业务，出具有关的报告；法律、行政法规规定的其他审计业务。

虽然法律法规并未限制民间审计机构对行政事业单位进行审计，但是从现实来看，我国民间审计的审计客体主要是企业，行政事业单位审计较少。一些西方发达国家存在大量的政府审计业务外包，政府机构由民间审计机构审计的情形并不少见。当然，出现这种情形，与审计主题选题相关，现阶段，我国政府审计是以行为主题为主，西方发达国家的政府审计是以信息主题为主，而民间审计的强项是信息审计，所以，我国政府审计业务外包少，西方发达国家外包多，两者都是理性的选择。

（三）内部审计客体的界定

国际内部审计师协会（2001）将内部审计定义为，内部审计是一种独立、客观的确认和咨询活动，旨在增加价值和改善组织的运营。它通过应用系统、规范的方法，评价并改善风险管理、控制和治理过程的效果，帮助组织实现其目标。

中国内部审计协会（2013）也给出了基本相同的定义，《第 1101 号——内部审计基本准则》第二条准则规定，内部审计是一种独立、客观的确认和咨询活动，它通过运用系统、规范的方法，审查和评价组织的业务活动、内部控制和风险管理的适当性和有效性，以促进组织完善治理、增加价值和实现目标。

上述两个定义基本相同，虽然没有明确界定内部审计客体，但是“风险管理、控制和治理过程”和“业务活动、内部控制和风险管理”都是组织内部的，因此，组织内部的单位和领导这些单位的自然人是内部审计客体。

二、审计客体的审计需求

一般来说，主要是从委托人角度谈审计需求。审计客体作为经管责任的代理人或履行者是否也存在审计需求呢？我们认为，基于两个方面的原因，审计客体也完全可能存在审计需求。

第一，为了证明自己的清白，需要向委托人表明，自己没有代理问题。从委托人角度出发，在委托代理关系中，由于代理人的自利，再加上信息不对称、激励不相容和环境不确定等，代理人可能有机会主义倾向，从而产生代理问题。为了抑制代理人的机会主义倾向，委托人需要审计来鉴证代理人是否存在代理问题。请注意，这里代理人的代理问题，只是一种可能，并不一定真的会产生，只是委托人有这种怀疑而已。由于有这种怀疑，因此，需要审计来鉴证。然而，是否存在代理问题，代理人本身最清楚，如果代理人有机会主义行为，当然不希望审计，但是，如果代理人没有机会主义行为，而委托人又没有安排审计，在这种情形下，代理人为了证明自己的清白，完全有可能要求审计，通过审计来为自己提供清白的证明。

第二，为了更好地履行经管责任，需要发现次优问题。在委托代理关系中，影响经管责任履行的不只是自利，还有人的有限理性。由于代理人的有限理性，在履行经管责任时可能无意识地发生一些不利于经管责任履行的事项，这些事项统称为次优问题。委托人十分关注次优问题，希望通过审计来发现这些次优问题。代理人也可能希望通过审计的方式来发现次优问题，查找缺陷，以更好地履行经管责任。另外，即使代理人不是为更好地履行经管责任，而仅仅为了证明自己的优秀，也可能需要审计来证明自己管理的单位没有次优问题。当然，审计发现次优问题后，代理人毕竟受影响，所以，也存在排斥审计的动力。

总体来说，从自利和有限理性两个角度出发，作为审计客体的代理人都可能存在审计需求。现实生活中的一些例子也验证了上述逻辑推理。请看以下几则新闻报道：

【新闻报道一】：1992 年山东省蒙阴县审计局先后收到该县公安局、县总工会、县军干所等多家单位的审计邀请。随着审计环境的优化、服务质量的提升，被审计单位由“被动接受审计”向“主动要求审计”转变，成为该县审计工作的新亮点。

蒙阴县审计局结合“创优争先”活动和“综合素质提升年”活动的开展，坚持监督与服务并重的原则，着力优化审计环境、提升服务水平。一是通过报纸、网站、电视台等媒体全方位加大对《审计法》、新《审计法实施条例》的宣传力度，使广大领导干部了解了审计，从内心愿意接受审计，形成了良好的社会氛围。二是实现由“重处理处罚”向“重规范、重预防”的转变。在实施审计过程中，不仅局限于揭露问题和处理处罚，更侧重于分析问题产生的深层次原因，帮助被审计单位建立健全各项内部控制制度，从体制、机制、制度等方面进行预防，真正实现“在监督中服务，在服务中提升”。三是审计服务实现动态化和常态化。该局在审计实施过程中，对发现的问题及时反馈，及时提出审计建议，服务时限不局限于项目结束时，实现动态服务。同时，针对部分单位和部门收支金额大、问题较多的现状，该局打破常规，实行常态监督和常态服务。

【新闻报道二】：2011 年以来，山东省济宁市审计局先后收到市人力资源和社会保障局、济宁市希望工程办公室等多家单位的审计委托。随着审计环境的优化、服务质量的提升，被审计单位由“被动接受审计”向“主动要求审计”转变，成为济宁市审计工作的新亮点。

近年来，济宁市审计局结合“争创群众满意机关、争当高效科室、争做优秀科长”活动的开展，在实施审计过程中，坚持监督与服务并重的原则，不仅揭露问题和处理处罚问题，更侧重于分析问题产生的深层次原因，帮助被审计单位建立健全各项内部控制制度，从体制、机制、制度等方面进行预防，推进了由“重处理处罚”向“重规范、重预防”的转变，体现了“在监督中服务，在服务中提升”，受到了被审计单位的一致好评。

【新闻报道三】：2011 年以来，河南省周口市审计局先后接到市直一些部门和单位的邀请，主动要求审计机关进行“体检”，对单位资金使用的合法性和合规性进行检查，以便及时发现问题苗头并及时进行“免疫”和“治疗”。

政府各部门、各单位由“被动接受审计”转为“主动要求审计”提前进行“免疫”的变化，体现了市委、市政府及各单位对审计工作的重视和对审计机关的信任，同时也体现了审计工作在服务经济发展、转化审计成果、当好参谋助手方面发挥了积极的作用。

近年来，市审计局在强化审计监督的同时，认真实践“监督体现服务，制约体现促进”的审计理念，积极发挥“审计、帮助、促进”作用。一是在开展审计监督工作中积极开展审计服务，经常开展对被审计单位财务人员进行有针对性的业务指导，答疑解惑；二是坚持监督与服务并重的原则，不仅揭露问题和处理处罚问题，更注重分析问题产生的深层次原因，帮助被审计单位建立健全各项内部控制制度，提出解决问题的建议，早地纠正存在的问题，进行提前“免疫”，充分发挥审计的预警作用，“审计、帮助、促进”作用成效明显；三是不断扩大审计宣传，着力提升审计形象。通过积极为审计对象服务发挥“审计、帮助、促进”作用，开展审计宣传等方面的工作，使审计工作备受全社会的关注和理解，审计影响逐步扩大。

上述三则新闻有两个共同点：一是审计客体主动要求审计，反映了审计客体的审计需求；二是审计客体主动要求审计是因为审计机关确实为审计客体解决了一些问题。事实上，正是由于发现了有限理性产生的一些缺陷，并推进整改了这些缺陷，从而有利于审计客体更好地履行职责。

第三节　团队生产、审计主题和审计客体选择

团队是指一组代理人，独立地选择努力水平，共同创造一个产出，且每个代理人对产出的边际贡献依赖于其他代理人的努力，不可独立观测，团队成员之间存在密切的关系，并相互依存（张维迎，1996）。从某种意义上来说，任何组织都是团队生产，都面临“搭便车”等代理问题。在委托人建立的监督机制中，审计是其中的重要制度设计。然而，审计客体如何选择呢？是以团队整体为对象，还是以团队领袖为对象？现实生活中的审计客体选择出现了多样化。这其中的原因是什么？现有文献缺乏系统的理论解释。本节以团队生产为背景，从审计主题和团队领袖经管责任的可分离程度出发，提出一个关于团队生产下审计客体选择的理论框架，并用这个理论框架来解释现实生活中的审计客体选择多样化现象。

本节内容安排如下：首先是做简要的文献综述，梳理相关文献；其次是从团队领袖经管责任及其可分离程度和审计主题的角度，提出一个关于审计客体选择的理论框架；其次用这个理论框架来解释现实生活中的审计客体选择多样化现象；最后得出结论和启示。

一、文献综述

根据本节的主题，我们关注两个方面的文献：一是关于团队生产中监督客体的选择；二是自然人作为审计客体的原因。

应对团队生产的“搭便车”等机会主义问题的思路主要有两类：显性的机制设计和隐性的激励。关于显性的机制设计，根据是否可观察团队内部的个人产出，可分为两种情形：第一，当个人产出可观察且各代理人的产出面临共同的风险冲击时，委托人可以设计某种形式的相对绩效评估或者锦标赛来获得揭示代理人努力的信息（Lazear & Rosen，1981；Green & Stokey，1983）；第二，当个人产出不可被第三方观察时，有多种方式应对机会主义行为，可以引入一个剩余索取者或预算平衡约束打破者（Alchian & Demsetz，1972；Holmstrom，1982），也可以由委托人利用信息原则对代理人进行集体惩罚，以得到近似最优的产出（Rasmusen，1987；Legros & Matsushima，1991；Legros & Matthews，1993）。关于隐性的激励，可以源于集体声誉（BarIsaac，2007；Bretonetal，2006），也可以源于职业关注（董保民，2003），还可以源于同伴压力（Kandel & Lazear，1992；Che & Yoo，2001）。然而，这些文献中都以代理人作为监督客体，这里的代理人究竟是一个整体的团队还是团队领袖的自然人，未能详细说明。

关于自然人作为审计客体原因的研究，主要集中在领导干部经济责任审计中。邢俊芳（2005）认为，历史转型期的中国，社会、经济、政治复杂变革，政权机关如何惩治腐败、优化党政干部的价值观和职能、保持廉洁和社会责任，显得尤为重要，且成为一道严峻课题。对此，约束和内律就成为党政干部的一种必须。徐雪林、郭长水（2005）认为，当前

我国权力制约和监督体系尚不完善，在权力使用的过程中不可避免地存在种种权力寻租的现象，从而导致腐败行为。国家审计机关作为专门的监督机构，应当开展领导干部经济责任审计。冯均科（2009）认为，由于中国几千年的人治文化积淀，法制基础薄弱，人治意识比较常见，在这样一种特殊社会环境下，领导干部经济责任审计较好地解决了政府以及国有单位负责人在经济责任履行方面的监督问题。戚振东、尹平（2013）认为，领导干部经济责任审计是中国政体、国体及其权力运行现状下的特殊产物，是权力安全运行自律和自控的机制设计，是现行干部管理体制实践总结的制度完善，是中国特色国家治理的必然要求。上述研究共同指出，当前我国领导干部存在一定的不当行为，领导干部经济责任审计应作为应对领导干部不当行为的一种制度安排。因此，可以归结为组织治理不健全是领导干部成为领导干部经济责任审计客体的原因。

总体来说，在团队生产背景下，审计客体的选择尚未有一个理论框架。本节以团队生产为背景，从审计主题和团队领袖经管责任的可分离程度出发，提出一个关于团队生产下审计客体选择的理论框架，并用这个理论框架来解释现实生活中的审计客体选择多样化现象。

二、经管责任类型、审计主题和审计客体选择：理论框架

任何组织都是典型的团队生产，组织成员协作生产，每个成员的行为都会对其他成员产生影响。团队产出是成员共同合作的结果，每一个成员的实际贡献不能准确地测量，也就无法精确地按照每个成员的贡献支付报酬，因此，团队生产便产生了“搭便车”的问题。为了减少偷懒行为，团队生产就需要一个监控者，并允许其拥有剩余权益和合同修改权，使其具有监控的积极性（Alchain & Demsetz，1972）。

审计是监控者可以使用的一个重要制度设计。审计客体如何确定呢？一般来说，就项目审计来说，审计客体选择有两种类型：一是选择一个组织作为审计客体，称为组织客体；二是选择这个组织的领袖作为审计客体，称为自然人客体。在团队生产的背景下，团队是一个经管责任的代理人或履行者，当委托人需要审计时，是对团队整体进行审计还是对团队领袖进行审计呢？如果选择前者，就是以组织作为审计客体；如果选择后者，就是以自然人作为审计客体。

委托人如何选择呢？委托人使用审计这个制度设计的最终目的是抑制代理人的代理问题。在审计客体选择上，主要涉及以下问题：第一，团队领袖在团队中的作用。如果团队领袖在团队中的作用很重要，监控团队领袖就有意义，否则，就没有必要对团队领袖专门进行监控。第二，团队领袖的经管责任能否分离。即使团队领袖很重要，需要对其进行专门的监控，可是如果团队领袖的经管责任无法分离出来，也无法对团队领袖进行监控。第三，审计主题的选择。一般来说，审计主题分为信息主题、行为主题和制度主题，不同的主题有不同的载体，审计主题选择不同，需要审计的客体也会不同。

基于上述问题的逻辑关系，审计客体选择的理论框架大致如图 5-1 所示。这个理论框架的主要含义是：团队领袖重要性和团队领袖经管责任类型是影响审计客体选择的两个基本要素；前者直接影响审计客体选择，后者通过审计主题和经管责任可分离程度两个路径影响审计客体选择。下面，我们具体阐述这个理论框架。

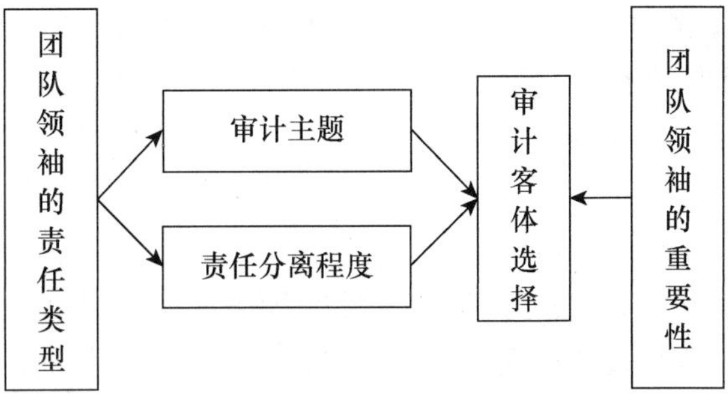

图 5-1　团队生产、审主主题和审计客体选择

（一）团队领袖的重要性与审计客体选择

一般来说，委托人当然想知道团队作为一个整体的绩效，所以，团队作为一个整体是审计客体的必然选择。然而，团队领袖是否也要单独作为一个审计客体，首先取决于审计领袖在团队中的重要性。如果团队领袖对于团队的绩效具有重要作用，则在一定的情形下，委托人有可能对其进行单独的约束和激励，因此也就有将其单独作为审计客体的需求。

那么，团队领袖是否重要呢？Alchain & Demsetz（1972）的理论模型强调专门从事监控工作的监控者能够占有剩余权益、掌握修改合约条款及指挥其他成员的权利。Holmstrom（1982）认为应构造一个外来的委托人，以打破预算均衡，否则团队生产永远无法达到帕累托最优状态。这些学者虽然没有直接讨论团队领袖的重要性，但从另一个角度论述了团队关键人物的重要性。

许多文献直接论述了团队领袖的重要性。Miller（2003）认为，只有强调团队生产中领导职能的作用，才会有助于团队生产困境的有效解决。领导的作用就是激发大家合作、冒险、创新的意愿，超越那种狭隘的、利己主义的激励所引致的努力水平。彭晓华（2006）认为，团队生产存在一个根本悖论，即要让每个人达到帕累托最优努力水平，这几乎是不可能的。改善团队生产的一个经典方法是充分发挥“领袖效应”。他从缓解囚徒困境、改变博弈结构、打破预算均衡策略、社会领域资源嵌入生产领域从而扩大博弈的可行策略空间等多个方面分析了“领袖效应”发挥作用的机理。陈玮（2008）认为，两个角色由一把手来做最好：建立一个清楚的方向（战略的确定）；确保班子成员遵守行为准则（游戏规则的监控）。

另外，还有一些文献间接论述了团队领袖的重要性。许多文献明确表明，团队成员是不同质的，即存在相对重要性（张维迎，1995）。这里虽然没有直接论述团队领袖的重要性，但是，隐含了团队领袖与团队成员不同。王健、庄新田（2009）发现，当团队成员存在相互依赖关系时，部分成员所表现的自我归因偏差不但使其自身的工作热情更高，而且会感染其他成员，从而降低团队合作道德风险，并提高组织效益。显然，团队领袖是这里的“部分成员”的主体。Larson 的研究发现，团队领导是有效的团队绩效的最重要的因素之一；Zaccaro 也发现，团队领导可能是组织中团队最重要的成功因素（朱妙芬、陈永宇，2009）。

既然团队领袖如此重要，委托人当然有可能对其进行独立的约束和激励，例如，不少研究发现，加大公司 CEO 和高管层平均薪酬的差距可以提高公司绩效（林浚清、黄祖辉、孙永祥，2003）。所以，在团队领袖很重要的情形下，委托人的审计客体选择可能出现双重客体：团队整体和团队领袖。然而，委托人的这个想法能否实现呢？是否有必要将团队整体和团队领袖分别作为不同的审计客体呢？

（二）团队领袖的经管责任类型

委托人将团队整体和团队领袖分别作为审计客体的想法能否实现和是否必要，首先要看团队领袖的绩效能否单独显现，换一个角度讲，也就是能否将团队领袖的经管责任计量出来，如果不能计量出来，则双重客体不具有可能性。或者说，如果团队领袖的绩效能计量出来，但与团队整体的绩效基本重合，则这种双重审计客体也没有必要。

一般来说，根据团队领袖的参与程度或努力程度，可以将团队领袖承担的经管责任分为直接责任、主管责任和领导责任。

中共中央办公厅、国务院办公厅 2010 年印发的《党政主要领导干部和国有企业领导人员经济责任审计规定》①，从领导干部经济责任审计的角度，对上述三种责任进行了界定。

直接责任是指领导干部对履行经济责任过程中的下列行为应当承担的责任：直接违反法律法规、国家有关规定和单位内部管理规定的行为；授意、指使、强令、纵容、包庇下属人员违反法律法规、国家有关规定和单位内部管理规定的行为；未经民主决策、相关会议讨论而直接决定、批准、组织实施重大经济事项，并造成重大经济损失浪费、国有资产（资金、资源）流失等严重后果的行为；主持相关会议讨论或者以其他方式研究，但是在多数人不同意的情况下直接决定、批准、组织实施重大经济事项，由于决策不当或者决策失误造成重大经济损失浪费、国有资产（资金、资源）流失等严重后果的行为；其他应当承担直接责任的行为。

主管责任是指领导干部对履行经济责任过程中的下列行为应当承担的责任：除直接责任外，领导干部对其直接分管的工作不履行或者不正确履行经济责任的行为；主持相关会议讨论或者以其他方式研究，并且在多数人同意的情况下决定、批准、组织实施重大经济事项，由于决策不当或者决策失误造成重大经济损失浪费、国有资产（资金、资源）流失等严重后果的行为。

领导责任是指除直接责任和主管责任外，领导干部对其不履行或者不正确履行经济责任的其他行为应当承担的责任。

《党政主要领导干部和国有企业领导人员经济责任审计规定》对上述三种责任的界定，是从责任追究的角度出发，主要关注责任履行中出现的问题。从经管责任的履行角度出发，团队领袖责任当然要包括上述含义，但这只是责任履行的消极面。事实上，经管责任履行还有积极面，也就是团队领袖对团队产出做出的贡献（吴秋生，2012）。所以，基于责任的积极面和消极面，我们对团队领袖的直接责任、主管责任和领导责任界定如下：

① 2019 年 7 月，中共中央办公厅、国务院办公厅修订了该规定，将责任程度划分为直接责任和领导责任，无论如何划分，都表明领导干部个人责任与其所领导的单位的责任是有区别的，从逻辑上来说，三种责任划分更具有合理性，所以，这里保持三种责任划分不变。

（1）领导责任就是团队领袖所领导的团队作为一个整体，其经管责任履行过程及其结果，例如，团队的责任目标完成情况、管理情况、各种行为的合法合规情况等，都是领导责任。

（2）主管责任就是团队领袖所亲自主管的团队领域，其经管责任履行过程及其结果，例如，这个领域的责任目标完成情况、管理情况、各种行为的合法合规情况等，都是主管责任。

（3）直接责任就是在经管责任的履行过程中，团队领袖本人亲历亲为的事项（不包括对主管领域的职责履行行为），一般有两种情形：一是与团队领袖个人相关的行为，例如，个人财务收支行为，出席的接待行为，亲自操持的交易活动，亲属及朋友与本组织的交易等；二是由于某些原因，超越自己主管的领域所履行的一些事项，例如，团队领袖本人不主管工程建设，却直接插手招标事项。

就上述责任与团队领袖的关联度来说，从领导责任到主管责任再到直接责任是递增的。从委托人的角度出发，对上述责任的关注程度应该也是递增的，同时，对于团队作为一个整体的经管责任履行情况也应该很关注。

当然，对于经管责任的内容有多种分类方法，例如，按照形成经管责任的经济活动分类，可分为财政财务收支责任和其他有关经济活动责任两种；按照履行经管责任要达到的要求分类，可分为真实性责任、合法性责任、效益性责任、公平性责任、环境性责任、安全性责任等多种（吴秋生，2012）。上述这些分类方法，都是针对本节所界定的领导责任的再分类，并未涉及主管责任和直接责任。当然，可以将直接责任、主管责任和领导责任作为分类主干，将其他的责任分类方法结合起来，形成一个责任分类体系。

团队领袖的上述三种责任类型的界定，对于审计客体选择有何影响呢？上述三种责任的界定，从两个角度影响审计客体选择：一是责任可分离程度；二是审计主题。下面我们将分别讨论。

（三）经管责任可分离程度和审计客体选择

将团队领袖责任分为直接责任、主管责任和领导责任之后，如果这三种责任之间的界限很明确，则完全可以将团队整体和团队领袖作为不同的审计客体来对待；如果三种责任之间的界限不明确，则将团队整体和团队领袖合并为一个审计客体来对待。所以，三种责任的可分离程度决定了团队领袖是否有必要作为独立的审计客体。

那么，直接责任、主管责任和领导责任的可分离程度是如何决定的呢？一般来说，直接责任是团队领袖亲历亲为的事项，区分较为容易。团队领袖经管责任可分离程度主要体现在主管责任和领导责任的可分离程度。这种可分离程度主要与团队内部的领导制度相关。一般来说，领导制度有首长负责制和集体领导制两种类型，而集体领导制又可分为委员会制和分工负责制。所以，总体来说，团队的领导制度可以有三种选择：首长负责制、委员会制、分工负责制，不同的领导制度下，主管责任和领导责任的可分离程度不同。

首长负责制又称独任制，即把法定的决策权力集中在一位负责人身上。这种情形下也可能有副职或助手，但是，对于团队生产来说，决策权集中于团队领袖一人。团队的所有领域都是团队领袖的主管领域，主管责任和领导责任合二为一，无须再区分主管责任和领导责任。所以，在这种情形下，团队的委托人没有必要再将团队整体和团队领袖分别作为不同的审计客体，而是只将团队整体作为审计客体，所有的责任归属都是团队领袖。

委员会制也称合议制，即把组织的决策权力交给一个委员会。对于团队生产来说，决策权不属于团队领袖一个人，而是属于管理这个团队的委员会。在委员会内部，各成员的地位平等，团队领袖并不享有实质上的特权，当然也就没有明确的主管领域。所以，在这种情形下，无法区分团队领袖的主管责任和领导责任。对于委员会来说，其领导责任和主管责任已经合二为一。此时，委托人只能选择团队整体作为审计客体。

分工负责制，从某种意义上来说是一种混合领导制度，相对于首长负责制来说，它是集体领导；相对于委员会制来说，它又需要个人分工负责。在这种领导制度下，团队管理层有明确的分工，各有主管领域。团队领袖一方面可能有其主管领域，从而承担主管责任；另一方面，由于其是团队管理层的最高职位，对整个团队负有责任，因此，团队领袖对于其他人主管的领域还要承担领导责任。在这种情形下，团队的委托人可以明确区分团队领袖的主管责任和领导责任，前者涉及团队领袖亲自主管的领域，后者涉及团队整体。所以，审计客体选择就出现了团队整体和团队领袖两个客体。

以上所述领导制度、经管责任可分离程度和审计客体选择之间的关系，归纳起来如表5-1所示。

表5-1　领导制度、经管责任可分离程度和审计客体选择

领导制度	经管责任可分离程度	审计客体选择
首长负责制	主管责任和领导责任合二为一	团队整体
委员会制	主管责任和领导责任合二为一	团队整体
分工负责制	主管责任和领导责任可分离	团队整体、团队领袖分别作为审计客体

与此相关的一个问题是，不同领导制度应该如何选择呢？这是个大问题，不属于本节的主题范畴，需要进行专门讨论。一般来说，集体领导在三种情形下十分具有价值：一是对于特别重大的问题，例如，特别重要的决策，一般需要采取委员会制；二是对于一些规模特别大的组织，一般需要采取分工负责制；三是对于专制文化较浓的地方，为了抑制独裁专制，也需要集体领导。

（四）审计主题和审计客体选择

团队领袖的领导责任、主管责任和直接责任的界定，从两个角度影响审计客体选择：一是责任可分离程度；二是审计主题。前面已经从责任可分离程度这个角度进行了讨论，现在，我们从审计主题这个角度来讨论经管责任类型对审计客体选择的影响。

审计主题就是审计人员所要发表审计意见的直接对象，审计过程就是围绕审计主题收集证据并发表审计意见的系统过程。一般来说，审计主题可以分为三类：一是信息，也就是通常所说的认定；二是行为，也就是审计客体的作为或过程；三是制度，也就是约束信息和行为的规则或过程。团队领袖的经管责任分为领导责任、主管责任和直接责任，不同的责任类型所承载的审计主题不同。委托人关注不同的审计主题，从而会有不同的审计客体选择。

领导责任，是团队领袖所领导的团队作为一个整体，其经管责任履行过程及其结果。从审计主题来说，表现有三个：一是团队生产的总体结果，主要表现为一些绩效指标，属于信息主题；二是团队生产的管理过程，主要表现为团队生产的管理制度，属于制度主题；三是团队履行经管责任的行为，例如，对于国家法律法规、重要合约的遵守情况。一般来说，领导责任是与整个团队相关的，如果委托人关注领导责任相关的审计主题，则团队整体会成为审计客体。

主管责任，是团队领袖所主管领域作为一个整体，其经管责任履行过程及其结果。主管责任的审计主题与领导责任类似，也分为信息、制度和行为三类，只是其范围是团队领袖所主管的领域，小于领导责任。一般来说，主管责任是与团队的某个领域相关的，如果委托人关注主管责任相关的审计主题，则团队整体会成为审计客体。

直接责任是团队领袖本人亲历亲为的事项，一般表现为特定行为，属于行为主题。如果委托人关注直接责任相关的审计主题，则团队领袖会成为审计客体。

以上所述经管责任类型、审计主题和审计客体选择之间的关系，归纳起来如表 5－2 所示。

表 5－2　经管责任类型、审计主题和审计客体选择

经管责任	审计主题	审计客体
领导责任	信息	团队整体
	制度	团队整体
	行为	团队整体
主管责任	信息	团队整体
	制度	团队整体
	行为	团队整体
直接责任	特定行为	团队领袖

关于审计主题和审计客体之间的关系可以提出如下结论：如果关注信息主题，则以团队整体为审计客体；如果关注制度主题，则以团队整体为审计客体；如果关注团队行为，则以团队整体为审计客体；如果关注团队领袖的特定行为，则以团队领袖为审计客体。

与此相关的一个问题是，委托人所关注的审计主题受到哪些因素的影响？这也是个大问题，不属于本节的主题范畴，需要进行专门讨论。但是，一般来说，委托人对团队领袖的个人行为越不放心，团队的组织治理越不健全，则越有可能关注团队领袖的个人行为。

三、责任类型、审计主题和审计客体选择：审计客体选择的多样化解释

本节将团队领袖的经管责任分为领导责任、主管责任和直接责任，在此基础上，从责任可分离程度和审计主题两个角度，分析了团队生产情形下，审计客体的选择。下面我们用这个理论框架来分析现实生活中的审计客体选择多样化，在一定程度上验证这个理论框架。

一般来说，将组织作为审计客体是基本情形，审计客体选择多样化主要表现为是否将

自然人作为审计客体，目前，主要有两种情形：一是舞弊审计，是以舞弊者自然人作为审计客体；二是领导干部经济责任审计，是以单位主要领导这个自然人作为审计客体。

（一）舞弊审计的审计客体分析

舞弊审计针对的是组织内部人员及有关人员为谋取自身利益，或为使本组织获得不正当经济利益而其自身也可能获得相关经济利益，采用违法手段使组织经济利益受损的不正当行为，其审计主题是行为，审计客体是组织内部人员及有关人员，是自然人。为什么会产生舞弊审计呢？一般来说，是审计委托人怀疑某些人可能存在舞弊行为。实际上是委托人对某些人的特定行为的关注。本节前面的理论框架指出，如果关心团队领袖的特定行为，则以团队领袖为审计客体。舞弊审计的委托人关注某些人的舞弊行为，所以将该人作为审计客体。为什么会关注某人的舞弊行为呢？本节前面的理论框架指出，团队的组织治理越不健全，越有可能关注团队领袖的个人行为。审计委托人之所以关注某些人的舞弊行为，一般是有舞弊信号了，表明某些人可能舞弊，而舞弊可能性恰恰与本组织的治理状况有关，在治理不健全的情形下，舞弊的可能性较大。

从现实生活来看，舞弊审计主要经历了两个阶段，在审计的最初发展阶段，由于组织治理都不健全，大多数的委托人对代理人都不放心，舞弊审计是主要的审计业务。随着组织治理越来越健全，舞弊的可能性降低，财务报表审计逐步占据主要地位。在当今社会，舞弊审计主要是在一些舞弊风险很高的领域作为专门的审计业务来开展，例如，采购审计、工程审计、招投标审计等。这些领域舞弊的可能性大，委托人不放心这些领域的某些人，所以，舞弊行为成为重要的审计主题，自然人成为审计客体。

（二）领导干部经济责任审计的审计客体分析

领导干部经济责任审计是具有中国特色的审计业务，它包括双重审计客体：一是单位；二是单位主要领导。单位主要领导作为审计客体，也就是团队领袖作为审计客体。领导干部经济责任审计为什么要将单位主要领导作为审计客体呢？根据本节前面的理论框架，团队领袖作为审计客体有两种情形，一是主管责任和领导责任可分离，其前提是采用分工负责的领导制度；二是团队的组织治理越不健全，越有可能关注团队领袖的个人行为。目前，中国的各种组织，恰恰具有上述两方面的特征。

首先，中国的绝大多数组织都实行分工负责的领导制度。关于中国的组织究竟是什么样的领导制度，有不同的认识。《中华人民共和国宪法》第三条规定，国家机构实行民主集中制的原则；第八十六条规定，国务院实行总理负责制，各部、各委员会实行部长、主任负责制。《中华人民共和国国务院组织法》第九条规定，各部、各委员会实行部长、主任负责制。《中华人民共和国地方各级人大和地方人民政府组织法》第六十二条规定，地方各级人民政府分别实行省长、自治区主席、市长、州长、县长、区长、乡长、镇长负责制。《中国共产党党章》第十条规定，党是根据自己的纲领和章程，按照民主集中制组织起来的统一整体。党的各级委员会实行集体领导和个人分工负责相结合的制度。可以看出，这些权威文件对领导制度的表述并不完全相同。所以，关于我国的各种组织究竟是首长负责制还是以民主集中制为基础的集体领导制，有不同的观点（吴显庆，2004；黄百炼，2012）。但不能否认的是，在现实生活中，绝大多数单位的领导制度中，个人分工负责是其重要内容。正是由于这种制度的存在，才可以将主要领导的主管责任和领导责任区分开来。

其次，各种组织的治理制度不健全。我国正处于转型时期，大量旧的制度被废止，而新的制度尚未完全建立，已经建立的新制度还可能存在部分缺陷，大量的体制、机制和制度都处于不完善状态，因此，各级领导发生机会主义行为的概率较大。在这种背景下，对于主要领导的行为予以特别关注，自然是理性的选择。

综合起来，正是由于各种组织的治理制度不健全，才产生了将领导个人作为审计客体的必要性；正是由于分工负责的领导制度，才使得将领导个人作为审计客体具有可行性。这二者的结合，就产生了中国式的领导干部经济责任审计。

四、结论和启示

任何组织都是团队生产，都面临“搭便车”等代理问题。在委托人建立的监督机制中，审计是其中的重要制度设计。然而，审计客体如何选择呢？是以团队整体为对象，还是以团队领袖为对象？现有文献缺乏系统的理论解释。本节以团队生产为背景，从审计主题和团队领袖经管责任的可分离程度出发，提出了一个关于团队生产下审计客体选择的理论框架，并用这个理论框架来解释现实生活中的审计客体选择多样化现象。

团队领袖对团队很重要，委托人当然有可能对其进行独立的约束和激励，所以，委托人的审计客体选择可能出现双重客体：团队整体和团队领袖。但是，最终是否出现双重客体还受到团队领袖经管责任的可分离程度及审计主题的影响。

团队领袖的经管责任包括领导责任、主管责任和直接责任。领导责任就是团队领袖所领导的团队作为一个整体，其经管责任履行过程及其结果。主管责任就是团队领袖所亲自主管的团队领域，其经管责任履行过程及其结果。直接责任就是在经管责任的履行过程中，团队领袖本人亲历亲为的事项。

一般来说，直接责任是团队领袖亲历亲为的事项，区分较为容易。团队领袖经管责任可分离程度主要体现在主管责任和领导责任的可分离程度。这种可分离程度主要与团队内部的领导制度相关。在首长负责制下，主管责任和领导责任合二为一，团队整体是审计客体。在委员会制下，领导责任和主管责任已经合二为一，团队整体是审计客体。在分工负责制下，可以明确区分团队领袖的主管责任和领导责任，审计客体选择就出现了团队整体和团队领袖两个客体。

审计主题就是审计人员所要发表审计意见的直接对象，一般分为信息、行为和制度三类，不同的责任类型所承载的审计主题不同。委托人关注不同的审计主题，从而会有不同的审计客体选择。

领导责任的审计主题包括信息、制度和行为，领导责任与整个团队相关，如果委托人关注领导责任相关的审计主题，则团队整体会成为审计客体。主管责任审计主题也包括信息、制度和行为，主管责任与团队的某个领域相关，如果委托人关注主管责任相关的审计主题，则团队整体会成为审计客体。直接责任一般表现为特定行为，属于行为主题。如果委托人关注直接责任相关的审计主题，则团队领袖会成为审计客体。

由于审计主题与不同类型的经管责任具有密切关联，上述结论也可以换一种表述方式：如果关注信息主题，则以团队整体为审计客体；如果关注制度主题，则以团队整体为审计客体；如果关注团队的特定行为，则以团队整体为审计客体；如果关注团队领袖的特定行为，则以团队领袖为审计客体。

上述理论框架可以解释现实生活中的审计客体选择。舞弊审计的委托人关注某些人的舞弊行为，主要原因是舞弊相关的治理不健全，从而舞弊行为成为委托人关注的重要审计主题，具有舞弊可能性的自然人成为审计客体。我国领导干部经济责任审计将领导个人作为审计客体，正是由于各种组织的治理制度不健全，才产生了将领导个人作为审计客体的必要性；正是由于分工负责的领导制度，才使得将领导个人作为审计客体具有可行性。这二者的结合，就产生了中国式的领导干部经济责任审计。

审计客体涉及的主题问题是“审计谁”，本节的分析表明，领导制度和治理状况是影响审计客体选择的基础性原因，这两个原因通过经管责任的可分离性和审计主题来影响审计客体选择。不同的审计客体选择当然会产生不同的审计效果，所以，了解审计客体的领导制度及治理状况，对于我们科学地选择审计客体进而提升审计效果，具有重要的意义。

第四节　审计客体选择的经济后果

审计客体包括组织和自然人，选择不同的审计客体来实施审计可能会影响审计效率效果。本节从审计处理处罚客体的角度来探讨审计客体选择对审计效率效果的影响。

随着我国市场经济的不断发展，经济体制改革和政治体制改革的不断深入，依法治国和依法审计成为国家治理的迫切要求。2014 年 1 月 10 日，李克强总理在全国审计工作会议上特别强调：“加强依法审计，切实看住管好公共资金，对挪用、侵吞、贪污等行为，要严肃查处、严惩不贷。”依法审计的要求除了确保审计工作不走过场、不流于形式，实事求是，客观公正外，还要求审计人员切实履行好相关法规赋予审计机关的审计处理处罚权，杜绝违规、违法行为的屡审屡犯现象，充分发挥审计监督的地位和作用。目前，现有文献对审计处理处罚的研究主要关注审计机关的审计处理处罚权，如何进行审计处理处罚，审计处理处罚存在的问题及对策。然而，哪一种审计处理处罚模式更有益于国家审计在国家治理背景下最大限度地发挥作用，还没有定论。

本节借鉴单罚制和双罚制理论，构建一个关于审计处理处罚模式及其效果的理论框架；在此基础上，用地方审计机关的数据验证上述理论框架。

一、文献综述

政府审计处理处罚是一个重要的理论和实践问题，既有研究文献较多，研究主题主要包括审计机关的审计处理处罚权，如何进行审计处理处罚，审计处理处罚存在的问题及对策。

关于审计机关的审计处理处罚权，多年来，审计界对于审计处理处罚依据问题一直存在争议，焦点在于执法主体是其他部门而不包括审计机关的法律法规能否作为审计处理处罚的依据。面对这个问题，形成了有处理处罚权和无处理处罚权两种观点（张宗乾，2002）。

关于审计机关如何进行审计处理处罚，主要关注点是程序、原则、证据、不同处理处罚措施之间的关系（孙富军，2001；杨文璁，2002；鲁桂华，2003；马雅林，2004；郑石桥，2012a，2012b）。

关于政府审计处理处罚存在的问题及对策，不同文献有不同的视角。归纳起来，目前处理处罚存在的主要问题是：对审计处理、处罚二者之间的关系混淆；没有严格遵循依法实施审计处理处罚权的原则；审计处理处罚程序不够正当（刘桂云，1997；张宗乾，1998；周生安、吕云松，2001；陈东成，2002；桂忠才，2003；王秀成，2004；郑石桥，尹平，2010；陈宋生、刘淑玲，2010；王万江，2011；项文卫，2013）。

上述文献对政府审计处理处罚的研究较为广泛，部分问题的研究还有一定的深度。然而，关于政府审计处理处罚模式及其效果，还没有得出统一的结论。

二、政府审计处理处罚模式及其效果的理论分析

（一）单罚制和双罚制理论

在法学理论中，对于单位犯罪的惩罚模式有两种：一是只惩罚单位，称为单罚制；二是同时惩罚单位和直接责任人，称为双罚制。关于双罚制，比较有影响力的理论解释有拟制说和代理说。拟制说认为，单位与其自然人成员的意志是独立区分的。代理说认为，代理人在其职权或授权范围内，为了单位利益实施犯罪行为而产生的刑事责任，应由单位承担。这两种观点的区别在于单位成员与单位意志是否独立，并且人们都认为这是对谁应该做出惩罚的基本依据，而且非此即彼。在民商法中，单位的违法行为通常采用双罚制，单位中的成员损害他人合法利益时，单位要因此承担相应的民事、经济或行政责任，同时，该成员也要承担连带责任。另外，单位中的责任人员是单位犯罪的“造意者”和“实行者”，但这些自然人的罪过和行为又从属或服从于单位的罪过和行为，因此，单位和自然人的罪过和行为都是独立存在的。在双罚制中，之所以既惩罚单位自身又惩罚其代表人或其他单位成员，是因为这些人在单位整体犯罪中起主要作用和负重大责任，而且他们对单位整体犯罪的产生，主观上有罪过，客观上有行为，他们是有罪责的。现有文献对单双罚各自利弊的研究很多，争论也很多。但是，无论是认为刑罚主体是一个的还是两个的，都表明要对人进行处罚。同时，大多数文献认为，从对单位犯罪的抑制效果来看，双罚制好于单罚制（胡捷，2004；赵星，2008；丁华宇，2009；段鑫，2010；应松年，2012；石磊，2012）。

（二）我国的政府审计处理处罚模式

《审计法》第四十一条规定，审计机关按照审计署规定的程序对审计组的审计报告进行审议，并对被审计对象对审计组的审计报告提出的意见一并研究后，提出审计机关的审计报告；对违反国家规定的财政收支、财务收支行为，依法应当给予处理、处罚的，在法定职权范围内做出审计决定或者向有关主管机关提出处理、处罚的意见。《审计法实施条例》第五条规定，审计机关依照有关财政收支、财务收支的法律法规，以及国家有关政策、标准、项目目标等方面的规定进行审计评价，对被审计单位违反国家规定的财政收支、财务收支行为，在法定职权范围内做出处理、处罚的决定。《财政违法行为处罚处分条例》第二条规定，县级以上人民政府财政部门及审计机关在各自职权范围内，依法对财

政违法行为做出处理、处罚决定。

上述规定表明，我国审计机关是行政执法机关，相关法规赋予审计机关对被审计单位的违规行为，在法定职权范围内，依照法律、行政法规的规定，区分情况采取处理措施，并可以依法给予处罚，对发现的犯罪嫌疑予以移交。对于有违规行为的被审计单位，可以直接进行处罚；对于直接责任人，除个别情况可以直接由政府审计机关直接处理处罚外，大多数情况下，政府审计机关要移送其他政府主管部门、纪委、监察和审判机关进行处理处罚。所以，总体来说，我国审计处理处罚是双罚模式。

（三）我国政府审计双罚效果比单罚效果好

在我国目前的政治体制和文化背景下，审计处理处罚模式采用双罚制，是正确的选择，双罚制处理处罚效果要好于单罚制。下面，我们从政治、文化和法理三个角度来分析在中国环境下双罚制好于单罚制的原因。

1. 政治视角的分析

目前的国家审计制度属于中国特色社会主义政治体制的重要组成部分，其职责和职能必须符合我国经济发展的需要和基本国情。国家审计作为一种权力监督的制度安排，具有预防、揭示和抵御的功能，在国家治理中发挥“免疫系统”的作用，其职责就是通过预防、揭示、查处经济社会运行中的问题，杜绝同类问题的再次发生，保证国家审计在体制改革中发挥批判性和建设性的功能，使国家经济健康、安全、快速地发展。

我国审计机关隶属于政府，属于行政型的审计体制。很多学者对这种体制进行了批判，认为审计机关属于政府机构的内部审计，“同体”不能进行监督，执政党为了维护执政集团的“既得利益”，不可能有监督自己的动力。因此，有的学者不赞成审计机关具有处理处罚的权力。但是，我们认为，中国共产党是工人阶级的先锋队，其根本宗旨是全心全意为人民服务，是扎根于人民群众之中的党，而不是谋取既得利益的小集团。当前腐败易发高发，是一些当权者利用体制上的漏洞以权谋私的结果，这完全违背党的宗旨和人民群众根本利益。而共产党员大多是各行各业的先进分子，与人民群众有着血肉联系，人民群众反腐败、反对形形色色官僚主义的要求，就是他们监督执政权力的根本动力。审计处理处罚作为一种制度安排，同样也存在一定的弊端和漏洞，但这些漏洞并没有否定其存在的价值，其发挥的作用远远大于其存在的弊端。研究审计处理处罚，目的就在于发现审计处理处罚中存在的问题，从体制的制定和执行上提出解决这些问题的对策。

2. 文化视角的分析

新制度经济学提出一个重要的理论“路径依赖”，即人们过去的选择会影响他们现在的选择，这说明历史文化对现在的重要性。中国传统文化主要可以分为两类：第一类是以孟子为代表的主张“民为贵，社稷次之，君为轻”的民本思想，这类观点没有持续影响中国文化，至少在中国历史上没有起到主流作用。第二类是居于正统地位的儒家思想，提倡“忠、孝、仁、义”，以及张蕴古提出的“故以一人治天下，不以天下奉一人”的“人治”思想和“集权主义”观念。影响中国审计最深远的是“集权”思想和“人治”思想。具体来说，中国文化对审计处理处罚的影响如表 5-3 所示。

表 5-3 中国文化传统要素对审计处理处罚的影响

中国文化传统要素的内容	中国文化传统的特征	对审计处理处罚影响
道德观：中庸之道，不得罪人，重感情，轻法治。 风俗习惯：好面子，重社会关系。 组织结构：权力集中。 民族性格：重名轻实，规避风险。 人生观：不重担当，逃避责任。 方法论：凭直觉，轻理性。	官本位制：崇拜权力、权威。 等级制文化：君君、臣臣、父父、子子。 人治主义：以一人治天下，不以天下奉一人。 和谐思想：以和为贵，和而不同。 管理模式：一言堂。	既得利益者加大了审计追查和问责的难度。人情、关系、面子使得整个社会形成轻处罚的观念。集权、人治的思想容易将个人意志强加给集体。屡审屡犯突出，公众对审计问责需求更加强烈。对责任人处罚成为审计发挥威慑性的迫切需求。

历史文化潜移默化地影响着一个国家对审计体制和审计文化的选择，也影响着一个民族的行为方式和性格。审计文化影响着审计体制和审计处理处罚模式的制定和执行。一种制度的安排是否得到有效执行，除了看制度本身是否合理之外，还要分析非正式规则、正式规则和执行机制之间是否协调。所以，分析我国政府审计现行的处理处罚模式，无论是从制度的安排还是制度的执行上都有着现实意义。没有监督的权力必然产生腐败，我国的文化背景在一定程度上给处罚人造成了许多困难，但这更要引起审计人员的警惕，在这种“人治”和“集权”的历史背景影响下，只有加强对人的处理处罚，才能对腐败形成威慑，从而有效地监督权力的行使。如果说审计是反腐败的利剑，那么审计处理处罚则是刀刃。

3. 法理视角的分析

如果人违反了法律，触犯的是刑法，犯罪行为受到制裁毫无争议。但现实中如果有人违法的情节比较轻，不构成犯罪，追究其责任难免会遇到困难和争议。我国政府实行的是民主集中制下的首长负责制，即各级政府及其部门的首长在民主讨论的基础上，对本行政组织所管辖的重要事务具有最后决策权，并对此全面负责。有的观点认为，如果决策出了问题，因为决策的制定是经过民主讨论且大家同意的，所以不能直接对首长或者相关负责人进行问责。还有的观点认为，个人行为虽然违规，但是为了单位的利益，如果对单位进行了处罚，再对人进行处罚，则违反了中国行政处罚中的一事不再罚原则，不合乎理性制度的要求和立法精神，况且社会科学家往往假设：一个具有共同利益的群体，一定会为实现这个共同利益采取集体行动，在一个组织中个人利益和共同利益相结合的情况与竞争市场类似。这是支持单罚制反对双罚制的观点的主要依据。

我们认为，上述观点存在两个方面的问题。一方面，社会科学家往往假设：一个具有共同利益的群体，一定会为实现这个共同利益采取集体行动。公共选择理论奠基者奥尔森发现，这个貌似合理的假设并不能很好地解释和预测集体行动的结果，许多合乎集体利益的集体行动并没有发生。相反，存在诸多严重的个人自发的自利行为往往导致对集体不利，甚至产生极其有害的结果。另外，集体行动的成果具有公共性，所有集体的成员都能从中受益，包括那些没有分担集体行动成本的成员。所以，既然首长负责制要求首长对此全面负责，即出了问题有人担当，不出问题大家受益，提出的建议如果出现问题，还有可能存在失去首长信任的风险，那么在决策过程中，谁还会绞尽脑汁，付出成本呢？因此，对首长问责和相关责任人问责是毫无争议、有理论根据的。另一方面，从犯罪学理论角度看，单位成员是单位的一部分，但单位成员的本质还是社会人，仍有着独立的人格和行为能力，与单位的人格是相互分离的。直接责任人员既是具有独立人格，能够独立承担法律责任的社会主体，又具有独立性，其本质既是单位人，也是社会人。但法律规定公民必须实施合法行为，不得实施违法行为，单位成员必须履行这一义务。当单位的利益和国家法律规定单位成员作为公民的义务发生冲突或者矛盾时，单位成员不能牺牲其作为国家公民的守法义务，而仅维护单位利益。由此，产生了单位犯罪直接责任人员承担刑事责任的法理基础。

刑罚与行政处理处罚法存在许多区别，那么刑罚上双罚制的理论能否直接应用于行政处理处罚法呢？我们将两者的区别做一个比较如表 5-4 所示。

表 5-4　行政处理处罚与刑罚的区别

处罚类型	适用前提不同	法律依据不同	处罚的种类和重点不同	做出处罚决定的主体不同	处罚的作用不同
刑罚	构成刑事犯罪	刑法	财产罚和人身罚，人身罚是其重点	人民法院	偏重于对犯罪活动的打击
行政处理处罚	对尚未构成刑事犯罪的违反国家行政管理法规	行政法律规范	财产罚、申诫罚、人身罚、能力罚等	行政机关等行政主体	注重对违法者的教育

由表 5-4 可以看出，刑罚与行政处理处罚的主要不同，就是违法行为的严重程度。达到刑罚标准的按刑法处理，没达到的按行政法律法规处理，其他的不同也都是基于这一点。虽然行政处理处罚与刑罚之间存在诸多区别，但它们又有许多相似之处：行政处理处罚与刑罚都是对行为人或组织的不法行为做出的处罚；两者遵循相同的处罚原则，如处罚法定与罪刑法定原则，公开公正原则等。总体来看，刑罚与行政处理处罚在微观的执行层面有区别，在宏观的法理方面是相通的，刑罚中双罚制的理论也包括研究单位成员与单位关系、处罚原则等法理，因此，刑法中的双罚制存在的依据可以应用到行政处理处罚中。

本节介绍了单罚制和双罚制理论，根据相关法律法规的规定，认定我国的政府审计处理处罚是双罚制，并且从政治、文化和法理三个角度，分析了我国政府审计实行双罚制的效果要好于单罚制的原因。基于以上分析，提出如下假设：我国政府审计的双罚制效果要显著好于单罚制。

三、研究设计

（一）变量设计

1. 依存变量

根据本节的研究假设，依存变量是审计处理处罚效果，主要表现为对违规行为的遏制效应，用单位违规程度来表示。量度单位违规程度最好的变量是单位违规金额和单位规模之比，然而，公开数据中被审计单位规模的数据无法取得，因此，本节采用单位平均违规金额来量度单位违规程度，计算公式如下：

$$单位平均违规金额(Y_1)=违规金额/审计(调查)单位数量$$

这个指标存在两个缺陷：一是不同年度的被审计单位组合不同，使得被审计单位的平均规模不同，进而影响单位平均违规金额量度单位违规程度的可靠性；二是审计人员发现问题的水平不同，也会影响单位平均违规金额量度单位违规程度的可靠性。针对第一个缺陷，本节认为，由于每个省市的审计机关每年审计项目都在数百家之上，有的省市审计项目甚至有数千家，庞大的数量可以在较大程度上抵消被审计单位组合不同对平均规模的影响。针对第二个缺陷，由于本节采用的是 2002—2010 年的数据，审计人员发现问题的水平和审计准则的变化都不大，可以忽略这个缺陷。

2. 解释变量

根据本节的研究假设，解释变量是单罚制和双罚制。单罚制包括对单位的处理处罚或对责任人的处理处罚，双罚制是指同时处理处罚单位和个人。

对单位处理处罚的类型包括：上缴财政，减少财政拨款或补贴，归还原渠道资金，调账处理。分别用上述处理处罚金额占违规金额的比例来表示，计算公式如下：

应上缴财政率(X_1)＝应上缴财政额/违规金额

应减少财政拨款或补贴率(X_2)＝应减少财政拨款或补贴额/违规金额

应归还原渠道资金率(X_3)＝应归还原渠道资金额/违规金额

应调账处理率(X_4)＝应调账处理额/违规金额

对个人的处理处罚主要是国家审计机关将直接责任人移送至其他有权对个人进行处理处罚的部门，由这些部门按规定的程序和方法进行处理处罚，包括司法机关、纪检监察部门及其他有关部门。移送处理人数的绝对数在不同地区之间缺乏可比性。一般来说，国家审计移送处理人员主要与审计项目数有关，可以用平均移送处理人数这个相对数来表示，计算方法如下：

平均移送处理人数(X_5)＝移送处理人数/审计(调查)单位

根据上述变量设计，X_1 到 X_5 各个单变量表示单罚制，X_1 到 X_4 各自与 X_5 的乘积（d_1，d_2，d_3，d_4）表示双罚制。

（二）样本选择和数据收集

本节的样本选自 2002—2010 年的地方审计机关（共 31 个省市）统计数据。审计处理处罚的统计数据来源于《中国审计年鉴》，财政收支数据来源于《中国财政年鉴》，人口数据来源于《中国人口年鉴》。

（三）模型设计

$$Y_t = a + bX_{it-1} + cX_{5t-1} + d_i X_{it-1} X_{5t-1}$$

式中，Y_t 表示 t 年的违规程度；i 表示审计处理处罚的类型，包括上缴财政、减少财政拨款、归还原渠道资金和调账处理；X_1 到 X_5 各个单变量表示单罚制；X_1 到 X_4 各自与 X_5 的乘积表示双罚制。

四、统计分析

（一）描述性统计分析

变量的描述性结果显示，应上缴财政率的最小值为 0.000 417 7，最大值为 1.948 454，均值为 0.169 808 7，表明上缴财政占总的处理处罚的比例很大。同样比例很大的还有应归还原渠道资金率和应调账处理率，均值分别为 0.182 279 5 和 0.591 579 9。描述性结果表明，上缴财政、归还原渠道资金和调账处理是对审计查出问题的主要处理处罚决定。平均移送处理人数最小值为 0，最大值为 0.895 707 5，均值为 0.024 807 5，均值水平较低，说明对个人的处罚较轻。

（二）相关分析

表 5-5 为主要变量的相关性分析，各单元格上半部分为 Pearson 系数，下半部分为显著性水平。数据显示，应减少财政拨款或补贴率与应调账处理率具有共线性，要做逐步回归分析。

表 5-5　相关变量系数

	X_1	X_2	X_3	X_4	X_5
X_1	1.000 0				
X_2	0.268 5 (0.000 0)	1.000 0			
X_3	−0.020 6 (0.732 4)	0.192 5 (0.001 2)	1.000 0		
X_4	0.455 0 (0.000 0)	0.537 3 (0.000)	0.133 7 (0.025 5)	1.000 0	
X_5	−0.040 8 (0.497 5)	0.023 0 (0.701 7)	−0.007 5 (0.900 6)	0.019 5 (0.745 2)	1.000 0

（三）回归分析

由于表示双罚制的四个指标是由对单位单罚的四个指标分别与平均移送处理人数相乘得来的，因此各变量之间也会有共线性。在进行逐步回归时，分别剔除了具有共线性的指标和虽然不具有共线性但回归结果不显著的自变量。表 5-6 显示的是回归分析结果，参数联合检验的 F 统计量和相应的 P 值分别为 4.24 和 0.015 4，表明参数整体在 5%的水平上显著。应上缴财政率为解释变量的回归分析系数为负，且在 5%的水平上显著，说明应上缴财政率与下一年的单位平均违规金额是负相关，即应上缴财政率对下一年的违规程度具有抑制作用。应归还原渠道资金率为解释变量的回归分析系数为负，且在 5%的水平上显著，说明应归还原渠道资金率与下一年的单位平均违规金额是负相关，即应归还原渠道资金率对下一年的违规程度也具有抑制作用。

表 5-6　回归分析结果

依存变量 Y_1		Coef	Std. Err	t	$P>\|t\|$
解释变量	lag _ X_1	−208.577	97.483 44	−2.14	0.033**
	lag _ X_3	−108.43	50.580 89	−2.14	0.033**
_ cons		288.981 1	22.332 92	12.94	0.000 ***

为什么有些单罚没有作用，双罚也没有作用呢？我们先来看第一个问题。对单罚中没有作用的三个变量绘制散点图，如图5-2、图5-3、图5-4所示。图5-2、图5-4显示了应减少财政拨款或补贴率（X_2）、平均移送处理人数（X_5）各自与下一年的单位平均违规金额（Y_1）的关系。除了少数极端值外，大部分观测值都靠近原点，表示它们的取值都很小，对回归结果不产生显著影响。图5-3显示应调账处理率（X_4）与下一年的单位平均违规金额（Y_1）呈现负相关的趋势，虽然作用方向是正确的，但由于观测值过于集中，这种负相关的趋势不具有显著性。

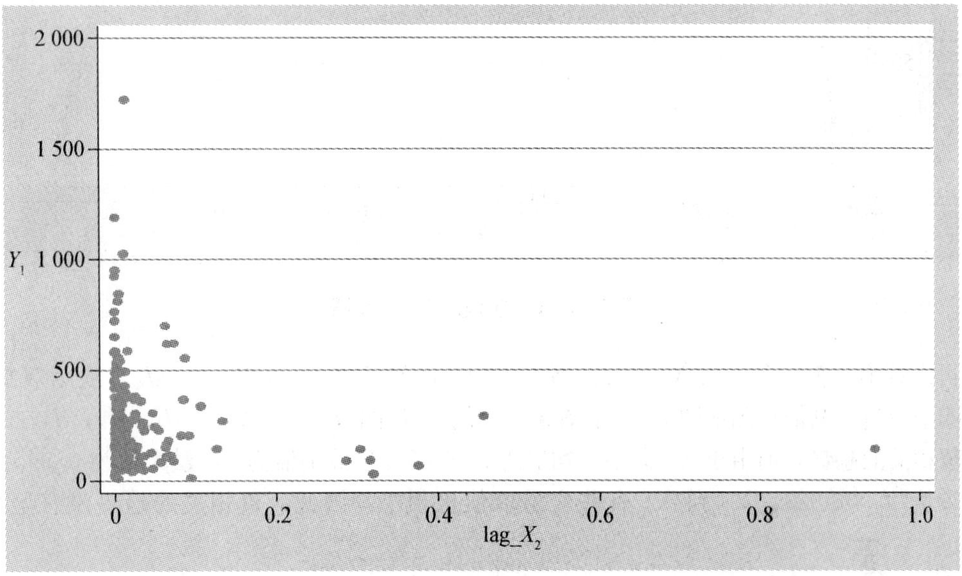

图5-2 Y_1 与 lag_ X_2 散点图

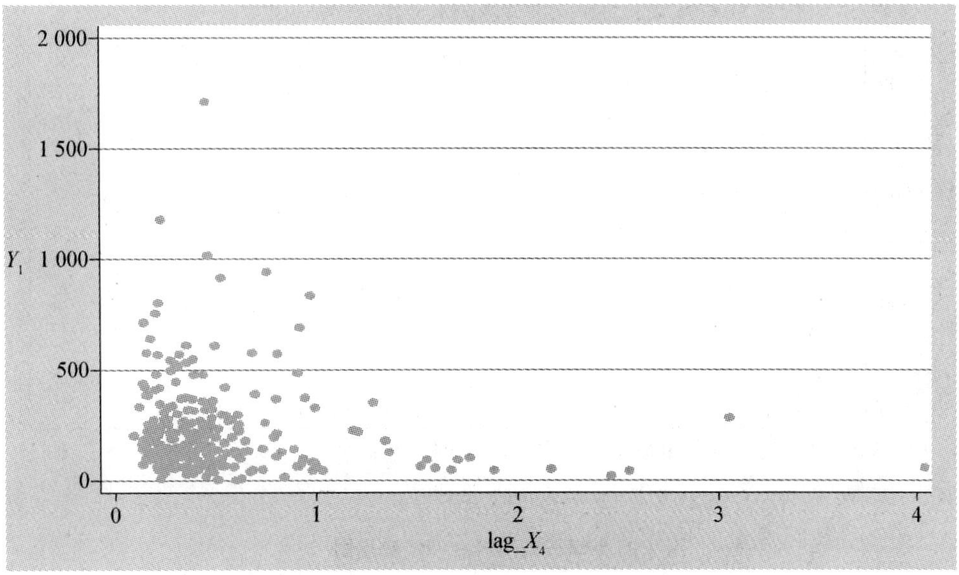

图5-3 Y_1 与 lag_ X_4 散点图

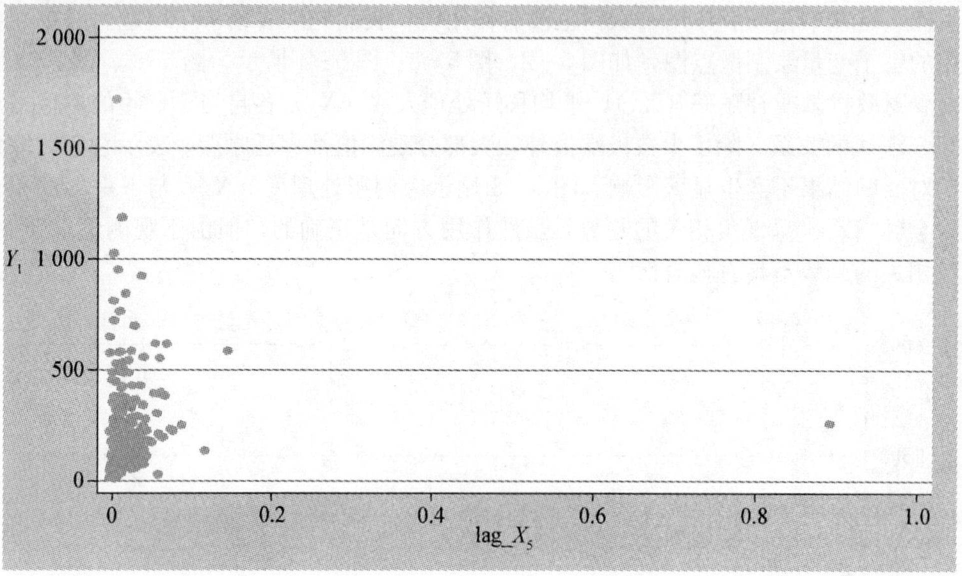

图 5-4 Y_1 与 lag _ X_5 散点图

再来看第二个问题。用 X_1 到 X_4 各自与 X_5 的乘积（d_1，d_2，d_3，d_4）表示双罚制，共有四个变量，其散点图如图 5-5 至图 5-8 所示。从图形来看，Y_1 与 d_1，d_2，d_3，d_4 都具有负相关的趋势，但由于 X_5 太小，均值为 0.024 807，最小值为 0，最大值为 0.895 707，标准差为 0.006 623，X_1 到 X_4 有些变量取值也很小，因此，负相关的趋势没有呈现显著性。

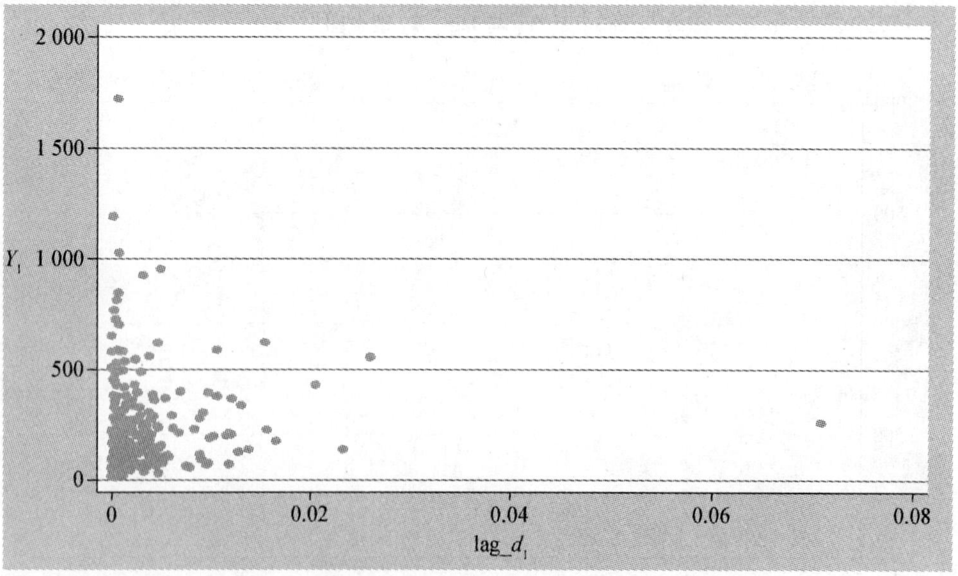

图 5-5 Y_1 与 lag _ d_1 散点图

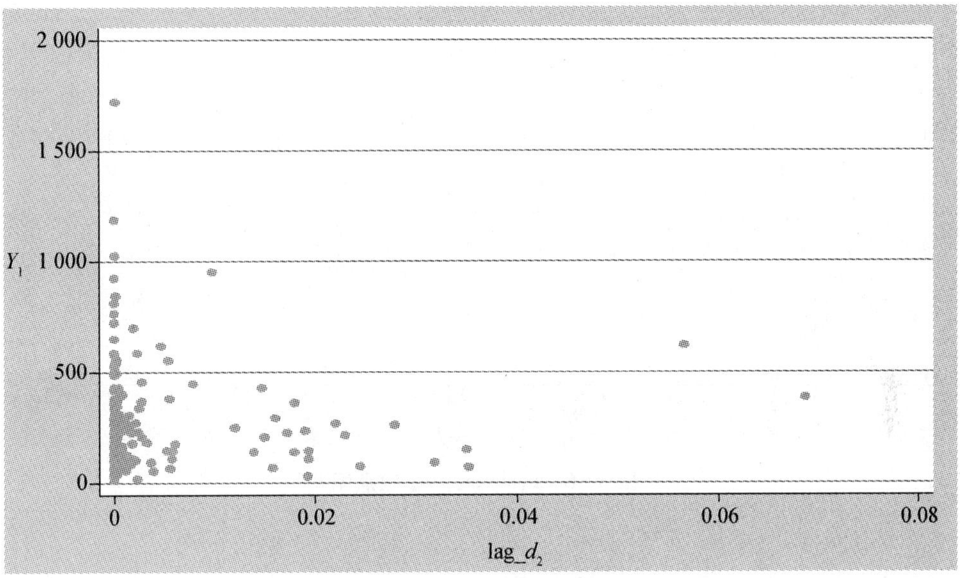

图 5-6 Y_1 与 lag _ d_2 散点图

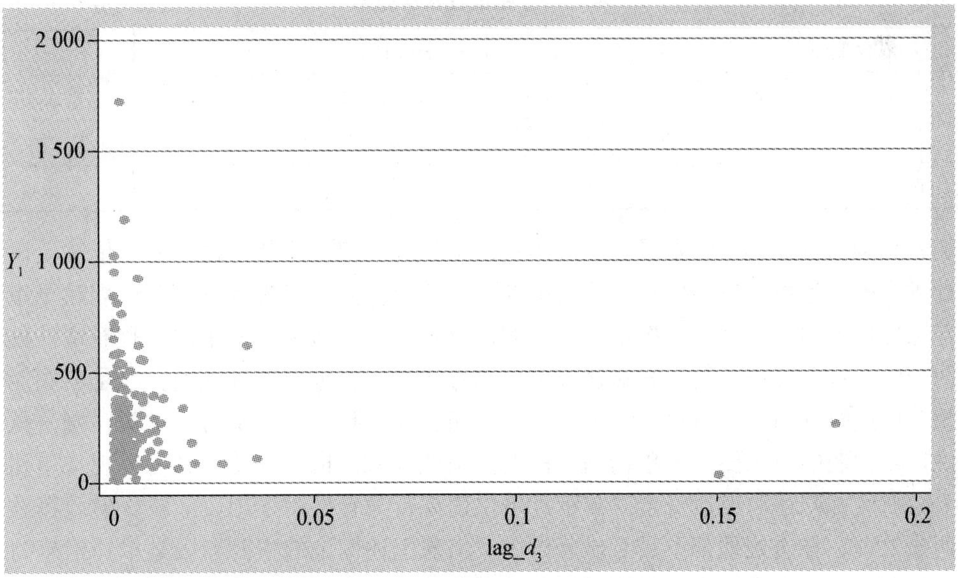

图 5-7 Y_1 与 lag _ d_3 散点图

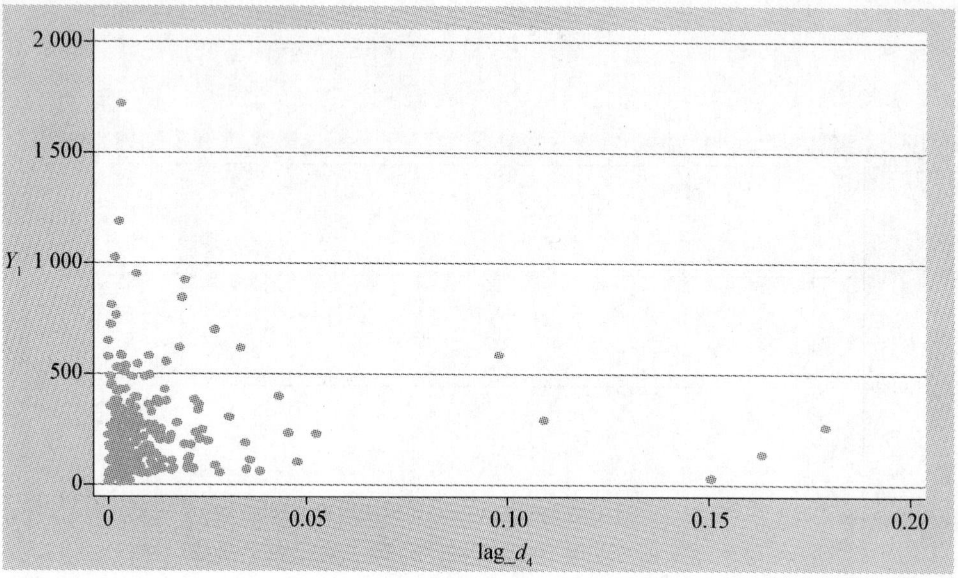

图 5-8　Y_1 与 lag _ d_4 散点图

（四）稳健性检验

本节采用平滑数据的方法进行了稳健性检验，对存在极端值的变量在 1%和 99%分位数处做了缩尾处理。检验结果如表 5-7 所示，验证了结论具有稳健性。

表 5-7　稳健性检验结果

依存变量 Y_1		Coef	Std. Err	t	$P>\|t\|$
解释变量	K_1	−214.547	100.376 7	−2.14	0.034**
	K_3	−122.804	57.444 27	−2.14	0.034**
_ cons		291.817 3	23.083 43	12.64	0.000***

随着我国市场经济不断发展，经济体制改革和政治体制改革不断深入，依法治国和依法审计成为国家治理的迫切要求。依法审计要求审计人员切实履行好相关法规赋予审计机关的审计处理处罚权，充分发挥审计监督的地位和作用。从理论上来说，政府审计处理处罚有两种模式：一是单罚制，只对违规单位或直接责任人进行处理处罚；二是双罚制，既对违规单位进行处罚，也对直接责任人进行处罚。我国政府审计实行的是双罚制。从理论上来说，双罚制的效果要好于单罚制。根据全国地方审计机关的数据分析发现，单罚措施中的上缴财政和归还原渠道资金对被审计单位违规行为有抑制作用，而减少财政拨款或补贴、调账处理、移送处理都不具有显著作用。出现上述悖论的主要原因是单罚措施特别是对个人的移送处理力度太小，从而对抑制被审计单位的违规行为没有显著作用。

我们以《韩非子》中的故事来结束本节。楚国南部，溧水中产金砂，很多人偷偷去采金砂。官方有禁令：捉到偷采金砂的人，即在街市上分尸。杀死的人不少，偷采金砂的人还是不绝。韩非子问采金砂的人：把天下给你，再把你杀死，你肯不肯？采金砂的人回答：不肯。韩非子又问：金砂比起天下差得远呢，为何冒着被杀死的危险偷采金砂呢？采金砂的人回答：因为不一定会被抓到，抓到也不一定真正按法令处理。因此，彻底执行法令，使法网周密不漏，人们无侥幸心理，便不会轻易犯法。我国的政府审计，在查处违规行为方面还存在许多改进空间；对于已经查出的违规问题，处理处罚的力度不够，特别是对个人的处理处罚力度太小，致使政府审计目标的实现受到严重影响。今后，加大处理处罚力度，特别是对个人的处理处罚力度，是提高政府审计效果的重要方向。

本章参考文献

[1] 杨时展．审计的发生和发展．财会通讯，1986（4）：3.

[2] 徐雪林，郭长水．经济责任审计对象研究．审计研究，2005（4）：80－83.

[3] 冯均科．国家审计问责客体的探讨．财会研究，2009（10）：66－68.

[4] 王会金，王素梅．建立健全政府审计问责机制研究．财经科学，2009（1）：119－124.

[5] 杨婧，熊琴琴．基于经济问责的国家审计对象研究．财会通讯，2013（5）：73－74.

[6] 朱亮．解放思想拓展审计目标　服务政府宏观调控职能——关于政府审计的审计对象和审计目标的思考．广东审计，2008（4）：44－45.

[7] 杨献龙．固定资产投资项目绩效审计对象和内容的再认识．审计研究，2009（5）：33－36.

[8] 杨金萍．税务审计中如何确定延伸审计对象．中国审计报，2009－06－05.

[9] 吴焕亮，汤全荣．试论审计对象的有关问题．财会通讯，1990（5）：29－30.

[10] 马曙光．博弈均衡与中国政府审计制度变迁．审计研究，2005（5）：11－18.

[11] 高雷．中国国家审计的三方博弈理论研究．江苏社会科学，2011（2）：100－103.

[12] 颜志敏．开展专项审计调查应把握的几个重点．审计月刊，2005（3）：31.

[13] 王志楠．试析专项审计调查项目的四种组织方式．审计月刊，2006（4）：15.

[14] 林图．对专项审计调查相关问题的探讨．商业会计，2008（22）：42－43.

[15] 颜志敏．怎样搞好专项审计调查．审计月刊，2010（11）：24－25.

[16] 桂春荣．专项审计调查中的六大矛盾关系．审计月刊，2011（6）：7－9.

[17] 吴频．国家审计范围和重点的比较研究．审计与经济研究，1994（3）：11－14.

[18] 张维迎．博弈论与信息经济学．上海：上海人民出版社，1996.

[19] 董保民．团队道德风险的再研究．经济学（季刊），2003（1）：174－194.

[20] 邢俊芳．经济责任审计对领导干部升迁和奖惩的影响．理论前沿，2005（5）：10－12.

[21] 戚振东，尹平．国家治理视角下的经济责任审计发展创新研究．学海，2013（2）：129－135.

[22] 张维迎．企业的企业家—契约理论．上海：上海人民出版社，1995.

[23] 盖瑞·J. 米勒．管理困境 科层的政治经济学，王勇，赵莹，高笑梅，等译．上海：上海人民出版社，2003.

[24] 彭晓华．关于团队生产中的领袖效应的博弈诠释．工业技术经济，2006（7）：138－141.

[25] 陈玮. 伟大团队和伟大领袖是彼此创造关系. 上海：上海证券报，2008-04-30.

[26] 王健，庄新田. 基于自我归因偏差的企业团队生产合作问题研究. 预测，2009 (1)：15-22.

[27] 朱妙芬，陈永宇. 团队绩效影响因素的研究综述. 人才开发，2009 (5)：23-25.

[28] 林浚清，黄祖辉，孙永祥. 高管团队内薪酬差距、公司绩效和治理结构. 经济研究，2003 (4)：13-40.

[29] 吴秋生. 基于责任两面性的经济责任审计方法研究. 商业研究，2012 (3)：9-14.

[30] 吴显庆. 我国根本的行政领导制度是首长负责制而不是民主集中制——与《政治学学科综合水平》全国统考指南有关作者商榷. 学术交流，2004 (10)：1-4.

[31] 黄百炼. 民主集中制是党和国家的根本组织原则和领导制度. 高校理论战线，2012 (1)：48-51.

[32] 刘桂云. 审计定性处理中存在的问题. 中国审计信息与方法，1997 (2)：38-39.

[33] 张宗乾. 关于审计处理处罚依据的探讨. 中国审计信息与方法，2002 (3)：42-43.

[34] 孙富军. 审计处理处罚应“四要”. 中国审计，2001 (10)：33.

[35] 杨文璁. 把握审计处理处罚的总体原则提升审计项目工作质量. 审计理论与实践，2002 (10)：21-22.

[36] 鲁桂华. 审计处罚强度与审计覆盖率之间的替代关系及其政策含义. 审计研究，2003 (3)：55-57.

[37] 马雅林. 审计的处理处罚要坚持“五防”. 中国审计，2004 (9)：77.

[38] 张宗乾. 审计处理处罚的三个误区. 中州审计，1998 (9)：11.

[39] 周生安，吕云松. 论审计处理处罚的准确运用. 四川会计，2001 (10)：41-42.

[40] 陈东成. 规范审计处理处罚新思路. 中国审计，2002 (10)：48.

[41] 蔡爱兰. 析审计处罚程序. 审计与经济研究，2002 (4)：30-31.

[42] 桂忠才. 也谈“审计处理难”. 广西审计，2003 (6)：41-42.

[43] 王秀成. 解决审计处理难题 加强内部控制制度. 中国审计，2004 (1)：81.

[44] 陈宋生，刘淑玲. 审计处理随意性的实证分析：基于审计部门 1984—2006 年的经验证据. 审计与经济研究，2010 (2)：54-62.

[45] 王万江. 审计处理处罚存在的问题及对策建议. 审计与理财，2011 (2)：34-35.

[46] 郑石桥，尹平. 审计机关地位、审计妥协与审计处理执行效率. 审计研究，2010 (6)：53-58.

[47] 郑石桥. 审计机关组织模式和审计效果——以规制俘获理论为研究视角. 审计与经济研究，2012 (2)：26-32.

[48] 郑石桥. 审计频度、审计处罚和审计效果. 会计之友，2012 (4)：9-15.

[49] 应松年. 行政处罚法教程. 北京：法律出版社，2012.

[50] 石磊. 单位犯罪适用. 北京：中国人民公安大学出版社，2012.

[51] 赵星. 单位犯罪双罚制问题研究. 国家检察官学院学报，2008 (16)：67-71.

[52] 段鑫. 单位犯罪双罚制依据新论. 山西省政法管理干部学院学报，2010 (1)：62-64.

[53] 丁华宇. 论公司犯罪双罚制原则及其立法完善. 哈尔滨学院学报，2009 (7).

[54] 胡捷. 论单位犯罪双罚制. 安庆师范学院学报，2004 (2)：14-16.

[55] Alchain, A. and Demsetz, H. Production, information costs and economic organization. The American Economic Review, 1972, 62 (5): 777-795.

[56] Holmstrom, B. Moral hazard in team. Bell Journal of Economics, 1982, 13 (2): 324-340.

[57] Rasmusen, E. Moral hazard in risk-averse teams. Rand Journal of Economics, 1987, 18 (3): 428-435.

[58] Legros, P. and Matsushima, H. Efficiency in partnerships. Journal of Economic Theory, 1991, 55 (2): 296-322.

[59] Legros, P. and Matthews, S. Efficient and nearly efficient partnerships. Review of Economic Studies, 1993, 60 (3): 599-611.

[60] Lazear, E. and Rosen, S. Rank-order tournaments as optimum labor contracts. Journal of Political Economy, 1981, 89 (5): 841-864.

[61] Green, J. R. and Stokey, N. L. A comparison of tournaments and contracts. Journal of Political Economy, 1983, 91 (3): 349-364.

[62] BarIsaac, H. Something to prove: choosing team work to create reputational incentives for individuals. Rand Journal of Economics, 2007, 38 (2): 495-511.

[63] Breton, M., St-Amour, P. and Vencatachellum, D. Ability, reputation, and preferences for age distribution of teams. Working Paper, 2006.

[64] Kandel, E. and Lazear, E. P. Peer pressure and partnerships. Journal of Political Economy, 1992, 100 (4): 801-817.

[65] Che, Y. K. and Yoo, S. W. Optimal incentive for teams. American Economic Review, 2001, 91 (3): 526-541.

第六章　审计主体理论

审计主体是指审计活动的实施者，包括审计机构及其审计人员。本章主要关注审计机构，首先对审计主体的相关研究做简要介绍，在此基础上，讨论审计主体的几个基础性问题：审计主体为什么要有独立性？如何保持独立性？审计主体为什么会多种类型共存？具体来说，本章包括以下内容：审计主体的主要理论；审计独立性：概念框架、实施框架和未来展望；从人格独立到精神独立：审计独立性的内在逻辑；独立性、审计主题和审计主体多样化。

第一节　审计主体的主要理论

关于审计主体的研究文献较多，大致有两种类型：一是具有共性的研究；二是针对某类专门审计主体的研究。从审计基础理论视角出发，本节主要关注具有共性的研究。这些研究文献的主题大致分为以下几个方面：审计关系论、审计主体认识论、审计主体多样化理论、审计主体选择论。本节简要介绍和评述上述几个方面的研究成果。此外，审计行为也是一个重要的研究主题，有很多相关的研究，但是，关于审计行为的研究，一般是通过聚焦不同的审计主体来研究该主体的审计行为，并且主流文献都是研究民间审计行为，从审计基础理论的视角来看，这些研究的共性不够，所以，本节不涉及这些研究文献。

一、审计关系论

审计关系论是关于审计关系的理论。一般认为，审计关系是指审计委托人、被审计人和审计人三者之间的关系。审计委托人授权或委托审计人对被审计人进行审计，审计人对被审计人进行审计之后，将审计结果报告给审计委托人。为什么审计委托人要委托审计人对被审计人进行审计呢？为什么被审计人会接受这种审计呢？原因是审计委托人和被审计人之间存在一种基于资源的委托代理关系，被审计人对审计委托人承担了经管责任，审计就是鉴证经管责任履行情况的机制。所以，委托代理关系中的委托人就是审计委托人，而代理人就是被审计人。审计委托人、被审计人和审计人三者之间的关系如图 6-1 所示（周勤业、尤家荣、达世华，1996）。

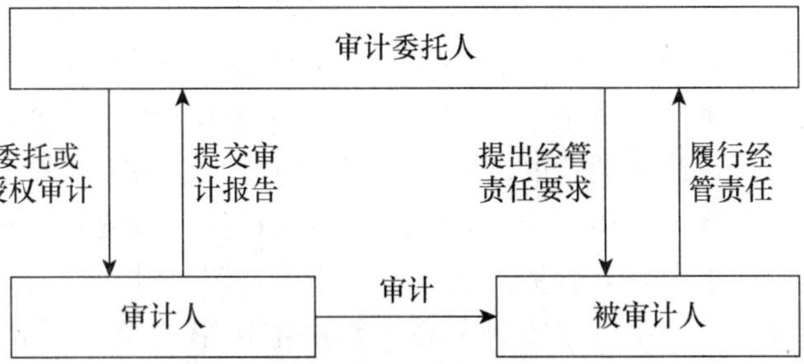

图 6-1　审计关系

在审计关系中，审计委托人和被审计人之间具有委托代理关系，从某种意义上来说，审计委托人处于主导地位，而被审计人处于服从地位。一般来说，审计人要具有独立性。然而，审计人与这二者之间有什么关系呢？有许多研究文献涉及这个问题，本章随后会专门论述。

还有一个相关的问题是上述审计关系中三者的专门称呼。有些文献将审计人称为第一关系人，被审计人为第二关系人，审计委托人为第三关系人。在我们看来，这种称呼有逻辑上的矛盾，审计委托人应该是第一关系人，被审计人应该是第二关系人，审计人应该是第三关系人，其原因是，审计人是委托代理关系中的独立第三方，在审计关系中，也应该是第三关系人。

二、审计主体认识论

审计主体认识论是关于什么是审计主体的理论，有单一审计主体论和多审计主体论。

（一）单一审计主体论

单一审计主体论是审计主体的主流观点，这种理论认为，审计主体就是指审计活动的实施者，包括审计机构及其审计人员。从审计关系来看，审计委托人、被审计人和审计人三者中，只有审计人是审计主体，审计委托人不是审计主体。审计活动实施者主要包括政府审计、民间审计、内部审计和军事审计四种类型，因此，审计主体也相应包括政府审计、民间审计、内部审计和军事审计四种类型（李凤鸣、刘世林，1996）。还有人将审计主体分为实质主体和形式主体，前者是审计人员，后者是审计机构（李大全，2002）。当然，随着审计业务外包，四种审计主体趋于混同。同时，随着一些新型审计业务的开展，在上述四种审计主体之外，又出现了一些新的审计主体，例如，环境审计、人力资源审计、社会责任审计。

（二）多审计主体论

多审计主体论认为，在审计关系中，并不只有审计人才是审计主体，而是存在多个审计主体。具体又有多种观点。

第一种观点认为，审计主体包含两层含义：一是指广义审计主体——提出审计监督要求的主体，即审计的委托人和授权人；二是指狭义审计主体——实施审计监督行为的主体，即审计人员。没有广义审计主体提出审计要求，就不会有狭义审计主体的审计行为。狭义审计主体的审计范围、审计对象和审计目的都要根据广义审计主体的要求确定（周慎、李学诗、沈延安，1995；宛燕如、梅晓兰、吴永章，2002）。

第二种观点认为，审计主体是指审计法律关系的主体。审计法律关系是存在于人们之间的一种社会关系。审计法律关系的参加者，即在审计法律关系中享有权利并承担义务的个人和组织。可见，审计的主体不应只是包括执行审计的一方或审计机构和审计组织及其人员，还应包括被审计单位及其有关人员（赵玉华，1994）。

第三种观点认为，审计主体是审计关系中起决定作用的一方。审计主体是一个角色，不是由固定一方来担任的，审计授权人在审计关系确定过程中是审计主体，把审计授权给审计人时，便把审计主体的地位也让给了审计人。审计人完成了具体审计工作之后，审计授权人再次成为审计主体（庞玮清，1996）。

三、审计主体多样化理论

现实生活中，审计主体出现了多样化，例如，从审计主体的类型来说，有政府审计、民间审计、内部审计和军事审计等；从专业化来说，有独立设置的审计机构，还有与其他机构合署的审计机构。审计主体多样化理论，主要是解释上述审计主体多样化的原因。这方面的文献很少。

审计主体因其所代表的所有权不同而分为国家审计、民间审计和内部审计。审计主体的设立不仅要满足履行审计责任的要求，也要确保审计主体能够客观公正地独立行使审计职能。由于国家审计、民间审计和内部审计的形成基础不同，使得以制衡为原则的审计主体的形式不尽相同。国家审计源于私权对公权的制衡，国家审计组织通过对公权行使主体的监督得出审计结论，并向作为委托人的私权主体，即全体公民提供审计报告。民间审计主体与审计委托人相互制衡。内部审计源于内部治理结构的制衡（谢志华，2008）。

由于财产所有权和经营权两者关系的复杂变化，形成了三种不同类型的审计主体，即政府审计、注册会计师审计和内部审计，以适应不同的经济环境，履行经济监督、鉴证和评价职能（刘静，2014）。

四、审计主体选择论

对于传统的审计业务来说，审计主体选择或构建已经形成共识。相关的研究主要是一些新型审计业务审计主体的选择问题。

（一）环境审计的审计主体

关于环境审计的审计主体，有三种不同的观点：第一种观点认为，应建立以民间审计为主导，政府审计、内部审计、环保专业人士等多方共同参与的开放型环境审计模式（肖文八、王贵则、陈军，1999）；第二种观点认为，环境审计应以内部审计为主导，环境审计起源于内部审计，随着内部审计师慢慢地适应环境审计的需要，环境审计师与内部审计师的角色将合二为一（罗恩·布莱克，1999）；第三种观点认为，政府审计、社会审计和内部审计都是主体，不分主次（李雪、邵金鹏，2004）。

张爱民、郭坤（2009）介绍了一些国家的环境审计主体，美国实施环境审计的主体部门主要是联邦审计署和联邦环境保护局；加拿大的环境审计主体主要是联邦审计署和环境审计师协会，环境审计师协会是直接向加拿大环境大臣汇报的联邦机构，民间审计也有所参与；日本的环境审计主体主要是社会中介机构；德国的环境审计主体主要是国家审计机关和经济审计协会，经济审计协会是德国实施环境审计的社会机构，其主要是从微观层面对企业的水电气物以及产品、原料的环保技术指标进行审计。

（二）社会责任审计的审计主体

关于社会责任审计，多数人都认为需要多种审计主体来同时开展。

周晓惠、许永池（2011）认为，依靠单一的审计主体完成社会责任审计，从现阶段来看并不现实，应该大胆采用国家审计机构和社会审计机构双主体的联合审计模式，即国家审计机关在对国有企业进行审计时，可根据不同企业类型，聘请环保、工程等专家或者社保、税务等公务人员来共同审计；会计师事务所在接受委托后，可以在注册会计师的带领下，组织环保、工程、社保等方面的专家共同实施审计。

刘梦馨、朱贤磊、闵婕（2011）认为，目前企业社会责任的缺乏和观念的弱化，使得对企业社会责任行为予以监督与评价显得尤为迫切，从政府审计的政治属性以及审计的职能来看，只有把政府审计作为企业社会责任的审计主体，才能在现阶段更好地执行和实施企业社会责任审计。

（三）其他情形的审计主体

除了上述这些新型的审计业务外，还有文献研究了其他类型审计业务的审计主体。

一些文献研究了经济责任审计的审计主体。例如，姚爱科（2007）区分了经济责任审计主体与其实施主体，他认为，审计机关在企业领导人员经济责任审计中扮演着执行者的角色，即经济责任审计的实施主体，而在这一经济活动关系中真正的主体是行使出资人权利的各级政府，社会审计组织和内部审计机构被排除在企业领导人员经济责任审计主体之外。

一些文献研究了整合审计的审计主体。主要有三种模式：同一会计师事务所的同一项目组；同一会计师事务所的不同项目组；不同会计师事务所的不同项目组（王爱华、刘杨，2012；王翠琳、张莉、徐娜，2014）。

一些文献研究了国有企业的审计主体。例如，余玉苗（1999a，1999b）认为，注册会计师执行的基本审计业务是标准化的财务报表审计，对那些会计信息真实但因决策失误、经营管理不善、不严格遵守财经法纪等造成国有资产流失或损失问题的企业，注册会计师没有审查的责任和处罚的权力。若要对企业及其管理者进行处罚，则必须转由国家审计机关和其他有关部门执行，而这样又会导致重复审计。因此，国有企业的审计主体应该是以政府审计为主，民间审计可以发挥一定的辅助作用。

第二节 审计独立性：概念框架、实施框架和未来展望

审计独立性是审计职业的基石，是审计的灵魂。Mauts & Sharaf（1961）指出，“几乎不需要任何理由就可以认为独立性是审计学科的一块基石”。美国证券交易委员会（SEC）前主席亚瑟·莱维特指出，“独立性是审计工作有价值的基础，它为思想、说话和行动提供真实的自由和空间”（亚瑟·莱维特，2002）。鉴于审计独立性如此重要，审计职业界、理论界对此进行了不懈的探索，取得了丰硕的成果。然而，独立性问题依然是良策难觅的世纪难题（谢荣、温国山，2009）。

本节介绍审计独立性的概念框架和实施框架，并在评述的基础上展望未来的发展。本节所依据的文献虽然是以美国的民间审计研究为主，但其中的要义也适用于政府审计和内部审计。

一、概念框架

（一）审计独立性内涵和外延的探索

起初，独立性概念仅表明一个事实，即审计人员不是审计客体的雇员，只是接受审计委托人的委托提供审计服务，审计人员必须独立于审计客体（任明川、张延玲，2010）。后来，人们开始探索和界定审计独立性这个概念。这种探索包括两个方面，一是审计独立性的内涵；二是审计独立性的外延。

探索审计独立性的内涵，就是给审计独立性下定义。斯坦泼和穆尼兹认为，独立性是审计人员的行动准则。汤姆·李认为，独立性是审计职业公正性的特点，是人类诚实天性总特征的组成部分，是一种精神态度，它不容许本人的观点和结论变得依赖或屈从利害冲突方面的压力和影响。尚德尔认为，独立性并不是审计人员的思想态度，而是假定审计人员所出的意见、判断或决策不受个人的感情和物质利益的影响（谢德明，2006）。DeAngelo（1981）从抵制客户压力或影响的角度来定义独立性，他认为，独立性反映了审计人员抵制客户选择性披露压力的能力，独立性水平是在发现违约行为的条件下报告违约行为的条件概率。Magee & Tseng（1990）认为，独立性是审计人员的职业判断与其做出的报告决策的一致性，独立性水平反映了两者之间的一致性程度。Antle（1984）从审计人员和经理合谋或合作的博弈角度定义独立性，将审计人员模型化为预期效用最大化者，在所有者、经理和审计人员三者博弈的环境下，给出了强独立、独立和缺乏独立的三个定义。他认为，在由所有者选择的限定的激励方案且与经理进行的博弈中，如果审计人员采取所有者最偏好的纳什均衡战略，则审计人员是强独立的；如果审计人员采取占优均衡战略，则审计人员是独立的；如果审计人员采取合谋战略，即和经理选择一个合谋的负支付方案，则审计人员是缺乏独立的。Arens，Elder & Beasley（2012）认为，从根本上说，独立性是一种精神态度，不允许自己的观点和结论依赖或屈从利害冲突方面的压力和影响，以便在审计测试、测试结果的评价及审计报告的发布中采取无偏的观点。强调通过提高独立性以确保审计判断的客观性。

上述这些概念说明，人们对于审计独立性的认识存在较大的分歧。然而，正如Mauts

& Sharaf（1961）所指出的，要想给审计独立性下一个完整的定义是徒劳无功的。

探索审计独立性的外延，就是探索审计独立性的内容。这方面同样存在许多不同的观点。Carey 认为，独立性有两层含义：一是，从广义上讲，它意味着正直性，使得所有的职业人员承担责任；二是，从狭义上讲，它与审计和对财务报表发表意见的服务相关，意味着避免可能损害审计人员的客观性（陈汉文，2009）。Mauts & Sharaf（1961）认为，独立性包括两个方面，即执业者的独立性和职业的独立性，执业者的独立性包括审计计划的独立性、实施审查的独立性和审计报告的独立性；职业的独立性则是一种对审计行业的整体印象。AICPA 职业道德委员会前主席 Higgins 于 1962 年对审计独立性进行了概括和提升，形成了目前接受程度最广的独立性二分法，即独立性包括形式上的独立和实质上的独立。形式上的独立是指审计人员必须与被审计单位或个人没有任何特殊的利益关系，可进一步分为组织上的独立、经济上的独立与人员上的独立；实质上的独立是指一种精神状态、一种自信心以及在判断时不依赖和屈从外界的压力和影响（陈汉文，2009）。

（二）独立准则委员会的概念框架

关于审计独立性的内涵和外延的探索，取得了很多成果，然而仍不能满足解决实践性问题的需要。为此，独立准则委员会（Independence Standard Board，ISB）启动了对审计独立性的系统研究，最终形成了独立性概念框架。

ISB（2000）公布了审计独立性框架的征求意见稿草案。这份概念框架的作用在于：（1）作为 ISB 制定具体独立性准则的依据；（2）在缺乏相关的独立性规范的情况下，提供解决问题的指南；（3）帮助财务报告使用者以及其他相关群体理解独立性的实质、重要性和局限，减少审计界和社会公众之间的期望差；（4）为独立性问题的讨论提供一个边界，帮助相关利益集团共同发展和应用以及更好地理解 ISB 准则的基本原理。

ISB 独立性概念框架的内容包括独立性定义、独立性目标、独立性相关概念和独立性基本原则四个方面，它们之间的关系如图 6－2 所示。

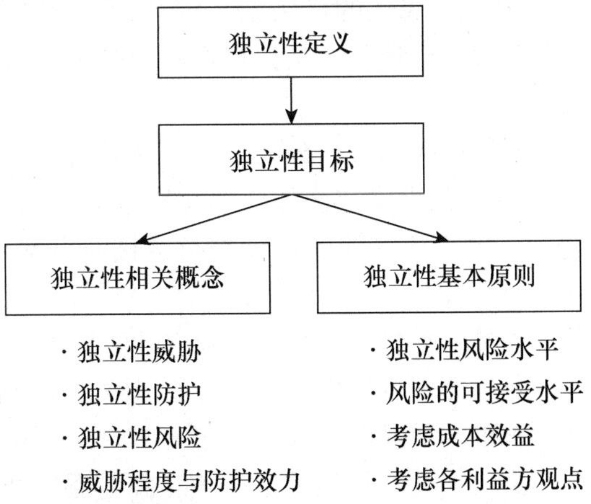

图 6－2　ISB 的独立性概念框架

（1）独立性定义。独立性是指审计人员不受那些危及或按理性预期会危及其做出无偏审计决策能力的压力及其他因素的影响。独立性是对危及或合理推断危及审计人员做出无偏审计结论的压力及其他因素保持自由。审计人员要做到独立，不能只限于对规则的遵守，因为规则不可能穷尽所有对独立性有潜在影响的因素，不违反规则并非意味着审计人员就是独立的，即使规则允许或未限制某一行为、关系或情形，但如果审计人员已经被该行为、关系或情形削弱了做出无偏判断或决策的能力，那么，审计人员就不是独立的。因此，遵守规则只是独立性的必要而非充分条件，要求审计人员对自身的独立性做出内省式的评估。

（2）独立性目标。ISB认为，作为高质量审计组成部分的审计人员独立性，其目标就是支撑信息使用者对财务报告过程的信赖以及提升资本市场效率。正是怀着这个目标，ISB超越了审计人员独立性的即期目标，着眼于更长远的目标。需要注意的是，ISB的独立性目标是指民间审计独立性目标。但是，政府审计和内部审计独立性目标也与此类似，因为任何审计都有其终极目标，失去独立性，审计也就无从实现其终极目标，也就失去了社会价值。

（3）独立性相关概念。独立性相关概念提供了一个独立性分析的概念性框架，包括四个方面的内容：独立性威胁、独立性防护、独立性风险及威胁程度与防护效力。

独立性威胁是指导致潜在偏见的因素，这些因素可能危及或按理性预期会危及审计人员做出无偏决策的能力。主要独立性威胁分为五种：自利威胁、自查威胁、拥护威胁、信任威胁和胁迫威胁。其中，自利威胁、自查威胁、拥护威胁、信任威胁主要由审计人员自身产生，胁迫威胁则指因审计人员处于或认为自己处于被审计客户或其他利益主体公开或暗地胁迫中而产生的威胁。

独立性防护是指能减轻或消除独立性威胁的措施，包括禁止、限制、披露、程序、惯例、准则、规则等制度安排和环境条件。独立性防护有不同的分类方法，按独立性防护的性质，可以分为四类：预防性的，例如，对新聘人员强调独立性的重要性；与特定情形下产生的独立性威胁相关的，例如，禁止审计人员家庭成员与审计客体保持某些雇佣关系；为提高违反其他防护措施而被发现的概率所设定的，例如，检查审计人员的证券投资以查明是否存在应禁止的投资行为；惩戒性的，例如，对审计人员的行政处罚。按独立性防护，存在或实施的范围可分为存在于审计人员执行环境中的防护和存在于审计机构内部并作为质量控制组成部分的防护。

按独立性防护与独立性威胁的关系可以分为三类：绝对禁止，例如，绝对禁止审计人员投资于审计客体；允许但限制其程度，例如，禁止审计人员对审计客体的重大间接投资；允许但需要披露，例如，向审计客体的审计委员会披露所提供的所有服务的性质及收费。

独立性风险是指对审计人员的独立性威胁达到独立性防护无法消除的程度，已危及或按理性预期会危及审计人员做出无偏审计决策的能力的风险。独立性风险随着独立性威胁的增加而升高，随着独立性防护的增强而降低。

威胁程度是指独立性威胁增加独立性风险的程度，特定独立性威胁依赖于许多因素，例如，引致威胁的行为、关系及其他情形的性质，感受到的压力大小，所涉及人员的职位及其正直性。防护效力是指防护措施能降低独立性风险的程度。

（4）独立性基本原则。独立性基本原则提供了一个独立性分析的程序性框架：评估独立性风险；确定独立性风险的可接受水平；考虑成本与收益；考虑各利益方观点。这些基本原则被作为独立性决策者在分析独立性问题时的指南，它并不是具体的独立性准则，不可能详尽规定具体审计独立性问题的处理程序，但它是准则制定的重要依据。

评估独立性风险是指独立性决策者应该在考虑威胁程度和防护效力的基础上，评估独立性风险水平。独立性风险处于一个连续区间，从无独立性风险到最大独立性风险，其基本情形如表 6－1 所示。

表 6－1　独立性风险水平的分布

独立性风险水平	无	极小	一般	高	最大
对客观性的削弱	完全不可能	非常不可能	可能	很可能	确定
概率范围	0	0～10％	10％～50％	50％～80％	80％～100％

确定独立性风险的可接受水平是指决策者判断防护措施是否消除或充分降低了独立性威胁，确定特定行为、关系及其他情形产生的独立性风险的可接受水平。一般来说，独立性风险不可能完全消除，所以，只能接受一个较低的独立性风险，只有这样才能实现独立性目标。

考虑成本与收益是指独立性风险决策者应确保从降低独立性中获取的利益大于实施相关防护措施所花费的成本。独立性收益包括：高质量审计对资本市场效率的改进；独立性降低的客户的资本成本；独立性降低的相关的诉讼费用；独立性提高的会计师事务所及审计人员的声誉价值。独立性成本包括：修改和执行防护措施的直接相关成本；一些间接发生的成本，通常称为“第二效应”或“意外后果”。需要说明的是，ISB 关于独立性的收益与成本主要是站在民间审计角度，但是，其中的道理同样适用于政府审计和内部审计。

考虑各利益方观点是指独立性决策者在处理独立性问题时，要考虑各利益相关者的观点，以达到最优解决问题的目的。

ISB 以上所述的独立性概念框架各要素之间的逻辑关系，归纳起来如图 6－3 所示。

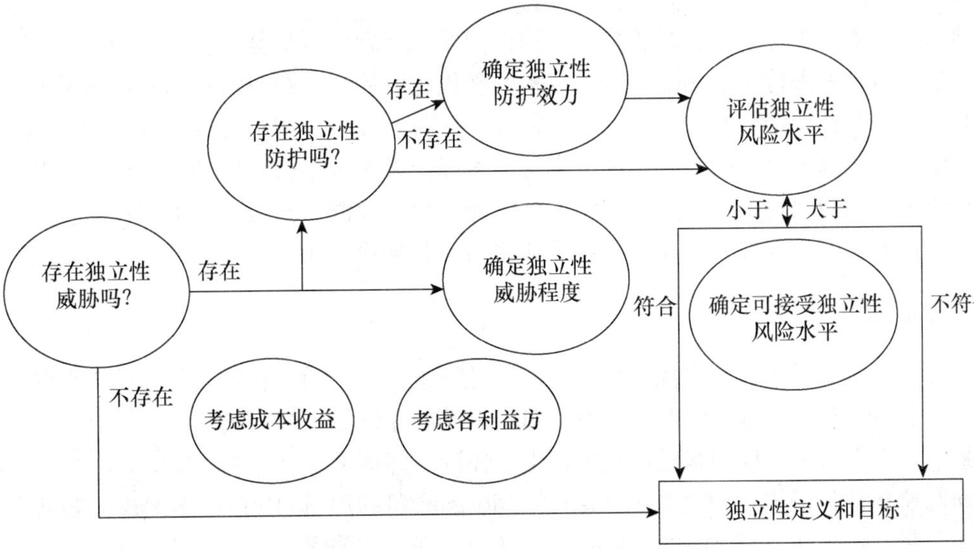

图 6－3　独立性概念框架各要素逻辑关系

二、实施框架：行为约束和核心价值约束的统一

审计独立性既然如此重要，对于该问题的探索绝对不能只限于概念上的探讨。概念上的探讨是为了给行动提供指南。一般来说，在审计活动中实施独立性，有两个同时存在的路径，一是行为约束，二是核心价值约束，前者强调外部及审计机构制定的各项原则或规则，后者强调审计人员的内部自省。

美国审计实务界和理论界一直把独立性视为一项由SEC及其他监管机构强加的行为约束，是注册会计师及会计师事务所必须遵守的一项强制性限制。美国1933年颁布的《证券法》第一次把独立审计写入了法律。20世纪70年代末，美国国会曾对审计独立性问题展开调查，尽管当时非审计服务收入在会计师事务所总收入中所占比例并不高，国会仍认真考虑对审计师提供的非审计服务的种类予以限制，最终决定先不采取法律上的行为。2000年SEC发现普华永道“严重违反独立性规则”，由此引发了SEC对独立性规则的修订。安然、世通等公司丑闻更使审计独立性沦为“千夫所指”。由此，美国于2002年7月颁布了《萨班斯-奥克斯利法案》，该法案是自《证券法》颁布以来对审计独立性影响最大的一部法案，大大调整了会计监管的制度框架（任明川、张延玲，2010）。

职业道德是约束审计人员独立性的重要规范。职业道德的制定存在不同的模式选择问题，即所谓的原则型与规则型之争。前者是指建立宽泛的、正面表述的原则，注重行为的正确性，而后者是指建立详尽的规则，强调这些规则的遵守。AICPA（1986）认为，规则型规范包含了过多的技术细节，为不道德行为提供了可乘之机；而宽泛的原则既能鼓励道德行为，又能避免具体规范的漏洞。职业主义的要求远远超出了具体规则的遵循。它所要求的是一种行为模式，更准确地说应该是思维模式，这种模式能保证注册会计师的所有职业行为都是胜任、客观和正直的。具体的规则不具有充分的完整性和灵活性，无法为AICPA会员提供实现更高目标所需的激励。

然而，随着人类经济活动日趋复杂，知识创新、金融创新日新月异，商业信息呈几何级数增加，审计服务范围的拓宽、审计技术的现代化、社会公众对审计信息的依赖和期望的提高，都使得注册会计师面临更严峻的挑战。此时，如果再把审计的独立性仅仅看成是对外部限制的一种机械反映，将不利于审计的发展，无法满足公众的期望。因此，核心价值的理念被引入独立性概念，为实现注册会计师的社会价值，就必须时刻把独立性视为自身的核心价值，并培养成一种职业意识（任明川、张延玲，2010）。

三、未来展望

尽管ISB建立了审计独立性概念框架，已经探索了行为约束和核心价值约束的统一实施框架，然而，独立性难题依旧、辩论依旧，审计职业仍处于公众的严厉批判之中。在这种背景下，人们对独立性的基础性地位产生了怀疑（韩洪灵、裘宗舜，2006）。

面对独立性的诸多困惑，Bazerman & Morgan（1997）运用心理学理论分析提出结论，完全获得独立性是不可能的，也是不经济的，现行有关保持独立性的方法是幼稚且不现实的。

韩洪灵、裘宗舜（2006）分析了审计独立性框架存在的问题。他们认为，独立性执行

与运作的逻辑悖论是，一方面将独立性视为一个非常宽泛的概念，使它在实质上包含了正直性、专业水准和客观性，因为这些因素都会影响审计人员做出无偏决策的能力；另一方面又暗示独立性只能通过限制审计人员和客户之间的关系来实现。将独立性视为职业基石，发生审计失败时，公众和监管机构的自然反应便是质疑审计独立性，尤其是形式上的独立性，而漠视如审计计划、监督、正直、专业技术、抽样风险、判断偏误等其他潜在因素。

Taylor（2003）提出了更激进的方案，建议将审计人员可靠性置于独立性之上，以审计人员可靠性框架取代审计独立性框架，将审计人员可靠性而非独立性作为审计职业的新基石，可靠性框架的概念框架如图 6－4 所示。

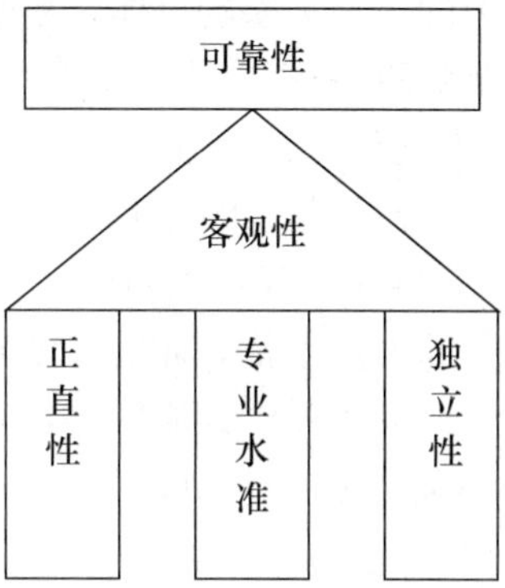

图 6－4 可靠性框架

由于审计的主要目的是提供可靠的鉴证，可靠性框架强调以审计人员可靠性作为审计职业的新基石，而将独立性降低到作为决定可靠性的三个并列的、同等重要的必要要素之一。可靠性是指一种状态，在这种状态下，利益相关者会一致地发现审计人员的工作和意见是可信的和可依赖的。支撑实质上和程序上的可靠性的唯一基础就是严格的客观性。审计人员的可靠性最终落在审计人员排除判断与决策偏误的能力，即客观性能力，而这种能力又取决于正直（诚实和坦率）、专业水准（技术、对客户及其行业的认识）、独立性（以关系为基础）这三个要素。正直能提高客观性，是因为它使审计人员更加关注真实和诚实的报告；专业水准能提高客观性，是因为技术、知识、能力和经验使审计人员能运用其职业谨慎，胜任和精细地履行其职业责任。这三个要素中的每个要素都是最大化客观性的必要而非充分条件，也是获得实质上与程序上最大化可靠性的必要而非充分条件。

韩洪灵、裘宗舜（2006）认为，审计人员可靠性框架优于独立性框架主要体现在：当可靠性成为审计人员的最终目标，关注的焦点就会从规制审计人员与客户之间纷繁复杂的关系中解脱出来，或许外部的同业复核、质量控制等方面的改进能为审计提供一种更为现实的可信性。重新认识到可靠性不仅依赖于独立性，还依赖于其正直性和专业水准，审计人员会分配资源以培养和发展自身的正直能力和专业水准，并将前者视为自己的核心职业理念，将后者视为自己的核心竞争力。盲目地强调独立性也许会诱使审计人员忽视甚至削弱其他影响审计可靠性和客观性的关键要素。

第三节　从人格独立到精神独立：审计独立性的内在逻辑

党的十八届四中全会提出“完善审计制度，保障依法独立行使审计监督权”，可见，保障审计独立性已经成为完善我国审计制度的核心问题之一。对于如何保障审计独立性，有不同的路径，本文从法律保障的视角探讨如何保障审计独立性。

一、独立性是审计制度的灵魂

宗教认为灵魂是附在人躯体上的作为主宰的灵体，后来，引申为起关键和主导作用的因素。独立性是审计制度不可或缺的关键因素，被喻为审计的灵魂。Mauts & Sharaf（1961）指出，几乎不需要任何理由就可以认为独立性是审计学科的一块基石。SEC 前主席亚瑟·莱维特（2002）指出，独立性是审计工作具有价值的基础，它为思想、语言和行动提供真实的自由和空间。INTOSAI（1977）发布的《利马宣言》指出，最高审计机关只有独立于被审计单位并且不受外部力量干扰，才能客观有效地开展工作。

那么，独立性为什么会是审计的灵魂呢？其原因是，独立性是决定审计价值的关键因素，失去独立性，审计价值也将不复存在。下面，我们从国家审计视角对这一问题展开分析。

国家审计是国家治理的基石和重要保障，服务于国家治理，其工作机制包括预警、威慑、揭示和抵御（刘家义，2008；2012）。预警机制主要是提出苗头性、倾向性的问题，防止星星之火成为燎原之势，通常以预警报告或信息通报的方式出现。威慑机制是由于审计制度的存在，被审计单位基于自身利益的考虑，主动放弃行为违规或信息造假的想法，这个机制发挥作用的程度是由已经做出的审计处理处罚的及时性、严厉性和权威性决定的。揭示机制主要是找出公共资金、国有资产、国有资源、领导干部履行经济责任及政策部署落实中的问题，其最终产品通常以审计报告或审计要情要目的方式出现。抵御机制是指从问题追踪到问题产生的原因，进而针对体制、机制和制度提出改进建议，通常以审计建议的方式出现。所以，总体来说，国家审计的价值要通过上述审计专家产品的生产及其使用来实现，如果审计专家产品质量不高，或者虽然是高质量的，但是没有被使用，则国家审计的价值也没有实现。

上述预警报告或信息通报、审计处理处罚决定、审计报告或审计要情要目、审计建议都是一种专家产品，这种专家产品还需要相关单位或个人的使用或配合使用才能真正发挥功能，相关单位或个人能否使用或配合使用是审计专家产品能否真正发挥功能的关键。审计独立性从两个路径影响审计专家产品的生产和使用，进而影响国家审计价值的实现。

首先，审计独立性缺失会影响审计专家产品的质量。审计过程中有许多问题需要审计人员或审计机关做出决策，这些决策中充满着职业判断，而审计独立性对审计职业判断进而对审计决策有重要影响。没有独立性，审计人员的不偏不倚就没有基础，从而也就没有客观公正性，在这种情形下，审计人员或审计机关做出的审计决策就可能有所偏倚甚至粉饰审计决策，审计专家产品的质量就没有保障机制。

其次，审计独立性缺失影响相关单位或个人对审计专家产品的依赖程度。即使相关单位或个人有激励使用审计专家产品，影响甚至决定相关单位或个人能否使用或配合使用的关键因素之一是这些部门或个人对审计专家产品的依赖程度。而审计独立性是影响相关单位或个人依赖审计专家产品的关键因素。没有独立性，审计专家产品可能失去客观公正性，审计产品提供的信息也就不值得重视，这些相关单位或个人也就不会使用审计专家产品，审计的价值也就无法实现。

综上所述，审计独立性对审计专家产品的生产和使用具有不可或缺的关键作用，是审计价值实现的基础，所以，审计独立性是审计制度的灵魂，没有独立性的审计制度，其价值实现也就没有基础。

二、审计人员精神独立是审计独立性的核心内容

既然审计独立性如此重要，怎样才能保持独立性呢？一些权威机构提出了审计独立性的实施框架，从实施框架包括的内容来看，大体可以归纳为两个路径，一是行为约束，二是核心价值观，前者强调外部及审计机构制定的各项原则或规则，后者强调审计人员的内部自省。

行为约束主要体现为职业道德规范，它是约束审计人员独立性的重要规范。职业道德的制定存在不同的模式选择问题，即所谓的原则型与规则型之争。前者是指建立宽泛的、正面表述的原则，注重行为的正确性，而后者是指建立详尽的规则，强调这些规则的遵守。规则型职业道德规范包含了过多的技术细节，从而为不道德行为提供了可乘之机；而宽泛的原则既能鼓励道德行为，又能避免具体规范的漏洞。审计独立性的要求远远超出了具体规则的遵循，它所要求的是一种行为模式，更准确地说应该是思维模式，这种模式能保证审计人员的所有职业行为都是胜任、客观和正直的。具体的规则不具有完整性和灵活性，无法为审计人员提供实现更高目标所需的激励。随着人类经济活动日趋复杂，知识创新、金融创新日新月异，商业信息呈几何级数增加，审计服务范围的拓宽、审计技术的现代化、社会公众对审计信息的依赖和期望的提高都使得审计人员面临更严峻的挑战。此时，如果再把审计独立性仅仅看成是对外部限制的一种机械反应，将不利于审计的发展，无法满足公众的期望。因此，核心价值的理念被引入独立性概念，为实现审计的社会价值，就必须时刻把独立性视为自身的核心价值，并培养成一种职业意识。这种审计人员头脑中的独立性核心价值观，也称为审计人员精神独立，这种独立性是一种精神状态、一种自信心以及在判断时不依赖和不屈从外界的压力和影响的价值理念（陈汉文，2009）。

虽然行为约束和核心价值观都是审计独立性的实施路径，但是，二者存在显著区别。第一，通过职业道德规范来实施的行为约束，只能就已经明晰或可能预见的独立性损害情形做出规定，这种规定不可能是穷尽的，如果出现一些未预见但可能损害独立性的新情形或自然特殊情形，职业道德规范就无能为力；相反，核心价值观约束则不同，它是一种精神独立，通过审计人员的内省发挥作用，无论遇到何种情形，它都能自省。第二，由于现实生活很复杂，某些情形下，即使遵守了职业道德规范，也未必能保持独立性，例如，职业道德规范规定，如果直系亲属在被审计单位担任重要职务，审计人员要回避，但如果审计人员与被审计单位某重要岗位人员是很好的朋友，这种关系完全可能影响审计独立性，而由于朋友关系较为复杂，职业道德规范难以做出限制性规定，所以，即使遵守了直系亲

属的限制性规定，到好朋友任职重要岗位的单位去审计，也未必能保持独立性。第三，行为约束只是确定了审计独立性的最低要求，遵守了职业道德规范，核心价值观则不同，它并不只是限于对约束条款的简单遵守，而是激励审计人员保持较高程度的独立性，从实质上做到独立。

所以，总体来说，相对于以职业道德规范来实施的行为约束，以核心价值观为基础的审计人员自省更加可靠、更加具有广泛的适用性，审计人员精神独立是审计独立性的核心。

三、审计人员人格独立是精神独立的基础

既然审计人员精神独立是审计独立性的核心，那么，审计人员如何才能做到精神独立呢？精神独立是一种状态，在这种状态下，审计人员能按自己的专业素养做出职业判断，按自己的职业判断形成审计结论，不受那些危及或按理性预期会危及其做出无偏见审计决策能力的压力及其他因素的影响，能做到职业判断与其做出的审计决策具有一致性（Magee & Tseng，1990）。从根本上来说，审计人员不会出现人格分裂，而能做到人格独立。人格是指一个人与社会环境相互作用表现出的一种独特的行为模式、思维模式和情绪反应的特征，如果审计人员在审计工作中，职业判断与其最终做出的审计决策或审计结论不一致，则出现了人格分裂；相反，如果在所有的情形下，都做到了职业判断与审计决策或审计结论相一致，完全按自己的职业判断来做出审计决策或审计结论，不受那些危及或按理性预期会危及其做出无偏见审计决策能力的压力及其他因素的影响，审计人员就具有人格独立性。所以，审计人员精神独立本质上是人格独立。

审计人员是一个职业团体，团队领袖是这个团队的灵魂，团队领袖是否能做到人格独立是审计人员能否做到人格独立的关键。如果审计团队的领袖不能做到人格独立，则其他审计人员也难以做到人格独立。那么，如何才能做到审计团队领袖人格独立呢？以审计长为例，INTOSAI（1977）发布的《利马宣言》指出，审计独立性需要在宪法中明文规定，INTOSAI（2007）发布的《墨西哥宣言》以此为基础，确定了独立性的八项原则。大多数国家在审计制度设计中都高度重视审计长的人格独立，以法律的形式保障审计长的独立性，相关的法律条款主体体现在政治规格、遴选条件、任免程序、任期设计、法律豁免、经济待遇等方面。

各国审计体制不尽相同，大致分为四种类型：审计机关隶属于立法部门，审计机关隶属于司法系列，审计机关隶属于行政系列，审计机关不隶属于任何权力部门。下面，我们对每种审计体制选择1～2个有代表性的国家，看这些国家是如何以法律的形式保障审计长的独立性。

美国和英国是审计机关隶属于立法部门的代表性国家。美国审计署的负责人是审计长，审计长人选由国会提出，总统任命。为保持其独立性，审计长任期15年，不受政府或国会换届的影响。审计长任期未满时，不得罢免，只有审计长触犯法律构成犯罪，才能由国会提出指控，并对其进行罢免。审计署内部机构设置及人员配备由审计长根据工作需要自行确定，不受其他部门和个人影响。英国审计署的负责人是主计审计长，是议会下院法定官员，由首相和议会公共账目委员会提名，女王任命，任期10年，不能连任，非经议会上下两院同意不得免职，其薪金由国家统一基金支付。主计审计长自行决定职员的任

免、编制、招聘条件和工资水平（审计署审计科研所、审计署境外审计司、审计署国际合作司，2013）。

法国和巴西是审计机关隶属于司法系列的代表性国家。法国审计法院和地方审计法院构成了法国司法审计体系。审计法院在院长的领导下开展工作。审计法院由法官组成，包括院长和检察长在内的高级、中级和初级法官，法官由共和国总统令任命，院长、检察长和高级法官由内阁会议通过后，总统令任命，其他法官则只由总统令任命。院长和法官一旦被任命，则享有终身制。巴西宪法规定，联邦审计法院设 9 名审计大法官组成联邦审计法院委员会，审计大法官由联邦参议院选举产生，其中 6 名由国会任命，另 3 名经参议院批准后，由总统任命。审计大法官终身任职，除经司法判决外不得撤职。审计法院设院长 1 名，副院长 1 名，从 9 名审计大法官中平等选举产生。院长全面管理审计法院，并负责给各位审计大法官、审计官、检察官、助理检察官以及各部门领导分派工作（审计署审计科研所、审计署境外审计司、审计署国际合作司，2013）。

德国和日本是审计机关不隶属于任何权力部门的代表性国家。德国联邦审计院是德国最高审计机关，它独立于立法、司法和行政机关，只服从于法律的特殊地位，确保了德国国家审计监督制度的有效实施。联邦审计院院长由联邦政府提名，联邦议院和联邦参议院过半数选举产生，联邦总统任命，任期为 12 年。但任职时间不能超过联邦规定的公职人员法定退休年龄，不可以连任。日本审计院由审计官会议和事务总局组成。审计官会议是审计院的决策、领导机构，事务总局是审计院的执行机构。审计官会议由 3 名审计官组成，领导和监督事务总局开展各项工作。审计官经国会两院批准后由内阁任命，天皇对审计官的任命进行会签。审计官任期 7 年。审计院院长在 3 名审计官共同推举的基础上由内阁任命。院长代表审计院，主持审计官会议各项工作（审计署审计科研所、审计署境外审计司、审计署国际合作司，2013）。

韩国审计机关隶属于行政系列，是政府机构。根据韩国宪法，审计工作由监察院负责，总统领导。监察院由包括院长在内的监察委员共 5～11 人组成。院长经国会同意，由总统任命，任期 4 年，可连任一次。监察委员经院长提名，由总统任命，任期 4 年，可连任一次。

尽管上述国家的审计体制不同，但共同之处是高度重视审计长的人格独立，以法律形式确定审计长的政治规格、遴选条件、任免程序、任期设计、法律豁免、经济待遇等方面，通过这些法律条款，保障审计长的独立性。

四、审计人员人格独立的法律保障

根据以上理论分析，可以得出以下结论：独立性是审计制度的灵魂，完善审计制度的关键是保障独立性；审计独立性的核心是审计人员的精神独立，树立独立性价值理念；审计人员的精神独立很大程度上源自审计机关负责人的人格独立，而法律保障是审计负责人人格独立的制度基础。归根到底，相关法律对审计机关负责人的保障是审计独立性的制度基础。下面，我们来分析我国相关法律与审计机关负责人相关的条款，并在此基础上提出这些条款的修改建议。

《中华人民共和国宪法》规定，审计长是国务院组成人员，政治规格是部级，由国务院总理提名，全国人民代表大会决定，在全国人民代表大会闭会期间，由全国人民代表大会常务委员会决定，任期与同届政府相同。根据《中华人民共和国地方各级人民代表大会和地方各级人民政府组织法》的精神，地方审计机关负责人是地方政府组成人员，政治规格与政府各部门同级，由本级人民政府报经本级人民代表大会常务委员会任命，任期与同届政府相同。

本节前面已经指出，世界各国与审计长相关的法律涉及审计长的政治规格、遴选条件、任免程序、任期设计、法律豁免、经济待遇等诸多方面，我国的相关法律涉及政治规格、任免程序、任期设计，未涉及法律豁免和经济待遇等事项。

关于审计机关负责人的各项法律条款中，审计机关负责人的政治规格是其人格独立的基础条件，没有适宜的政治规格，审计机关负责人难以做到人格独立。当然，这里的人格是指审计机关负责人的行为模式、思维模式和情绪反应的特征，而人格独立是指审计机关负责人在审计工作中，能做到职业判断与其最终做出的审计决策或审计结论相一致，不出现人格分裂，其考虑问题的唯一依据是党和政府的法律法规及方针政策，不屈服于各种干扰因素对其审计决策的影响。而审计机关负责人要达到人格独立这种境界，必须在政治规格上高于被审计单位。其原因如下：第一，从世界各国关于审计长的法律规定来看，审计长的政治规格都较高，大多数国家审计长的政治规格高于被审计单位。第二，从权力约束和监督理论来说，监督权要真正发挥作用，其权力要大于被监督的权力，如果监督权不大于被监督的权力，甚至以卑临尊，监督权难以与被监督的权力抗衡。审计作为一种重要监督权，其监督力量的大小主要体现在审计机关负责人的政治规格，政治规格越高，监督力量就越强。第三，从中国文化来看，差序格局是重要的文化价值观（费孝通，1985），《春秋》指出，要用贵治贱，不以卑临尊。我国众多朝代在监督制度中都遵守了这个原则，例如，许多朝代都是御史大夫主管包括审计在内的监督，而在政治制度中，御史大夫的政治规格相当于副宰相（李金华，2004）。第四，从我国的现实来看，同样属于监督系统的纪检监察公检法部门的负责人，其政治规格都高于同级各政府部门。这说明，在我国当代的政治制度设计中，已经注意到监督部门负责人的政治规格对其监督效果的影响。综合上述四个方面的原因，我们认为，审计机关负责人的政治规格应该高于被审计单位。

根据我国现行法律，审计机关负责人的政治规格与被审计单位相同，而我们的分析表明，审计机关负责人的政治规格需要高于被审计单位，对此，我们提议将各级政府审计机关负责人的政治规格提升半级。

五、结论和启示

审计独立性是审计制度的灵魂，新中国审计制度恢复以来，审计体制和审计独立性就一直是实务界和理论界讨论的热点问题。党的十八届四中全会提出“完善审计制度，保障依法独立行使审计监督权”，中共中央办公厅、国务院办公厅印发了《关于完善审计制度若干重大问题的框架意见》及《关于实行审计全覆盖的实施意见》等相关配套文件，这些文件从审计体制的角度对审计独立性提供了一定的制度保障。然而，这些文件中都未具体涉及审计机关负责人的独立性问题，而这种问题恰恰是审计独立性的关键所在。本节提出的政策建议进一步补充完善了审计独立性的制度设计。

第四节　独立性、审计主题和审计主体多样化：基于交易成本经济学的理论框架

审计是应对人类代理问题和次优问题的重要制度安排，在这种制度安排中，审计主体作为审计活动的从事者，是最重要的要素之一。现实生活中，审计主体出现多样化，有外部审计和内部审计的区分，还有政府审计、民间审计和内部审计的区分。审计主体多元多轨的原因是什么？审计主体多样化对于审计制度的价值目标会产生什么样的影响呢？这些问题还没有系统化的理论解释。

本节认为，审计活动是审计委托人与审计人之间的一种交易，而交易有多种治理结构（Williamson，1981）。交易治理结构的选择是委托人的权利，不同治理结构的选择是委托人基于交易成本的考虑，审计主体多样化有助于实现审计制度的价值目标。所以，本节以交易成本理论为基础，结合审计独立性和审计主题，提出一个审计主体多样化的理论框架，并用这个框架来解释现实生活中的审计主体多样化。

本节内容安排如下：首先是做简要的文献综述，梳理相关文献；其次以交易成本理论为基础，结合审计独立性和审计主题，提出一个审计主体多样化的理论框架；再次用上述理论框架分析现实生活中的审计主体多样化；最后得出结论和启示。

一、文献综述

关于审计独立性的研究文献可谓汗牛充栋（陈汉文，2012），而关于审计主题的研究较少，国外的代表性人物是日本的鸟羽至英，他将审计主题区分为行为和信息两类，并研究了每类主题的审计特征。国内只有谢少敏在其教材《审计学导论——审计理论入门和研究》中提到信息审计和行为审计的概念，并介绍了鸟羽至英的研究。

关于审计主体的研究，民间审计有大量文献研究审计师的选择、变更及行为（DeAngelo，1982；Pittman & Fortin，2004）。然而，关于审计主体多样化的研究很少，根据对社会科学研究网（SSRN）和知网的检索，只发现两份相关研究文献。

谢志华（2008）认为，审计主体因其所代表的所有权不同而分为国家审计、民间审计和内部审计。国家审计源于私权对公权的制衡，国家审计组织通过对公权行使主体的监督做出审计结论，并向作为委托人的私权主体，即全体公民提供审计报告。民间审计源于审计主体与审计委托人相互制衡。内部审计源于内部治理结构的制衡。

刘静（2014）认为，财产所有权和经营权两者关系的复杂变化，形成三种不同审计主体，即政府审计、注册会计师审计和内部审计，以适应不同的经济环境，履行经济监督、鉴证和评价职能。

总体来说，关于审计主体多样化的研究很少，未发现结合审计独立性和审计主题来研究审计主体多样化的文献。本节以交易成本理论为基础，结合审计独立性和审计主题，提出一个审计主体多样化的理论框架。

二、独立性、审计主题和审计主体多样化：理论框架

一般认为，从人性假设来说，任何人都可能存在自利和有限理性（Williamson，1981），由于这种人性假设的存在，在委托代理关系中，委托人担心代理人会因此产生代理问题和次优问题，会委托或授权审计人对代理人是否存在代理问题和次优问题进行鉴证。这里的审计人是审计活动的实施者，也就是本节所谓的审计主体。委托人、代理人和审计人三者形成了一种审计关系。在这种关系中，委托人授权或委托审计人对代理人进行审计，审计人对代理人进行审计之后，将审计结果报告给审计委托人（周勤业、尤家荣、达世华，1996）。委托人和审计人的这种关系，从本质上来说，是一种交易，即审计交易，是指委托人授权或委托审计人对代理人的代理问题和次优问题进行鉴证，委托人给审计人提供资源或支付一定的其他对价。在审计交易中，委托人和审计人并不处于同等地位，审计需求源于委托人，没有委托人的需求，也就不会产生审计人的供给。委托人面临两个基本问题：一是得到真实的鉴证结果；二是以最低成本得到鉴证结果。委托人如何解决上述两个基本问题呢？委托人解决鉴证结果真实性的办法是保证审计的独立性，这种独立性的考量当然会影响审计主体的构造；解决鉴证成本的办法是选择审计交易的治理结构，而影响审计交易成本的是审计主题。同时，审计主题还影响审计主体的独立性，所以，从根源上来说，审计主题影响了审计交易的治理构造和审计主体的独立性，进而影响了审计主体的构造。当然，审计主题也是源于委托人的需求。以上所述思路如图 6-5 所示。

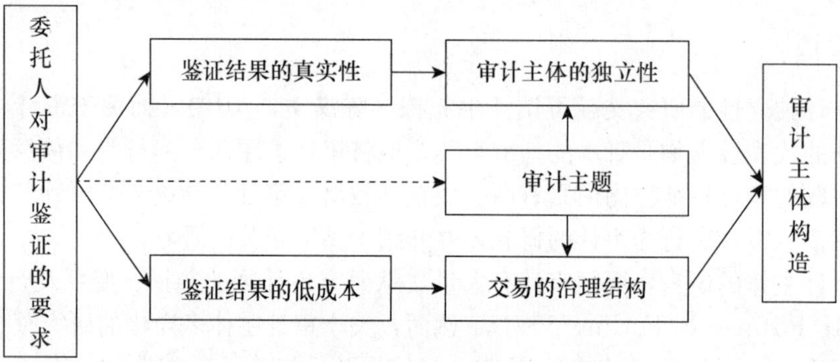

图 6-5　独立性、审计主题和审计主体构造

图 6-5 的几个路径显示，审计主题与委托人之间的关系具有较丰富的内容，本节主要探讨审计主体多样化问题，其他问题不深入讨论。下面，我们来分析其他路径。

（一）审计独立性与审计主体构造

委托人解决鉴证结果真实性的办法是保证审计的独立性，也就是说，在委托人、代理人和审计人组成的审计关系中，让审计人不受代理人的制约，使代理人无法影响审计人的判断和结论，从而使审计人能客观地收集审计证据，并根据这些客观的证据，做出公正的鉴证结论。委托人如何使得审计人不受代理人的制约呢？主要的办法就是在代理人之外构造审计主体，审计人和代理人不在同一个科层组织内部，代理人作为科层组织的领袖，审计人一定要置于这个组织之外。试想一下，如果审计人和代理人置于同一个组织，而代理人又是这个组织的领袖，此时，审计人作为代理人的下属，对代理人进行审计，其结果势

必受到代理人的控制或影响，难以保证得到真实的鉴证结果。所以，对于代理人来说，所有的审计都要独立于其所在的科层组织，都应是外部审计。因此，从独立性要求出发，对于代理人来说，只有外部审计，没有内部审计。当然，在许多情形下，代理人和审计人可能会同属于一个更大的科层组织，但是，这个结论并不改变，就代理人作为领袖的科层组织来说，审计人不属于这个科层组织，而是在这个科层组织的外部。

委托人和审计人能否在同一个科层组织呢？审计人本来就是按委托人的要求进行审计的，审计人是否需要独立于委托人呢？这里有两种情形，一是，审计结果是委托人本身使用，此时，审计人无须独立于委托人；二是，虽然委托人使用审计结果，但委托人也希望其他的利益相关者也相信这个审计结果，此时，审计人就需要独立于委托人。

当审计人需要独立于委托人时，委托人只能从外部寻找审计人来审计，此时，外部审计就出现了，这种意义上的外部审计是指委托人和审计人不在同一个科层组织，或者说，审计人不接受委托人的科层指令。

当审计人不需要独立于委托人时，委托人是否一定需要在自己的科层组织内建立一个审计机构，然后再以科层指令的方式指挥这个审计机构对代理人进行审计呢？答案是否定的。委托人不一定要建立属于自己科层的审计机构，委托人有两种选择：一是在自己的科层组织内建立审计机构；二是从外部按市场规则寻找一个审计机构来完成审计。究竟选择何种交易治理结构，由审计交易成本决定，这就是本节随后要讨论的内容。当委托人从外部寻找审计机构时，委托人和审计人不在同一个科层组织，这属于外部审计。当委托人在自己的科层组织内部建立一个审计机构时，审计人和委托人置于同一个科层组织，这属于内部审计。所以，这种意义上的内部审计是指委托人和审计人在同一个科层组织。

以上基于审计独立性要求，从代理人和委托人角度分别分析了内部审计和外部审计，普遍意义上的内部审计和外部审计的区分，需要将二者结合起来，一般来说，只有当委托人、代理人和审计人属于同一个科层组织时，才能称为内部审计，其他情形都是外部审计。当然，这个组织肯定不是代理人所领导的科层组织，而是委托人所领导的科层组织。

以上从审计独立性到审计主体多样化的分析，归纳起来如表 6－2 所示。

表 6－2　独立性要求和审计主体多样化

关系人	独立性要求	审计人类型	外部审计/内部审计
代理人	审计人需要独立于代理人	审计人不属于代理人领导的科层组织	所有审计都是外部审计
委托人	审计人需要独立于委托人	审计人不属于委托人领导的科层组织，而是从外部寻找	审计人来自外部，属于外部审计
	审计人无须独立于委托人	委托人自己建立一个审计机构	审计人是委托人领导的科层组织，对于委托人来说，属于内部审计（对代理人则不一定）
	审计人无须独立于委托人	虽然无须独立于委托人，但是，委托人选择从外部寻找审计机构	审计人来自外部，属于外部审计

续表

关系人	独立性要求	审计人类型	外部审计/内部审计
委托人和代理人	委托人和代理人属于同一个科层组织	从外部寻找审计机构	外部审计
	委托人和代理人属于同一个科层组织	委托人自己建立审计机构	内部审计
	委托人和代理人不属于同一个科层组织	从外部寻找审计机构	外部审计
	委托人和代理人不属于同一个科层组织	委托人自己建立审计机构	对于委托人是内部审计，对于代理人是外部审计

（二）审计主题与审计独立性

上述审计主体的独立性要求，还会因为不同的审计主题出现差异。审计主题就是审计人员所要发表审计意见的直接对象，审计过程就是围绕审计主题收集证据并发表审计意见的系统过程。一般来说，审计主题分为信息、行为和制度三大类。审计主题影响审计主体独立性的路径如图 6－6 所示。

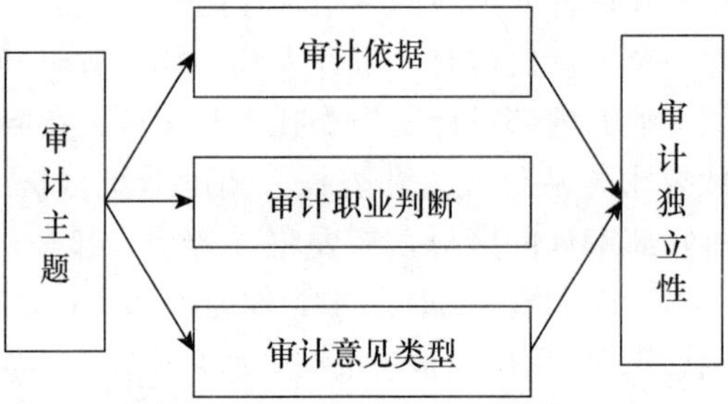

图 6－6　审计主题和审计独立性

1. 审计主题、审计依据和审计独立性

审计依据是审计中的既定标准，也就是审计人对信息或行为进行鉴证的尺度或标准。信息审计和行为审计在审计依据方面存在较大的区别。

就信息审计来说，审计依据是信息应该如何收集、加工和报告的规定，是关于信息如何生产的具体规定。一般来说，信息生产的具体规则可以很清晰，并且特定审计客体在一定时期遵守的特定信息生产规则具有唯一性，信息审计依据的确定并不困难。

就行为审计来说，审计依据是判断代理人行为是否适宜的既定标准，是关于审计客体应该如何行为的具体规定。对于某些行为审计来说，可能存在明确的审计依据，而对于许多特定行为来说，什么是“既定标准”可能难以达成共识。

就制度审计来说，一方面要判断制度设计是否存在缺陷，在某些情形下，关于缺陷的判断标准具有较大的主观成分；另一方面要判断制度执行的有效性，此时的既定标准就是已经设计出来的制度，主观成分较少。

当审计依据清晰时，审计主体不需要与审计客体商量审计依据，而当审计依据不清晰时，审计主体需要与审计客体商量审计依据，此时，选择何种依据可能会受到审计主体的伦理道德的影响，更可能受到审计客体的影响，审计主体的独立性可能受到影响。所以，审计主题的审计依据清晰程度，会显著影响审计主体的独立性。一般来说，信息审计的独立性强于行为审计和制度设计。

2. 审计主题、审计职业判断和审计独立性

无论何种审计都存在职业判断。但是，信息审计、行为审计和制度审计在职业判断方面存在较大差异。行为审计、制度审计中的职业判断比信息审计更多更困难。审计职业判断是审计主体能否保持独立性的主要影响因素，如果不需要职业判断，则审计不独立也难以发生。审计职业判断越多，考量审计独立性的情形也就越多，发生审计不独立的概率也就越大。所以，审计主题需要的审计职业判断，会显著影响审计主体的独立性。一般来说，信息审计的独立性强于行为审计和制度审计。

3. 审计主题、审计意见类型和审计独立性

审计结论是审计人对特定审计主题给出的专业意见。事实上，也就是审计人就特定信息或行为与既定标准之间符合的程度发表的鉴证意见。

由于审计命题、审计程序和审计模式等方面的差异，信息审计、行为审计和制度审计在审计结论方面存在较大的差异。一般来说，信息审计和制度审计特别是财务信息审计，由于具有清晰且可穷尽的审计命题，审计程序相对成熟，并且出现了各种有效的审计模式，因此，一般采用合理保证的方式发表审计意见。对于行为审计来说，由于审计命题具有多样性、非穷尽性，同时，行为审计的程序还在发展之中，也未形成有效的行为审计模式，因此，一般采用有限保证的方式发表审计意见。

审计意见类型不同，意味着审计主体承担的责任不同。在合理保证方式下，审计主体承担的法律责任较容易界定，审计主体的责任意识较强，从而也有激励来保持自己的独立性。在有限保证方式下，审计主体承担的法律责任不容易界定，审计主体的责任意识不强，保持审计独立性的主观动力也不强。所以，审计主题的审计意见类型，会显著影响审计主体的独立性。一般来说，信息审计和制度审计的独立性强于行为审计。

（三）审计交易的治理结构和审计主体构造

本节前面指出，当审计人不需要独立于委托人时，委托人可以在自己的科层组织内建立一个审计机构，也可以按市场规则从外部寻找一个审计机构来完成审计，也就是说，对于审计交易究竟选择何种交易治理结构，是由审计交易成本决定的。现在，我们用交易成本经济学的理论来具体分析这个问题。

Coase（1937；1960）指出，科层组织和市场都是交易的运行方式，一种交易是由市场来运行还是由科层组织来运行，是由这两种方式的交易成本决定的，何种运行方式的交易成本低，就选择何种方式。然而，交易成本是由什么决定的呢？如何做到交易成本最低呢？Williamson（1981；1984；1991）研究了上述问题，他以人类有限理性和机会主义为前提，分析了交易的不同治理结构对于交易成本的影响，并在此基础上提出了交易治理结构选择的资产专用性原则、外部性原则和科层分解原则，按这三项原则来选择交易治理结

构，就能达到交易成本最低。上述三项原则中，科层分解原则实际上是对科层组织能降低交易成本的解释，不是交易治理结构选择的主要原则。下面，我们根据资产专用性原则和外部性原则来分析审计交易的治理结构选择。

（1）资产专用性原则与审计交易的治理结构选择。随着资产专用性程度增加，市场运行的交易成本增加，资产专用性程度决定着交易是由市场运行还是由科层组织运行，当资产没有专用性时，经典的市场合约是有效的；当资产半专用时，混合组织就会出现；当资产专用性程度较高时，科层组织将会取代市场（Williamson，1981；1984；1991）。

审计交易当然存在资产专用性问题。DeAngelo（1981）认为，在审计过程中，审计师所使用的知识包括三类：一是通用知识，即适用于所有审计客体的知识；二是行业特定知识，即适用于特定行业所有审计客体的知识；三是客户特定知识，即只适用于特定客体的知识。应该说，所有的审计都是针对特定代理人所领导的科层组织，都有一定的资产专用性，有些审计交易存在于很多委托代理关系中，资产专用性程度不高；而另外一些审计交易存在于特定的委托代理关系中，资产专用性程度较高。总体来说，可以得出的结论是，当审计交易的资产专用性程度较高时，委托人可能会自己建立审计机构，从而出现委托人意义上的内部审计；当审计交易的资产专用性程度较低时，委托人可能会从市场上寻找能提供这种审计服务的机构，从而出现外部审计；当审计交易的资产专用性程度居中时，委托人可能会寻求混合组织，从而出现长期合同的外部审计。

（2）外部性原则与审计交易的治理结构选择。这里的外部性是指交易一方的非合约行为给对方造成的影响，这种影响可能是正面的，也可能是负面的。随着交易外部性的增加，市场组织形式的效率越低，越有可能采用科层组织形式（Williamson，1981；1984；1991）。

审计交易当然存在外部性，例如，在审计过程中，审计人可能不按委托人的期望实施审计，且审计人的这种行为一般难以被委托人发现；又如，审计中获取了审计客体的一些商业秘密，如果审计人使用这些商业秘密，可能给审计关系的其他方带来不利影响；再如，审计人在审计过程中发现了一些可以改进审计客体绩效的机会，如果审计人告诉了审计客体，则可能给审计关系的其他方带来有利影响。审计交易的外部性，最主要体现在审计质量方面，如果审计人提供的审计产品质量低，且委托人及其他利益相关者难以确认审计质量，这势必给委托人和其他利益相关者带来影响。当然，不同的审计交易其外部性程度不同，有些审计交易无法确定其法律责任，审计质量难以保证，外部性较高；有些审计交易，只能以有限保证方式发表意见，难以衡量审计质量，外部性也较高。所以，总体来说，审计交易存在外部性，不同审计交易的外部性也存在差异。既然如此，根据交易的外部性与交易治理结构之间的关系，可以得出如下结论：当审计交易的外部性较高时，委托人可能会建立自己的审计机构，从而出现委托人意义上的内部审计；当审计交易的外部性较低时，委托人可能会从市场上寻找能提供这种审计服务的机构；当审计交易的外部性居中时，会出现长期合同的外部审计。

以上所述审计交易的资产专用性、外部性与审计主体（交易治理结构）之间的关系，归纳起来如表 6 - 3 所示。

表 6-3　审计交易的资产专用性、外部性与审计主体

交易特征		科层组织（委托人自己建立审计机构）	混合组织（长期合同的外部审计机构）	市场（从市场上寻找审计机构）
资产专用性程度	高	√		
	中		√	
	低			√
外部性程度	高	√		
	中		√	
	低			√

√表示有这种情形。

前面的分析分别考虑了审计交易的资产专用性和外部性，然而，现实世界中，审计交易的资产专用性和外部性是同时存在的，所以，审计交易的治理结构选择比表 6-3 归纳的情况更为复杂。我们在随后的内容中将综合两种交易特征来分析审计主体选择。

（四）审计主题、审计交易特征和审计主体选择

本节上面根据审计交易的资产专用性和外部性分析了审计主体多样化，然而，审计交易的资产专用性和外部性又是如何形成的呢？我们认为，不同的审计主题具有不同的资产专用性和外部性。

本节前面指出，审计主题分为信息、行为和制度三大类。信息主题一般以定量的方式出现，包括通用信息和非通用信息。行为主题一般以定性的方式出现，通常以特定的行为作为审计标的，针对审计客体的特定行为是否符合既定标准发表意见；制度主题以制约人的行为制度作为审计标的，具体又分为两种情形，一是共性制度，即这种制度在不同审计客体之间具有一定的共性，如内部控制制度；二是非共性制度，这种制度在不同审计客体之间的共性较少。不同的审计主题，在形成审计交易时，具有不同的交易特征（资产专用性和外部性）。

下面，我们将资产专用性和外部性结合起来，分析不同审计交易的交易特征。

（1）通用信息。按统一规则产生的通用信息，有两种情形，一是需要根据本组织特征进行职业判断的成分不多，审计交易的资产专用性程度较低，并且对于通用信息的审计一般是以有限保证方式发表审计意见，可以明确审计主体的法律责任，从而为审计质量奠定基础，此时，通用信息审计的外部性不高。当资产专用化程度和外部性都不高时，适宜采用市场方式来运行这种审计交易，也就是委托人按市场原则从外部寻找审计机构；二是需要根据本组织特征进行职业判断的成分较多，此时，审计交易的资产专用性程度居中，基于同样的原因，其外部性也不高。当资产专用性程度居中，外部性不高时，适宜采用混合组织方式来运行这种审计交易，委托人按市场原则从外部寻找审计机构，并且要签订长期合同。

（2）非通用信息。非通用信息是特定组织所特有的，资产专用性程度较高。同时，非通用信息审计难以制定相关的审计准则，也难以确定审计质量，所以，这种审计交易的质量难以得到保障，外部性较高。正是由于非通用信息的资产专用性和外部性都较高，因

此，这种审计交易适宜采用科层组织方式，委托人要建立自己的审计机构。

(3) 共性制度。共性制度与通用信息的交易特征较为相似，资产专用性具有居中和较低两种情形，外部性较低，适宜采用市场或混合组织方式来运行这种审计交易。

(4) 非共性制度。非共性制度与非通用信息的交易特征较为相似，资产专用性和外部性都较高，这种审计交易适宜采用科层组织方式，委托人要建立自己的审计机构。

(5) 特定行为。特定行为是最典型的行为主题，一方面，由于是特定行为，针对这种行为的审计具有较高的资产专用性；另一方面，对于特定行为的审计，难以确定相关的审计准则，同时，由于其审计命题的不可穷尽，难以采用合理保证的方式发表审计意见，难以确定审计人的法律责任，因此，特定行为的审计质量难以保障，审计交易的外部性较高。正是由于特定行为审计交易的资产专用性和外部性都较高，因此，这种审计交易适宜采用科层组织方式，委托人要建立自己的审计机构。

以上所述审计主题、审计交易特征和审计主体选择之间的关系，归纳起来如表 6-4 所示。

表 6-4　审计主题、审计交易特征和审计主体选择

审计主题		资产专用性			外部性			审计主体
		高	中	低	高	中	低	
信息主题	通用信息		√	√			√	市场或混合组织（普通意义上的外部审计）
	非通用信息	√			√			科层组织（委托人意义上的内部审计）
制度主题	共性制度		√	√			√	市场或混合组织（普通意义上的外部审计）
	非共性制度	√			√			科层组织（委托人意义上的内部审计）
行为主题	特定行为	√			√			科层组织（委托人意义上的内部审计）

√表示有这种情形。

三、独立性、审计主题和审计主体多样化：现实生活中的审计主体多样化解释

本节以交易成本理论为基础，结合审计独立性和审计主题，提出一个审计主体多样化的理论框架。下面，我们用这个理论框架来解释现实世界的审计主体多样化。由于篇幅所限，我们这里关注两个问题：第一，为什么有外部审计和内部审计之分？第二，外部审计为什么分为政府审计和民间审计？

（一）为什么有外部审计和内部审计之分？

本节前面的理论框架指出，对于代理人来说，由于独立性的要求，所有的审计都应该独立于代理人所领导的科层组织，都是外部审计。但是，委托人是否要建立自己的审计机构，也就是说，委托人是采用科层组织方式还是市场方式来运行审计交易，是基于其交易成本考虑的。如果委托人建立审计机构的交易成本低于其从市场上寻找审计机构的交易成本，则会建立自己的审计机构，此时，如果委托人和代理人属于同一科层组织，则委托人、代理人和审计人三者就属于同一科层组织，普遍意义上的内部审计出现了。如果委托人建立审计机构的交易成本高于其从市场上寻找审计机构的交易成本，委托人就不会建立自己的审计机构，普遍意义上的外部审计就出现了。

由于现实世界中，任何一个组织的委托代理关系都是多层级的，也就是说，不同层级的委托人会有不同的审计需求，从而产生不同的审计交易，基于对这些审计交易不同特征的考虑，对于审计交易的运行方式可能会出现不同的选择，从而使得审计主体更加多样化。例如，对于公司组织来说，外部投资者作为委托人，关注的审计主题是通用财务报表审计和共性内部控制审计，这两种审计交易具有资产专用性和外部性不强这些特征，基于交易成本考虑，外部投资者没有建立自己的审计机构，而是从外部市场寻找民间审计机构来履行审计活动。从与投资者的关系来说，公司管理层是代理人，从与其下属组织的关系来说，公司管理层则是委托人，他们也可能存在审计需求，其需求包括非通用信息、非通用制度和特定行为，而这些审计交易的资产专用性和外部性都较强，所以，公司管理层需要建立自己的审计机构。对于公共组织来说，资金提供者不仅关注通用财务报表审计和共性内部控制审计，还关注非通用信息、非通用制度和特定行为，这些审计交易作为一个整体，具有较强的资产专用性和外部性，所以，委托人需要建立自己的审计机构。当然，由于审计交易中存在一些通用信息和共性制度，资产专用性和外部性都不强，可以业务外包。公共组织的管理层也可能存在审计需求，其需求包括非通用信息、非通用制度和特定行为，而这些审计交易的资产专用性和外部性都较强，所以，公共组织的管理层需要建立自己的审计机构。

（二）外部审计为什么分为政府审计和民间审计？

现实世界中的外部审计是指委托人、代理人和审计人不属于同一个科层组织，主要有政府审计和民间审计两种类型。

事实上，政府审计是委托人自己建立的审计机构，专门为委托人服务的，属于采用科层组织方式这种治理结构来运行委托人的审计交易；民间审计则是不属于任何委托人的独立审计机构，委托人雇佣民间审计机构时，是采用市场方式这种治理结构来运行委托人的审计交易。所以，同样属于外部审计的政府审计和民间审计，对于委托人来说，是完全不同的交易治理结构。但对于代理人来说，审计主体都来源于代理人所领导的科层组织之外，都是外部机构。

接下来的问题是，不同的委托人为什么会选择不同的审计交易运行方式呢？政府审计源于公共委托代理关系，作为公共委托代理关系的代理人，使用公共权力、公共资源，生产公共产品，承担公共经管责任。为了确保代理人有效地履行其公共经管责任，委托人关注的审计主题较多，不仅关注通用财务报表审计和共性内部控制审计，还关注非通用信息、非通用制度和特定行为，所有这些审计交易作为一个整体，具有较强的资产专用性和外部性，所以，委托人需要建立自己的审计机构。这种审计机构，对于委托人来说，本质上是内部审计机构，但对于代理人来说，是外部审计机构。民间审计源于委托人的审计需求，与特定的委托代理关系类型没有规律性的关联，它可以为任何类型的委托代理关系中的委托人服务。民间审计属于市场行为，是审计交易运行的市场化方式，其主要领域是资产专用性和外部性不强的审计交易，而各类委托人的审计需求中，恰恰存在大量的这类审计交易，所以，民间审计得以产生和发展。

四、结论和启示

现实生活中，审计主体出现多样化的问题，还没有系统化的理论解释。本节以交易成本理论为基础，结合审计独立性和审计主题，提出一个审计主体多样化的理论框架，并用这个框架来解释现实生活中的审计主体多样化。

在委托代理关系中，委托人担心代理人因自利和有限理性产生代理问题和次优问题，会委托或授权审计人对代理人是否存在代理问题和次优问题进行鉴证。此时，委托人面临两个基本问题，一是得到真实的鉴证结果；二是以最低成本得到鉴证结果。委托人解决鉴证结果真实性的办法是保证审计的独立性；解决鉴证成本的办法是选择审计交易的治理结构。

独立性就是让审计人不受代理人的制约，所以，对于代理人来说，只有外部审计，没有内部审计。当然，在许多情形下，代理人和审计人可能会同属于一个更大的科层组织。审计人和委托人能否在同一个科层组织，这里有两种情形：一是，审计结果是委托人本身使用，此时，审计人无须独立于委托人；二是，虽然委托人使用审计结果，但委托人也希望其他的利益相关者相信这个审计结果，此时，审计人就需要独立于委托人。当审计人不需要独立于委托人时，委托人有两种选择：一是在自己的科层组织内建立审计机构；二是从外部按市场规则寻找一个审计机构来完成审计。究竟选择何种交易治理结构，由审计交易成本决定。

科层组织、市场和混合组织都是交易的运行方式，审计交易也不例外。审计交易运行方式与审计交易的资产专用性和外部性高度相关。当审计交易的资产专用性程度较高时，委托人可能会自己建立审计机构，从而出现委托人意义上的内部审计；当审计交易的资产专用性程度较低时，委托人可能会从市场上寻找能提供这种审计服务的机构，从而出现外部审计；当审计交易的资产专用性程度居中时，委托人可能会寻求混合组织，从而出现长期合同的外部审计。当审计交易的外部性较高时，委托人可能会建立自己的审计机构，从而出现委托人意义上的内部审计；当审计交易的外部性较低时，委托人可能会从市场上寻找能提供这种审计服务的机构；当审计交易的外部性居中时，会出现长期合同的外部审计。

审计主题就是审计人员所要发表审计意见的直接对象，分为信息和行为两大类。不同审计主题形成的审计交易，具有不同的交易特征，从而需要不同的交易治理结构。通用信息和共性制度的资产专用化程度和外部性都不高，适宜采用市场方式来运行这种审计交易。非通用信息、非共性制度和特定行为的资产专用性和外部性都较高，适宜采用科层组织方式。

现实世界中的外部审计和内部审计之分、外部审计的政府审计和民间审计之分都与委托人的审计需求所形成的审计交易特征有关。

本节看似纯粹的理论探讨，具有重要的现实意义。本节告诉我们，正是由于委托人的审计需求不同，导致了不同的审计主题和审计交易类型，而不同类型的审计交易具有不同的资产专用性和外部性，正是这些交易特征不同，导致了实施这种审计交易的主体不同。所以，审计主体的构造，从根本上来说，应该以审计主题为基础，不能盲目借鉴他人的做法。同时，我们也要认识到，随着组织治理及其他因素的变化，委托人的审计需求会进而影响审计主题发生变化，我们也要随之变革审计主体。

本章参考文献

[1] 周勤业，尤家荣，达世华．审计．上海：上海三联书店，1996.

[2] 李凤鸣，刘世林. 第二讲政府审计的主体和客体. 审计与经济研究，1996 (2)：58-61.

[3] 李大全. 社会审计主体地位及其实现. 财务与会计，2002 (2)：45-46.

[4] 周慎，李学诗，沈延安. 审计主体概论. 北京：中国审计出版社，1995.

[5] 宛燕如，梅晓兰，吴永章. 对国家审计主体现实表现的理性思考. 武汉理工大学学报（信息与管理工程版），2002 (5).

[6] 赵玉华. 关于审计假设和审计主体的再思考. 中国审计信息与方法，1994 (12)：22-23.

[7] 庞玮清. 对审计主体的一点思考. 交通财会，1996 (8)：36.

[8] 谢志华. 审计变迁的趋势：目标、主体和方法. 审计研究，2008 (5)：21-24.

[9] 刘静. 试论我国三种审计主体对经济发展的不同影响. 税务与经济，2014 (2)：68-72.

[10] 张爱民，郭坤. 国外环境审计主体研究. 绿色财会，2009 (7)：28-30.

[11] 肖文八，王贵则，陈军. 我国开展环境审计的理论探讨. 审计研究资料，1999 (3)：63-66.

[12] 罗恩·布莱克. 环境审计的新篇章. 中国内部审计，1999 (3)：17-18.

[13] 李雪，邵金鹏. 发挥注册会计师在环境审计中的作用. 中国人口（资源与环境），2004 (4)：134-138.

[14] 周晓惠，许永池. 构建我国社会责任审计的双主体联合审计模式. 财会月刊，2011 (5)：65-66.

[15] 刘梦馨，朱贤磊，闵婕. 企业社会责任审计主体的选择思考：基于我国政府审计的政治属性分析. 重庆理工大学学报，2011 (7)：138-139.

[16] 姚爱科. 企业领导人员经济责任审计主体探析. 财会通讯，2007 (6)：52-54.

[17] 余玉苗. 论我国国有企业审计主体模式的选择. 审计研究，1999 (5)：10-14.

[18] 余玉苗. 论我国国有企业审计主体的选择. 审计与经济研究，1999 (3)：23-24.

[19] 王爱华，刘杨. 上市公司整合审计研究发展综述. 财会月刊，2012 (2)：64-68.

[20] 王翠琳，张莉，徐娜. 我国整合审计主体选择研究. 财会月刊，2014 (2)：79-81.

[21] 亚瑟·莱维特，等. 独立性是审计的灵魂. 证券市场导报，2002 (8).

[22] 谢荣，温国山. 审计独立性：良策难觅的世纪难题. 上海立信会计学院学报，2009 (6)：3-8.

[23] 谢德明. 论审计独立性理论研究的新动向. 审计与经济研究，2006 (1)：13-16.

[24] 任明川，张延玲. 关于审计独立性的几个基本理论问题，中国注册会计师，2010 (7)：30-35.

[25] 韩洪灵，裘宗舜. 审计基础框架之变革：从独立性到可靠性. 当代财经，2006 (3)：109-112.

[26] 陈汉文. 实证审计理论. 北京：中国人民大学出版社，2012.

[27] 鸟羽至英. 行为审计理论序说. 会计，1995，148 (6)：77-80.

[28] 谢少敏. 审计学导论 审计理论入门和研究. 上海：上海财经大学出版社，2006.

［29］刘家义．以科学发展观为指导 推动审计工作全面发展．审计研究，2008（3）：3－9.

［30］刘家义．论国家治理与国家审计．中国社会科学，2012（6）：60－72.

［31］陈汉文．审计理论．北京：机械工业出版社，2009.

［32］审计署审计科研所，审计署境外审计司，审计署国际合作司．国外审计监督制度简介．北京：中国时代经济出版社，2013.

［33］费孝通．乡土中国．上海：三联书店，1985.

［34］李金华．中国审计史．北京：中国时代经济出版社，2004.

［35］Williamson，O. E. The modern corporation：origins，evolution，attributes. Journal of Economics Literature，1981，19（14）：1537－1568.

［36］Coase，R. H. The nature of firm. Economica，1937，4（16）：386－405.

［37］Coase，R. H. The problem of social cost. The Journal of Law and Economics，1960，3：1－44.

［38］Williamson，O. E. Corporate governance a contractual and organizational perspective. The Yale Law Journal，1984，93（7）：1197－1230.

［39］Williamson，O. E. Comparative economic organization：the analysis of discrete structural alternatives. Administrative Science Quarterly，1991（36）：269－296.

［40］Mauts，R. K. and Sharaf，H. A. The philosophy of auditing. Sarasota，FL：AAA，1961.

［41］DeAngelo，L. E. Auditor independence，'low balling'，and disclosure regulation. Journal of Accounting and Economics，1981：113－127.

［42］Magee，R. P. and Tseng，M. Audit pricing and independence. The Accounting Review，1990，65（2）：315－336.

［43］Antle，R. Auditor independence. Journal of Accounting Research，1984，22：1－20.

［44］Arens，A. A.，Elder，R. J. and Beasley，M. S. Auditing and assurance services. 14th ed. NJ：Prentice Hall，2012.

［45］Bazerman，M. H.，Morgan，K. P. and Loewenstein，G. F. The impossibility of auditor independence. Sloan Management Review，1997：89－94.

［46］Taylor，M. H.，DeZoort，F. T.，Munn，E.，etal. A proposed framework emphasizing auditor reliability over auditor independence. Accounting Horizons，2003，17（3）：257－266.

［47］DeAngelo，L. E. Mandated successful efforts and auditor choice. Journal of Accounting and Economics，1982（4）：171－203.

［48］Pittman，J. A. and Fortin，S. Auditor choice and the cost of debt capital for newly public firms. Journal of Accounting and Economics，2004，37（1）：113－136.

第七章　审计内容理论

在审计理论中，审计对象、审计内容、审计客体、审计范围是相关的概念，经常在一些文献中混同。有时，审计内容还与审计目标混同，例如，三E究竟是审计内容还是审计目标？本章将审计内容界定为“审计什么”，包括审计对象、审计主题、审计业务类型和审计标的四个层级的问题。本章首先对审计内容的相关理论做简要介绍和评述；其次阐述审计内容体系；再次比较行为审计和信息审计两大主题；最后探讨审计主题差异化的原因。具体来说，本章包括以下内容：审计内容的主要理论；审计内容体系；经管责任：概念和内容；审计主题及其作用；行为审计与信息审计比较；审计主题差异化原因：组织治理模式、机会主义类型和审计主题。

第一节　审计内容的主要理论

关于审计内容（也称审计对象）的研究文献较多，形成了不同的观点，总体来说，主要的理论观点有五种：会计论、财政财务收支论、经济活动论、经济管理活动论、经济活动及相关信息论。我们分别对上述观点做简要介绍，然后做总体性的评述。

一、会计论

这种观点认为，审计对象是会计，具体有多种表述方式。郭振乾（1995）认为，审计是检查会计账目，监督财政财务收支真实、合法、效益的一种行为。赵锡禹认为，审计是会计部门以外的人员，对会计凭证、会计账簿、会计报表，用有系统有组织的方法做全部或一部分的检查，以证明其会计记录是否正确、真实、合理的一种技术科学（苏永强，2004）。王文彬（1981）认为，审计是对会计的记录、核算和分析进行检查，也就是说对通常所说的记账、算账、报告、用账的情况进行审查，审计、会计检查、查账这三个名词是同一含义。有的观点认为，审计对象应该是会计、会计人员、会计行为和会计组织；还有的观点认为，审计和会计的对象都是资金运动，只是角度不同（李元贵，1986）。

二、财政财务收支论

这种观点认为，审计对象是财政财务收支活动。《中华人民共和国宪法》第九十一条规定，国务院设立审计机关，对国务院各部门和地方各级政府的财政收支，对国家的财政金融机构和企业事业组织的财务收支，进行审计监督。《审计法》第二条规定，国家实行审计监督制度。国务院和县级以上地方人民政府设立审计机关。国务院各部门和地方各级人民政府及其各部门的财政收支，国有的金融机构和企业事业组织的财务收支，以及其他依照本法规定应当接受审计的财政收支、财务收支，依照本法规定接受审计监督。

一些研究文献认为，审计是对财务收支和财务管理的审查，并非对一切工作的审查。财务以外的其他工作都有各自的监督检查机关，各对自己范围内的工作进行监督和检查，并不是都由审计部门来审查，所以，审计的对象只能是财务收支和财务管理，而不是一切工作（张文运，1988）。

三、经济活动论

这种观点认为，审计对象是经济活动。不同情形下，具体表述方式不同。孙绍良（1985）认为，审计的对象，从被审计单位来看，是财政财务收支活动以及与这一活动有关的经济活动；从审计的总体来看，是社会再生产过程的资金运动以及与资金运动有关的经济活动。王文彬、黄履申（1987）认为，狭义的审计是对会计所反映的经济活动进行监督的一种方法，广义的审计是对一切工作的审查。赵英俊（1989）认为，审计对象应该包括财政收支、财务收支、经营管理和经济效益在内的全部经济活动。涂强（1991）认为，审计对象是审计监督所指向的目的物。审计对象的初级层级是由会计资料所能以货币计价反映的经济活动，即价值运动，它的活动也可以称为财政财务活动，而高级层次是指全社会的经济活动。郭建生（2005）认为，公路建设项目的审计内容主要是公路建设单位的基本建设程序及项目的预算、结算和决算等经济活动，具体的审计对象是公路建设单位及其相关的公路勘察设计、施工、监理、检测等单位。李兆东、鄢璐（2008）认为，全寿命周期的环境行为是环境审计对象。杜爱文、刘懋勇（2013）认为，国家审计是国家专职审计机关和专业人员检查国家经济活动与所定标准、目标的差距，并采取积极的行动以纠正偏差、促进增值的活动。显然，这里的经济活动包括国家财政活动、国家有关单位的财务活动、国家经济管理活动等。

四、经济管理活动论

这种观点区分了经济活动和经济管理活动，认为经济活动和经济管理活动是两回事，审计的对象是经济管理活动，代表性人物是谢荣。谢荣（1988；1989）认为，经济活动是经济管理（活动）的对象。审计的对象是经济管理活动，更确切地说是国民经济管理系统中各专业职能管理部门及各企事业单位的经济管理活动。从系统论的角度来看，无论是宏观经济管理还是微观经济管理都是一个完整的系统，而审计与其他各专业职能管理部门以及各企事业单位的管理活动都是国民经济管理系统的组成部分。由于审计与其他专业职能管理部门及企事业单位从事管理的任务、目的不同，各专业职能管理部门和企事业单位从事管理的任务和目的是调节、控制社会纷繁复杂的经济活动，从而提高经济活动的效益；而审计的任务和目的是调节、控制各专业职能管理部门和各企事业单位的管理活动，以提高经济管理活动的效率来促进经济效益的提高，它们所起的作用各不相同。审计是国民经济管理系统中的内部控制器，超脱于一般的对经济活动进行管理的职能，是一种特殊的管理活动，是对一般经济管理活动实施调节、控制职能的管理活动。

还有一些文献持同类观点。王德伟（1992）认为，审计不是直接对经济活动进行监督，而是对各专业监督部门、专业主管部门以及企业内部有关职能部门的管理活动进行监督。审计的对象应该是经济管理活动，不应是经济活动。杨献龙（2009）认为，投资绩效审计内容是项目综合绩效，即对项目工期、质量、成本控制等主要管理活动进行审计。在诸多审计内容中，工程质量审计包括工程质量管理体系完整性设计和实体工程质量检测，是投资绩效审计的基本内容，而决策审计是投资审计的最高阶段。

五、经济活动及相关信息论

这种观点认为，审计对象包括经济活动及相关的信息。竹德操、达世华（1986）认为，审计对象包括：会计资料和会计工作，包括各种凭证、账簿、报表，各类财产物资，各种与财务活动有关的资料等；经济活动和经济效益，包括人力、物力、财力和使用效果，资金、设备和物资的管理和使用是否合理和有效等；管理行为，包括企业的管理是否有效，管理决策是否正确，管理人员是否尽职等。管锦康（1989）认为，审计的对象一般是被审计单位的会计资料及其反映的经济活动。王文彬、林钟高（1989）认为，审计作为一个经济监督系统，在实践中有两个对象，一是审计的监督与管理控制对象，二是审计的处理对象，前者是客观存在的经济活动，后者是客观存在的经济活动信息。吴频（1994）认为，国家审计所涉及的内容，从形式上看，表现为被审计单位的账目、报表、预算、决算以及计划方案等经济资料及其他资料，审计人员主要审查其真实性、公允性。从实质上看，表现为被审计单位的财政财务收支活动及业务经营活动，包括宏观经济活动和微观经济活动，审计人员要对其合法性、合理性、有效性等方面进行审查。李凤鸣、刘世林（1996）认为，审计客体是指审计主体查证和监督的客观实体，也称审计对象。政府审计查证的客体包括以下方面：会计资料及其他相关资料；各项资产；各项经济活动本身。杨跃进（1996）认为，内部审计对象是被审计单位的会计资料及其所反映的财务收支和相关的经济活动。

六、评述

上述关于审计内容的各种观点，丰富了我们对审计内容的认识，对于审计制度的构建和审计活动的开展发挥了重要的指导作用。然而，关于审计内容的研究还存在三个缺陷：

第一，就审计内容论审计内容。审计内容是审计活动域，受到两个因素的制约，一是审计需求，二是审计功能。审计需求决定了利益相关者的需要，而审计功能决定了审计机构的供给能力，正是二者的交集决定了审计活动域，如果脱离审计需求和审计功能来讨论审计内容，势必难以得出正确的结论。现有审计内容的一些观点，都没有结合审计需求和审计功能来讨论，基本上是就审计内容论审计内容。

第二，以动态、权变代表一般。虽然是审计需求和审计功能的交集决定了审计活动域，但审计需求是动态的、权变的，而审计功能具有多种，在不同情形下对于审计功能的不同方面可能有不同的需求强度，所以，审计内容也应该是动态的、权变的，不能以某一时期、某一审计业务类型、某一审计主体的审计内容来概括审计内容，应该从这些不同的具体审计内容中抽象其共性。现有审计内容的一些观点，并不是从审计一般的意义上讨论审计内容，而是针对某种专门审计的审计内容。

第三，没有区分审计内容的层级。事实上，审计内容涉及的审计基本问题是“审计什么”，它是审计活动域，包括审计对象、审计主题、审计业务类型和审计标的四个层级的问题。现有审计内容的许多观点，并没有区分上述层级，特别是审计主题这个非常重要的问题，很少有文献讨论。

第二节　审计内容体系

审计内容是审计活动域，本节结合审计需求和审计功能来讨论审计内容，首先提出一个审计内容体系，在此基础上，阐述该体系各层级的内容。

一、审计内容体系结构

审计内容涉及的审计基本问题是“审计什么”，它是审计活动域，包括审计对象、审计主题、审计业务类型和审计标的四个层级的问题。

审计对象是审计内容的宏观界定，主要涉及审计的范围域，例如，会计领域、财务领域、经济领域以及其他领域。大多数观点认为，审计的范围域应该是经济领域。但也有人认为，随着审计环境变化，审计的范围域会超出经济领域，例如，审计是社会经济免疫系统，这种观点就认为审计的范围域是社会经济领域，而不仅仅是经济领域。

审计主题是审计内容的中观界定，是审计人员发表审计意见或形成审计结论的直接对象，审计过程就是围绕审计主题收集证据并发表审计意见或形成审计结论的系统过程。审计主题是审计对象的框架组织和实现路径，对于审计对象的范围域，按一定的原则进行归集就形成了审计主题，一般分为信息主题、行为主题和制度主题。

审计业务类型也是审计内容的中观界定，它是审计主题在特定审计范围域的体现，将审计主题落实到特定的审计范围域就形成审计业务类型。例如，审计业务分为财务审计、绩效审计、合规审计和制度审计，就是基于不同的审计主题形成的。

审计标的是审计内容的微观界定，是审计活动的直接实施对象，审计活动要从审计标的中获得审计证据。例如，交易、余额、列报是财务审计实质上的标的，而资料、实物和人是财务审计形式上的标的。具体的审计工作要围绕这些标的开展。审计标的由审计主题和审计业务类型决定，不同的审计主题、审计业务类型有不同的审计标的。

以上所述四个层级审计内容之间的关系归纳起来如图 7－1 所示。审计对象决定审计主题和审计业务类型，审计业务类型还受到审计主题的影响，审计主题和审计业务类型共同决定审计标的。在这个体系中，审计主题是贯通宏观和微观的基础性元素。

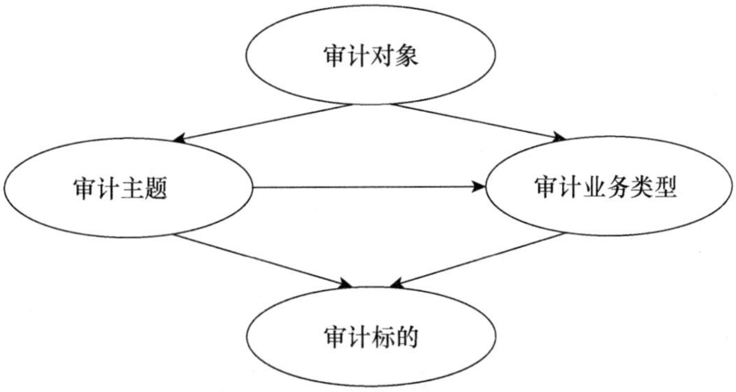

图 7-1　审计内容体系

二、审计对象

审计对象是审计内容的宏观界定，主要涉及审计的范围域，这个领域受审计需求和审计功能制约。

我们先来看审计需求。审计作为一种制度安排，一定是源于社会的某种需求，审计正是源于委托代理关系和人性假设。尽管对委托代理有不同的表述，在不同的学科中还有含义上的差异，但“花他人的钱为他人办事”是委托代理最根本的特征。绝大多数组织（企业是一个组织，事业单位是一个组织，国家作为一个整体也是一个组织，国家的各个部门和机构更是一个组织）都具有“花他人的钱为他人办事”的属性，都存在委托代理关系。在很多情形下，“花他人的钱为他人办事”可能是这个组织存在和运转的基本形式，失去这个属性，该组织也就没有存在的必要性。委托代理关系的构成要素包括关系人和内容两个方面，委托人将一定的资源、权力、事项交付给代理人，代理人使用委托人交付的资源和权力来完成委托人要求的事项。在这个过程中，委托人和代理人之间还有许多的信息沟通，委托人还要根据代理人对资源和权力的使用情况及事项完成情况对代理人进行奖惩并决定是否继续保持这种委托代理关系。所以，总体来说，委托人和代理人是组成委托代理关系的关系人，而资源、权力、事项、信息沟通、奖惩等共同组成委托代理关系的内容，称为经管责任。

然而，委托代理关系能否正常地运行呢？或者说，经管责任能否有效地履行呢？由于人性的自利及有限理性，经管责任的有效履行可能会产生问题。

由于人是自利的，会寻找一切机会进行自利。在委托代理关系中，由于信息不对称、激励不相容和环境不确定，代理人会有机会主义倾向（或称代理问题）。针对代理人的这种机会主义倾向，委托人当然会有所行动，建立应对这些机会主义倾向的治理机制，审计是其中的重要组成部分。

自利只是人性之一，有限理性是人性的另一个重要方面。由于有限理性，人们难以做出最优选择，即使是西蒙意义的次优选择也是难以做到的，实际生活中做出的选择一般都会劣于西蒙意义的次优选择，从而存在许多改进的机会。这些改进机会的存在，说明现实生活中的选择是存在缺陷的，并没有充分利用现有资源和条件，所以，从一般意义上来说，现实生活中的选择与西蒙意义上的次优选择是存在差距的，可以将这个差距称为次优问题。针对人的有限理性，人们也会采取针对性的措施，尽量减少次优问题。审计是基本且重要的手段之一。

总体来说，在经管责任的履行中，由于自利和有限理性这两个人性假设，产生了代理问题和次优问题，从而引致了审计需求。然而，这种审计需求能否得到满足呢？这要看审计功能，即审计是否具有满足这种需求的功能。就审计一般来说，具有鉴证功能，能采用系统方法、客观地对履行经管责任的代理人是否存在代理问题和次优问题进行鉴证，并形成专家意见。当然，这种鉴证功能是动态的，在不同时期由于成本效益原则的限制，总有一些审计需求没有得到满足，同时，也总具备一些审计功能，但利益相关者需求不强，审计功能也就没有形成有效供给。

综合上述分析，总体而言，审计一般的审计对象应该是经管责任，并且主要关注其中的代理问题和次优问题。

三、审计主题

如前所述，审计对象是经管责任，并且主要关注代理问题和次优问题。审计主题是审计人员所要发表审计意见的直接对象，是审计对象的框架组织和实现路径，那么，代理问题和次优问题有什么样的框架呢？

就代理问题而言，代理人的机会主义倾向（或称代理问题）主要表现在两个方面，一是隐藏行为，二是隐藏信息，或者称为败德行为和逆向选择。总体来说，表现在行为方面和信息方向。就次优问题而言，从根源上来说，次优源于有限理性；从表现形式或内容来说，也主要体现在次优行为和次优信息两个方面。次优行为主要是指行动或制约行动的制度存在重大的改进机会，也就是存在缺陷，次优信息主要表现为无意识的信息错误或信息遗漏。所以，代理问题和次优问题都可以分解为行为、信息和制度三大类，分别称为行为主题、信息主题和制度主题。

行为主题反映经管责任中的责任人的行为状况及其内容的要素，信息主题反映经管责任中的人、财、物数量金额及其变化的要素，制度主题反映约束行为及信息的规则或过程的状况。行为主题并不是单纯地指责任人行动的要素，而是确定责任归属的要素，信息主题是为了明确人、财、物的数量金额变化及其引起的状况或结果的要素（鸟羽至英，2000；谢少敏，2006）。

有人认为，信息主题和行为主题有交叉，因为信息是行为产生的，而行为本身又必然会表现为一些信息。同时，一定的行为又要以一定的信息为基础。从一般的行为和信息来说，确实具有上述关系。然而，就审计主题中的行为和信息来说，它们具有稳定的含义，行为表示经管责任中的责任人的行为状况及其内容，而信息表示经管责任中的人、财、物数量金额及其变化。如果审计的目的是对审计客体的行为做出结论，审计的主题就是行为；如果审计的目的是对审计客体所给出的信息做出结论，审计的主题就是信息，二者具有明确区别。

信息主题一般以定量的方式出现，可以分为两类：一是财务信息，以货币作为计量单位的信息，财务报表是其典型形态；二是业务信息，计量属性不是货币，而是实物等计量单位，统计报表是其典型形态。所以，从某种意义上来说，信息主题也可以称为定量主题。一些定性的信息不能作为信息主题进行审计，例如，关于内部控制审计的意见，是就内部控制是否有效发表意见，如果审计客体有内部控制评估，其评估意见无疑也是信息，但内部控制审计关注的是制度本身是否有效，属于行为主题，而不是信息主题。

行为主题和制度主题一般以定性的方式出现，行为主题是以具体的行为作为审计标的，就是针对审计客体的特定行为是否符合既定标准发表意见，例如，舞弊审计、合规审计就是这种情形；制度主题是以制约人的行为及信息的制度作为审计标的，从制度设计和制度执行两个角度进行鉴证，例如，内部控制审计就是这种情形。

Pollitt et al.（1999）曾调查了欧洲几个国家（英国、荷兰、瑞典和芬兰）最高审计机关在1993—1995年开展绩效审计的状况，其中包括绩效审计标的，结果表明，审计标的有两种情形，一是审计客体的行为，二是控制或指导这些行为的制度本身，基本情况如表7-1所示。

表7-1　绩效审计标的

最高审计机关	以行为为标的的报告数	以制度为标的的报告数
英国国家审计署	72	28
荷兰审计院	28	72
瑞典国家审计局	46	54
芬兰国家审计局	49	51

《中国注册会计师鉴证业务基本准则》规定，鉴证业务分为基于责任方认定的业务和直接报告业务。不能将基于责任方认定的业务与信息主题混同，也不能将直接报告业务与行为主题混同。

根据《中国注册会计师鉴证业务基本准则》的规定，在基于责任方认定的业务中，责任方对鉴证对象进行评价或计量，鉴证对象信息以责任方认定的形式被预期使用者获取。如在财务报表审计中，审计客体管理层（责任方）对财务状况、经营成果和现金流量（鉴证对象）进行确认、计量和列报（评价或计量）而形成的财务报表（鉴证对象信息），即为责任方的认定，该财务报表可为预期报表使用者获取，注册会计师针对财务报表出具审计报告。这种业务属于基于责任方认定的业务，判断的关键是责任方是否有认定，如果有，就属于这种业务；如果没有，就不属于这种业务。例如，验资的主题显然是信息，但由于责任方并没有提供认定，所以，是直接报告业务。

根据《中国注册会计师鉴证业务基本准则》的规定，在直接报告业务中，注册会计师直接对鉴证对象进行评价或计量，或者从责任方获取对鉴证对象评价或计量的认定，而该认定无法被预期使用者获取，预期使用者只能通过阅读鉴证报告获取鉴证对象信息。如在内部控制鉴证业务中，注册会计师可能无法从管理层（责任方）获取其对内部控制有效性的评价报告（责任方认定），或虽然注册会计师能够获取该报告，但预期使用者无法获取该报告，注册会计师直接对内部控制的有效性（鉴证对象）进行评价并出具鉴证报告，预期使用者只能通过阅读该鉴证报告获得内部控制有效性的信息（鉴证对象信息）。这种业务属于直接报告业务，判断的标准是责任方没有认定或虽然有认定但无法被预期使用者获取，总之，就是责任方没有给预期使用者提供认定，预期使用者希望通过审计报告来获得这种认定，而与该认定针对的是信息还是行为或是制度无关。例如，企业并购中的尽职调查，既可以有管理状况等行为或制度主题方面的内容，也可以有财务数据等信息主题方面的内容。

四、审计业务类型

审计业务类型是审计主题在特定审计范围域的体现，将审计主题落实到特定的审计范围域就形成了审计业务类型，主要的审计业务类型包括财务审计、绩效审计、合规审计和制度审计，不同的审计业务类型有不同的审计主题。财务审计也就是财务报表审计，其审计主题是财务信息及相关数据。绩效审计关注经济性、效率性、效果性等方面的数据，其审计主题是信息。合规审计关注行为是否合规，其审计主题是行为。制度审计关注约束行为及信息的制度设计及其执行是否存在缺陷，其审计主题是制度。上述不同审计业务类型的审计主题归纳如表 7－2 所示。

表 7－2　审计业务类型和审计主题

审计业务类型	审计主题	类型
财务报表审计	财务信息	信息审计
绩效审计	经济性、效率性、效果性等数据	信息审计
合规审计	行为	行为审计
制度审计	制度（包括制度设计、制度执行）	制度审计

五、审计标的

审计标的是审计活动的直接实施对象，审计活动就是要从审计标的中获得审计证据。一般来说，审计标的可以从实质和形式两个视角来分析。例如，交易、余额、列报是实质上的标的，而资料、实物和人是形式上的标的。具体的审计工作就要围绕这些标的来开展。

审计标的有三个问题：一是选择审计标的；二是确定审计标的的总体和个体；三是确定审计标的的载体。

审计标的是审计实施的直接标的物。不同的审计主题，审计标的不同。就财务信息来说，其审计标的即审计活动的直接实施对象包括交易、余额、列报，审计目标要具体落实到这些审计标的上。就业务信息来说，由于种类繁多，其审计标的还未能系统地研究。对于行为审计主题来说，其审计标的应该是特定的行为，而制度主题的审计标的应该是约束特定行为或信息的特定制度。由于所审计的特定行为不同或特定制度不同，行为及制度审计主题可能有很多种。例如，针对招待费用及其相关制度、出国费用及其相关制度、员工报酬及其相关制度、领导个人开支及其相关制度都可以专门审计，总之，每种特定行为及其相关制度都可以成为审计标的。

审计标的确定之后，接下来的问题是确定审计标的的总体和个体。审计总体就是审计标的的全体，审计个体就是审计标的的个体，审计总体是审计个体的集合。不同审计主题的审计总体和审计个体具有不同的特征。

就信息主题来说，信息所表征的是一定的客观事物的量化特征，而这些客观事物就是审计总体和审计个体，单个客观事物就是审计个体，全体客观事物就是审计总体。例如，对于财务审计而言，财务信息所表征的是交易、余额、列报，每个财务信息都是特定交易、余额、列报的量化特征，每个交易、余额、列报都是一个审计个体，它们的集合就形成了审计总体。所以，财务审计具有确定的审计总体和审计个体。信息主题还可能包括业务信息，例如，产量、GDP 等，业务信息审计的总体和个体，目前还没有系统的研究。

就行为主题来说，审计客体不一定有认定。对于行为，一般从两个角度来分析，一是行为主体，二是行为类型。因此，这里我们可以从三个角度来确定审计总体和审计个体。首先，从行为主体角度来确定审计总体和审计个体，也就是说，关注特定行为人的所有行为，凡是属于审计所关注的特定人的每一个行为，都属于审计个体，所有个体的集合形成审计总体。然而，任何人都可能存在多种行为，如果只关注特定人的行为，而行为类型又有许多种，那么这个角度的审计总体和审计个体的范围可能很庞大。其次，从行为类型角度来确定审计总体和审计个体，也就是说，审计只关注特定的行为，凡是属于所界定的特定行为，都属于审计总体，每个特定行为都属于审计个体。然而，行为一定是人或组织做出的，如果不确定人或组织的范围，审计总体和审计个体的范围也可能很庞大。最后，将行为主体和行为类型结合起来确定审计总体和审计个体，这种情形下，从空间范围上来说，审计总体和审计个体的范围是清晰的。

就制度主题来说，同样存在审计标的及其总体和个体。从审计标的来说，一方面可以从制度设计和制度两个维度来考虑，另一方面还需要考虑制度运行的各个环节。凡是与某一制度环节相关的全部交易或事项都属于审计总体，单个交易或事项则是审计个体。

审计标的的总体和个体确定之后，无论是详细审计，还是抽样审计，都需要有一定的审计载体，也就是审计活动直接实施的资料、实物和人，它们是审计客体或相关主体对审计标的的记载或记忆，所以，也称为形式上的标的。不同的审计标的，其审计载体差别很大。

就信息主题来说，审计客体有相关的认定，而这些认定的产生有两种情形：一是有相关的原始记录，信息认定就是根据这些原始记录产生的，财务信息和一些业务信息就属于这种情形；二是缺乏系统的原始记录，信息认定的产生并无确凿的原始记录可查找，许多业务信息就属于这种情形。

就行为主题来说，由于审计客体不一定形成相关的认定，因此，行为审计载体有两种情形，一是没有系统化的审计载体，也就是说，对于这种审计标的并未形成系统的记录，如果有记录，也是分散于其他的记录之中；二是有系统化的审计载体，这种情形下，针对该特定行为有专门的记录。当然，即使有专门的记录，也存在与信息主题相类似的情形，还要区分存在相关的原始记录和不存在相关的原始记录这两种情形。

就制度主题来说，记录制度及其运行状况的介质都可能成为审计载体。

第三节　经管责任：概念和内容

我们前面已经指出，审计对象是经管责任，并且主要关注其中的代理问题和次优问题。本节拟对经管责任的概念和内容做较为详细的介绍。

一、经管责任的概念

经管责任一词在政治、法律、公共管理、企业管理、会计、审计等领域经常出现。然而，一个不争的事实是，对于不同的领域甚至同一领域的不同研究人员来说，经管责任有不同的含义（Mulgan，2000；Behn，2001；Dubnick，2005；Pollitt，2003；Dowdle，2006；李明辉、刘笑霞，2010）。经管责任可以作为一种承诺、一种效能，也可以作为一种结果、一种奖惩（李树峰，2006）。在政治领域，经管责任经常与善治、透明、效率相联系；在会计和审计领域，经管责任经常与财务报告及其真实性相联系；而在公共管理领域，经管责任经常与追究不负责任的行为相联系。经管责任是不少领域的基础性概念，这种概念性困窘阻碍了相关的制度建设和学术研究。本节拟在梳理相关文献的基础上，探究经管责任的本质，并以此为基础，分析经管责任机制的基本构造。

（一）经管责任是一种负责任的品质要求

《论语·学而篇》记载，曾子曰：吾日三省吾身，为人谋而不忠乎？与朋友交而不信乎？传不习乎？为人谋而忠，与朋友交而信，传而习。这是曾子对个人品质的要求，也是自身经管责任的要求（王健清，2011）。经管责任的本质是，无论是一个人，还是一个组织，对于自己职责范围内的事，要有一种负责任的态度或品质。经管责任促使国家、私人部门和公民社会关注效果，寻找清晰的目标，发挥有效的策略，监督和汇报执行的情况，它意味着使个人和组织尽可能客观地对工作负责（切莫，2006）。

One World Trust 是一个致力于全球治理的研究性机构，它提出了 Global Accountability Framework（Blagescu et al.，2005），在这个框架中，对于经管责任的本质特别强调以下内容：首先，经管责任应该是为利益相关者服务，回应利益相关者；其次，在决策过程中，考虑利益相关者的需求和观点，向利益相关者解释其需求和观点被采纳或未被采纳的原因；再次，经管责任在一定程度上有控制机制的含义，在较大程度上有学习过程的含义，还有对利益相关者开放、为利益相关者服务、通过持续对话在互动中学习等含义；最后，经管责任最终能提供达成良好业绩的路径（Blagescu et al.，2005）。

经管责任作为一种负责任的品质，当然应该是委托人对责任担当人的一种优秀品质的期望（O'Connell，2005），即委托人期望达到的一种境界或结果。一般来说，对于这种优秀品质，需要有一些衡量标准或属性要求。例如，真善美作为一种优秀品质，都是有标准的，是不是真善美能根据这些标准区分开。经管责任既然是一种负责任的优秀品质要求，那么也应该有衡量标准。是否符合这些标准，是衡量是否真正符合经管责任品质的尺度。当然，要提出一套适用于所有情形的经管责任标准可能是不现实的，不同机构或个人的责任担当不同，经管责任标准也可能不同。One World Trust（2011）提出的针对政策导向研究机构的经管责任标准包括四个维度：透明（transparency），参与（participation），评估（evaluation），投诉和反应机制（complaint and response mechanisms）。透明维度要求组织为利益相关者提供了解信息的渠道，并及时提供相关信息，要求组织的结构、业务程序对利益相关者开放。参与维度要求利益相关者积极参与与其相关的决定和活动。评估维度要求组织以利益相关者的要求目标为参照，监视和复核进程，将经验和教训融入未来的计划和行动，并且报告进程的结果。投诉和反应机制维度要求组织建立渠道让利益相关者对组织的不合规行为或对组织的决定和行动提出投诉，并且确保这种投诉能得到妥善的考虑和完成相关的行动。对于一个负责任的组织来说，必须将上述四个维度整合融入政策、程序和实践中，各层级的决策和执行都要考虑这些要求。根据上述经管责任品质标准，One World Trust 开发出了经管责任量表，从 2006 年开始，对全球主要政策研究机构进行经管责任评价（One World Trust，2006；2007；2008）。

经管责任作为一种负责任的品质要求，在我国有较广泛的应用。党和各级政府对于党政机关及个人提出详尽的从政或工作要求。例如，国务院针对国家一些部门的机关工作存在的官僚主义、推诿扯皮、各行其是等不良作风，发出《关于克服官僚主义进一步转变工作作风提高办事效率有关问题的通报》（国发〔1999〕9 号），要求整顿机关工作作风，提高办事效率。中国共产党的三大建设包括党的思想建设、党的组织建设、党的作风建设。《公务员法》《行政机关公务员处分条例》《中国共产党纪律处分条例》《中国共产党党员领导干部廉洁从政若干准则》对公务员和党员个人提出了工作作风要求。首问责任制是针对群众对机关内设机构职责分工和办事程序不了解、不熟悉的实际问题，而采取的一项便民工作制度。该制度规定群众来访时，机关在岗被询问的工作人员即为首问责任人。要求首问责任人对群众提出的问题或要求，无论是不是自己职责（权）范围内的事，都要给群众一个满意的答复。上述这些例子，都是对党政机关及其工作人员的要求，达到了这些要求，就具有了对工作、对人民负责任的优秀品质。

（二）经管责任是一种负责任的机制

汉密尔顿说，如果人人都是天使，就不需要任何政府了。如果是天使统治人，就不需要对政府有任何外来的或内在的控制了（汉密尔顿，1980）。具有责任担当的机构或个人不一定能自动具有优秀的负责任的品质，所以，需要一种机制来使得具有责任担当的机构或个人能负责任地担当责任。这就产生了经管责任的第二种含义，经管责任是一种使责任担当者能负责任地担当责任的机制。

公共选择理论认为，政府同样可能追求自身利益最大化，因此要通过一套机制保证政府忠实地履行责任。这套机制就是对政府履行责任的保障激励与不履行责任的责任追究机制，也就是政府经管责任制。政府经管责任制既是对政府官员失责行为的一种责任追惩机制，也是保障政府官员忠实履行责任的一种激励机制（韩兆柱，2007）。经管责任是委托人对代理人运用得到的权力和资源所做出的行为进行的监督和控制，委托人期望代理人按自己的意愿去行为（Broadbent & Laughin，2003）。经管责任制就是在某项活动中针对相应的权力，明确相应的责任，有权力就应有对等的责任，并对相应的责任履行进行严格科学考核，靠“问”的制度化来保证权责对等实现的一种机制（陈志斌，2004）。经管责任的本意，并不是简单的对过错的惩罚，而是要促使官员履行相应的责任。民主经管责任要求政府及其官员向社会公众有所交代，归根结底是让掌握公共权力的政府官员对其用权行为负责（张贤明，2005）。经管责任主要涉及两个方面：一是责，即责任，而责任又与权力具有本质上的对应关系；二是问，即对责任承担效果或绩效的追究。经管责任是指个人或群体在履行职责过程中，应对所作所为的后果承担责任。经管责任的主要问题就是：谁负责？负有何种责任？向谁负责？通过何种手段和方法？结果如何？经管责任即是指在权力与责任的统一关系中，特定组织或个人对权力主体的受托公共权力的运用和责任绩效进行合理追究（薛国凤，2010）。

一般来说，委托人和责任担当者之间存在委托代理关系，在公共领域这种情形较为典型，例如，议会和政府，政府首长和部长之间的关系。这种委托代理关系通常包括三个要素：首先，也是最基本的，代理人需要给委托人提供各种关于其任务完成业绩、产出和程序方面的信息，以让委托人了解代理人的行为；其次，委托人能够询问、质疑代理人信息的恰当性及行为的合理合法性，从这个意义上来说，经管责任与说明回应在语义上就很相近；最后，委托人必须对代理人的行为做出判断，并在此基础上做出一些决定，例如，批准年度报告，否定一项政策，谴责或嘉奖代理人的行为（Przeworski，Stokes & Manin，1999；Strom，2000）。

经管责任作为一种制度安排，其核心是这种制度安排的运行方式，它涉及责任担当者解释和证明其行为合理性的义务或职责，不仅需要提供业绩的信息，也包括对委托人提问、质疑的反应及委托人对责任担当者上述反应的最终判断，还包括委托人根据责任担当者业绩对责任担当者进行的正式或非正式的处罚和奖励（Day & Klein，1987；Mulgan，2003；Strom，2003；Bovens，2007）。经管责任作为一种机制，强调责任担当者需要对后果负责，经管责任暗含着惩罚与奖赏，没有奖惩的经管责任只能是一纸空文（Chippendale & Wilkes，1977；Bovens，2007）。

（三）经管责任是对不负责任的追究

我国的党政机关一般将经管责任界定为对不负责任的追究，学术界持这种观点的也不少。第一个行政经管责任规章《长沙市人民政府行政问责暂行办法》规定，行政问责是指市人民政府对现任市政府领导，市政府各职能部门、直属机构、派出机构、直属事业单位和各区、县（市）政府的行政主要负责人在所管辖的部门和工作范围由于故意或者过失，不履行或者不正确履行法定职责，以致影响行政秩序和行政效率，贻误行政工作，或者损害行政管理相对人的合法权益，给行政机关造成不良影响和后果的行为，进行内部监督和责任追究的制度。

中共中央办公厅、国务院办公厅发布的《关于实行党政领导干部问责的暂行规定》第五条规定，有下列情形之一的，对党政领导干部实行问责：决策严重失误，造成重大损失或者恶劣影响的；因工作失职，致使本地区、本部门、本系统或者本单位发生特别重大事故、事件、案件，或者在较短时间内连续发生重大事故、事件、案件，造成重大损失或者恶劣影响的；政府职能部门管理、监督不力，在其职责范围内发生特别重大事故、事件、案件，或者在较短时间内连续发生重大事故、事件、案件，造成重大损失或者恶劣影响的；在行政活动中滥用职权，强令、授意实施违法行政行为，或者不作为，引发群体性事件或者其他重大事件的；对群体性、突发性事件处置失当，导致事态恶化，造成恶劣影响的；违反干部选拔任用工作有关规定，导致用人失察、失误，造成恶劣影响的；其他给国家利益、人民生命财产、公共财产造成重大损失或者恶劣影响等失职行为的。第七条规定，对党政领导干部实行经管责任的方式分为：责令公开道歉、停职检查、引咎辞职、责令辞职、免职。

上述两个文件对经管责任的界定，都是针对官员的过失进行的，也就是说，经管责任的前提是官员有过失。岳阳市委、市政府扩大了经管责任的范围，将官员无为也列为经管责任对象。《岳阳市领导干部和机关工作人员有错与无为问责办法》第七条规定，领导干部对国家法律、法规、规章和上级机关的决策部署执行不力、效能低下，有下列情形之一的，应当追究无为责任：不积极履行法定职责，影响和妨碍法律、法规、规章正确实施的；对党和国家方针政策、上级机关做出的重大决议、决定，不认真、不积极贯彻落实或拒不执行的；对本级党委政府确定的工作任务、工作目标以及交办的事项，措施不力，未能如质如量如期完成，影响民本岳阳建设顺利推进、延误岳阳经济社会发展的；对涉及人民群众生产、生活等切身利益的重大问题能解决而不及时解决，或对群众反映强烈的问题不妥善处理和解决，以及向社会公开承诺的事项没有履行承诺的；对人大议案、代表建议批评意见和政协建议案、委员提案不认真办理、答复，造成不良影响和工作损失的；对按规定应该办理的事项不办理，或不在规定时限内办结，或办理结果未达到规定要求，造成不良影响和后果的；对需与相关部门协商办理的事项，不积极主动协商，或协商不一致时不积极提出有效解决办法，或有职责义务配合办理的部门，经多次协商衔接仍不配合办理，致使久拖不决的；对影响经济环境、损害投资商利益的行为不制止、不查处，对行政违法行为的投诉、举报不受理，对应当追究责任的行政行为不进行处理的；因执行不力、效能低下给公共利益、管理和服务对象权益、国家财产造成损失，或影响市委、市政府整体工作部署落实的；在维护社会公平正义和维护社会公共秩序的过程中，因工作不力、失误、不作为、乱作为引发群众利益诉求问题的。

从学术观点来说，不少人将经管责任界定为对不负责任的追究。问责（制），顾名思义就是“你的责任，出了差错，唯你是问”的意思，等同于责任追究制（顾杰，2004）。经管责任制的本质在于对公共权力进行监督以及对过失权力进行责任追究，体现了责任政府的原则，是责任政府的具体体现形式，其最终目的在于保证政府系统的正常运行、遏制权力腐败以及保障公众利益尽量不受损失或损失最小化（谭功荣，2004）。官员有责任首先向公众报告他们的行为，公民有权利要求制裁那些不作为、不负责和渎职的官员（程启智，2005）。政府问责（制），是指特定的经管责任主体针对各级政府及其公务员承担的职责和义务的履行情况而实施的，并要求其承担否定性结果的一种规范（孟卫东，2008）。

我国实务界和学术界将经管责任界定为对不负责任的追究的主要原因是，我国问责开始于 2003 年的“非典”时期，此后随着经管责任的深入逐渐制度化，但都是以灾难性事件为背景，所以，在特定的环境下，形成了对经管责任的特定理解。

（四）经管责任是报告和解脱受托责任

在政治学和公共管理领域，一些学者将经管责任界定为报告和解脱受托责任。经管责任在本质上是分配、认可和接受责任，为政府及其所提供公共物品的行为和立场有效地履行职责，并有义务对自己的行为做出说明、交代（Ingraham，2005）。经管责任是主体 A 为了对某事负责而向主体 B 进行解释和说明的过程。这种事情是由前一主体 A 做出的，并且需要经过后一主体 B 的同意和接受（Martin，1997）。经管责任通常被理解为对行为原因的说明，如果一个人是负责任的，他就要向一个或几个团队或组织负责，并有义务对自己做出的行为进行解释（Robinson，2003）。

对于会计学者和审计学者来说，accountability 一般称为受托责任（杨时展，1986；李明辉、刘笑霞，2010），主要含义就是报告和解脱受托责任。受托责任观的主要代表人物有井尻雄士（冉明东、蔡传里、许家林，2005）、杨时展和王光远（李明辉、刘笑霞，2010）。

在会计学者和审计学者看来，受托责任是一种普遍的经济关系，也是一种普遍的、动态的社会关系。一方是委托人，另一方是受托人或代理人。委托人将资源的经营管理权授予受托人，受托人接受托付后即应承担所托付的责任，这种责任就是受托责任。资源的所有者和经营者相分离，资源的受托方（资源经营者）接受委托，管理委托方（资源所有者）所托付的资源。委托方关注的是委托资源的保值与增值。受托方因此承担合理有效地管理与应用受托资源，使其尽可能地保值与增值的责任。受托方有义务及时完整地向委托方报告其受托资源管理的情况以解脱受托责任。委托方通过相关的法规、合约和惯例等来激励和约束受托方的行为。受托责任的基本内容包括行为责任和报告责任两个方面，行为责任的主要内容是按照保全性、合法（规）性、经济性、效率性、效果性、社会性以及控制性等要求经营管理受托经济资源；而报告责任的主要内容是按照公允性和可信性的要求编报报表（Scapens，1985；Patton，1992）。

受托责任按其内容进行分类，可以分为公共受托责任、公司受托责任和组织内部受托责任；按其形式进行分类，可分为程序性受托责任、结果性受托责任和社会受托责任；按其形态进行分类，可分为财产受托责任和管理受托责任，前者属于董事会、管理当局及全体员工对股东所承担的责任，后者属于员工对管理当局、管理当局对董事会承担的责任（利特尔顿，1989）。受托责任按其内容可分为三类：货币受托责任，指与流动资产流动及由此而发生的业务活动的责任；营运受托责任，指组织的管理当局有效使用全部资产及资源的责任；财产受托责任，指管理和报告资产的存在、存放地点、用途及相关情况的责任（番场嘉一郎，1986）。

不管受托责任如何分类，所有受托责任的内容必须加以计量，而会计就是受托责任的最好计量者，是受托责任关系中联系委托人和受托人的桥梁。就会计在受托责任机制中的运作看，管理会计是起始环节，它通过计划、预算和控制等手段来确定、分解受托责任目标，并协助受托人完成受托责任目标，提出管理业绩报告，这使得受托责任具有可计量性、可保证性、可操作性；财务会计是在受托人接受托付后，按照公认会计准则的要求，对受托责任的完成情况进行自我认定、自我计量，并定期编制各种受托财务责任报告，为委托人审核受托财务责任的完成过程和结果提供信息（杨时展，1986；王光远，2002）。

（五）经管责任机制的基本构造

由于对经管责任的理解不同，关于经管责任的基本构造也有不同的观点。一种观点认为，经管责任包括四个要素：分派任务以及履行这些职责相应的权力和资源；机构或个人通过可靠、有效、及时的信息供给对其绩效负责；由委托机构或个人来监督代理人的绩效，对不完善之处加以修正；区分较差和较优的行为表现，并运用制裁和奖励来促进负责任的行为（Review and Implementation Committee，2001）。另外一种观点认为，经管责任是一种职责，负责任意味着具有高度的职责感和义务感，行为主体在行使权力之前就明确形成权力所追求的公共目标；在行为实施的过程中，公共责任表现为主动述职或自觉接受监督，受外界评判机构的控制并向其汇报、解释、说明原因、反映情况、承担义务和提供账目；在行为实施之后，公共责任是一种评判并对不当行为承担责任撤销或纠正错误的行为和决策，惩罚造成失误的决策者和错误行为的执行者，并对所造成的损失进行赔偿。所以，经管责任制是由三个部分组成的三段式，即角色担当（responsibility）、说明回应（answerability）和违法责任（liability）。responsibility 指角色担当或角色承担，要求每个社会成员包括国家的角色及其担当和承担都必须清晰、明确，不能混乱不明或交叉混同。answerability 指说明回应，要求 responsibility 必须得到一种日常化、制度化的监管，同时也为负有 responsibility 的人提供一个说明解释的机会，以便促进沟通和理解。liability 指违法责任的追究，这是传统法律责任最为看重的部分，liability 实际上是 responsibility 的实然化，即在实际的法律责任追究过程中将事先确定的角色担当变成现实的否定性后果（冯辉，2011）。

马骏（2010）认为，建立一个对人民负责的政府是现代国家治理的核心问题。实现这一目标，需要解决两个最基本的问题：谁来使用权力？如何使用权力？选举制度是解决前一问题相对较好的制度，而预算制度是解决后一个问题最好的制度。通过历史比较分析，可以总结出三条实现政治经管责任的道路：19 世纪的欧洲道路、从建国到进步时代改革的美国道路以及雏形初现的中国道路。19 世纪的欧洲道路是指选举制度和预算制度同时建立，这是最理想的政治经管责任制度；从建国到进步时代改革的美国道路是指先建立选举制度，再建立预算制度；雏形初现的中国道路是指先建立预算制度，再建立选举制度。所以，政治经管责任制度的基本构造包括选举制度和预算制度。

我们认为，经管责任的基本构造要能容纳不同含义的经管责任。根据本节前面的分析得知，经管责任本质有多种理解。经管责任是一种负责任的品质要求，是委托人期望达到的一种境界或结果，一般来说，需要有一些衡量标准；经管责任是一种负责任的机制，是一种使责任担当者能负责任地担当责任的机制；经管责任是对不负责任的追究，对代理人由于故意或者过失，不履行或者不正确履行法定职责，要求其承担否定性结果；经管责任是报告和解脱受托责任，受托方有义务及时完整地向委托方报告受托资源管理的情况以解脱受托责任。

对于经管责任本质的上述观点，事实上是没有矛盾的，只是强调的维度不同而已。经管责任是一种使责任担当者能负责任地担当责任的机制这种观点较为全面，可以容纳其他各种观点。首先，既然经管责任是一种使责任担当者能负责任地担当责任的机制，责任担当者在履行责任的过程中，当然应该具有或者是被迫具有负责任的品质；其次，既然经管责任是一种使责任担当者能负责任地担当责任的机制，当然应该面对责任履行的后果，当委托人不满意时，应该承担否定性结果；最后，既然经管责任是一种使责任担当者能负责任地担当责任的机制，当然应该向委托人报告责任履行情况。所以，总体来说，应该将经管责任作为一种使责任担当者能负责任地担当责任的机制来考虑其基本构造。

根据这个原则，结合前面介绍过的几种关于经管责任基本构造的观点，本节提出经管责任机制基本构造如下：一是明确代理人的责任目标及资源配置，注意，这里不是决定代理人的责任目标和资源配置，这是委托人治理机制的内容，经管责任机制只是了解治理机制给代理人确定了什么样的责任目标，配置了什么资源；二是获取代理人责任目标运行及资源使用信息，主要是建立报告系统及相应的信息鉴定机制；三是评价代理人责任目标的实现程度及资源使用情况，并根据评价结果给予奖励或处罚。

经管责任机制存在于委托代理关系之中，由于委托人与代理人之间存在激励不相容和信息不对称，代理人有可能背离委托人的利益或不忠于委托人意图而采取机会主义行为，发生道德风险和逆向选择，随之而产生的委托代理成本就困扰着委托代理关系的良好运行。激励不相容和信息不对称是代理人机会主义行为的前提，而道德风险和逆向选择是代理人机会主义的主要形式。经管责任机制主要是通过抑制代理人机会主义行为的前提条件来发挥作用。首先，经管责任机制通过责任目标清晰地表达了委托人的期望，为评价代理人的业绩提供了明确的标准，也为代理人的努力提供了明确的方向，可以在一定程度上降低代理人与委托人之间的激励不相容；其次，经管责任机制通过代理人报告其责任目标的履行情况及资源使用情况，可以减少信息不对称程度；最后，经管责任机制根据代理人的业绩进行奖励或处罚，可以减少代理人的激励不相容程度（郑石桥、陈丹萍，2011）。

二、经管责任的内容

关于经管责任的内容有许多研究，大致可以分为两分法和三分法。两分法的共性是把经管责任的内容分为两个方面，不同学者所确定的组成内容是不同的。三分法的共性是把经管责任的内容分为三个方面，不同学者所确定的组成内容也是不同的。

（一）两分法

1. James Cutt 的观点：程序性经管责任和结果性经管责任

James Cutt 认为：经管责任指一种可负责任的状态，或对某些具体行为或隐含的任务在形式上的责任。一般意义上的经管责任有两种形式：（1）程序性经管责任（procedural accountability），即根据事先确立好的标准来编制财务报表，并由审计鉴证其公允性，以解除其经管责任。这种经管责任强调要遵守各种法律、规章、制度等，与之相匹配的审计是合规审计。（2）结果性经管责任（consequential accountability），即对各种资源是否得到经济且有效的利用结果而确立的责任。这种责任以合法性为基础，强调资源利用结果或管理业绩的好坏（井尻雄士，1988）。

2. 王光远的观点：受托财务责任和受托管理责任

王光远对经管责任颇有研究，他的主要观点如下：经管责任可以分为受托财务责任和受托管理责任。其中，受托财务责任要求受托人尽一个最大善意管理人的责任，保护受托财产安全，诚实经营，同时要遵守法律、道德、技术和社会的要求；受托管理责任要求受托人不仅要合法经营，还要按照经济性、效率性、效果性、公平性和环保性的原则来操持受托财产。财务审计鉴证财务经管责任的完成过程及其结果，管理审计鉴证管理责任的完成过程及其结果（王光远，1996）。

3. Chen 的观点：主要责任和次要责任

Chen 对经管责任的发展历史做了精辟的分析，其独特的观点在学术界产生了重要影响。Chen 关于经管责任的主要观点如下：（1）经管责任概念起源于财产，即所有权和使用权。而使用权又来源于所有权，所以当所有者将使用权托付给代理人时，代理人就承担了经管责任。（2）经管责任可以分为两种类型，一种是完成社会福利的责任（社会责任），另一种是实现所有者利益的责任，社会责任是主要责任，所有者利益的责任是次要责任。（3）在原始社会，人们是上帝的托管者，最原始的经管责任主要是社会责任和公共责任；

在中世纪，经管责任的基本特征是封建制和庄园制，随着社会的发展，经管责任的内涵也在发展。在商业社会，有两种重要的商业理念：古典理念和管理理念，与之相对应，出现了两种经管责任，即古典经管责任和管理经管责任。按照古典经管责任的观点，代理人只负责追求所有者的利益，仅承担实现所有者利益的责任，不承担社会责任；按照管理经管责任的观点，代理人不仅要承担实现所有者利益的责任，还要承担社会责任。(4) 财务报告是代理人对其所承担责任的报告，因此，代理人的观点是，会计师为了核实财务报告的结果，应该分析交易事项，提供有关评价代理人经管责任的信息。(5) 作为一个代理人，其业绩应该按照利润的多少和社会结果的实现程度来评价（Chen，1975）。

（二）三分法

1. Cutt 的观点：财务经管责任、效率经管责任和效果经管责任

Cutt 认为，随着委托人对经管责任的要求越来越高，经管责任关系越来越复杂，经管责任形成了以下几个层次：财务经管责任，这是最低层次的经管责任，与之相对应的是合规审计；效率经管责任，这是中间层次的经管责任，与之相对应的是业务审计；效果经管责任，这是最高层次的经管责任，与之相对应的是效果性审计（Cutt，1978）。

2. Cooper 等人的观点：货币经管责任、业务经管责任和财产经管责任

Cooper 和井尻雄士（Yuji Ijiri）在《科氏会计辞典》中对经管责任的定义如下：“雇员、代理人或其他人定期报告其行动或行动上的失败，以继续行使委托权力的责任，以货币、财产或其他预先确定的基础表达的对他人责任或义务的计量，法律、规章、协调或惯例所强加的证明良好管理、控制或其他业绩的义务。选为经管责任测定基础的单位叫经管责任单位。”在定义了经管责任的一般意义之后，Cooper 和井尻雄士对经管责任做了如下分类：(1) 货币经管责任（dollar accountability），会计在传统上着重关注流动资产的流动，即收益和费用的报告、流动资产的来源及由此产生的活动。(2) 业务经管责任（operational accountability），区别于货币经管责任，是指管理者有效使用全部资产和资源的责任，与之相对应的审计是业务审计或综合审计。(3) 财产经管责任（property accountability），是指看管和报告资产的存在、存放地点、用途及其他情况的责任，特别是可移动的固定资产和小型工具以及各种原因而尚未资本化的项目（Cooper & Yuji Ijiri，1983）。

3. Birnberg 的观点：财产安全、管理业绩和资产使用全过程

Birnberg 将经管责任的发展分为四个阶段：纯粹保管时期，传统保管时期，资产有效利用时期，全过程时期。在纯粹保管时期和传统保管时期，代理人只需履行保管职能，保证委托人的财产安全即可；在资产有效利用时期，代理人要提供详细资料表明计划的完成程度，除了编制资产负债表外，还要提供影响资产使用效率的数据以评价管理业绩。在全过程时期，代理人除了履行资产有效利用时期的全部责任外，还要注重资产使用全过程的数据（庄世虹，1994）。

（三）我们的观点

尽管人们对经管责任的内容有不同的分类方法，但无论如何，其实质性内容就两个方面，一是花钱；二是做事（米尔顿·弗里德曼，2013）。这两个方面都可能出现代理问题

和次优问题。

从花钱角度来说，可能出现的代理问题和次优问题包括三个方面：一是不按既定标准的要求花钱，从而出现花钱行为违规，也就是财政财务收支行为违规；二是没有如实报告与花钱相关的信息，从而出现财务信息失真，也就是财务报告不真实；三是没有建立约束花钱及财务信息报告的相关制度，从而出现制度缺陷，也就是财政财务收支行为及信息报告相关制度存在缺陷。总体而言，从经管责任履行来说，与花钱相关的审计主题包括：财政财务收支行为，财政财务收支信息，财政财务收支及信息报告相关制度。

做事也就是代理人所从事的业务活动，可能出现的代理问题和次优问题同样包括三个方面：一是不按既定标准的要求做事，从而出现做事行为违规，也就是业务行为违规；二是没有如实报告与做事相关的信息，从而出现业务信息失真，也就是统计报告不真实；三是没有建立约束做事及信息报告的相关制度，从而出现制度缺陷，也就是业务行为及业务信息报告相关制度存在缺陷。总体来说，与做事相关的审计主题包括：业务行为，业务信息，业务行为及业务信息报告相关制度。

人们通常将花钱的责任称为财务责任，将做事的责任称为业务责任，所以，总体来说，经管责任由财务责任和业务责任组成。

第四节　审计主题及其作用

主题是指所关注的中心问题，做任何事情都应该有主题，每个学科应该有自己独特的研究主题并形成有特色的研究领域（Biglan，1973）。审计主题就是审计关注的中心问题，没有审计主题，就无法确定审计什么，进而也就无法解决怎么审计及其他一些相关问题。例如，有一种观点认为，审计对象是财政财务收支及相关经济活动，对于这种观点确定的审计内容，可能有三种理解：一是审计内容是反映财政财务收支及其相关经济活动的数据；二是审计内容是财政财务收支及其相关经济活动本身应符合的相关法规法律；三是审计内容是约束财政财务收支及其相关经济活动的制度。很显然，各种理解都有道理，但不同的理解有不同的审计主题，在第一种理解下，审计关注的中心问题是数据；在第二种理解下，审计关注的中心问题是财政财务收支及相关经济活动的行为；在第三种理解下，审计关注的中心问题是约束财政财务收支及其相关经济活动的制度。很显然，数据、行为及制度这三类不同的主题，其审计目标、审计程序和审计方法有重大差异。所以，对于“审计什么”这个基本的审计问题，仅仅讨论到审计对象是不够的，还要进一步深化到审计主题（这也说明，审计主题不同于审计对象，是审计对象的深化或细化）。

AAA 于 1972 年发布的《基本审计概念公告》涉及审计主题，但自此之后，研究审计主题的文献很少，这其中的主要原因有两个，一是审计研究的实证化，导致学者对规范性命题的研究兴趣降低；二是审计主题是一个实务问题，并且长期以来财务信息审计是主流审计业务，其审计主题是清晰的财务信息。时至今日，现实生活中的审计主题已经非常丰富，合规审计、绩效审计、内部控制审计等这些审计业务所关注的中心问题（也就是审计主题）都超越了财务信息。但由于理论界和实务界对审计主题研究缺乏应有的重视，导致审计实务中对于财务信息审计之外的审计准则制定及实务探索严重滞后，理论界对财务信息审计之外的审计理论的研究也严重滞后。

我们认为，作为审计关注的中心问题——审计主题，既是重要的实务问题，也是重要的理论问题，为此，在文献综述的基础上，我们从三个方面对审计主题做基础性的探索：一是界定审计主题的概念及条件，并在此基础上分析审计主题的类型；二是分析审计主题在审计理论中的地位；三是分析审计主题在审计实施框架中的地位。上述分析和探讨的目的是，确定审计主题在审计实务和审计理论中的中心地位，并推动以审计主题为基础的审计实施框架、审计学科体系及审计理论体系的建立。

一、文献综述

涉及审计主题的文献有两类：一是审计职业组织的文献；二是学术性研究文献。我们先来看审计职业组织的文献。AAA（1972）发布的《基本审计概念公告》与审计主题相关的内容有两个方面：（1）提出了不同审计业务的审计主题，就财务信息审计来说，其审计主题是经济事项及行为的信息，也就是财务信息；财务审计之外的审计业务（如管理审计、经营审计、绩效审计）则拓展了审计主题，不再局限于财务信息。（2）提出了审计主题的条件，任何事项要成为审计主题，必须符合三个条件：一是该主题能够演绎出可获取证据的认定，这些认定必须是定量且可验证的；二是该主题有恰当的记录，如果有恰当的内部控制更好；三是对于该主题相关的既定标准能达成共识。后来，国际审计与鉴证准则理事会（IAASB）（2013）颁布的鉴证业务国际准则第3402号（ISAE 100）及随后取而代之的ISAE 3000，将确认业务的主题分为四类：财务信息，业务信息，流程及制度，行为。

学术性文献中，乌羽至英（1995）将审计主题分为信息主题和行为主题两种类型，并分析了不同审计主题的特征，谢少敏（2006）介绍了乌羽至英的上述观点。Hasan et al.（2005）通过调查大型会计师事务所的确认业务类型及其保证水平，发现涉及的主题主要包括四类：财务信息、业务信息、制度或流程和行为，并且不同的审计主题有不同的保证水平。Fumio（2000）研究了财务报告审计的审计主题，即财务信息。

总体来说，只有少量文献涉及审计主题，由于缺乏相关研究，审计主题的内涵和外延都不清晰，且其在审计理论、审计学科及审计实施框架中的地位也缺乏研究。因此，我们拟在上述几个方面做些基础性的研究。

二、审计主题的概念、条件与体系

（一）审计主题的概念

尽管人们对审计本质的认识有差异，对审计的技术逻辑却有高度的共识，认为审计就是采用系统方法收集证据，以这些证据为基础，判断该特定事项与既定标准之间的相符程度，并发表意见（AAA，1972）。

这个技术逻辑有三个核心要素：一是特定事项；二是既定标准；三是系统方法。特定事项确定了审计什么，而既定标准和系统方法确定了怎么审计，并且，特定事项决定选择什么样的既定标准和系统方法，所以，特定事项处于基础性的地位。前面已经指出，审计主题就是审计关注的中心问题，很显然，这里的特定事项就是审计所关注的中心问题，也就是审计主题。所以，从技术逻辑来说，审计就是采用系统方法收集证据，以判断审计主题与既定标准之间的一致性，并发表意见。

我们前面指出，有一种观点认为审计对象是财政财务收支及相关经济活动，对于这种观点确定的审计内容，可能有三种理解，不同的理解会有不同的审计主题，为了进一步解释审计主题，我们继续来分析这个观点的不同理解及其相应的既定标准和系统方法。

如果将审计财政财务收支及相关经济活动理解为审计反映财政财务收支及其相关经济活动的数据是否真实，则审计主题是数据；既定标准是确认、计量、记录和报告这些数据的相关规范（会计准则或会计制度）；系统方法必须与数据这种审计主题相适应。

如果将审计财政财务收支及相关经济活动理解为审计财政财务收支及其相关经济活动本身是否符合相关的法规法律，则审计主题是财政财务收支及其相关经济活动本身，是一种行为；既定标准是从事财政财务收支及其相关经济活动必须遵守的相关法律法规；系统方法必须与行为这种审计主题相适应。

如果将审计财政财务收支及相关经济活动理解为审计约束财政财务收支及其相关经济活动的制度是否存在缺陷，则审计主题是约束财政财务收支及其相关经济活动的制度，也就是审计客体所建立的相关内部控制，它是一种制度；既定标准是相关内部控制的应然状态；系统方法必须与制度这种审计主题相适应。

所以，无论什么审计业务，必然会有其关注的中心问题，必须找到这个中心问题的既定标准，也就是它的要求或规范；必须采用系统方法围绕这个中心问题收集证据以搞清楚这个中心问题的真实状况，并判断其与既定标准的一致性；审计结论中，必须对这个中心问题与既定标准之间的一致性发表意见。这个中心问题，就是审计主题。

（二）特定事项成为审计主题的条件

依据上述概念，能成为审计主题的特定事项似乎很多，例如，产品质量检验及测量体温也符合上述定义，很显然，不能将产品质量检验及测量体温也作为审计。这就需要进一步确定特定事项成为审计主题的条件，以清晰地界定审计主题的范围。特定事项成为审计主题的条件也就是该特定事项成为审计主题需要具备的特征，只有具备了这些特征，该特定事项才能成为审计主题，这就进一步深化了对审计主题本质的认识。

那么，什么样的特定事项能成为审计主题呢？文献综述中已经指出，AAA（1972）发布的《基本审计概念公告》规定了审计主题的三个条件：一是该主题能够演绎出定量且可验证的认定；二是该主题有恰当的记录；三是对于该主题相关的既定标准能达成共识。

IAASB（2013）颁布的ISAE 100及随后取而代之的ISAE 3000规定，适当的鉴证对象应当同时具备下列条件：鉴证对象可以识别；不同的组织或人员对鉴证对象按照既定标准进行评价或计量的结果合理一致；审计师能够收集与鉴证对象有关的信息，获取充分、适当的证据，以支持其提出适当的鉴证结论。《中国注册会计师鉴证业务基本准则》与国际鉴证准则高度趋同，对鉴证对象也有类似规定。这里适当的鉴证对象也就是审计主题，而适当的鉴证对象应当同时具备下列条件即成为审计主题的条件。

AAA（1972）提出的条件，主要是以财务信息为背景，并发表合理保证审计意见。从现实世界来说，许多财务信息之外的特定事项已经成为审计主题，例如，财务收支合规审计中的财务收支行为、绩效审计中的业务信息、内部控制审计中的内部控制制度，但它们都不是财务信息；同时，从现实需求来说，有限保证审计意见已经很多，合规审计、经济责任审计的审计意见是以有限保证意见为主，在这种情形下，并不需要完整的记录，甚至不需要充分的证据。所以，特定事项成为审计主题的条件需要从更广阔的角度来认识。

IAASB（2013）颁布的 ISAE 100 及随后取而代之的 ISAE 3000 规定的适当的鉴证对象应当同时具备的条件，对于扩展审计范围有较大的作用，但根据这些条件，产品质量检验及测量体温似乎也可以纳入审计的范围，恐怕审计难以发展到这种状况。所以，这些条件似乎过于宽泛。

那么，特定事项要成为审计主题必须具备哪些条件呢？我们认为，特定事项要成为审计主题，必须同时具备四个条件：涉及经管责任的履行，具有真实审计需求，具备可审计的特征，具备审计能力。下面，我们来具体分析上述四个条件。

（1）涉及经管责任的履行。经管责任是因资源的委托代理关系而形成的代理人对委托人承担的责任，由于人性自利及有限理性，在信息不对称、激励不相容、环境不确定的条件下，代理人在履行经管责任时，可能偏离委托人的期望，从而出现代理问题和次优问题，审计是应对代理问题和次优问题的机制之一，其主要功能是鉴证代理人在履行经管责任时是否存在代理问题和次优问题。所以，特定事项如果与代理人履行其经管责任无关，则该特定事项不属于审计主题的范围，只有与经管责任履行相关的事项才有可能成为审计委托人关注的中心问题，也才有可能成为审计关注的中心问题，从而才有可能成为审计主题。前面提到的产品质量检验及测量体温都与经管责任履行无关，所以，不属于审计关注的范围，不能成为审计主题。

（2）具有真实审计需求。一般来说，审计需求源于抑制经管责任履行中的代理问题和次优问题，但审计是独立的第三方，审计需求并不源自审计方，它需要有审计委托人，委托人是否存在真实的审计需求，决定审计是否真的出现。在一些情形下，代理人即使在经管责任履行中存在代理问题和次优问题，委托人也不一定有审计需求，也就是说，委托人并不需要审计机制来应对代理人是否存在代理问题和次优问题，这其中的原因是什么呢？主要的原因有以下两个方面：一是委托人并不介意代理人存在的代理问题和次优问题，当然也就不需要审计机制来鉴证代理人是否存在代理问题和次优问题，例如，一些大型国有单位，其内部各管理层级存在的代理问题和次优问题较为严重，但上级管理层并不介意这些问题，所以，也就没有真实的审计需求；二是委托人自己通过日常工作就知道何处存在代理问题和次优问题，当然也就不需要专门的审计机制来鉴证这些问题，例如，一些小型单位内部也存在代理问题和次优问题，但这些单位的最高管理层通过日常工作就知道这些问题存在于何处，当然也就无须建立专门的审计机制。所以，影响代理人履行经管责任的代理问题和次优问题，只有存在真实的审计需求时，才有可能成为审计主题。

（3）具备可审计的特征。影响代理人履行经管责任并且委托人有真实审计需求的代理问题和次优问题也不一定都能成为审计主题，这其中的重要条件之一是要求这些代理问题和次优问题具有可审计的特征。AAA（1972）发布的《基本审计概念公告》、IAASB（2013）颁布的 ISAE 100、随后取而代之的 ISAE 3000 以及《中国注册会计师鉴证业务基本准则》都对可审计的特征进行了规定，我们认为这些条件需要适当改变，以适应不同的审计主体所从事的不同审计业务，具体分析如表 7－1 和表 7－2 所示。

表7-1 《基本审计概念公告》规定的审计主题三个条件的分析及建议

规定的条件	分析及建议
该主题能够演绎出定量且可验证的认定	该主题需要演绎出审计命题或审计具体目标，但不一定需要定量，定性也是可行的，例如，内部控制制度作为审计主题，能够演绎出定性命题，所以，该条件要放宽
该主题有恰当的记录	有恰当的记录时，可以采用命题论证型取证模式，发表合理保证审计意见；没有恰当的记录时，可以采用事实发现型取证模式，发表有限保证审计意见，所以，该条件要放宽
对于该主题相关的既定标准能达成共识	达成共识的范围应该是审计人员与审计成果的使用者或审计委托人，所以，该条件要明晰具体范围

表7-2 ISAE 100、ISAE 3000和《中国注册会计师鉴证业务基本准则》规定的鉴证对象应当具备条件的分析及建议

规定的条件	分析及建议
鉴证对象可以识别	这个条件是不言而喻的，无实质性意义
不同的组织或人员对鉴证对象按照既定标准进行评价或计量的结果合理一致	这个条件事实上就是AAA（1972）的对于该主题相关的既定标准能达成共识
审计师能够收集与鉴证对象有关的信息，获取充分、适当的证据，以支持其得出适当的鉴证结论	这个条件有两个方面的含义，一是AAA（1972）的该主题有恰当的记录；二是后面将要讨论的第四个条件——具备审计能力

综合上述分析，从具备可审计的特征这个条件来说，影响代理人履行经管责任并且委托人有真实审计需求的代理问题和次优问题具备以下条件时，才可能成为审计主题：能演绎出可定量或定性的审计命题或审计具体目标；具有一定的记录或审计载体；对于该主题相关的既定标准能与审计成果的使用者或审计委托人达成共识。

（4）具备审计能力。影响代理人履行经管责任并且委托人有真实审计需求，同时还具备可审计特征的代理问题和次优问题，只是潜在的审计主题，或者是对审计主题的需求，要成为现实的审计主题，还需要一个条件，那就是审计职业界具备对该主题进行审计的能力，IAASB（2013）颁布的ISAE 100、随后取而代之的ISAE 3000以及《中国注册会计师鉴证业务基本准则》规定，审计师能够收集与鉴证对象有关的信息，获取充分、适当的证据，以支持其提出适当的鉴证结论，强调了审计师的专业胜任能力。前面已经指出，从技术逻辑来说，审计人员需要围绕审计主题，采取系统方法获取审计证据，以判断特定事项与既定标准的一致性程度。这里的系统方法就包括具备审计能力，如果审计职业界不具备审计能力，当然无法围绕该特定事项获取审计证据，进而也就无法对该特定事项与既定标准之间的一致性发表意见。所以，具备审计能力是特定事项成为审计主题的必要条件。例如，在领导干部经济责任审计中，业绩是领导干部经济责任履行的重要方面，对业绩指标的真实性进行鉴证本来是经济责任审计的应有之义，但由于审计机关目前的技术和人员素质的限制，许多审计机关并没有将业绩指标纳入审计鉴证的范围，而是由相关统计机关提供数据并承诺信息的真实性。这正是审计能力限制了领导干部经济责任审计中的一些业绩指标不能纳入审计范围。当然，审计能力是不断发展的，随着社会进步，原来不具备审计能力的特定事项，后来具备了审计能力，此时，该特定事项就可能成为审计主题。所以，审计主题会不断地增加。在上述举例中，随着审计技术的进步，领导干部经济责任审计中的业绩指标也可能会纳入审计范围，从而成为审计主题。

以上分析了特定事项成为审计主题的四个条件，必须强调的是，上述四个条件必须同时具备，缺乏其中的任何一个条件，特定事项都不可能成为审计主题，当同时具备上述四个条件时，该特定事项就会成为审计主题，其逻辑过程为：首先，该特定事项是否涉及经管责任的履行；其次，是否存在真实的审计需求；最后，还需要具备可审计的特征，并具备审计能力。如图 7-2 所示。

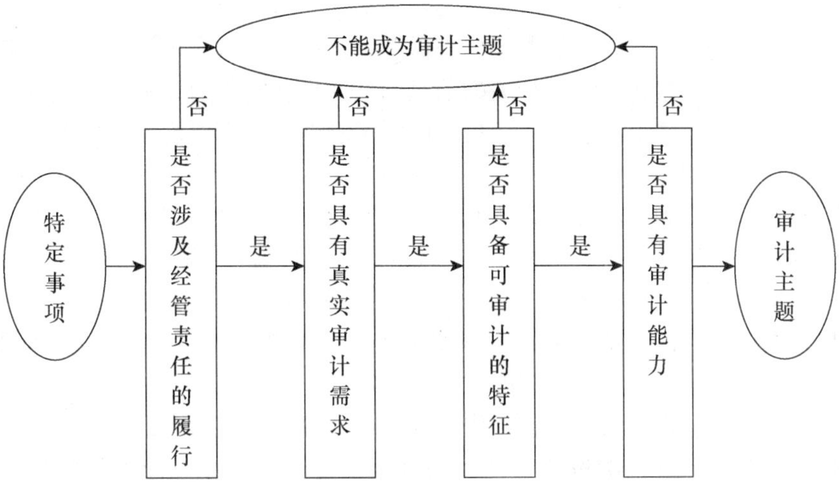

图 7-2　特定事项成为审计主题的条件

事实上，也正是因为上述这些条件的差异，现实生活中的审计主题才呈现差异化的格局。例如，就政府审计来说，中国政府审计主要开展合规审计，关注财政财务收支及相关经济活动是否符合相关法律法规，其审计主题是行为，美国联邦政府审计主要开展绩效审计，关注财政财务收支及相关经济活动的经济性、效率性和效果性，其审计主题是各类表征绩效水平的信息，鉴证这些绩效信息的真实性，以此为基础，评价绩效水平，并分析绩效差异的原因；就注册会计师审计来说，原来主要是审计财务报告，对财务信息是否真实发表意见，其审计主题是财务信息，后来发展到财务报告内部控制审计，内部控制制度也成为审计主题；就内部审计来说，不同的单位开展的审计业务类型不同，其原因是审计主题不同，有些单位以合规审计为主，其审计主题是行为，有些单位则以内部控制审计为主，其审计主题是制度。正是由于不同组织的真实的审计需求不同，审计主题才呈现差异化（郑石桥、宋夏云，2014；郑石桥、周天根、王玮，2015；郑石桥，2017）。

（三）审计主题的类型

根据上述分析，影响代理人履行经管责任、有真实审计需求、具备可审计的特征并且具备审计能力的代理问题和次优问题，可能成为审计主题。那么，审计主题究竟有哪些类型呢？我们从两个角度来分析审计主题的类型，一是经管责任内容的角度；二是经管责任履行的角度。

从经管责任内容的角度来说，尽管人们对经管责任有不同的分类方法，但无论如何，其实质性内容就是两个方面：一是花钱；二是做事（米尔顿·弗里德曼，2013）。这两个方面都可能出现代理问题和次优问题。从花钱来说，可能出现的代理问题和次优问题包括三个方面：一是不按既定标准的要求花钱，从而出现花钱行为违规，也就是财政财务收支行为违规；二是没有如实报告与花钱相关的信息，从而出现财务信息失真，也就是财务报告不真实；三是没有建立约束花钱及财务信息报告的相关制度，从而出现制度缺陷，也就是财政财务收支行为及信息报告相关制度存在缺陷。总体而言，从经管责任履行来说，与花钱相关的审计主题包括：财政财务收支行为，财政财务收支信息，财政财务收支及信息报告相关制度。做事也就是代理人所从事的业务活动，可能出现的代理问题和次优问题同样包括三个方面：一是不按既定标准的要求做事，从而出现做事行为违规，也就是业务行为违规；二是没有如实报告与做事相关的信息，从而出现业务信息失真，也就是统计报告不真实；三是没有建立约束做事及信息报告的相关制度，从而出现制度缺陷，也就是业务行为及业务信息报告相关制度存在缺陷。总体而言，从经管责任履行来说，与做事相关的审计主题包括：业务行为，业务信息，业务行为及业务信息报告相关制度。综合花钱和做事两个方面的经管责任，审计主题如下：一是行为，包括财政财务收支行为和业务行为；二是信息，包括财务信息和业务信息；三是制度，包括财政财务收支制度、业务行为制度、信息报告制度。所以，总体来说，可能纳入审计主题的代理问题和次优问题包括四类：财务信息，业务信息，行为，制度。

从经管责任履行过程的角度来说，代理人的代理问题和次优问题要么出现在经管责任履行的过程中，在这个过程中偏离委托人的期望；要么出现在经管责任履行结果的报告中，在报告经管责任履行结果时偏离委托人的期望，出现信息失真。在经管责任履行的过程中偏离委托人的期望，主要有三种方式：一是行为偏差，也就是在具体行动上偏离委托人的期望，主要是指各种违规行为；二是制度偏差，也就是未能建立适宜的营运制度从而未能为良好地履行经管责任奠定基础，主要是指各种制度缺陷；三是信息偏差，主要是指关于经管责任履行过程的各种信息失真。经管责任履行结果报告偏离委托人的期望，主要是关于经管责任履行结果的信息出现偏差，也就是未能如实地报告经管责任履行结果。综合上述经管责任履行及结果报告中的代理问题和次优问题，其可以分为三类，一是信息失真，二是行为偏差，三是制度缺陷，而信息又可以分为财务信息和业务信息。总体来说，可能纳入审计主题的代理问题和次优问题包括四类：财务信息，业务信息，行为，制度。

以上从两个不同的角度将审计主题分为四种类型，下面，我们对这四类审计主题做进一步的分析。

财务信息主要是货币计量，会计资料是其典型形式，由于财务信息既反映了代理人对财务资源的运用过程，也反映了运用结果，既与经管责任履行过程有关，也与经管责任履行结果有关，体现了代理人花钱责任的履行情况，代理人完全有激励操纵这些信息，所以，有必要成为审计主题。同时，财务信息以交易、余额、列报为标的，可演绎出审计命题，具备完整的记录，也有明确的会计准则作为计量依据，所以，可以成为审计主题。

业务信息主要是非货币计量，各类业务统计资料是其典型形式。统计数据可能涉及经管责任的履行过程，也可能涉及经管责任的履行结果（所谓的非财务业绩），体现了代理人做事责任的履行情况，代理人完全有激励来操纵业务信息，所以，有必要成为审计主题。同时，可以以流量信息、存量信息为标的来演绎具体的审计命题，并且不同的业务信息如何计量，都会有一定的规范，如果某些业务信息具备一定的记录或载体，这种业务信息就可以成为审计主题。业务信息包括的类型很庞杂，在成为审计主题的条件方面存在差异，并且这些差异是变动的，所以，不断有新的业务信息纳入审计主题。

行为是代理人履行经管责任的作为或不作为，主要包括财务行为和业务行为，财务行为也就是财政财务收支活动，主要包括财务资源的筹集、分配、使用等；业务行为是代理人履行其组织职能的活动，也称业务活动，不同的组织有不同的业务活动。上述这些行为，代理人及其领导的组织都可能有意或无意地偏离委托人的期望，出现行为偏差。因此，行为有必要成为审计主题。同时，一般来说，对于各种行为，都会有一定的规范性要求（如法律法规及规章制度），这些要求就是既定标准。行为还可以演绎出具体审计目标或审计命题，一般是在真实性命题的基础上，增加合规性命题，主要是范围和标准两个方面的具体命题。如果某些行为有一定的记录或载体，该行为就可以成为审计主题。

制度是代理人履行其经管责任的基础，为了良好地履行经管责任，代理人有责任构建并执行适宜的制度体系。一方面，能够良好地履行经管责任的制度体系，未必能够实现代理人的利益最大化，代理人可能不一定有激励来建立和执行这种制度；另一方面，由于代理人的有限理性，未必能建立和执行良好的制度体系。所以，制度可能存在缺陷，有必要成为审计主题。如果对制度缺陷的判断标准能在一定范围内达成共识，并且制度设计和执行留下一定的载体，则该制度有可能成为审计主题。

需要说明的是，审计主题分为财务信息、业务信息、行为和制度具有一定的逻辑瑕疵，严格地说，审计主题应该是三类：信息、行为和制度，这三类主题的地位相同。但这种分类是具有可扩展性的，并且是动态的。信息主题之所以分为财务信息和业务信息，主要原因有两个：一是这两类审计都得到了较为丰富的发展，特别是其中的财务信息审计已经较为成熟；二是财务信息和业务信息的审计技术有较大的差异，需要分别研究。至于行为和制度这两类审计主题，如果得到较大的发展，完全有可能再分为亚层次的审计主题，只是目前还没有发展到这种程度。

以上分别分析了四种审计主题，这只是最概括层级的审计主题，各种审计主题还可以做进一步的细分，以确定更具体的审计事项，从而形成审计内容的体系，基本的框架如表7－3所示。

表7－3　审计主题类型及细分

主题类型	审计主题的细分	
	第二层级	更细分的层级
财务信息	历史财务信息	资产负债表、利润表、现金流量表、股东权益变动表
	预测财务信息	盈利预测信息、预计资产负债表、预计现金流量表
	商定财务信息	关注特定的财务信息

续表

主题类型	审计主题的细分	
	第二层级	更细分的层级
业务信息	业务营运信息	各种非财务计量的业务营运信息
	自然资源信息	各种自然资源流量信息、各种自然资源存量信息、各种自然资源质量信息
	环境信息	不同的环境载体现状及其变动的信息
	工程信息	各种工程工作量、质量及物理特征的信息
	社会责任信息	各种社会责任履行情况的信息
	政策效果信息	各种政策的预期效果信息、非预期效果信息
行为	财务行为	财政收支活动、财务收支活动、预算收支活动、筹资活动、投资活动、分配活动等
	业务行为	不同的单位有不同的业务行为体系
特定制度	财务信息相关制度	规章制度、业务流程、信息系统、内部控制、风险管理、组织治理等
	业务信息相关制度	规章制度、业务流程、信息系统、内部控制、风险管理、组织治理等
	财务行为相关制度	规章制度、业务流程、信息系统、内部控制、风险管理、组织治理等
	业务行为相关制度	规章制度、业务流程、信息系统、内部控制、风险管理、组织治理等

以上分析了审计主题的不同类型，现实生活中，审计有四大主体：政府审计、内部审计、注册会计师审计和军事审计，审计主题和这些审计主体是什么关系？一般来说，审计主题涉及的是审计什么，而审计主体涉及的是谁来审计，所以，二者之间并无一一对应关系，从逻辑上来说，它们之间的关系如表 7-4 所示。

表 7-4　审计主题与审计主体的关系

项目		审计主题			
		财务信息	业务信息	行为	制度
审计主体	政府审计	√	√	√	√
	内部审计	√	√	√	√
	注册会计师审计	√	√	√	√
	军事审计	√	√	√	√

√表示可能有这种组合。

表 7-4 的组合显示，从逻辑上来说，任意审计主体都可能对任意审计主题进行审计。从现实角度来说，我国的注册会计师审计主要审计财务报告和内部控制，其审计主题是财

务信息和制度；内部审计主要开展内部控制审计，其审计主题是制度；政府审计和军事审计主要开展合规审计，其审计主题是行为。

三、审计主题在审计理论中的作用

如上所述，我们对审计主题做了界定，并分析了其类型。接下来的问题是，审计主题有什么用途？我们认为，审计主题在审计理论及审计实务中都具有重要的地位，我们先来分析审计主题在审计理论中的地位，主要体现在两个方面，一是审计主题在审计理论要素中的地位；二是审计主题在审计学科体系中的地位。

（一）审计主题在审计理论要素中的作用

审计有一些基本问题需要回答，主要包括：什么是审计？为什么需要审计？希望审计得到什么？审计谁？审计什么？谁来审计？怎么审计？审计与其环境是什么关系？对于上述这些基本问题的阐释，会形成各个审计理论要素，包括审计本质、审计需求、审计目标、审计客体、审计内容、审计主体、审计方法、审计环境。那么，审计主题与这些审计理论要素是什么关系呢？

审计主题属于审计内容这个理论要素的组成内容，并且在审计内容理论中居于中心地位。审计内容包括三个层级：一是审计对象；二是审计主题；三是审计标的。审计对象是审计内容的最概括层级，例如，前文提到的财政财务收支及相关经济活动，审计全覆盖的公共资金、国有资产、国有资源及领导干部履行经济责任情况，都限定了审计对象，对于审计对象的具体审计内容，却可以有不同的选择，这就产生了审计主题，审计主题是审计对象的分解。审计主题不一定具有与之相匹配的审计载体，因此，必须对审计主题进行再次分解，这就产生了审计标的，例如，财务报表审计的审计主题是历史财务信息，分解的审计标的是交易、余额、列报。审计对象、审计主题、审计标的组成了完整的审计内容体系，而审计主题处于中心地位，它是审计对象的具体化，并且限定了审计标的。以上述认识为基础，下面我们来分析审计主题与其他审计理论要素的关系。

（1）审计主题与审计本质的关系。审计本质是审计现象的抽象，审计现象体现审计本质，不同的审计主题会形成不同的审计现象，而不同的审计现象会影响人们对审计本质的认识。例如，长期以来，关于审计本质有不同的观点，这其中的重要原因之一就是不同的人从不同的审计现象来认知审计本质，而不同的审计主题是形成不同审计现象的基础，注册会计师可能更倾向于从财务信息审计的角度来认知审计本质，发达国家的政府审计和军事审计更可能从绩效审计的角度来认知审计本质，而发展中国家的政府审计和军事审计更可能从合规审计的角度来认知审计本质，内部审计更有可能从制度审计的角度来认知审计本质，正是由于不同审计主体的审计主题存在差异，审计现象也存在差异，进而会影响这些审计主体对审计本质的认知出现差异。所以，不同的审计主题会形成不同的审计现象，而不同的审计现象会影响人们对审计本质的认知。要正确地认知审计本质，必须基于各种审计主题形成的各种审计现象的共性，而不能基于某种审计现象的个性特征。

（2）审计主题与审计需求的关系。前已述及，审计需求源于代理问题和次优问题，而代理问题和次优问题可以体现在不同的特定事项，从而形成不同的审计主题，不同的委托人甚至同一委托人在不同的时期，其关注的代理问题和次优问题也可能不同，从而对不同审计主题的需求不同，所以，审计主题是审计需求的具体体现，不同的审计主题能满足不同的审计需求，缺乏审计主题，审计需求难以精准，换言之，审计需求只有具体到审计主题，才能转化为可实施的审计内容。

(3) 审计主题与审计目标的关系。就审计直接目标来说，有两个层级，一是审计总目标；二是审计具体目标（也称为审计命题）。不同的审计主题会有不同的审计总目标，财务信息、业务信息的审计总目标是信息真实性；行为主题的审计总目标是行为合规性；制度主题的审计总目标是制度健全性。因此，不确定审计主题，也就无法确定审计总目标。就审计具体目标来说，一般需要以审计标的为对象来确定，是审计总目标在特定审计标的的具体化，而审计标的又是审计主题的分解，所以，审计具体目标的确定也离不开审计主题。

(4) 审计主题与审计客体的关系。审计客体涉及审计谁，也就是对那些承担经管责任的代理人进行审计。不同的代理人可能存在不同的代理问题和次优问题，需要对不同的特定事项进行审计，形成不同的审计内容，在此基础上也会形成不同的审计主题。例如，领导干部经济责任审计中，不同类型的领导干部，经济责任审计内容不同，同一类型、不同单位的领导干部，其经济责任审计的内容也可能不同，这些不同的审计内容会形成不同的审计主题，要精准地进行领导干部经济责任审计，在审计内容上必须体现上述不同。所以，审计主题与审计客体之间需要匹配，才能做到精准审计。

(5) 审计主题与审计主体的关系。审计主体主要涉及谁来审计，主要有两种模式，一是自营，也就是委托人自己设立审计机构来实施审计；二是业务外包，也就是委托人从市场上购买审计服务。选择自营或外包的依据有两个：一是保持独立性；二是符合成本效益原则。审计主题主要与成本效益原则相关。一般来说，不同的审计主体在不同的审计主题方面具有不同的竞争优势，如果每个审计主体从事自己具有竞争优势的审计业务，而将不具有竞争优势的业务予以外包，则整个社会的审计成本会最低，每个单位的审计成本也符合成本效益原则。例如，就我国目前的状况来说，注册会计师在财务报表审计方面具有竞争优势，政府审计机关在合规审计方面具有竞争优势，而内部审计在内部控制评价方面具有竞争优势，如果每个审计主体主要从事具有竞争优势的业务，而将不具有竞争优势的业务外包，则整个社会的审计成本会最低。所以，审计主题是不同审计主体业务分工的基础，基于审计主题的业务分工体系也是整个社会提升审计成本效益性的基础。

(6) 审计主题与审计方法的关系。审计方法涉及怎么审计，它与审计主题的关系最为密切，我们后续内容中的审计实施框架将会专门讨论这个问题。这里强调的是，不同的审计主题有不同的审计标的，进而有不同的审计命题或审计具体目标，在此基础上，还会有不同的审计载体，上述各种不同，决定了不同审计主题的审计取证模式和审计程序会有较大的差异，所以，审计主题是选择审计方法的决定性因素，审计方法要跟着审计主题走。

(7) 审计主题与审计环境的关系。审计环境是影响审计的非审计因素，一方面，审计环境会影响审计主题，在不同的审计环境下，不同审计主题的真实审计需求、审计载体不同，这是审计环境对审计主题的影响。另一方面，审计的终极目标是要发挥审计对审计环境的影响，毕竟人们不是为审计而审计，人们建立审计机制的最终目标是通过审计来影响审计环境。不同的审计主题达到的审计直接目标不同，形成不同的审计成果，从而对审计环境产生不同的影响。一般来说，财务信息审计主要发挥抑制财务信息失真的作用，业务信息审计主要发挥抑制业务信息失真的作用，行为审计主要发挥抑制违规行为的作用，制度审计主要发挥抑制制度缺陷的作用，不同的审计主题选择，会影响审计作用于审计环境的不同特定方面。

以上分析了审计主题与各审计理论要素的关系，总体来说，审计主题与审计理论各要素都有密切的关系，是贯穿审计理论各要素的主线。

（二）基于审计主题的审计学科体系

审计主题在审计理论中的地位，不仅体现在审计主题是贯穿审计理论各要素的主线，还体现在可以基于审计主题来构建审计学科体系（郑石桥、郑卓如，2015）。根据现有文献，审计学科的构建有三个路径：一是按审计主体，不同的审计主体分别成为审计学子学科；二是按审计客体，对不同审计客体的审计分别形成审计学子学科；三是按审计业务类型，不同的审计业务类型形成独立的审计学子学科。上述三个路径构建审计学科体系的基本情况如表 7-5 所示。

表 7-5　现有的审计学科体系

构建路径	子学科
按审计主体	政府审计学
	内部审计学
	民间审计学
	军事审计学
按审计客体	财政审计学
	金融审计学
	企业审计学
	行政事业单位审计学
	工程审计学
	政策审计学
	资源环境审计学
按审计业务类型	财务审计学
	绩效审计学
	经济责任审计学

表 7-5 中按审计主体和审计客体构建的审计学科体系都缺乏审计主题，这种构建学科体系的路径存在什么问题呢？先来看按审计主体构建的审计学科体系。无论是何种审计主体，其审计主题无非是财务信息、业务信息、行为和制度，如果按审计主体构建审计学科体系，则不同的审计主体都要研究这四种审计主题如何审计，虽然不同的审计主体在对上述四种审计主题进行审计时可能存在一些差异，但共性才是主流，所以，按审计主体构建审计学科体系，政府审计学、军事审计、内部审计学和民间审计学之间会存在很大的重复，各个子学科都缺乏相对独立的研究对象，子学科之间交叉严重。

再来看按审计客体构建的审计学科体系。无论对何种审计客体进行审计，其审计主题无外乎财务信息、业务信息、行为和制度，虽然不同的审计客体在上述四个主题上会有差异，但只要是同样的审计主题，无论何种审计客体，共性才是主流。例如，对金融机构的财务报告进行审计，与对企业的财务报告进行审计，显然会有些区别，但共性是主流，不能分别建立企业财务审计学和金融机构财务审计学。所以，按审计客体构建审计学科体系，各子学科的研究对象同样存在重复，子学科之间同样有严重的交叉。

同时，从理论上来说，不同的审计学科都要以审计什么、怎么审计为中心，按审计主体构建的审计学科，是以谁来审计为中心，按审计客体构建的审计学科，是以审计谁为中心，它们都没有涉及审计什么、怎么审计。

综上所述，按审计主体和审计客体构建审计学科体系是不科学的，不利于审计学子学科的分工，也不利于围绕审计什么、怎么审计来构建审计学子学科。

按审计业务类型构建审计学科体系相对来说较为科学，前已述及，审计内容包括审计对象、审计主题和审计标的三个层级，一般来说，审计业务类型不会按审计标的来形成，所以，审计业务类型的形成要么基于审计对象，要么基于审计主题，前面已经指出，审计主题是审计对象的具体体现，所以，按审计主题形成审计业务类型便于与审计什么、怎么审计这些审计基本问题相对接，因此，我们主张按审计主题形成审计业务类型。如此一来，审计业务类型有两种情形：一是单一审计主题的审计业务，例如，财务报表审计、内部控制审计、财务收支审计，每种审计业务都只有一个审计主题；二是多审计主题的审计业务，例如，经济责任审计，每种审计业务都包括多个审计主题，但在具体实施中，还是需要区分不同的审计主题确定其审计标的、审计命题、审计标准和审计目标。既然如此，按审计主题构建审计学科体系当然就具有科学性了，各个子学科有自己相对独立的研究对象，并且，便于围绕审计什么、怎么审计来进行学科建设（郑石桥、郑卓如，2015）。基于审计主题的审计学科体系如表 7-6 所示。

表 7-6　基于审计主题的审计学科体系

子学科	研究对象
一般审计学	各种审计现象的共性
财务审计学	财务信息审计现象
绩效审计学	业务信息是绩效信息的载体，所以，绩效审计研究对象主要是业务信息审计现象，包括绩效信息鉴证、绩效水平评价及绩效差异原因分析
合规审计学	行为审计现象
制度审计学	制度审计现象

表 7-6 所示的审计学科体系虽然是我们逻辑推论的结果，但事实上，INTOSAI（2007）制定的国际审计准则将审计业务划分为财务审计、绩效审计和合规审计，与我们提出的体系具有高度一致性，我们只是增加了制度审计学和研究各种审计共性的一般审计学。由于行为审计的审计目标是行为是否合规，因此也称为合规审计。

需要说明的是，基于审计主题的审计学科体系中并没有经济责任审计学。从本质上来说，经济责任审计是财务审计、绩效审计、合规审计和制度审计的综合，也就是说，在一次审计中同时关注财务信息、业务信息、行为和制度这四个主题，并且将审计客体聚焦于领导干部，所以，需要进一步研究的是领导干部的经济责任界定和经济责任评价，这并不能成为一门与其他审计学科并行的审计学科。

四、审计主题在审计实施体系中的作用

审计主题不仅在审计理论和审计学科体系中居于重要地位，在审计实践中也有重要地位，主要体现在审计主题是审计实施的关键要素，审计主题是构建审计实施框架的骨架。

（一）审计主题是审计实施的关键要素

审计实施的核心问题有两个，一是审计什么，二是怎么审计，审计什么涉及审计内容，怎么审计涉及审计方法、审计标准和审计意见，所以，审计实施有四个关键要素：审计内容、审计方法、审计标准和审计意见。审计主题与上述四个要素都密切相关，我们在前面的内容中已经从审计理论要素的角度分析了审计主题与审计内容、审计方法的关系，从审计实施的角度来看，审计内容只有具体为审计主题才能实施审计，审计内容如果没有具体为审计主题，则无法确定审计具体目标，当然也就无法确定审计方法。例如，《中华人民共和国国家审计准则》规定的审计内容为财政财务收支及相关经济活动，对于这种审计内容既无法确定其审计目标，也无法确定其审计方法，为此，需要将财政财务收支及相关经济活动分解为以下几种审计主题：财政财务收支及相关经济活动的信息（包括财务信息和业务信息，属于信息主题），财政财务收支行为及相关经济活动（属于行为主题），财政财务收支及相关经济活动的制度（属于制度主题）。有了上述审计主题，就可以分解确定不同审计主题的审计总目标，并将这些审计主题再分解为审计标的，在此基础上，确定各审计标的的审计命题（审计具体目标）。如此一来，作为审计内容的财政财务收支及相关经济活动就有了可实施的审计内容体系了。所以，审计主题是审计内容的关键因素，它决定了在审计实施中审计什么。

我们在前面内容中，从审计理论要素的角度也分析了审计主题与审计方法的关系，从审计实施的角度来看，审计主题及其分解的审计标的不同，审计命题不同，审计载体不同，审计意见类型要求也不同，同时，经管责任承担者对不同的审计主题的操纵激励程度也不同，上述这些因素都会影响不同审计主题及审计标的的固有风险、审计取证模式选择以及具体审计程序的性质、时间及范围设计。所以，审计主题的确定是决定怎么审计的前提条件，不明确审计主题，就无法决定怎么审计。

审计标准也是重要的审计实施要素，就审计主题与审计标准的关系来说，不同的审计主题会有不同的审计标准，只有区分了审计主题，才能确定其适用的审计标准。例如，预算执行审计，审计内容是预算执行情况，但预算执行情况可能有不同的审计主题，预算收支相关信息是否真实（财务信息）、预算目标达成情况（预算绩效信息，属于业务信息）、预算收支行为是否合规（财务行为）、预算相关制度是否健全（制度主题）都是可能关注的维度，这些不同的维度有不同的审计主题，而这些不同的审计主题也恰恰有不同的审计标准，例如，预算收支相关信息是否真实，其审计标准是预算会计制度；预算目标达成情况，其审计标准是商定的判断预算达成情况的标杆；预算收支行为是否合规，其审计标准是预算法及其实施细则、相关的财经法规；预算相关制度是否健全，其审计标准是判断预算制度是存在缺陷的标准，需要在一定范围内达成共识。很显然，不同的审计主题有不同的审计标准，不区分审计主题，就无法精准地确定审计标准。所以，审计主题的确定是选择适宜审计标准的前提。

审计意见也是审计实施的必要要素，就审计主题与审计意见的关系来说，体现在两个方面。第一，需要区分不同的审计主题来发表意见，审计主题是审计意见的对象，二者之间具有对应关系，没有审计主题，就无法发表审计意见，例如，预算执行审计，审计内容是预算执行情况，如果不确定审计主题，则无法对预算执行情况发表意见，当区分为不同的审计主题之后，才可以对预算执行相关信息是否真实、预算收支行为是否合规、预算相关制度是否健全分别发表审计意见。第二，不同的审计主题会有不同保证程度的审计意见。其原因是不同的审计主题可能会有不同的审计载体，会支持不同的审计取证模式，需要发表不同保证程度的审计意见。例如，预算执行审计，审计内容是预算执行情况，对于预算执行相关财务信息，一般会存在完整的审计载体，从而可以发表合理保证审计意见；而对于预算执行相关业务信息，如果不存在完整的审计载体，则只能发表有限保证审计意见；同时，对于预算收支行为、预算相关制度这两类审计主题，如果不存在完整的审计载体，则只能发表有限保证审计意见。

综上所述，审计主题对审计实施的四个要素都有基础性的影响，在审计什么、怎么审计中都发挥关键的作用，所以，审计主题是审计实施的关键要素。

（二）审计主题是构建审计实施框架的骨架

审计实施框架的构建主要涉及两个问题，一是审计业务类型的构建，二是审计准则的构建，审计主题在这两个体系中都处于骨架性地位。我们先来分析审计业务类型的构建。一般来说，审计业务类型的构建有两种模式。第一，按单一审计主题来构建审计业务类型，每种审计业务只有一种审计主题，例如，财务报表审计，其审计主题只是财务信息；合规审计，其审计主题只是行为；内部控制审计，其审计主题是特定内部控制制度。按这种模式构建的审计业务模型，其优点是每种审计业务的审计主题是清晰的，便于编制审计方案，缺点是如果委托人关注两个审计主题，则纯粹按单一审计主题来构建审计业务，可能存在对审计客体的重复审计。第二，按多个审计主题来构建审计业务类型，每种审计业务可能包括多个审计主题，在一次审计中能对多个审计主题发表审计意见。按这种模式构建的审计业务模型，其优点是一次审计能满足不同审计主题的审计需求，其缺点是如果在设计方案时缺乏审计主题概念，则可能获得的审计证据并不支持对不同的审计主题发表意见，在这种情形下，审计风险会增加。所以，即使是按多个审计主题来构建审计业务类型，在设计具体的审计方案时，也需要区分不同的审计主题分别编制审计方案，然后合并删除重复的审计程序，确定需执行的审计程序。基于以上分析，可以认为，无论何种审计业务构建模式，审计主题都是骨架。从现实生活来说，上述两种构建审计业务类型的模式都存在，例如，最高审计机关国际组织将审计业务分为财务审计、合规审计和绩效审计，其中，财务审计的审计主题是历史财务信息，合规审计的审计主题是财政财务收支，绩效审计的审计主题是绩效信息，主要是业务信息（INTOSAI，2007）。中国的领导干部经济责任审计，则是多个审计主题的审计业务。

除了审计业务类型的构建之外，审计实施框架的另一个重要内容是审计准则。尽管审计准则规范的内容较多，但其内容主要是规范怎么审计，而前面已经分析过，怎么审计的前提是审计主题，不同的审计主题有不同的审计方法，所以，需要按审计主题分别规范怎么审计，这就需要区分不同的审计主题并分别构建审计准则。INTOSAI 的审计准则及

GAO 的审计准则，其内容结构及审计主题如表 7－7 所示，该表清晰地表明，审计主题是构建审计准则的骨架（INTOSAI，2007；GAO，2014）。

表 7－7　审计准则结构及其审计主题

审计准则	审计准则的内容	相应的审计主题
GAO 的审计准则	第一章　政府审计基础和道德原则	
	第二章　政府审计准则的适用	
	第三章　一般准则	
	第四章　财务审计准则	财务信息
	第五章　鉴证业务准则	各种商定的审计主题
	第六章　绩效审计现场准则	业务信息为主的绩效信息
	第七章　绩效审计报告准则	业务信息为主的绩效信息
INTOSAI 的审计准则	第一部分　利马宣言、墨西哥宣言等	
	第二部分　财务审计	财务信息
	第三部分　绩效审计	业务信息为主的绩效信息
	第四部分　合规审计	行为

六、结论和启示

审计主题既是重要的实务问题，也是重要的理论问题，我们从三个方面探究审计主题：一是界定审计主题的概念及条件，并在此基础上，分析审计主题的类型；二是分析审计主题在审计理论中的地位；三是分析审计主题在审计实施框架中的地位。

从审计技术逻辑来说，审计就是围绕特定事项，采用系统方法收集证据，以判断该特定事项与既定标准之间的相符程度。这里的特定事项就是审计主题。任何特定事项要成为审计主题需要具备四个条件：涉及经管责任的履行、具有真实审计需求、具备可审计的特征和具备审计能力。可能纳入审计主题的代理问题和次优问题包括财务信息、业务信息、行为和制度。

审计主题在审计理论中的作用体现在两个方面：一是审计主题与审计理论要素的关系；二是审计主题在审计学科构建中的地位。审计理论要素包括审计本质、审计需求、审计目标、审计客体、审计内容、审计主体、审计方法、审计环境。审计主题属于审计内容理论要素的组成内容，审计内容包括审计对象、审计主题、审计标的三个层级，审计主题处于中心地位，它是审计对象的具体化，并且限定了审计标的。审计主题与审计理论各要素都有密切的关系，是贯穿审计理论各要素的主线。审计学科的构建有三个路径：一是按审计主体；二是按审计客体；三是按审计业务类型。按审计主体及审计客体构建的审计学科，各子学科都缺乏相对独立的研究对象，子学科之间交叉严重。按审计业务类型构建审计学科相对合理，但审计主题是形成审计业务的基础，所以，按审计主题来构建审计学科体系更加具有科学性，在这种情形下，各个子学科有自己相对独立的研究对象，并且，便于围绕审计什么、怎么审计进行学科建设。

审计主题在审计实施框架中的作用也体现在两个方面，一是审计主题与审计实施要素的关系；二是审计主题在审计实施框架构建中的地位。审计实施有四个关键要素：审计内容、审计方法、审计标准和审计意见。审计主题与上述四个要素都密切相关，对审计实施的四个要素有基础性的影响，在审计什么、怎么审计中都发挥关键的作用，所以，审计主题是审计实施的关键要素。审计实施框架的构建主要涉及两个问题，一是审计业务类型的构建，二是审计准则的构建，审计主题在这两个体系中都处于骨架性地位。

研究启示我们，审计主题是审计理论和审计实践的重要问题，但长期以来，这个重要问题一直被忽视，人们经常困惑审计什么、哪里是审计的边界，在审计制度建构中经常出现有缺陷的审计制度。树立审计主题理念是推动审计发展的关键要素。目前，需要开展四项工作：一是以审计主题来贯通审计理论各要素，形成融通的审计理论体系；二是按审计主题建构审计学科体系；三是按审计主题形成审计业务类型；四是按审计主题构建审计准则体系。不树立审计主题理念，审计理论、审计学科、审计项目及审计准则，将永远处于混沌状态。

第五节　行为审计与信息审计比较

任何审计都是围绕一定的主题来开展的，这个主题通常称为审计主题。事实上，审计主题也就是审计人员所要发表审计意见的直接对象，审计过程就是围绕审计主题收集证据并发表审计意见的系统过程。一般来说，审计主题可以分为两类，一是信息，也就是通常所说的认定；二是行为，也就是审计客体的作为或过程①。与上述两类主题相对应，审计也分为信息审计和行为审计，信息审计的审计主题是信息，而行为审计的审计主题是行为（谢少敏，2006）。由于两类审计主题不同，它们在许多审计基本问题上都存在重大差异。在审计学的发展过程中，人们主要关注信息审计，对行为审计缺乏研究。

本节以审计主题为基础，就审计基本问题，对信息审计和行为审计进行比较，并在此基础上就审计学发展的现状和未来的展望做些思考。本节内容安排如下：首先是做简要的文献综述，梳理相关文献；其次就审计的十个基本问题，对信息审计和行为审计进行比较；再次从信息审计和行为审计视角，分析审计学发展的现状，并展望未来趋势；最后是得出结论。

一、文献综述

信息审计包括财务信息审计和业务信息审计。以财务报表为代表的财务信息审计有大量的研究，可以说是汗牛充栋（莫茨、夏拉夫，1990）。这些研究大多数都是站在注册会计师审计的角度，对于业务信息审计的研究很少，除了借用财务信息审计方法外，业务信息审计还有一些新方法，例如，英格兰及威尔士审计委员会要求相关国家审计机关对公共部门的绩效指标进行审计，这些绩效指标大多数是业务信息，所以这些审计机关采用的工作方法是不对数据本身进行审计，而是对数据产生流程进行审计，并公布对这些流程的审计结果（Bowermna，1995）。

---

① 本节将“行为”界定为“审计客体的作为或过程”，如果将“审计客体的作为”作为行为，则“过程”就是制度，所以，本节的“行为”可以再区分为行为主题和制度主题，本节的行为审计事实上是将制度审计作为其组成部分。

与信息审计相比，行为审计历史源远流长，然而，对它的研究却很少（对审计行为有大量的研究，但审计行为不是行为审计）。国外的代表性人物是日本的鸟羽至英，他认为，行为审计有如下特定问题：（1）需要就评价标准达成共识，需要对当事人的行为优劣进行评价，其中，就评价标准达成共识是行为审计顺利进行的必要条件。（2）通常授予审计机构较大的权限。由于评价特定行为是非的标准很难在短时间内达成共识，因此，行为审计往往授予审计机构较大的权限以保证当事人接受审计结论。（3）往往缺乏确定的审计命题。行为审计通常是责任方并没有给出认定，需要审计人员确定审计命题，在缺乏相应的行为标准的情况下，意味着审计人员必须自己判断并决定审计对象的领域。（4）只能提供消极保证。由于审计命题的宽泛性和模糊性，行为审计只能提供消极保证。（5）受伦理道德的影响较大。行为审计给审计人员带来很大的心理负担，行为审计是否有所作为，与审计人员的个人素质有很大的关系（鸟羽至英，1995）。国内只有谢少敏（2006）在其教材《审计学导论——审计理论入门和研究》中提到信息审计和行为审计的概念，并介绍了鸟羽至英的研究。

行为审计的一个相关领域是网络用户行为审计，是指在获得网站访问基本数据的情况下，对有关数据进行统计、分析，从中发现用户访问网站的规律。针对网络用户行为审计有不少的研究，主要关注的是其中的技术（刘恒胜，2005）。网络用户行为审计虽然不是原本意义上的行为审计，但对行为审计有一定的启发。

总体来说，业务信息审计研究缺乏，行为审计研究更缺乏。本节做最基础性的研究，就审计的十个基本问题，对行为审计和信息审计进行比较，并在此基础上就审计学发展的现状和未来的展望做些思考。

二、行为审计与信息审计的比较

行为审计与信息审计由于审计主题不同，在审计的许多基本问题上都呈现差异。我们这里从审计动因等十个审计的基本问题出发，对行为审计与信息审计进行比较。

（一）审计动因

审计动因就是审计产生的原因。一般来说，审计源于委托代理、机会主义和问责，在委托代理关系下，由于信息不对称、激励不相容和环境不确定等原因，代理人可能会产生机会主义，如果委托人对代理人的这种机会主义介意，就会产生问责需求，审计是适应问责需求而产生的一种独立鉴证机制，机会主义是审计的动因（郑石桥、陈丹萍，2011）。

信息审计和行为审计由于审计主题不同，上述机会主义和问责的内容也就不同。就信息审计来说，代理人的机会主义主要表现为信息虚假，也就是说，代理人在向委托人或其他相关者提供信息时，故意弄虚作假，以达到实现其自利的目的。针对代理人的信息机会主义，委托人的问责需求是搞清楚信息的真实状况。此时，适应这种问责需求的审计，就是对代理人提供的信息（具体表现为认定）进行鉴证。所以，信息机会主义是信息审计的动因。

就行为审计来说，代理人机会主义主要表现为不按委托人的期望或约定来实施特定的行为或过程。在委托代理关系中，委托人对代理人并不只是一种结果上的期望，还有行为或过程方面的期望，也就是期望或要求代理人按特定的方式来实施某些行为，而由于信息不对称、激励不相容和环境不确定等原因，代理人可能会偏离委托人的期望或要求，实际履行的行为或过程与委托人的期望或要求有差别。针对代理人的行为机会主义，委托人的问责需求是搞清楚代理人行为的真实状况。此时，适应这种问责需求的审计，就是对代理人提供的行为（包括过程）进行鉴证。所以，行为机会主义是行为审计的动因。

（二）审计目标

目标就是人们想要达到的境地或标准，审计目标是审计工作想要达到的境地或标准，它是审计工作的出发点和归宿。一般来说，审计目标可以从审计机构和委托人角度来理解。

总体来说，从审计机构角度来看，审计目标就是希望通过审计活动想要达到的境地或标准，具体来说，就是对委托人所关注的主题或事项发表专家意见，也就是鉴证代理人是否存在偏离委托人期望的机会主义。从委托人的角度来看，审计目标当然是通过对审计意见的使用来达到一定的境地或标准，具体来说，就是通过审计意见来约束或激励代理人，也就是约束代理人的机会主义行为，使其行为更加符合委托人的利益。

从信息审计来说，审计机构视角的审计目标是对信息的真实性（或公允性）进行鉴证，也就是对委托人关注的某些特定信息的真伪进行鉴证，并在此基础上发表专家意见。这种鉴证的本质是鉴证代理人是否存在信息虚假等机会主义。委托人视角的审计目标是通过对信息审计意见的使用来约束代理人的信息机会主义行为，从而使代理人给委托人提供真实公允的信息。

从行为审计来说，审计机构视角的审计目标是对行为的合规性（或合法性）进行鉴证，就是对委托人关注的代理人某些特定行为是否符合委托人的期望进行鉴证，并在此基础上，发表专家意见。审计机构要实现这个目标，需要搞清楚代理人究竟有哪些实际行为，在此基础上，判断这些实际行为与委托人期望是否一致。这种鉴证的本质就是鉴证代理人是否存在行为机会主义。委托人视角的审计目标是通过对行为审计意见的使用来约束代理人的行为机会主义，从而使得代理人不发生或很少发生偏离委托人期望的机会主义行为。

《中华人民共和国国家审计准则》指出，真实性是指反映财政收支、财务收支以及有关经济活动的信息与实际情况相符合的程度，这是对信息审计目标的规定；合法性是指财政收支、财务收支以及有关经济活动遵守法律、法规或者规章的情况，这是对行为审计目标的规定；效益性是指财政收支、财务收支以及有关经济活动实现的经济效益、社会效益和环境效益，这是在真实性和合法性审计的基础上，将鉴证后的信息或行为与一定的标准进行比较，评价结果或行为的优劣，既适用于信息审计，也适用于行为审计。从本质上来说，效益性是将真实的信息或真实的行为与一定的标准进行比较，评价其优劣，不是审计目标，而是评价目标，效益性不能审计，只能评价。

（三）审计主体

审计主体关注的是谁来审计。一般来说，审计主体分为政府审计、内部审计和民间审计。从技术上来说，各种审计主体都可以从事信息审计和行为审计。但由于这些审计主体是在不同的委托代理关系中发挥作用，审计侧重点不同。

政府审计的主要作用领域是公共部门，这些部门的财产是公有的，所以，代理人产生机会主义的可能性相对较大，在这种情形下，信息审计当然要做，但是，在机会主义较严重的领域，行为审计的需求可能更强烈，例如，我国的财政财务收支审计是重点，而财政财务决算审计并不是重点。当然，随着公共治理的完善，行为审计需求会降低，信息审计的重要性会提升。

民间审计的主要作用领域是私营部门，这些部门的产权关系较清晰，相对于公共部门来说，私营部门的治理构造更为成熟，代理人产生机会主义的可能性要低一些，委托人对代理人特定行为的关注较少，主要关注的是代理人所产生的结果，所以，信息审计的需求较大。因此，财务报表审计一直是民间审计的主要业务。当然，在特定的情形下，私营部门也可能会有行为审计的需求，例如，在审计发展的早期，对于管理层舞弊的审计是重要的审计业务；现在的内部控制审计也是这种情形。

内部审计的主要作用领域是内部委托代理关系。一般来说，在内部委托代理关系中，对于下属是否遵守既定的行为准则较为关心，所以，行为审计是内部审计的重点业务。信息审计的需求程度与信息生产制度有关，如果组织内部的信息是集中处理的，则信息审计需求不强；如果信息是分散处理的，则信息审计需求会较强。

（四）审计客体

审计客体关注的是对谁审计，一般分为组织和个人。当审计客体是组织时，审计范围是整个组织的信息和行为，凡是属于该组织的信息及行为，都属于审计对象，超出该组织的信息和行为就不属于审计范围。一般来说，确定特定组织的信息和行为范围并不困难。当审计客体是个人时，审计范围是特定个人有关的信息和行为，凡是属于与该特定个人相关的信息及行为，都属于审计对象，与该特定个人无关的信息和行为就不属于审计范围。在一个组织内部，要将信息和行为明确区分是否与某特定个人相关，存在一些困难，当审计客体的职位越高，其影响范围越广，确定与其相关的信息和行为越困难。所以，以组织为审计客体，行为审计和信息审计的范围较清晰，而以个人为审计客体，行为审计和信息审计的范围就存在一定的模糊性。

虽然审计客体分为组织和个人，但从审计主题来说，对于组织的审计，如果关注行为过多，则审计成本可能很高，所以，其更多地偏向信息审计主题；对于个人的审计，行为则是一个重要的审计主题。

（五）审计内容

审计内容关注的是审计什么。对于审计内容可以进行多种分类，例如，根据审计的具体事项类型，可分为舞弊审计、财务审计、合规审计、绩效审计等，而从审计主题出发，可分为信息审计和行为审计。一般来说，审计内容包括两个方面：一是审计主题；二是审计命题。审计主题就是审计人员所要发表审计意见的直接对象，而审计命题是审计主题的分解，只有鉴证了各个具体的审计命题，才能对特定的审计主题发表审计意见。信息审计和行为审计在审计主题和审计命题方面存在重大差异。

信息审计的主题是特定信息，也就是审计客体的陈述或者认定，审计机构需要就审计客体的陈述或者认定发表意见。例如，财务报表审计是典型的信息审计，其审计主题就是财务报表信息，也就是财务报表中表达的各种认定或陈述。信息审计的主题内涵丰富，必然需要对其进行分解，确定为一些具体的可证明的命题，这就出现了审计命题。例如，财务报表信息，要区分交易、余额、列报，分别确定它们的认定，在此基础上，根据交易、余额、列报的认定，确定具体的审计目标。这种具体审计目标，事实上就是审计命题，它是审计主题的具体分解，只有对一个个的具体审计命题进行了鉴证，才能对由它们组合而成的审计主题发表意见。一般来说，特定信息作为一个审计主题，可以基本穷尽地分解为具体的审计命题。

行为审计的主题是特定行为，审计机构需要就审计客体的特定行为发表意见。例如，舞弊审计是典型的行为审计，其审计主题是审计客体的舞弊行为。要判断审计客体是否存在舞弊行为，需要对舞弊行为进行分解，这就出现了审计命题，也就是审计机构需要鉴证审计客体在哪些具体方面存在舞弊，例如，舞弊行为可按不同的业务经营环节分类或者按舞弊方式分类或者按舞弊动机分类等，这些分类的结果就是具体的审计命题。一般来说，由于行为发生的时间、地点和方式非常丰富，对特定行为进行分解可能难以穷尽，也难以形成一个公认的分解体系，所以，行为审计的命题确定具有多样性、非穷尽性的特点，对于特定的行为，不同的审计机构确定的审计命题会有所区别，并且，任何人都无法穷尽特定行为的审计命题。

（六）审计依据

审计依据是审计中的既定标准，也就是审计机构对信息或行为进行鉴证的尺度或标准。信息审计和行为审计在审计依据方面存在较大的区别。

从信息审计来说，审计依据是信息应该如何收集、加工和报告的规定，是关于信息如何生产的具体规定。审计机构要做的是收集证据，判断审计客体是否按照这个具体规定生产信息，如果不按照规定生产信息，还要判断偏离程度，如果偏差超出重要性水平，就判断为信息不真实。例如，财务报表审计，主要是收集证据，判断审计客体是否按会计准则的要求进行会计处理和报告，如果发现审计客体具有重要性的偏离，则判断财务报表为不真实。一般来说，信息生产的具体规则可以很清晰，并且特定审计客体在一定时期内遵守的特定信息生产规则具有唯一性，所以，信息审计依据的确定并不困难。

从行为审计来说，审计依据是判断代理人行为是否适宜的既定标准，是关于审计客体应该如何行事的具体规定。审计机构要做的是收集证据，判断审计客体是否按照这个具体规定行事，如果不按照规定行事，还要判断偏离程度，如果偏差超出重要性水平，就判断为行为不合规。例如，管理审计，本质上就是判断审计客体的管理行为是否偏离既定的管理标准。

对于某些行为审计来说，可能存在明确的审计依据，例如，舞弊审计、财务收支审计、合规审计等。然而，对于某些行为审计来说，审计依据的确定是行为审计的一个困难点（鸟羽至英，1995）。对于许多特定行为来说，什么是既定标准可能难以达成共识。以管理审计为例，确定什么是适宜的管理行为，其关键是确定管理应该怎么做。而就管理应该怎么做达成共识可能较为困难。例如，对于特定的组织来说，究竟是集权适宜还是分权适宜，难有一个一致的认识。也许正是因为审计依据方面存在的问题，管理审计的发展才遇到了困难。

（七）审计程序

审计程序是获得审计证据的具体方法，不同于审计步骤。在我国，由于文字表述的原因，审计程序也有审计步骤的意思。但从本意上来说，审计程序是审计方法，而不是审计步骤。

从审计程序的成熟性来看，信息审计分为财务信息审计和业务信息审计。财务信息审计过程中可以采用审阅、询问、监盘、观察、调查、重新计算、重新执行、分析性程序等审计程序来获取审计证据。业务信息审计程序，一方面可以借用财务信息审计的一些程序，例如，分析性程序和重新计算，另一方面还需要一些非财务审计新方法，例如，英格兰及威尔士审计委员会要求相关国家审计机关对公共部门的绩效指标进行审计，这些绩效指标大多数是业务信息，所以这些审计机关采用的工作方法是不对数据本身进行审计，而对数据产生流程进行审计，并公布对这些流程的审计结果（Bowermna，1995）。此外，还可以采用专家委托和实验法。但总体来说，相对于财务信息审计程序，业务信息审计程序还远未成熟，对于许多业务信息，还没有适宜的审计程序。

关于行为审计程序，可以借用财务信息审计程序，例如，审阅、询问、观察、调查等；目前，也发展了一些成熟的专门方法，例如，重新执行和穿行测试。同时，行为审计的新方法还在不断出现，例如，调查问卷、设立意见箱、公布联系电话、座谈会、走访有关单位等。但总体来说，相对于信息审计特别是财务信息审计，行为审计程序还远未成熟，对于许多行为，还没有适宜的审计程序。

（八）审计取证模式

审计程序有多种，每种程序各有利弊，审计模式是审计程序的组合，不同的审计程序组合就产生不同的审计模式，不同的审计模式适用于不同的审计环境，具有不同的审计效率和效果。

从审计技术逻辑来说，信息审计属于命题论证型方法，即从基本命题中引出一组可观察命题，通过证明可观察命题进而证明基本命题的方法。这里的论证方法就是前面提到的审计程序，如果已经有成熟的审计程序及其组合，就会出现审计模式。财务信息审计程序及其组合比较成熟，先后出现了账项基础审计、制度基础审计、风险基础审计、现代风险导向审计这些审计模式。而业务信息审计程序还并不成熟，也未能形成有效的业务信息审计模式。

行为审计的技术逻辑属于事实发现型，而由于行为审计的命题具有多样性、非穷尽性的特点，到目前为止，行为审计的程序还在发展之中，并无成熟的审计程序及其组合，也未能形成有效的行为审计模式。

（九）审计结论

审计结论是审计机构对特定审计主题给出的专业意见。事实上，也就是审计机构就特定信息或行为与既定标准之间的符合程度发表的鉴证意见。

由于审计命题、审计程序和审计模式等方面存在差异，财务信息审计、业务信息审计和行为审计在审计结论方面也存在较大的差异。对于财务信息审计来说，由于其具有清晰且可穷尽的审计命题，审计程序相对成熟，并且出现了各种有效的审计模式，所以，一般采用合理保证的方式发表审计意见。对使用者而言，这种审计意见的价值较大。对于业务信息审计来说，审计命题的确定虽然可以借鉴财务信息审计的程序和模式，但其本身具有自己的特征，而且审计程序和审计模式也不成熟，所以，还未出现以合理保证的方式发表意见的非财务审计。对于行为审计来说，由于审计命题具有多样性、非穷尽性，同时，行为审计的程序还在发展之中，也未形成有效的行为审计模式，所以，一般采用有限保证的方式发表审计意见。对使用者而言，这种审计意见的价值较低，甚至还存在审计期望差。

（十）审计职业判断

无论何种审计都存在职业判断，但信息审计和行为审计在职业判断方面存在较大差异。行为审计中的职业判断比信息审计更多且更困难，例如，信息审计特别是财务信息审计，确定审计命题是一个有逻辑结构的事，而行为审计命题的确定则需要更多的职业判断；信息审计的审计依据一般较为明确，而许多行为审计需要审计机构根据职业判断来选择审计依据；信息审计特别是财务信息审计程序和模式都较为成熟，应用这种程序和模式获取审计证据需要职业判断，但相对于行为审计的审计程序和模式的不成熟来说，其职业判断要少一些；根据审计证据对审计主题与既定标准之间的相符程度做出判断，信息审计由于既定标准清晰，做出判断的主观成分要少一些。而行为审计在做出这种判断时的主观成分较多。

三、关于审计学的发展

以上就审计的十个基本问题，对信息审计与行为审计进行了比较。两种审计在这些方面的差异，势必影响审计学的发展。尽管审计历史很悠久，但截至目前，主要的审计业务类型并不多，主要包括：舞弊审计、财务收支审计、财务报表审计、合规审计、绩效审计、内部控制审计或管理审计等，针对不同的审计业务类型，都形成了相应的专业审计学。

在专业审计学中，财务报表审计有较为成熟的审计实务（具体体现为相关审计准则），与之相一致，财务报表审计学也较为成熟。大多数的审计学，其实就是财务报表审计学。例如，被全球审计学界奉为“圭臬”的《蒙哥马利审计学》、代表英国最高水平的《迪克西审计学》及世界广泛采用的阿伦斯《审计学：一种整合方法》，实质上都是财务报表审计学。绩效审计实务在美国等发达国家开展较多，技术和方法也较为成熟（具体体现为相关审计准则），与之相一致，绩效审计学也较为成熟。虽然舞弊审计、财务收支审计、合规审计产生时间较早，但从各国及国际审计组织的审计准则可以看出，其并未形成公认的审计实务，凭经验审计的成分很多，所以，这些门类的专业审计学也不成熟。内部控制审计或管理审计虽然有一定的历史，一些国家和国际审计组织也颁布了审计准则，但这些准则都是原则导向型的，职业判断的成分很多，这也在一定程度上说明，这些审计的实务还较多地处于凭经验审计的阶段，与之相一致，这些领域的专业审计学也不成熟。

除了各类专业审计学，还有定位于各类审计共同基础的审计理论。目前，比较公认的审计理论著作包括：莫茨和夏拉夫的《审计理论结构》、安德森的《外部审计：概念和技术》、尚德尔的《审计理论：评价、调查和判断》、汤姆·李的《公司审计：概念与实务》、弗林特的《审计哲学与原理导论》（蔡春，2001）。事实上，这些经典的审计理论著作，基本上都是以财务报表审计为背景来研究审计基本概念和基本问题，本质上是财务报表审计理论。

通过上述分析，我们发现，以信息特别是财务信息为主题的专业审计学及审计理论发展较为成熟，而以行为为主题的专业审计学及审计理论尚不成熟。

以信息为主题的专业审计学及审计理论存在的主要问题是，已经发展起来的审计程序和技术主要是针对财务报表的，也就是说，是以财务信息为主要对象，而对于业务信息的审计程序和技术，各国及国际审计组织的审计准则缺乏相关规则，这表明业务信息审计并没有成熟的程序和技术。

总体来说，已经发展起来的审计学，主要是财务信息审计学，而业务信息审计学及行为审计学还处于初级发展阶段，是今后需要大力发展的领域。

四、结论和启示

根据审计主题，审计可分为信息审计和行为审计。本节就审计的十个基本问题，对信息审计和行为审计进行比较，并在此基础上就审计学发展的现状和未来的展望做些思考。

关于审计动因，信息机会主义是信息审计的动因，行为机会主义是行为审计的动因。

关于审计目标，审计机构视角的信息审计目标是对信息的真实性（或公允性）进行鉴证，这种鉴证的本质是鉴证代理人是否存在信息虚假等机会主义。委托人视角的信息审计目标是通过对信息审计意见的使用来约束代理人的信息机会主义行为，从而使得代理人给委托人提供真实公允的信息。审计机构视角的行为审计目标是对行为的合规性（或合法性）进行鉴证，这种鉴证的本质就是鉴证代理人是否存在行为机会主义。委托人视角的审计目标是通过对行为审计意见的使用来约束代理人的行为机会主义，从而使得代理人不发生或很少发生偏离委托人期望的机会主义行为。

关于审计主体，审计主体分为政府审计、内部审计和民间审计。从技术上来说，各种审计主体都可以从事信息审计和行为审计。但由于这些审计主体是在不同的委托代理关系中发挥作用，审计侧重点不同。

关于审计客体，审计客体关注的是对谁审计，一般分为组织和个人。以组织为审计客体，行为审计和信息审计的范围较清晰，而以个人为审计客体，行为审计和信息审计的范围存在一定的模糊性。对于组织的审计，更多地偏向信息，而对于个人的审计，行为是一个重要的审计主题。

关于审计内容，审计内容分为审计主题和审计命题两个层面。信息审计和行为审计在审计主题和审计命题方面存在重大差异。信息审计的主题是特定信息，可以基本穷尽地分解为具体的审计命题。行为审计的主题是特定行为，其命题确定具有多样性、非穷尽性的特点，对于特定的行为，不同的审计机构确定的审计命题会有所区别，并且，任何人都无法穷尽特定行为的审计命题。

关于审计依据，信息审计和行为审计在审计依据方面存在较大的区别。从信息审计来说，信息生产的具体规则可以很清晰，并且特定审计客体在一定时期内遵守的特定信息生产规则具有唯一性，所以，信息审计依据的确定并不困难。从行为审计来说，某些行为审计可能存在明确的审计依据，但有些行为审计其审计依据的确定较困难。

关于审计程序，财务信息审计过程中可以采用审阅、询问、监盘、观察、调查、重新计算、重新执行、分析性程序等审计程序来获取审计证据。非财务指标审计程序，一方面可以借用财务信息审计的一些程序；另一方面还需要一些非财务审计新方法。总体来说，相对于财务审计程序，非财务指标审计程序还远未成熟，对于许多业务信息，还没有适宜的审计程序。行为审计程序，可以借用财务信息审计程序，同时，行为审计的新方法还在不断出现。总体来说，相对于信息审计特别是财务信息审计，行为审计程序还远未成熟，对于许多行为，还没有适宜的审计程序。

关于审计取证模式，从审计技术逻辑来说，信息审计属于命题论证型方法，财务信息审计先后出现了账项基础审计、制度基础审计、风险基础审计、现代风险导向审计这些审计模式。而业务信息审计，由于其审计程序并不成熟，未能形成有效的业务信息审计模式。行为审计的技术逻辑属于事实发现型，而由于行为审计的命题具有多样性、非穷尽性的特点，到目前为止，行为审计的程序还在发展之中，并无成熟的审计程序及其组合，也未能形成有效的行为审计模式。

关于审计结论，由于审计命题、审计程序和审计模式等方面存在差异，财务信息审计、业务信息审计和行为审计在审计结论方面也存在较大的差异。财务信息审计一般采用合理保证的方式发表审计意见。对于业务信息审计来说，还未出现以合理保证的方式发表意见的非财务审计。行为审计一般采用有限保证的方式发表审计意见。

关于审计职业判断，信息审计和行为审计在职业判断方面存在较大差异。行为审计中的职业判断比信息审计更多、更困难。主要体现在：确定审计命题，选择既定标准，审计取证，审计意见的形成。

关于审计学的发展，信息审计与行为审计的审计基本问题方面的差异，势必影响审计学的发展。主要的审计业务类型包括：舞弊审计、财务收支审计、财务报表审计、合规审计、绩效审计、内部控制审计或管理审计等，针对不同的审计业务类型，都形成了相应的专业审计学及定位于各类审计共同基础的审计理论。总体来说，已经发展起来的审计学，主要是财务信息审计学，业务信息审计学及行为审计学还处于初级发展阶段。

第六节　审计主题差异化原因：组织治理模式、机会主义类型和审计主题

审计作为一个社会制度安排具有很悠久的历史。关于审计需求的经典解释是委托代理理论（Fama & Jensen，1983；杨时展，1986；林炳发，1986）。现实生活中的审计具有多样化和差异化的特征，为什么同样源于委托代理的审计会出现多样化和差异化？例如，为什么美国的政府审计以绩效审计为主，而我国的政府审计以合规审计为主？为什么美国的政府审计在不同发展阶段会有不同的审计业务重点？同一行业的大型企业，内部审计业务的重点为什么不同？委托代理理论无法回答这些问题。现实生活中的审计多样化和差异化显现在许多方面，本节围绕审计主题，将其分为行为和信息两大类①，在此基础上，

① 本节将行为及约束行为的制度都作为行为主题，如果审计主题分为信息、行为和制度，则本节的行为主题事实上包括了制度主题。

按委托代理、组织治理模式、机会主义类型到审计主题这个逻辑，分析审计主题差异的原因。

本节内容安排如下：首先，做简要的文献综述，梳理相关文献；其次，将审计主题分为行为和信息两大类，按委托代理、组织治理模式、机会主义类型到审计主题这个逻辑，分析审计主题差异的原因，提出一个关于组织治理模式、机会主义类型和审计主题的关系的理论框架；再次，对中美两国政府审计主题做简要分析，在一定程度上验证上述理论框架；最后，得出结论和启示。

一、文献综述

从委托代理角度解释审计的文献很多，一般认为，委托代理关系是现代社会的主要经济社会关系，在委托代理关系下，由于委托人和代理人之间存在的一定的利益冲突，代理人可能会提供虚假信息甚至背离委托人的利益，因此，需要第三方对代理人进行鉴证，审计由此产生了（Williamson，1981；Jensen，1993；Hart，1995；杨时展，1986；王光远，2002）。

关于审计多样化和差异化也有部分文献进行了解释。委托代理关系是审计的必要条件，不是充分条件，没有委托代理关系，一般不会产生审计，而存在委托代理关系，也不一定会产生审计，只有当委托人存在监督或问责代理人的需求时，才会产生审计。代理人某种机会主义的严重程度及委托人的监督或问责需求，决定审计的出现，也决定审计业务的重点（郑石桥、陈丹萍，2011；郑石桥、贾云洁，2012；郑石桥、马新智，2012）。

总体来说，审计主题的多样化和差异化并没有得到系统研究。本节将审计主题分为行为和信息，按委托代理、组织治理模式、机会主义类型到审计主题这个逻辑，分析审计主题差异的原因，提出一个关于组织治理模式、机会主义类型和审计主题的关系的理论框架。

二、组织治理模式、机会主义类型和审计主题：理论框架

（一）委托代理与机会主义

尽管对委托代理有不同的表述，在不同的学科中还有含义上的差异。但“花他人的钱为他人办事”是委托代理最根本的特征。绝大多数组织（企业是一个组织，事业单位是一个组织，国家作为一个整体也是一个组织，国家的各个机构更是一个组织）都具有“花他人的钱为他人办事”的属性，所以，都存在委托代理关系。在很多的情形下，“花他人的钱为他人办事”可能是这个组织存在和运转的基本形式，失去这个属性，该组织也就没有了存在的必要性。委托代理关系的构成要素包括关系人和内容两个方面，委托人将一定的资源、权力、事项交付给代理人，代理人使用委托人交付的资源和权力来完成委托人要求的事项。当然，在这个过程中，委托人和代理人之间还有许多信息的沟通，并且，委托人还要根据代理人对资源和权力的使用情况及事项完成情况对代理人进行奖惩，并决定是否继续这种委托代理关系。所以，总体来说，委托人和代理人是组成委托代理关系的关系人，而资源、权力、事项、信息沟通、奖惩等共同组成委托代理关系的内容。

然而，委托代理关系是否会有效地运行呢？也就是说，代理人是否会按照委托人的意愿来行事？一般来说，代理人作为理性人，会为自己的利益考虑，当违约带来的效用大于

其守约的效用时，代理人可能会有偏离既定约定的激励，我们将这种偏离称为机会主义（只是从代理人视角，不排除委托人也存在机会主义）。

那么，代理人是否会具有发生机会主义的条件呢？在委托代理关系中，由于激励不相容、信息不对称、环境不确定同时存在，所以，代理人机会主义完全有可能发生。

激励不相容主要表现在两个方面，第一，代理人和委托人的目标之间存在差异，委托人所追求的目标未必是代理人想要追求的目标，代理人和委托人之间的目标存在不同，有时甚至完全相反。第二，对委托人有益的事，未必对代理人也有益。例如，代理人通过努力工作，使组织目标更好地实现，这对委托人可能有益，但如果代理人不能从组织目标更好地实现中受益，则代理人可能缺乏努力工作的激励，从而表现出卸责。

信息不对称是指代理人知道的信息在充分性、可靠性、及时性等方面都高于委托人。在委托代理关系中，代理人通过资源和权力的使用来完成委托人托付的事项，所以，就相关信息来说，代理人是第一时间、第一渠道获得第一手信息，而委托人的信息主要来源于代理人提供，在这个过程中，代理人可能延迟信息提供，也可能提供虚假信息，还可能隐匿一些信息，从而委托人获取的信息数量和质量都不如代理人，信息不对称就出现了。

环境不确定是指代理人使用委托人交付的资源和权力来完成委托人托付的事项时，其最终结果除了受到代理人的努力程度影响之外，还会受到外部环境因素的影响，而这些环境因素又具有不确定性，一般来说，我们无法将环境因素对产出结果的影响区分开，从而导致出现两种结果，第一，好的业绩可能是有利环境的影响，不一定是代理人努力的结果；第二，不好的业绩可能是不利环境的影响，不一定是代理人不努力的结果。

上述三个因素一定要同时存在，代理人才具备发生机会主义的条件。如果没有激励不相容，代理人就缺乏机会主义的动机，从源头上就不会产生机会主义。如果缺乏信息不对称，即使存在激励不相容，在信息对称的情形下，委托人知道代理人的所作所为，代理人也犹如"在鱼缸中游泳"，所有小动作，委托人都会觉察出来。即使激励不相容和信息不对称同时存在，如果环境具有确定性，委托人可以根据代理人的产出来衡量代理人的努力程度，此时，代理人的机会主义也就难以发生。正是由于上述激励不相容、信息不对称和环境不确定同时存在，代理人机会主义就具备产生的条件了。

既然代理人机会主义就是代理人偏离与委托人的约定，那么委托人和代理人之间有什么约定呢？无非表现为两个方面，一方面，按一定的方式做事。在许多情形下，委托人对代理人有明示甚至约定，希望代理人如何行事，例如，希望代理人遵守相关法律法规；在另外一些情形下，委托人对代理人没有明示，但从委托代理的本质来看有隐含表达，例如，希望代理人按最大善意原则来行事。另一方面，做委托人希望的事。委托人将资源和权力交付给代理人，当然是希望代理人使用这些资源和权力来完成委托人自己托付的事项，而不是做其他的事项。总体来说，委托人期望代理人按一定的方式来完成一定的事项。从这种意义出发，代理人对委托人期望的偏离有两种情形：一是不按委托人希望的方式做事，主要表现为行为偏离，称为行为机会主义；二是不做委托人期望的事，或者是对委托人期望的事做得不好，在这种情形下，代理人一般不会将事项的真相直接报告给委托人，而是给委托人提供虚假信息，所以，最终结果主要表现为信息虚假，也就是信息偏离，称为信息机会主义。

（二）组织治理模式与机会主义行为类型

一般来说，激励不相容、信息不对称和环境不确定是委托代理关系的常态，代理人很有可能产生机会主义。委托人作为理性人当然会预料到代理人的机会主义，所以，会构造针对代理人机会主义的外部治理机制，也会要求代理人自己构造应对机会主义的内部治理机制。一般来说，外部治理和内部治理具有高度的相关性，没有一定水平的外部治理机制，内部治理机制难以建立；同时，没有一定水准的内部治理为基础，外部治理也难以落实。尽管如此，治理机构的构造还是可以有不同的选择，而正是这些不同的选择，使得代理人机会主义类型不同。

一般来说，在产生机会主义的三个条件中，环境不确定是难以控制的，所以，主要是从降低激励不相容和信息不对称这两个路径出发。制衡机制、监督机制、问责机制、公开透明机制主要是降低信息不对称，而激励机制和道德机制主要是降低激励不相容。① 这些机制是否具有经常性和可依靠力量的来源，如表 7－8 所示。表 7－8 显示，这些机制可以分为两类，一类是可依靠力量来自流程内部，并且具有经常性；另一类是可依靠力量来自流程外部，并且不具有经常性。

表 7－8　是否具有经常性和可依靠力量的来源

具体机制	是否具有经常性	可依靠力量来自流程内部/外部	机制类型
制衡机制	具有	内部	内部-经常性机制
激励机制	具有	内部	内部-经常性机制
道德机制	具有	内部	内部-经常性机制
监督机制	不具有	外部	外部-非经常性机制
问责机制	不具有	外部	外部-非经常性机制
公开透明机制	不具有	外部	外部-非经常性机制

一般来说，在应对机会主义的过程中，首先是内部-经常性机制发挥作用（称为第一道防线），将机会主义行为消灭在萌芽之中。内部-经常性机制发挥作用之后，可能还存在一些机会主义，称为剩余机会主义，对于这类机会主义，再通过问责机制、监督机制和公开透明机制来发挥作用（称为第二道防线），这些机制对机会主义行为的再次抑制，会使机会主义行为降低到可容忍的程度。上述作用过程如图 7－3 所示。

从宏观构造上来看，治理机制构造有两种类型，一种是以第一道防线为主，另一种是以第二道防线为主。如果是以第一道防线为主，则内部-经常性机制是主要的工具性机制，它们是抑制机会主义的主力军。如果是以第二道防线为主，则外部-非经常性机制是主要的工具性机制，它们才是抑制机会主义的主力军。为了叙述方便，我们将第一种情形称为内部-经常性治理模式，第二种情形称为外部-非经常性治理模式。

不同的治理模式对代理人机会主义会产生什么样的影响呢？本节前面已经将机会主义分为行为机会主义和信息机会主义。不同的治理模式下，行为机会主义和信息机会主义的

① Eisenhardt（1989）认为，解决代理问题存在两个主要的机制：一是激励薪酬合同，旨在协调双方的经济利益；二是信息系统，旨在监督代理人的行动，实现双方之间的信息对称。

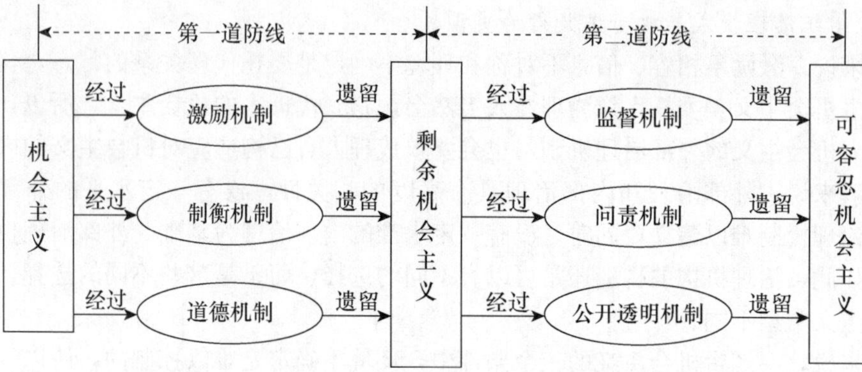

图 7-3 机会主义行为抑制过程

严重程度不同。

在内部-经常性治理模式下，由于内部-经常性机制发挥主要作用，而这些机制的特征是具有经常性，并且控制力量来源于流程内部，因此，对机会主义的控制效果较好，代理人在行为方面的机会主义受到有效控制，代理人要想在做事方面偏离委托人的期望是很困难的，代理人行为机会主义难以发生。也正是在这种背景下，由于有了较为完善的行为治理机制，委托人对代理人行为方面的关注程度较低，主要关注代理人做了什么事，从而信息成为委托人关注的重点，代理人当然也会以此为重点，当通过努力工作不能完成委托人的期望时，弄虚作假就成为必然的选择。同时，在这种情形下，委托人还可能有更高的要求，例如，要求代理人做更多的事，或者以更少的投入来完成既定的事。信息机会主义就出现了。

在外部-非经常性治理模式下，作为第一道防线的内部-经常性机制较为粗糙，“牛栏关猫，进出自由”的现象屡见不鲜，对机会主义抑制的效果较差，所以，代理人机会主义较容易发生，需要依靠第二道防线来抑制较为严重的剩余机会主义。也正是在这种背景下，行为机会主义成为代理人机会主义的重灾区，也成为委托人关注的重点。当然，这并不表明代理人没有信息机会主义，而是由于代理人行为机会主义严重，相对而言，信息机会主义受关注的程度倒是退居其次了。

当然，内部-经常性治理模式和外部-非经常性治理模式的区分是就典型形态而言，现实世界是复杂的，具有严重性的机会主义类型也不只是上述两种典型形态，例如，行为机会主义和信息机会主义同时严重在现实生活中也是存在的。因此，还存在许多介于二者之间的治理模式。

（三）机会主义行为类型与审计主题

本节前面的分析表明，在外部-非经常性治理模式下，行为机会主义是重点，而在内部-经常性治理模式下，信息机会主义是重点。不同类型的机会主义对审计主题有什么影响呢？

在应对机会主义的治理构造中，审计属于第二道防线，它应对的是经过第一道防线之后的剩余机会主义。审计主题就是审计人员所要发表审计意见的直接对象，从理论上来说，审计主题由委托人决定，委托人关注什么问题，该问题就可以成为审计主题。不同的治理模式下，委托人关注的重点问题不同，从而产生不同的审计主题。

在内部-经常性治理模式下，委托人关注的重点是代理人的信息机会主义，信息成为这种治理模式下的主要审计主题，信息的真实性成为审计关注的重点。由于财政财务报告和绩效报告是主要的信息载体，因此，财政财务报告审计和绩效审计成为主要的审计业务类型。

在外部-非经常性治理模式下，委托人关注的重点是代理人的行为机会主义，行为成为这种治理模式下的主要审计主题，行为的合规性成为审计关注的重点。由于行为本身有许多方面，并且行为主体也有不同的层级，从而使得行为审计类型也较多，例如，舞弊审计、预算执行审计、财务收支审计、合规审计等。

一般来说，内部-经常性治理模式是较为成熟的模式，公司治理、国家治理等组织治理较完善的国家或组织，更多地采用这种模式，所以，这些国家或组织的审计主题是以信息为主，财政财务报告审计和绩效审计是主要审计业务。而外部-非经常性治理模式是不成熟的治理模式，公司治理、国家治理等组织治理不完善的国家或组织，更多地采用这种模式，所以，这些国家或组织的审计主题是以行为为主，舞弊审计、预算执行审计、财务收支审计、合规审计是主要审计业务。

三、组织治理模式、机会主义类型和审计主题：中美两国政府审计分析

本节从组织治理模式、机会主义类型到审计主题的逻辑分析了三者之间的关系，提出了组织治理模式、机会主义类型到审计主题关系的一个理论框架。然而，这个理论框架能否解释现实世界中的审计主题选择呢？我们通过对中美两国政府审计的分析在一定程度上验证这个理论框架。

先来看我国当代的政府审计主题选择。我国处于转轨时期，改革开放过程中有大量的制度变革，所以，各种违规行为还有大量的机会。根据审计署《56 个部门单位 2009 年度预算执行情况和其他财政收支情况审计结果》披露，抽查的 56 个中央部门已报销的 29 363 张可疑发票中，有 5 170 张为虚假发票，列支金额为 1.42 亿元。在这种背景下，行为合规理所当然就成为重要的审计主题。从审计署历年的绩效报告也显现出这种审计主题的选择[①]：(1) 2010 年，审计署统一组织审计项目 31 项（类），其中：财政审计项目 21 个（类）；金融审计项目 2 个（类）；企业审计项目 1 个（类）；经济责任审计项目 3 个（类）；资源环境审计项目 1 个（类）；涉外审计项目 3 个（类）。查出违规问题金额 599.4 亿元。投入产出比为 1∶79。(2) 2011 年，审计署统一组织审计 36 项（类），其中：财政审计项目 22 项（类）；金融审计项目 2 项（类）；企业审计项目 2 项（类）；经济责任审计项目 3 项（类）；资源环境审计项目 2 项（类）；涉外审计项目 5 项（类）。查出主要问题金额 866.8 亿元。投入产出比为 1∶96。(3) 2012 年，审计署统一组织审计 25 项（类），其中：财政审计项目 13 项（类），金融审计项目 2 项（类），政府重点投资审计项目 3 项（类），经济责任审计项目 3 项（类），涉外审计项目 4 项（类）。可用货币计量的审计工作成果 1 282 亿元。投入产出比为 1∶116。从上述绩效数据可以看出，行为合规审计是主要的审计业务，并且，查出的违规金额逐年增长，审计机关的投入产出比也逐年提高。

---

① 审计署从 2011 年开始披露上一年度绩效报告。

为什么我国政府审计以行为合规作为主要的审计主题呢？我们认为，最根本的原因是社会经济生活中，各种违规行为还较多，在这种背景下，针对这些违规行为的审计自然成为主要的审计主题。为什么违规行为会较多呢？主要的原因是国家治理还未能完全实现现代化，内部-经常性治理模式还未建成，防范机会主义的第一道防线还不严密。在这种背景下，选择行为合规作为主要的审计主题当然有其必然性和合理性。

一般而言，美国 GAO 的审计业务发展大致可分为四个阶段：账项基础财务审计阶段，制度基础财务审计阶段，综合审计阶段，绩效审计阶段（李永强，2007；李璐，2009；郑石桥，2012；黄小菊，2012）。在账项基础财务审计阶段（1921—1950 年），财政财务收支审计成为 GAO 的主要审计业务，逐张检查会计凭证和单据以审核财政收支的合法性，成为主要的审计方式。很显然，在账项基础财务审计阶段，财政财务收支行为是主要的审计主题。在制度基础财务审计阶段（1950—1967 年），GAO 关注的重点仍然是财政财务收支的合法合规，但审计方式已经发生变化，不是直接面向行为，而是面向对行为进行控制的内部控制，关注制度本身的缺陷。并通过制度缺陷来寻找违规，通过制度的完善来促进财政财务收支合规。很显然，制度基础财务审计阶段，审计主题还是财政财务收支行为，但审计模式发生了变化。在综合审计阶段（1967—1970 年），GAO 的审计业务增加了绩效审计，走向了财务收支审计与绩效审计并重的阶段。很显然，在综合审计阶段，审计主题有两个，一个是财政财务收支行为，另一个是绩效信息。在绩效审计阶段（1971 年至今），绩效审计占整个审计工作量的比重已经超过 85%。很显然，这个阶段的主要审计主题是绩效信息。

为什么美国联邦政府审计主题会发生上述变化呢？主要的原因是美国的国家治理模式发生了变化，从而需要审计来应对的机会主义类型也发生了变化。在账项基础财务审计阶段，国家治理较为粗糙，行为机会主义较为严重。后来，国家治理有了一定的完善，与财政财务收支行为相关的内部控制也得到完善，通过发现内部控制存在的缺陷来寻找违规行为成为有效的取证模式，同时，通过发现内部控制存在的缺陷也可以进一步促进内部控制的完善，这就进入了制度基础财务审计阶段。随着国家治理的进一步完善，行为机会主义已经不再是主要的问题，信息机会主义被关注的程度显著提升，绩效信息作为审计主题的重要性越来越明显，最终成为主要的审计主题。

对中美两国政府审计的简要分析显示，国家治理模式决定需要审计应对的机会主义类型，而机会主义类型决定审计主题选择，进而决定政府审计业务类型和审计资源投入。这个结论，与本节前面提出的理论框架相一致。

四、结论和启示

现实生活中的审计具有多样化和差异化的特征，为什么同样源于委托代理关系的审计会具有多样化和差异化？本节围绕审计主题，将其分为行为和信息两类，在此基础上，按委托代理、组织治理模式、机会主义类型到审计主题这个逻辑，分析审计主题差异的原因。

由于激励不相容、信息不对称和环境不确定，代理人可能发生机会主义，一是不按委托人希望的方式做事，主要表现为行为偏离，称为行为机会主义；二是不做委托人期望的事，或者是对委托人期望的事做得不好，主要表现为信息虚假，称为信息机会主义。

应对机会主义的治理机制构造有内部-经常性治理模式和外部-非经常性治理模式两种

类型，不同的治理模式下，行为机会主义和信息机会主义的严重程度不同。在内部-经常性治理模式下，由于内部-经常性机制发挥主要作用，而这些机制的特征是具有经常性，并且可依靠力量来自流程内部，因此，对机会主义的抑制效果较好，代理人在行为方面的机会主义受到有效控制，信息机会主义成为关注重点。在外部-非经常性治理模式下，作为第一道防线的内部-经常性机制较为粗糙，对机会主义的抑制效果较差，所以，代理人机会主义较容易发生，需要依靠第二道防线来抑制较为严重剩余机会主义，行为机会主义成为代理人机会主义的重灾区。

在应对机会主义的治理构造中，审计属于第二道防线，它应对的是经过第一道防线之后的剩余机会主义。审计主题就是审计人员所要发表审计意见的直接对象。从理论上来说，审计主题由委托人决定，委托人关注什么问题，该问题就可以成为审计主题。不同的治理模式下，委托人关注的重点问题不同，从而产生不同的审计主题。在内部-经常性治理模式下，委托人关注的重点是代理人的信息机会主义，信息成为这种治理模式下的主要审计主题，信息的真实性成为审计关注的重点。由于财政财务报告和绩效报告是主要的信息载体，财政财务报告审计和绩效审计主成为主要的审计业务类型。在外部-非经常性治理模式下，委托人关注的重点是代理人的行为机会主义，所以，行为成为这种治理模式下的主要审计主题，行为的合规性成为审计关注的重点。由于行为本身有许多方面，并且行为主体也有不同的层级，从而使得行为审计类型也较多，例如，舞弊审计、预算执行审计、财务收支审计、合规审计等。

对中美两国政府审计的简要分析显示，国家治理模式决定需要审计应对的机会主义类型，而机会主义类型决定审计主题选择，进而决定政府审计业务类型和审计资源投入。这个结论，与本节前面提出的理论框架相一致。

组织治理模式、机会主义类型和审计主题之间的关系告诉我们，审计制度不能脱离其赖以产生的环境，在这些环境因素中，组织治理模式及其相应的机会主义类型是最重要的环境因素，要根据这些因素的状况来选择审计主题，如果脱离这些环境因素，盲目创新或盲目照搬其他国家或组织的审计制度，审计就难以在国家或组织治理中发挥其应有的作用。从国家审计来说，党的十八届三中全会做出了全面深化改革若干重大问题的决定，全面深化改革的总目标是完善和发展中国特色社会主义制度，推进国家治理体系和治理能力现代化。在这种背景下，国家审计要立足国家治理的现状，继续强化行为审计；同时，要以行为审计发现的问题为出发点，挖掘其制度原因，促进国家治理的现代化。从内部审计来说，要立足组织治理现状来选择适宜的审计主题，大多数的组织治理还处于完善之中，行为审计仍然是很重要的，但更重要的是，要以行为审计发现的问题为出发点，挖掘其制度原因，促进组织治理的优化。从民间审计来说，其审计业务是接受委托，不能自主选择，因此，除了继续优化以财务信息为主的信息审计外，还要大力开拓管理审计、内部控制审计等行为审计业务。

本章参考文献

[1] 郭振乾. 关于研究审计定义的一封信. 审计研究，1995 (1)：24.

［2］苏永强．产权、契约与审计——对审计本质的再认识．财会通讯，2004（12）：64-65.

［3］王文彬．关于审计的若干问题．上海会计，1981（6）：3-9.

［4］李元贵．财务审计对象的探讨．审计研究，1986（4）：47-49.

［5］张文运．审计不是对“一切工作的审查”．财务与会计，1988（6）：30.

［6］孙绍良．论审计与会计的并存关系——兼议审计的性质和对象．税务与经济，1985（4）：44-49.

［7］王文彬，黄履申．工业企业的成本审计．财务与会计，1987（6）：52-53.

［8］赵英俊．关于审计对象的商榷．财务与会计，1989（1）：59.

［9］涂强．从审计的历史看审计的对象．交通财会，1991（3）：45-46.

［10］郭建生．公路建设审计对象和内容的确定．中国内部审计，2005（4）：19-20.

［11］杜爱文，刘懋勇．国家审计对象的重新定位研究．特区经济，2013（1）：91-94.

［12］李兆东，鄢璐．建设项目环境审计对象：全寿命周期的环境行为．审计与经济研究，2008（4）：32-35.

［13］谢荣．试论审计的对象是经济管理活动．上海会计，1988（4）：33-36.

［14］谢荣．关于审计的对象问题——答陈文华同志．上海会计，1989（3）：40-41.

［15］王德伟．审计的对象是经济管理活动．山西财经学院学报，1992（2）：63-65.

［16］杨献龙．固定资产投资项目绩效审计对象和内容的再认识．审计研究，2009（5）：33-36.

［17］竹德操，达世华．《审计学》第二讲审计的意义、对象和目的．上海会计，1986（9）：38-41.

［18］管锦康．对社会主义审计基本理论几个问题的探讨．审计研究，1989（2）：15-17.

［19］王文彬，林钟高．审计对象新探．1989（1）：23-27.

［20］吴频．国家审计范围和重点的比较研究．审计与经济研究，1994（3）：11-14.

［21］李凤鸣，刘世林．第二讲政府审计的主体和客体．审计与经济研究，1996（2）：58-61.

［22］杨跃进．社会主义市场经济条件下内部审计对象的再认识．当代经济科学，1996（3）：53-56.

［23］汉密尔顿，等．联邦党人文集．北京：商务印书馆，1980：472.

［24］杨时展．审计的发生和发展．财会通讯，1986（4）：3.

［25］番场嘉一郎．新版会计学大辞典．北京：中国展望出版社，1986：539.

［26］利特尔顿．会计理论结构．林志军，等译．北京：中国商业出版社，1989：307.

［27］王光远．受托责任会计观和受托责任审计观．财会月刊，2002（2）：3-5.

［28］陈志斌．问责机制与内部控制制度的有效实施．会计研究，2004（7）：50-54.

［29］顾杰．论我国行政问责制的现状与完善．理论月刊，2004（12）：5-9.

［30］谭功荣．问责制：责任政府最基本的实践形式．中共福建省委党校学报，2004（7）：17-19.

［31］程启智．问责制、最优预防与健康和安全管制的经济分析．中国工业经济，2005（1）：23-30.

［32］冉明东，蔡传里，许家林．井尻雄士的《会计计量理论》．财会月刊，2005（25）：44-45.
［33］张贤明．官员问责的政治逻辑、制度建构与路径选择．学习与探索，2005（2）：56-61.
［34］李树峰．校长问责制的定义探析．教育科学，2006（3）：50-54.
［35］夏博·G．切莫加强廉洁政府建设：以问责和透明打击腐败．李百玲，译．经济社会体制比较，2006（5）：60-65.
［36］韩兆柱．责任政府与政府问责制．中国行政管理，2007（2）：18-21.
［37］孟卫东．论责任政府与我国行政管理体制改革．管理世界，2008（7）：172-173.
［38］马骏．实现政治问责的三条道路．中国社会科学，2010（5）.
［39］薛国凤．课程问责：涵义、内容与机制．河北大学学报，2010（4）：88-92.
［40］李明辉，刘笑霞．“受托责任”涵义专辨．学海，2010（2）：173-178.
［41］王健清．论中国问责文化的渊源、畸变及重构．江西社会科学，2011（31）：226-228.
［42］冯辉．问责制、监管绩效与经济国家——公共安全事故问责现状之反思．法学评论，2011（3）：21-28.
［43］郑石桥，陈丹萍．机会主义、问责机制和审计．中南财经政法大学学报，2011（4）：129-134.
［44］井尻雄士．三式记账法的结构和原理．娄尔行，译．上海：立信会计图书用品社，1988：54-55.
［45］王光远．管理审计理论．北京：中国人民大学出版社，1996：172.
［46］庄世虹．财务会计概念结构研究．厦门：厦门大学，1994.
［47］鸟羽至英．行为审计理论序说．会计，1995，148（6）：77-80.
［48］谢少敏．审计学导论 审计理论入门和研究．上海：上海财经大学出版社，2006.
［49］郑石桥，宋夏云．行为审计和信息审计的比较——兼论审计学的发展．当代财经，2014（12）：109-117.
［50］郑石桥，周天根，王玮．组织治理模式、机会主义类型和审计主题——基于行为审计和信息审计视角．中南财经政法大学学报，2015（2）：80-85.
［51］郑石桥．内部审计主题类型及其差异化原因：理论框架和例证分析．会计之友，2017（6）：115-120.
［52］米尔顿·弗里德曼．自由选择．北京：机械工业出版社，2013.
［53］郑石桥，郑卓如．基于审计主题的审计学科体系创新研究．会计研究，2015（9）：81-87.
［54］罗伯特·K.莫茨，侯赛因·A.夏拉夫．审计理论结构．北京：中国商业出版社，1990.
［55］鸟羽至英．财务报表审计的基础理论．日本：国元书房，2000：34-42.
［56］刘恒胜．网络用户行为审计技术．计算机安全，2005（11）：59-61.
［57］蔡春．审计理论结构．大连：东北财经大学出版社，2001.

［58］林炳发. 审计本质研究. 审计与经济研究，1998（1）：5-10.

［59］王光远. 管理控制与内部受托责任审计. 财会月刊，2002（5）：3-5.

［60］郑石桥，贾云洁. 预算机会主义、预算治理构造和预算审计——国家审计嵌入公共预算的理论架构. 南京审计大学学报，2012（4）：80-88.

［61］郑石桥，马新智. 审计基础理论探索——机会主义、问责和审计. 上海：世界图书上海出版公司，2012.

［62］李永强. 美国政府审计发展及其启示. 财会通讯，2007（11）：84-86.

［63］李璐. 美国政府绩效审计方法的变迁及启示. 中南财经政法大学学报，2009（6）：51-59.

［64］郑石桥. 绩效审计方法. 大连：东北财经大学出版社，2012.

［65］黄小菊. 美国政府绩效审计与政府治理的关系及其启示. 审计与理财，2012（3）：29-31.

［66］Eisenhardt，K. M. Agency theory：an assessment and review. Academy of Management Review，1989，14（1）：57-74.

［67］Fama，E. F. and Jensen，M. C. Separation of ownership and control. Journal of Law and Economics，1983，26（2）：301-326.

［68］Hart，O. Corporate governance：some theory and implications. The Economic Journal，1995，105（430）：678-689.

［69］Jensen，M. C. The modern industrial revolution，exit，and the failure of internal control systems. The Journal of Finance，1993，48（3）：831-880.

［70］Pollitt，C.，Girre，X.，Lonsdate，J.，et al. Performance or compliance? Performance audit and pubic management in five countries. Ordore University Press，1999.

［71］Williamson，O. E. The modern corporation：origins，evolution，attributes. Journal of Economics Literature，1981，19（4）：1537-1568.

［72］Aucoin，P. and Heintzman，R. The dialectics of accountability for performance in public management reform. International Review of Administrative Sciences，2000，66（1）：45-55.

［73］Behn，R. D. Rethinking democratic accountability. Washington，D C：Brookings Institution Press，2001.

［74］Bovens，M. Analysing and assessing accountability：a conceptual framework. European Law Journal，2007，13（4）：447-468.

［75］Blagescu，M.，de Las Casas，L. and Lloyd，R. Pathways to accountability：the global accountability framework. London：One World Trust，2005.

［76］Broadbent，J. and Laughin，R. Control and legitimation in government accountability process：the private finance initiative in the UK. Critical Perspectives on Accounting，2003，14（1）：23-48.

［77］Dubnick，M. Accountability and the promise of performance：in search of the mechanisms. Public Performance and Management Review，2005，28（3）：376.

[78] Dowdle, M. Public accountability: designs, dilemmas and experiences. Cambridge: Cambridge University Press, 2006.

[79] Day, P. and Klein, R. Accountabilities: five public services. London: Tavistock publications, 1987.

[80] Ingraham, P. W. "You talking to me?" Accountability and the modern public service. Political Science and Politics, 2005.

[81] Mulgan, R. G. Holding power to account: accountability in modern democracies. Houndmills: Palgrare Macmillan, 2003.

[82] Mulgan, R. Accountability: an ever-expanding concept. Public Administration, 2000, 78 (3): 555-573.

[83] Martin, J. Changing accountability relations: politics, consumers, and the market. Public Management Service, OECD, 1997.

[84] O'Connell and Lenahan. Program accountability as an emergent property: the role of Stakeholders in a program's field. Public Administration Review, 2005, 65 (1): 85-93.

[85] One World Trust. The Global Accountability Framework. http:// www. oneworldtrust. org/ accountableorganisations/gar, 2011.

[86] One World Trust. 2006 Global Accountability Report. http:// www. oneworldtrust. org/ accountableorganisations/gar.

[87] One World Trust. 2007 Global Accountability Report. http:// www. oneworldtrust. org/ accountableorganisations/gar.

[88] One World Trust. 2008 Global Accountability Report. http:// www. oneworldtrust. org/ accountableorganisations/gar.

[89] Chippendale, P. R and Wilkes, P. V. Accountability in education. Queensland: University of Queensaland Press, 1977: 25-26.

[90] Pollitt, C. The essential public manager. London: Open University Press, 2003.

[91] Przeworski, A., Stokes, S. C. and Manin, B. Democracy, accountability, and representation. Cambridge: Cambridge University Press, 1999.

[92] Patton, J. M. Accountability and governmental financial reporting. Financial Accountability and Management, 1992, 8 (3): 165-180.

[93] Robinson, P. Government accountability and performance measurement. Critical Perspectives on Accounting, 2003, 14 (1): 171-186.

[94] Strom, K. Delegation and accountability in parliamentary democracies. European Journal of Political Research, 2000, 37 (3): 261-290.

[95] Roberts, J. and Scapens, R. Accounting systems and systems of accountability——understanding accounting practices in their organizational contexts. Accounting, Organizations and Society, 1985, 10 (4): 443-456.

[96] Chen, R. S. Social and financial stewardship, The Accounting Review, 1975:

533－543.

［97］ Cutt，J. Accountbility，efficiency and the role of accountants. International Journal of Government Auditing，1978：2－4.

［98］ Cooper，W. W. and Yuji ijiri. Kohler's dictionary for accountants. 6th ed. Prentice-Hall，Inc，1983.

［99］ Biglan，A. The characteristics of subject matter in different academic areas. Journal of Applied Psychology，1973，57（3）：195－203.

［100］ Hasan，M.，Maijoor，S.，Mock，T. J.，et al. The different types of assurance services and levels of assurance provided. International Journal of Auditing，2005（9）：91－102.

［101］ Fumio，N. Subject matter of the financial statement audit. Journal of economics and business administration，2002，181（2）：31－44.

［102］ Bowermna，M. Auditing performance indicators：the role of the commissionin of the citizens charter initiative. Financial Accountability and Management，1995，11（2）.

第八章　审计方法论理论

审计方法关注“怎么审计”，包括的内容很多，可以分为不同的层级。从审计基础理论角度出发，主要是从方法论层次上探讨审计方法，审计方法论是运用审计方法的指导思想，方法论与被研究领域同时成长，其成长和改良的程度标志着该学科理论的发展阶段（莫茨、夏拉夫，1991）。本章首先对审计方法的主要理论做简要梳理，然后，讨论审计方法论层次上的几个问题。具体来说，本章包括以下内容：审计方法的主要理论；应有的职业关注：概念、衡量标准和实施框架；机会主义、问责和审计取证方式；审计主题、审计取证模式和审计意见；电子数据环境对抽样审计的影响：一个理论框架；子数据环境对内部控制评价之作用的影响：一个理论框架；电子数据环境对审计业务流程的影响：一个理论框架。

第一节　审计方法的主要理论

关于审计方法的研究文献可谓汗牛充栋，从审计基础理论角度出发，本节的文献综述有两类：一是对审计方法的认识；二是关于审计方法论层面的研究。后者主要包括四个方面：应有的职业关注、审计取证方式、审计取证模式、审计意见表达。本节主要涉及对审计方法的认识，审计方法论层面的研究将在本章随后的相关内容中介绍。

对审计方法的认识包括两个方面，一是审计方法的内容；二是审计方法变迁的原因。

一、审计方法的内容

莫茨、夏拉夫（1991）认为，一般而言，科学方法包括心理态度和推理程序两个方面。审计与其他专业学科一样，有一整套包括态度和方法论意义上的程序问题。这些态度和程序是审计固有的，也是问题、判断和资料所特有的。

审计的态度包括以下几个部分：将主要精力放在需要做出结论的事项上；在形成和表态判断时采用公正的立场；判断不能脱离证据，且取得证据必须合理、合法。

至于方法论意义上的程序，不同的审计问题有不同的程序。审计人员在审计中所面临的审计问题有两种，即事实问题和价值问题。事实问题回答事物“是什么”的命题。价值问题涉及价值判断，主要回答“应该不应该”的问题。审计人员既面临实际问题，又面临需要加以判断的利害、价值问题。现金总额、现有股票数量、应付账款，颇似其他学科领域所面临的事实问题。但是，审计人员还有价值判断问题，如考虑适当的披露范围；决定某一异常收益项目是计入当年净收入还是留存盈余；在财务报表中合并相似项目和分别反映不同项目的可行性。另外，审计还有职业水平的价值问题，例如，揭发舞弊的责任范围；在多大程度上披露会导致弊大于利的结果；在提供管理咨询时应怎样保证独立性。

事实问题的逻辑过程如下：认识面临的整个问题（接受审计任务）；观察与问题有关的事实；把整个问题分解成若干单个的问题；针对每一个具体问题确定所要收集的证据；选择适用的审计技术和程序；实施获得审计证据的程序；评价证据，包括证据的相关性和有效性，证据是否暗示新的问题，证据对形成判断是否恰当；形成判断，包括对单个问题的判断和对整个问题的判断。

解决价值问题的逻辑过程如下：发现问题；说明问题；形成可能的解决方法；评价可能的解决方法，包括就类似问题参照过去的经验、考虑使用变通方法的结果、考虑变通方法与职业目标的协调性；形成判断。

管锦康（1986；1994）认为，审计方法是审计人员针对审计目标来收集证据，借以提出意见，完成审计任务的方法，其分为审计的一般方法和技术性方法。审计的一般方法是审计带有普遍性、共同性的方法，包括确定书面资料真实性、合法性、正确性的方法以及审查经济活动会计处理及经济效益合理性的方法。审计的技术性方法包括审查书面资料方法和证实客观事物方法两大类。审计方法和审计技术，既有区别，又有联系。审计方法是关于收集和提出审计意见的，审计技术是关于从审计方法中收集和提出审计意见的手续，因此，审计技术可以看作审计方法的要素。

何建群（1987）认为，审计方法体系的各种具体技术和手段大致可以归纳为账目检查、审计调查、审计盘存和审计分析四类。

郑洪平（1996）认为，审计学分为宏观审计学和微观审计学，相应地，审计方法也分为宏观审计方法和微观审计方法。微观审计常用方法属于技术性处理的方法，而宏观审计运用的是建立在上述基础上的辩证思维的基本方法。

汪寿成（1998）认为，审计方法是实现审计目标、完成审计任务的手段，其包括审计取证的方法、运用审计依据的方法和编写审计报告的方法三个部分。运用任何一种审计方法，都离不开一定的指导思想（或称为一定的方法论），证实任何一个审计命题，都离不开一定的逻辑思维过程，即一定的方法论程序。这样，审计方法体系就不仅包括具体的审计方法，还包括方法论和方法论程序。审计方法论是指运用审计方法的指导思想，方法论程序是指在审计方法论的指导下，所形成的关于审计的逻辑过程。

刘艳玲（2002）认为，作为一套完整的审计方法，应包括其思想方法、工作方法和技术方法。审计的思想方法，就是审计人员在进行审计时所应遵循的思想准则和出发点。审计的工作方法，就是审计人员在开展审计工作中所应遵循的行为规范。

石爱中（2003）探讨了科学的审计方法。他认为，高效率、低风险的审计方法是科学的审计方法。高效率和低风险是审计方法科学化的抽象标准，其具体标准（即根据它可以衡量审计方法科学化的程度）应该是：获取经济管理信息的完整性和可靠性，获取经济管理信息的时限、速度和距离。审计方法的发展经历了前科学化阶段、初步科学化阶段和再科学化阶段。我国国家审计机关从整体上说，审计方法的科学化进程处在初步科学化阶段，即大部分工作运用着初步科学化阶段的方法，小部分工作不自觉地运用着前科学化阶段的方法，还有一些工作正在尝试运用再科学化阶段的方法。

马同保（2007）将审计方法分为三个层级，他认为，审计战略方法是指决定审计全局、对审计活动起筹划和指导作用的总的方针、政策、方法和手段。综观注册会计师产生和发展的历程，审计战略方法的发展大致经历了账项基础审计方法、制度基础审计方法、风险基础审计方法、经营风险基础审计方法四个阶段。审计手续方法是指注册会计师为了确定执行财务报表审计业务的基本手续所应用的方法和手段。审计手续方法包括：签订审计业务约定书，计划审计工作，获取和评价审计证据，形成审计工作底稿，编制审计报告。审计技术方法是指注册会计师为了形成关于具体审计目标的审计证据所应用的方法和手段，具体包括：检查记录或文件，检查有形资产，观察，询问，函证，重新计算，重新执行，分析程序。

二、审计方法变迁的原因

王光远（1992）认为，审计测试思想的演进是多种因素共同作用的结果，基本的动因有：审计目标的制约，经济业务量的增大，内部控制制度的健全，统计科学的发展，员工忠诚保险的实行。

谢志华（1997；2008）认为，审计方法的变迁是由提高审计效率与避免或降低审计风险的要求决定的。在审计方法的历史演变中，贯穿其中并起决定作用的是审计风险和审计效率的相互作用，如图 8－1 所示。

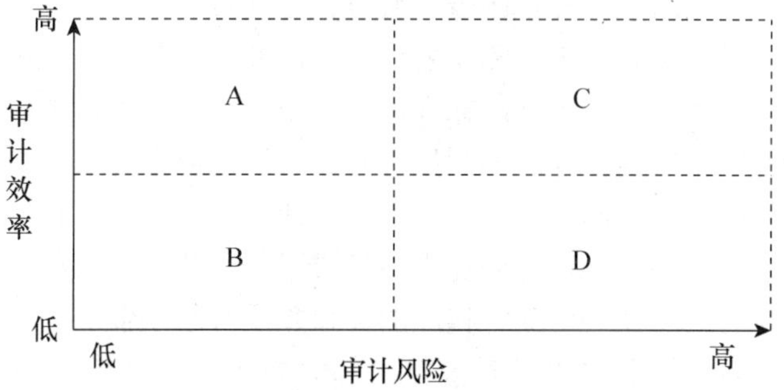

图 8－1　审计方法变迁区域

从审计发展的历史看，最早的审计方式是详细审计。从理论上说能够较好地保证质量，但效率较低，所以这一方法带来的相对关系处在 B 区内。之所以采取这种审计方法，主要是当时的审计内容相对较少且不太复杂，详细审计不但不会影响审计的效率还能保证审计风险较低。随着审计内容的增多和复杂化，开始使用抽样，一方面提高了审计效率，另一方面加大了审计风险。所以，抽样方法带来的审计风险与审计效率的相对关系处在 C 区内。制度基础审计就是一种较好的协调审计效率与审计风险均衡关系的审计方法。制度基础审计以内部控制制度的健全性、有效性和实际运行状况为依据，减少了抽样审计方法的或然性。这就意味着制度基础审计方法的选择使得审计效率与审计风险的关系又从C区拉向A区。从整体上说，审计风险与审计效率的关系，只有在A区才对审计人和审计委托人更有利。

石爱中（2003）提出审计方法科学化的制约条件：审计事项的科学化特征；科学技术的发展水平；审计人员的素质；审计授权人或委托人的要求和投入的资源；审计风险水平对审计质量的要求。赵保卿、任晨煜（2003）认为，审计方法历史演进的动因有三个方面：基于提高审计效率和质量的需要，基于规避审计风险和责任的需要，基于满足所有权监督的需要。张林新（2009）认为，影响审计方法演变的社会因素包括：政治因素，经济因素，法律因素，科学技术因素。

此外，还有大量讨论审计模式变迁原因的文献，将在本章随后的内容中介绍。

第二节　应有的职业关注：概念、衡量标准和实施框架

应有的职业关注是“如何审计”的基本态度和理念，有时也称为合理的职业关注，与应有的职业谨慎、勤勉尽责、职业怀疑等概念具有同等意义或高度关联，并且与审计目标、审计责任、审计风险、审计质量等密切相关。本节从应有的职业关注的概念、衡量标准和实施框架三个角度阐述相关的内容。本节的阐述主要根据民间审计的相关文献，然而，这些内容同样适用于政府审计和内部审计。

一、应有的职业关注的概念

（一）什么是应有的职业关注

美国注册会计师协会通过审计程序委员会分别于1947年、1957年发表了题为《审计标准说明——其公认的意义和范围》和《公认审计标准——其意义和范围》两个公告，使美国民间审计界有了一套统一的公认的标准可资遵循。这个公认标准里有一个很重要的条款，那就是职业会计师在实施审计和编制报告时，应尽到应有的职业关注（文硕，1990）。后来，各国民间审计准则相继问世和完善，要求审计人员在执业过程中应具有应有的职业关注（或谨慎）已在许多国家的审计职业界中形成了一种共识（萧英达，1991）。

那么，什么是应有的职业关注呢？权威的文献并没有给职业关注下过定义。莫茨、夏拉夫（1990）认为，审计职业关注概念包括两部分内容：一是建立一个谨慎执业者的观念；二是对各种不同情形下所需履行的关注做出说明。

谢荣（1998）认为，职业关注既是一个法律概念，也是一个职业概念。职业关注首先是一个法律概念。从这个意义上说，最为经典的是英国Cooleyon Tort案件中法官在判案时所做的解释。他认为，“每一个向他人提供服务或被雇用的人，在其工作过程中都应承担以合理的关注和勤勉及其所有的技术的责任。在所有需要很多种技术的服务中，如果一个人提供这种服务，就被理解为他拥有与其他同行一样的技能，如果在实际工作中发现他不具备这种能力，他就对所有相信他的工作或雇用他的人犯有一种欺诈罪。但是，不管是需要技能的工作还是不需要技能的工作，没有人能保证毫无差错地完成他承担的工作。他

能保证忠实和公正，但不能保证一直正确，他对他的雇主负过失责任和不忠诚老实的责任，但不负纯粹的判断错误而导致的损失的责任。”这段引言显示，从法律意义上来说，职业关注包括以下含义：拥有与其提供的服务相适应的技能；谨慎地运用其技能；保证忠诚老实和公正。同时，职业关注还是一个职业概念，不同职业对职业关注的理解和要求不同。关于不同情形下所需履行的审计职业关注是个复杂的问题，由于审计人员在提供服务时所处的环境不同，因此，必须根据具体情况来判断是否履行了关注责任。

陈志强（1996）认为，应有的关注所包含的内容相当广泛，并非用几句定义就能解决问题。下列关于应有的职业关注的许多表述都是正确的：（1）审计人员要想能够在执业过程中具有应有的职业关注，前提条件是在执行业务时，必须具有社会予以公认的学识水平和业务能力，否则，应有的职业关注就无从谈起。（2）应有的职业关注实质上是会计师执业时的一种工作风范，是职业道德的组成部分。（3）应有的职业关注既然是一种工作风范，它就只能通过审计人员的工作表现出来，也应该贯穿审计人员实施审计和编制审计报告的全过程，并在审计准则中得到全面的体现。（4）审计人员在执业时是否具有应有的职业关注有助于确定审计活动中过失的界线，即在该界线内审计人员的无意失误被判断为伤害或损害他人的原因。但裁决权仅属审计人员所处国有裁决权的机构，因而它不仅是审计中的一个术语，还是法律上的一个概念。（5）应有的职业关注包含的内容较多且会因时因地发生一定的变化，人们很难具体地列举审计人员在各种情况下“应有的关注”。

毕秀玲（1999）认为，应有的职业关注是指谨慎的审计人员基于为客户的相关利害关系者服务的宗旨，在实施合理的审核检查中，根据实际情况所应始终保持的职业警觉。

王学龙（2002）认为，审计应有的职业谨慎是一种精神态度。首先，审计态度是一种理念，是审计师判断是非曲直、做出审计结论时的一种价值观念，也是社会公众对审计职业界最起码的要求；其次，应有的职业谨慎是一种职业修养，是指有理性的审计人员在为客户提供服务时，应该秉着独立、客观、公正的态度去实施合理的审核检查，并做出不偏不倚结论时所应具有的职业观念。

职业关注为什么是“应有的”或“合理的”？应有的职业关注告诉审计人员要掌握适度关注原则。过度关注将会使审计成本提高，这种成本提高往往是一种浪费，而关注不足则审计人员将承担较大的风险。莫茨、夏拉夫（1990）指出，谨慎的审计人员应不断努力保持谨慎和成本之间的合理平衡。但不能过于谨慎，以至忽略了与时间和精力有关的所有观念；也不能自以为是，以至拒绝采取任何必要的调查措施。从职业谨慎和成本效益原则在审计中的广泛运用可以看出，这两个原则对审计质量和效率有直接的影响。但是，由于这两个原则在运用中存在一定的倾向性以及成本效益衡量的模糊性和主观随意性，导致这两个原则的运用存在较大的冲突（陈文寿、林英，2005）。

审计应有的职业谨慎的特征：第一，广泛性。一般来说，应有的职业谨慎广泛存在于审计工作的各个方面。第二，主观性。应有的职业谨慎作为实务范畴，通过审计人员的主观行为得以表现，是审计师主观行为选择的结果。第三，综合性。在实务中，应有的职业谨慎贯穿审计的整个过程，包括接受审计业务、编制审计计划、获取审计证据和形成审计意见。第四，模糊性。应有的职业谨慎具有质和量的衡量标准，但这一标准又缺乏确切性，是一个模糊性概念。第五，动态性。客观环境的变化，审计手段的革新，人们认识水平的提高，这些都使得应有的职业谨慎在实践中不断发展和完善（毕秀玲，1999；王学龙，2002）。

（二）应有的职业关注内容

应有的职业关注包括哪些内容呢？一般认为，审计职业关注包括两部分内容：一是建立一个谨慎执业者的观念；二是对不同情形下所需履行的关注做出说明。

关于谨慎执业者的观念，莫茨、夏拉夫（1990）认为，包括以下内容：谨慎执业者拥有所需的知识，以使其能预见不合理的风险或对他人的伤害；能根据经验和客户的历史提出客户的雇员或部门在工作中以及业务交易和资产使用中所存在的特别风险，并对这些风险给予特别的注意；在计划和实施审计时，能考虑到任何异常的情况和关系；必须能识别自己所不熟悉的情况，并事先采取预防措施；必须采取一切适当的措施来排除对发表审计意见有重要影响的疑问和问题；必须不断进行知识更新，掌握最新的知识和技术方法；必须认识对助手工作进行检查的必要性和重要性，并实施这种检查。

关于不同情形下所需履行的关注，谢荣（1998）认为，这是个复杂的问题，由于审计人员在提供服务时所处的环境不同，因此，必须根据具体情况来判断是否履行了关注责任。自审计受到人们的广泛关注以来，对于怎样才算履行了职业关注，一直是一个很有争议的问题。例如，1938 年美国“麦克森—罗宾斯”一案的判决认为，审计人员应对存货进行盘点、对应收账款进行征询，以确保其真实存在。如果审计人员没有实施这些程序，就是没有保持应有的职业关注。从某种意义上来说，审计准则就是适应社会各界关心审计职业关注的产物。

二、保持应有职业关注的衡量标准

怎样衡量审计人员是否保持了应有的职业关注呢？《蒙氏审计学》指出：对审计人员来说，应有的关注实际上就是指遵守公认的审计准则（蒙哥马利，1988）。安德森认为，应有职业关注概念指所有职业准则的谨慎使用和所有职业行为规则的遵守（王学龙，2002）。谢荣（1998）认为，有了审计准则之后，审计准则成为对审计职业关注和技能要求的权威解释，也成为法庭判决的主要依据。石爱中、沈征（1996）认为，合理的职业谨慎是指审计人员在实施审计时，应保持合理的谨慎和认真态度。持有这种态度并不意味着审计人员的判断和结论绝对正确，也不意味着将客户的所有差错无论大小全部查出。合理的职业谨慎是指审计人员的工作必须符合公认的审计准则。

事实上，保持应有的职业关注有两种情形，一是积极的职业关注；二是消极的职业关注。积极的职业关注，是审计人员在工作过程中的一种积极心态，外人难以衡量，所以，一般从消极角度来衡量是否保持了应有的职业关注。主要有三个方面，一是将应有的职业关注与审计法律责任联系起来；二是将应有的职业关注与审计风险联系起来；三是将应有的职业关注与审计质量联系起来（陈志强，1996）。事实上，审计法律责任、审计风险和审计质量是密切相关的，是对同一问题不同视角的观察。最重要的是，当审计失败时，审计人员是否保持了应有的职业关注是判断其法律责任的标准，审计人员没有达到职业谨慎标准而被追究其民事责任的程度有一般过失、重大过失和欺诈，基本情形如表 8-1 所示（谢荣，1998；毕秀玲，1999；李晓慧，2004）。

表 8-1　审计应有职业关注与审计法律责任

情形	职业关注	法律责任
没有过失	审计人员在执业中保持了应有的关注，即严格按审计准则的要求从事审计工作	免予追究责任
一般过失	审计人员在执业过程中缺乏合理的关注，即未能严格按审计准则的要求从事审计工作	免予追究责任或对客户、直接受益人追究民事责任
重大过失	审计人员在执业过程中缺乏最起码的关注，即在审计工作中没有遵守审计准则的最低要求	对客户、直接受益人、可预见的受益人以及其他第三人追究民事责任
推定欺诈	审计人员在执业过程中缺乏最起码的关注，没有合理的依据就相信财务报表的表述是真实、公允的，由于其过失特别严重，因而视作欺诈	追究民事责任甚至刑事责任
实际欺诈	审计人员明知财务报表的虚假而故意作不实证明或故意隐瞒重要事实	民事责任和刑事责任并处

三、应有职业关注的实施框架

前面指出，保持应有的职业关注有两种情形，一是积极的职业关注；二是消极的职业关注。积极的职业关注，主要是审计人员在工作过程中的一种积极心态，是审计人员发自内心的关注，需要审计人员真正树立职业关注的理念，形成职业关注态度。加强职业道德教育是其主要的路径。

消极的职业关注需要相关各方采取一些措施，这些措施一般分为三个层级，一是在职业审计准则中确立相关要求；二是行业监管，以促进这些准则的要求得到执行；三是审计机构自身采取的一些措施（石爱中、沈征，1996）。

（一）在职业准则中确定应有职业关注的相关要求

国际会计师联合会《职业会计师道德守则》第十六条规定，职业会计师提供专业服务时应保持应有的职业关注、专业胜任能力和勤勉，并且随着业务、法规和技术的不断发展，职业会计师应使自己的专业知识和技能一直保持在一定水平之上，以确保客户能够享受到高水平的专业服务。

美国注册会计师协会《审计准则说明书》规定，应有的职业谨慎态度与独立审计人员做什么和怎样做密切相关，它要求审计机构的每个人员以合理的关注勤勉发挥自己的技能；它还要求对所做的工作和判断进行批判性检查。

美国注册会计师协会《职业行为准则》规定，会员应遵守职业的技术和道德标准，不断努力提高自身的能力和服务质量，并尽自己的全力履行职业责任。

《中国注册会计师职业道德规范指导意见》第四条规定，注册会计师应当保持应有的职业谨慎，保持和提高专业胜任能力，遵守独立审计准则等职业规范，勤勉尽责。

《中国注册会计师职业道德基本准则》第十三条规定，注册会计师执行业务时，应当保持应有的职业谨慎。

《中国注册会计师审计准则问题解答第 1 号——职业怀疑》就职业怀疑相关问题做出了解答和权威解释。

《中国内部审计协会内部审计基本准则》第六条规定，内部审计人员应具备必要的学识及业务能力，熟悉本组织的经营活动和内部控制，并不断通过后续教育来保持和提高专业胜任能力。第七条规定，内部审计人员应当遵循职业道德规范，并以应有的职业谨慎态度执行内部审计业务。

《中华人民共和国国家审计准则》第十五条规定，审计人员应当恪守严格依法、正直坦诚、客观公正、勤勉尽责、保守秘密的基本审计职业道德。勤勉尽责就是审计人员应当爱岗敬业，勤勉高效，严谨细致，认真履行审计职责，保证审计工作质量。

虽然各个准则对"职业关注"的表述不尽相同，但主要内容都是一样的，都要求审计人员从以下几个方面尽到职业的关注：(1) 要求审计人员履行专业职责时，应当具备足够的专业胜任能力，具备一丝不苟的责任感，不能存在过失和欺诈行为。(2) 要求审计人员应当注意评价自己的能力，评价自己的知识、经验和判断水平是否可以胜任所承担的责任。如果不具备这种能力，则应当考虑向专家咨询或拒绝接受委托。(3) 要求审计人员应对客户和社会公众尽职尽责，公正、客观和勤勉地发挥自己的专业技能。(4) 要求审计人员在制定审计计划、评价内部控制制度和收集审计证据、编制审计报告时，均应具备职业的敏感性和道德判断力，严格遵守职业技术规范和道德准则，以高度的责任感去理解经济业务的性质和内容，对其所负责的各项业务妥善规划与监督。如果审计人员无法胜任或不能按时完成某项业务，则应当拒绝接受该项业务（李晓慧，2004）。

（二）行业监管

准则中确立的职业关注要求，并不一定能得到执行。行业监管就是指审计行业组织建立的有效的控制、监督和惩罚机制，以约束全行业的审计人员始终能保持合理的职业谨慎。行业监管机制包括同行业互查，协会对会员和审计机构的处罚规定，以及政府机构的监督和管理（石爱中、沈征，1996）。

（三）审计机构自身的管理

除了外部的行业监管促进职业关注准则的保持，各审计机构也应建立相应的质量控制机制，促进审计人员以谨慎的态度开展工作。这些质量控制机构包括审计机构层级的质量控制和审计项目层级的质量控制。

第三节 机会主义、问责和审计取证方式

审计取证方式主要涉及审计取证时间和空间上的选择，前者一般分为跟踪审计和非跟踪审计，后者一般分为非现场审计和现场审计。目前，关于非现场审计和现场审计的研究主要集中在非现场审计的关键技术，理论问题较少。本节主要关注跟踪审计和非跟踪审计的相关理论问题。

跟踪审计是指对审计事项运行的全过程分阶段、有重点地进行持续性、过程性审计（柴严，2009），与非跟踪审计相比，跟踪审计具有强调过程性、时效性和预防性的特点，强调过程性是指跟踪审计注重对审计事项的业务过程进行审计；强调时效性是指跟踪审计

在发现和纠正问题时注重及时性，使问题能够及时得到有效解决；强调预防性是指跟踪审计不是审计事项结束后的事后监督，而是将审计事项分成多个阶段，对各个阶段进行事中或事后监督，从而发挥预防作用。由于跟踪审计具有上述特征，这种审计方式切实提高了审计效率和效果。然而，跟踪审计也具有局限性，其中最突出的是增加了审计成本（时现、朱尧平、薛蓓儿，2006；张勇，2010；刘寰、周聿，2010）。因此，一个重要的问题是，我们在什么情形下采用跟踪审计方式呢？在什么情形下不宜采用跟踪审计方式呢？本节拟从机会主义和问责需求的视角对这个问题做探究。本节的内容安排如下：首先是制度背景和相关文献综述；其次提出一个关于机会主义和问责需求决定跟踪审计的理论框架；再次用一个简要的博弈分析验证上述理论框架；最后得出结论和分析讨论。

一、制度背景和文献综述

无论是政府审计还是内部审计，跟踪审计均始于建设项目。就政府审计来说，最早始于1989年，全国许多地方审计局对停缓建基建项目的监督检查中实施了跟踪审计。20世纪90年代至21世纪初，在国家重大建设项目中，跟踪审计有所增加。2005年以后，跟踪审计在政府投资建设项目和危机事件中得到普遍的重视和推广。就内部审计来说，21世纪初以前，内部审计对建设项目跟踪审计仅有个别实践。例如，中国石化总公司在20世纪90年代中期，开展了建设项目跟踪审计。2005年后，建设项目跟踪审计在高校、医院、公路、电力等行业内部审计中得到更普遍的推广和应用（毕秀玲，2011）。

跟踪审计的实践必然会伴随跟踪审计的制度建设。江苏省常州市审计局较早开展了跟踪审计探索。几年来，通过一项地方“立法”、一个操作规程、一套“聘用办法”、一系列“单位考核”、一份“廉政责任状”等“五个一”制度的建设和完善，构建了有常州特色的建设项目跟踪审计制度体系。(1) 一项地方“立法”，夯实制度基础。常州市政府于2007年出台《常州市政府投资项目审计监督办法》，将跟踪审计以政府规范性文件的形式确立为一种审计方式，明确了跟踪审计在政府投资监督中的地位。(2) 一个“操作规程”，规范实务操作。《建设项目跟踪审计操作规程》从审计程序、审计内容到审计方法对跟踪审计的各个方面和环节均做了较为详细的规定，并设计了跟踪审计意见单、跟踪审计日记等统一的跟踪审计文书格式。(3) 一套“聘用办法”，约束自身和外聘机构。为缓解审计力量不足，跟踪审计过程中聘请了部分社会中介机构参与跟踪审计，为切实加强对外聘的社会中介机构和人员的工作质量的检查和管理，先后制定了《跟踪审计参审机构招投标管理办法》《跟踪审计聘用单位管理办法》《跟踪审计聘用单位考核办法》《市级政府性建设项目聘用社会中介机构审计考核办法（试行）》。(4) 一系列“单独考核”，激励跟踪审计创新。《投资审计项目质量检查办法和计分标准》等与跟踪审计相关的九个单项考核办法和计分标准，对跟踪审计项目进行单独考核。(5) 一份“廉政责任状”，对跟踪审计进行“跟踪监察”。每年由局领导与职能处室签订“廉政责任状”，做到警钟长鸣，并制定《对跟踪审计工作进行跟踪监察的暂行办法》。

不少地方审计机关在开展跟踪审计实践的基础上，逐步建立了一些跟踪审计的制度。例如，《江苏省太湖流域水污染治理项目资金跟踪审计办法》《江苏省审计机关政府投资项目跟踪审计实施办法（试行）》《四川省灾后恢复重建项目跟踪审计实施办法》《山西省政府投资项目跟踪审计管理办法》等。

审计署积极倡导跟踪审计，根据跟踪审计实践经验总结，在《中华人民共和国国家审计准则》中对跟踪审计有原则性的规定，主要包括：第三章审计计划的第三十七条规定，采取跟踪审计方式实施的审计项目，年度审计项目计划应当列明跟踪的具体方式和要求。第四章审计实施的第五十六条规定，采取跟踪审计方式实施审计的，审计通知书应当列明跟踪审计的具体方式和要求。第四章审计实施的第五十八条规定，采取跟踪审计方式实施审计的，审计实施方案应当对整个跟踪审计工作做出统筹安排。第五章审计报告的第一百二十四条规定，采取跟踪审计方式实施审计的，审计组在跟踪审计过程中发现的问题，应当以审计机关的名义及时向被审计单位通报，并要求其整改。跟踪审计实施工作全部结束后，应当以审计机关的名义出具审计报告。审计报告应当反映审计发现但尚未整改的问题，以及已经整改的重要问题及其整改情况。

上述这些跟踪审计的实践探索和制度建设，对于跟踪审计的适用情形主要有三点内容：第一，跟踪审计应该关注问题较多的领域，例如，建设项目是目前问题较多的领域，所以，这个领域是跟踪审计的重点；第二，应该关注领导重点关心的问题；第三，应该关注与广大群众切身利益密切相关的事项。

跟踪审计实践的探索和制度的构建，必然会有相应的理论研究随之产生。根据中国期刊全文数据库的检索，截至 2021 年 2 月，以跟踪审计做标题的文献有 2 227 篇，以跟踪审计做关键词的文献有 1 223 篇，在全文中提到跟踪审计的文献有 24 549 篇。在跟踪审计的短暂历史中，有上述数量的研究文献，可以看出人们研究跟踪审计的积极性。

上述这些研究文献，从研究主题来说，主要包括：跟踪审计的概念，跟踪审计的理论基础，跟踪审计的特征，跟踪审计的优势，跟踪审计的局限性，跟踪审计在具体审计中的应用。鲜有专门的文献研究跟踪审计的适用情形。与此相关的研究有两种类型，一是跟踪审计的理论基础；二是跟踪审计项目的选择。

关于跟踪审计的理论基础，一种观点认为，受托经济责任依据其履行逻辑关系可划分为过程责任和结果责任。受托责任人的责任履行过程的合法性与效益性是受托责任人责任履行结果合法性与效益性的前提与基础，受托责任人责任履行结果的合法性与效益性又是受托责任人责任履行过程合法性与效益性的直接效果。所以，审计要促进受托经济责任的切实有效履行，关键是要促进受托责任人责任履行过程的合法、有效。跟踪审计是对受托责任人的责任履行过程进行跟踪式监控，相对于非跟踪审计方式而言，能够更好地促进受托经济责任的有效履行（柴严，2009）。本节认为，这种观点似是而非。第一，跟踪审计并非只关心过程，也关心结果，只是这个结果不是最终结果，而是阶段性结果。第二，非跟踪审计并非只关心结果，很多时候也关心过程。例如，定期开展的绩效审计也有过程导向模式。所以，跟踪审计与非跟踪审计的区别不在于是关心过程还是关心结果。

关于如何选择跟踪审计项目，有较多的研究。焦继福（1999）认为，跟踪审计应该瞄准领导关心的重点、化解领导关注的难点、突出领导关切的焦点。王小利（2010）认为，跟踪审计对象来源于政府决策，而政府的宏观战略、中期计划及年度计划则是跟踪审计计划的来源。在实践中，计划的制定必须要考虑到以下几点：全部任务与目标评定，环境监测与分析，审计资源分析。钱水祥、金利江（2011）认为，在制定跟踪审计计划时，综合评估应考虑以下因素：一是任务评估；二是条件评估；三是资源评估。跟踪审计计划应坚持有所为有所不为，具体而言，需重点关注以下几个方面：一是重大决策和政策执行；二是重大投资建设项目；三是重大突发危机事件；四是重点民本民生资金。综合上述研究，关于跟踪审计项目的选择，主要有三个重点领域，一是跟踪审计应该关注问题较多的领域；二是跟踪审计应该关注领导重点关心的问题；三是跟踪审计应该关注与广大群众切身利益密切相关的事项。这些结论与跟踪审计实务基本一致。本节认为，上述研究主要是从实际工作中的具体操作这个层面来归纳跟踪审计项目的选择，其结果必然与实务一致。如果理论只是在这个层面，则其意义不大。

总之，根据制度背景和文献综述，跟踪审计主要有三个重点领域，一是关注问题较多的领域；二是关注领导重点关心的问题；三是关注与广大群众切身利益密切相关的事项。然而，为什么跟踪审计的重点是这些领域呢？现有研究还缺乏系统的理论解释。

二、机会主义和问责需求决定跟踪审计的采用：一个理论框架

不少文献对委托代理、机会主义、问责机制、审计及它们之间的关系进行了分析，以此为基础，提出了审计的本质，并以此为出发点，对现实生活中的审计多样化和差异化进行了解释（Williamson，1981；Jensen，1993；Hart，1995；杨时展，1991；王光远，2002；马骏，2010；宋涛，2005；唐斌，2010）。一般认为，委托代理关系是现代社会的主要社会经济关系，当委托人需要抑制代理人的机会主义行为时就需要问责机制，当委托人不相信代理人的业绩报告时就需要审计。即使代理人机会主义存在，委托人不介意代理人的这种行为，也不需要问责机制。问责机制存在，当委托人相信代理人的业绩报告时，也不需要审计。审计的本质是问责机制的机构要素，其基本功能是问责信息保障，问责主体还可以将问责机制中的其他权限配置给审计，从而在审计基本功能的基础上扩展出审计的辅助功能。审计人多样化的原因是问责主体多样化，审计业务类型多样化的原因是问责内容多样化，而审计权限差异化的原因是委托人在构建问责机制时给不同主体的权力配置不同（郑石桥、陈丹萍，2011）。

以上只是代理人机会主义、委托人问责机制、审计三者之间的一般逻辑关系。本节关注的是跟踪审计。机会主义、问责机制、跟踪审计三者之间是什么关系呢？一般来说，审计是在委托人有问责需求时，抑制代理人机会主义行为的一种机制。跟踪审计与非跟踪审计相比，效率、效果好，但成本高。所以，从理论上来说，跟踪审计的采用应该具备三个条件：

第一，机会主义行为严重。审计力度应该与机会主义程度相匹配，机会主义行为越严重的领域，审计力度应该越大。如果机会主义行为严重，但审计力度不够，则机会主义行为可能会泛滥成灾。相反，如果机会主义行为不严重，而审计力度很大，则是无的放矢，浪费审计资源。我国的跟踪审计是从建设项目开始，工程建设领域是跟踪审计的主要领域，这其中的原因主要是我国的工程建设领域存在的问题最突出。国家预防腐败局明确提出，以工程建设领域专项治理推进反腐倡廉建设，这充分说明工程建设领域机会主义行为的严重性。所以，当某个领域机会主义行为较严重时，跟踪审计可能就是效率和效果较好的审计方式。

第二，问责需求强烈。审计是为问责需求服务的，在没有问责需求的情况下，审计当然也可以主动服务。但一般来说，这种审计服务不具有可持续性。只有当委托人具有问责需求时，为这种需求服务的审计才具有可持续性。一般来说，审计力度应该与问责需求相

匹配，问责需求越强烈，审计力度应该越大。如果问责需求强烈，但审计力度不够，则委托人的问责机制就难以运行。相反，如果问责需求不强烈，而审计力度很大，则是无的放矢，浪费审计资源。跟踪审计的效率、效果好，但成本高，一般来说，只有委托人的问责需求较强烈时才适宜采用跟踪审计方式。在我国的跟踪审计实践中，除了工程建设领域外，领导重点关心的问题、与广大群众切身利益密切相关的事项都是跟踪审计的重点，这其中的原因就是委托人对这两个领域的问责需求较强烈。从理论上来说，领导不是审计的最终委托人，但最终委托人的意愿是通过领导来实现的，所以，领导就是审计的直接委托人。例如，我国的政府审计机关是在最高行政首长的领导下开展工作，所以，行政首长就是审计机关的直接委托人。领导重点关心的问题当然是问责需求较强烈的领域。与广大群众切身利益密切相关的事项是广大群众关注较多的事项，同时也会是领导关注的事项。广大群众和领导同时关注的事项当然更是问责需求强烈的事项。

第三，审计资源充裕。严重的机会主义行为和强烈的问责需求对跟踪审计提出了需求，然而，这种审计需求的实现还受到审计成本和审计资源的制约。在决定采用何种审计方式之前，审计结果难以估计，审计成本却可以估计。跟踪审计需要使用较多的审计资源，而开展跟踪审计之后究竟会得到什么结果却是难以估计的。所以，在很多情形下，审计资源可能会制约跟踪审计的开展。例如，我国的跟踪审计有四种方式，一是阶段性跟踪审计；二是环节性跟踪审计；三是同步跟踪审计；四是批量跟踪审计或行业、系统跟踪审计，不同跟踪审计方式的出现是基于审计资源的考虑。

综合以上理论分析，关于机会主义、问责需求和审计方式之间的关系归纳如表 8－2 所示。

表 8－2　机会主义、问责需求和审计方式组合

<table>
<tr><td colspan="2" rowspan="3">项目</td><td colspan="4">问责需求</td></tr>
<tr><td colspan="2">较强</td><td colspan="2">较弱</td></tr>
<tr><td>正确的
审计方式</td><td>不正确的
审计方式</td><td>正确的
审计方式</td><td>不正确的
审计方式</td></tr>
<tr><td rowspan="2">机会主义
程度</td><td>严重</td><td>跟踪审计</td><td>非跟踪审计</td><td>非跟踪审计</td><td>跟踪审计</td></tr>
<tr><td>不严重</td><td>非跟踪审计</td><td>跟踪审计</td><td>非跟踪审计</td><td>跟踪审计</td></tr>
</table>

三、模型验证：一个简要的博弈分析

审计关系至少涉及委托人、代理人和审计人三方，所以可以从多个视角来进行博弈分析（高雷，2011）。本节从审计方式选择的角度来分析三方之间的博弈，以验证本节提出的理论框架。为分析方便起见，本节将机会主义程度设置为高舞弊和低舞弊两种情形，将审计方式设置为跟踪审计和非跟踪审计两种方式。至于问责需求，本节通过两个变量来体现，一是委托人对审计人的激励，主要表现为根据审计人发现的问题，对审计人进行奖励；二是对代理人的处罚，主要是根据审计人发现的问题金额，按一定的比例对代理人（或称被审计单位）进行处罚。一般来说，问责需求越强烈，委托人对审计人的激励越有力度，对代理人的处罚也越严厉。如果委托人对审计人的业绩不奖励，对代理人的机会主义行为不处罚，则很难说明委托人有真正的问责需求。

根据上述界定，相关变量设计如下：(1) 舞弊：高舞弊收益 A，低舞弊收益 a；(2) 审计成本：跟踪审计成本 C，非跟踪审计成本 c；(3) 审计处理有两类型，一是没收舞弊收益，二是按 ξ 比例进行罚款；(4) 无论何种审计方式下，审计人查出更多的问题之后，都会有显性或隐性的收益，一般会与查处的问题金额相关，设为查处问题金额的 μ 数倍，一般情形下，μ 会小于 1。表 8-3 概括了对应不同战略组合的收益矩阵，显然，不存在纯战略纳什均衡。需要说明的是，一般来说，发现被审计单位的问题之后，如果有上缴或没收的某些款项，那么这些款项一般不会直接归属于审计人，而是上缴财政或其他渠道，所以，审计人的收益不包括此类收入。审计人作为理性人，不会直接将此项收入作为自身的收益，而会将从此项收入中得到的直接或间接好处作为收益。

表 8-3 审计方式博弈

审计方式	被审计单位	
	高舞弊	低舞弊
跟踪审计	$\mu(1+\xi)A-C, -(1+\xi)A$	$\mu(1+\xi)a-C, -(1+\xi)a$
非跟踪审计	$\mu(1+\xi)a-c$, $A-(1+\xi)a$	$\mu(1+\xi)a-c$, $-(1+\xi)a$

我们用 R 表示收益，首先从审计人收益的角度来分析审计方式的选择。根据表 8-3，当被审计单位高舞弊时，审计人的收益如下：

$$R_{跟踪}=\mu(1+\xi)A-C$$
$$R_{非跟踪}=\mu(1+\xi)a-c$$
$$R_{跟踪}-R_{非跟踪}=\mu(1+\xi)A-C-\mu(1+\xi)a+c=\mu(1+\xi)(A-a)-(C-c)$$

式中，($R_{跟踪}-R_{非跟踪}$) 表示在被审计单位高舞弊时采用跟踪审计方式带来的净收益，数学表达式含义如下：第一，$\mu(1+\xi)$ 越大，跟踪审计方式带来的净收益越大，μ 表示委托人对审计人的激励程度，ξ 表示对代理人机会主义行为的处罚程度，μ 和 ξ 共同表示委托人的问责需求。所以，问责需求与跟踪审计方式带来的净收益正相关。第二，($A-a$) 越大，跟踪审计方式带来的净收益越大，而 ($A-a$) 表示的就是机会主义行为的严重程度，它的数值越大，表明机会主义行为越是严重。第三，($C-c$) 表示跟踪审计成本，这个成本越高，跟踪审计带来的净收益越小。

我们再来看当被审计单位低舞弊时，审计人的收益。根据表 8-3，当被审计单位低舞弊时，审计人的收益如下：

$$R_{跟踪}=\mu(1+\xi)a-C$$
$$R_{非跟踪}=\mu(1+\xi)a-c$$
$$R_{跟踪}-R_{非跟踪}=\mu(1+\xi)a-C-\mu(1+\xi)a+c=c-C$$

显然，($c-C$) 小于 0。所以，在任何情形下，当被审计单位是低舞弊时，采用跟踪审计都是得不偿失的。

那么，怎么知道被审计单位是属于高舞弊还是低舞弊呢？也就是说，如何判断代理人的机会主义行为是否严重呢？需要从两个角度来界定，一是舞弊金额的大小；二是高舞弊的概率。

我们先来看舞弊金额的大小。如果选择跟踪审计是理性的方式，则跟踪审计方式带来的净收益必须大于0，也就是$R_{跟踪}-R_{非跟踪}$必须大于0。怎样才能做到呢？我们首先来计算临界点。当$R_{跟踪}=R_{非跟踪}$时，是高低舞弊的分界点。由于$R_{跟踪}=\mu(1+\xi)A-C$，$R_{非跟踪}=\mu(1+\xi)a-c$，令二者相等，得到：$A_{临界}=a+(C-c)/\mu(1+\xi)$，舞弊金额在这一点上，则采用跟踪审计和非跟踪审计，二者的收益无差异。如果舞弊金额大于它，则跟踪审计才是理性方式，否则，非跟踪审计是理性方式。换句话说，只有当舞弊金额大于$A_{临界}$时，我们才能将这种舞弊界定为高舞弊。

$A_{临界}=a+(C-c)/\mu(1+\xi)$，这个数学表达式表示，审计成本越高，审计人对高舞弊界定的标准也会越高；问责需求越强烈，审计人对高舞弊界定的标准越低。

以上分析是从舞弊金额大小来判断高舞弊。下面，我们再从高舞弊的概率这个角度来判断高舞弊。我们用θ代表审计人跟踪审计的概率，γ代表被审计单位高舞弊的概率。给定γ，审计人选择跟踪审计（$\theta=1$）和非跟踪审计（$\theta=0$）的期望收益分别为：

$$R_A(1,\gamma)=[\mu(1+\xi)A-C]\gamma+[\mu(1+\xi)a-C](1-\gamma)$$
$$R_A(0,\gamma)=[\mu(1+\xi)a-c]\gamma+[\mu(1+\xi)a-c](1-\gamma)$$

对R_A求极值，得到$\gamma=(C-c)/\mu(1+\xi)\ (A-a)$。

这个结果表明，如果被审计单位高舞弊的概率小于$(C-c)/\mu(1+\xi)(A-a)$，则审计人的最优选择是非跟踪审计；如果被审计单位高舞弊的概率大于$(C-c)/\mu(1+\xi)(A-a)$，则审计人的最优选择是跟踪审计；如果被审计单位高舞弊的概率等于$(C-c)/\mu(1+\xi)(A-a)$，则审计人可以随机选择跟踪审计或非跟踪审计。

给定θ，被审计单位选择高舞弊（$\gamma=1$）和低舞弊（$\gamma=0$）的期望收益分别为：

$$R_C(\theta,1)=[-(1+\xi)A]\theta+[A-(1+\xi)a](1-\theta)$$
$$R_C(\theta,0)=[-(1+\xi)a]\theta+[-(1+\xi)a](1-\theta)$$

对R_C求极值，得到$\theta=1/[1+(1+\xi)(1-a/A)]$。

这个结果表明，如果审计人采用跟踪审计的概率小于$A/[A+(1+\xi)(A-a)]$，则被审计单位的最优选择是高舞弊；如果审计人采用跟踪审计的概率大于$A/[A+(1+\xi)(A-a)]$，则被审计单位的最优选择是低舞弊；如果审计人采用跟踪审计的概率等于$A/[A+(1+\xi)(A-a)]$，则被审计单位可以随机选择高舞弊或低舞弊。

因此，混合战略纳什均衡是：$\theta=A/[A+(1+\xi)(A-a)]$，$\gamma=(C-c)/\mu(1+\xi)(A-a)$。审计人以$A/[A+(1+\xi)(A-a)]$的概率采用跟踪审计，被审计单位以$(C-c)/\mu(1+\xi)(A-a)$的概率选择高舞弊。

综合上述博弈分析，可以得出以下结论：机会主义行为越严重，跟踪审计方式带来的净收益越大；问责需求与跟踪审计方式带来的净收益正相关；跟踪审计成本越大，跟踪审计带来的净收益越小；在任何情形下，当被审计单位是低舞弊时，采用跟踪审计都是得不偿失的；可以从舞弊金额大小和高舞弊概率两个角度来判断被审计单位机会主义行为严重程度。上述这些结论，与本节提出的理论框架完全一致。

四、结论和分析讨论

跟踪审计是指对审计事项运行的全过程分阶段、有重点地进行的持续性、过程性审计，与非跟踪审计相比，这种审计方式切实提高了审计效率和效果，然而，跟踪审计也具有局限性，其中最突出的是增加审计成本。因此，一个重要的问题是，我们应该在什么情形下采用跟踪审计方式呢？在什么情形下不宜采用跟踪审计方式呢？也就是说，如何理性选择跟踪审计呢？本节从机会主义和问责需求的视角来探究这个问题。首先研究制度背景和相关文献综述，其次提出一个关于机会主义和问责需求决定跟踪审计的理论框架，最后用一个简要的博弈论模型验证上述理论框架。

制度背景和文献综述表明，跟踪审计主要有三个重点领域，一是问题较多的领域；二是领导重点关心的问题；三是与广大群众切身利益密切相关的事项。理论框架分析表明，跟踪审计的采用应该具备三个条件：第一，机会主义行为较严重；第二，问责需求较强烈；第三，审计资源充裕。博弈分析表明，机会主义行为越严重，跟踪审计方式带来的净收益越大；问责需求与跟踪审计方式带来的净收益正相关；跟踪审计成本越大，跟踪审计带来的净收益越小；在任何情形下，当被审计单位是低舞弊时，采用跟踪审计都是得不偿失的；可以从舞弊金额大小和高舞弊概率两个角度来判断被审计单位机会主义行为严重程度。制度背景与理论框架的一致性表明，本节提出的理论框架对现实具有解释力。博弈分析与理论框架的一致性表明，本节提出的理论框架具有可信性。

关于机会主义、问责需求和跟踪审计的关系的讨论看似理论问题，实际上具有重要的实践意义。以高效率的方式实现审计目标始终是审计的永恒主题。而审计方式的选择则集中体现了这个主题。一方面，不同的审计方式具有不同的效率和效果，对审计目标的实现力度不同，而在审计目标定位中，委托人的需求又是非常重要甚至是决定性的因素，如果审计目标选择不符合委托人的意图，或者没有采用恰当的方式来实现这个目标，审计效率和效果也就无从谈起。另一方面，不同的审计方式具有不同的审计资源需求，如果不顾及审计资源，一味追求实现审计方式的效率，则可能事与愿违。

中国式的跟踪审计历史不长，却显示了强大的生命力。但本节的分析表明，跟踪审计并不是万能的，它的采用是有前提条件的，机会主义行为严重、问责需求强烈和审计资源充裕是三个主要的前提，离开这些前提，跟踪审计可能不一定是理性选择。

第四节 审计主题、审计取证模式和审计意见

审计是一个认知过程，这个认知过程就是通过审计证据来得出审计意见或审计结论，所以，审计取证和审计意见是审计认知的两个最关键要素，审计取证是审计意见的基础，二者密切相关。

审计取证的基本前提是确定审计认知策略，也就是审计取证模式，它将整个审计认知过程的各种操作组织起来。因此，审计认知策略对审计认知活动的有效进行十分重要。现实世界中，审计取证模式存在多种类型，不同审计机构有不同的审计取证模式，不同的审计业务类型也有不同的审计取证模式。为什么审计取证模式多样化呢？不少文献研究了审计取证模式变迁的原因。然而，这些文献主要是研究财务审计取证模式变迁的原因，但为什么财务审计和舞弊审计具有不同的取证模式？为什么绩效审计和财务审计具有不同的取证模式？同样是政府审计机构从事的财政审计，为什么美国和中国具有十分不同的审计取证模式？诸如此类的问题，并没有理论解释。同样，审计意见也有多种类型，如有限保证

和合理保证，为什么会出现不同类型的审计意见？更为重要的是，审计取证模式与审计意见类型有什么关系？对于这些问题，也没有理论解释。

我们认为，虽然有一些权变因素会影响审计取证模式的选择及审计取证模式和审计意见之间的关系，但基础性的原因是审计主题。正是审计主题的不同，决定了审计取证模式的不同，也正是审计取证模式的不同，决定了审计意见类型的不同。本节拟以审计主题为基础，建立一个理论框架，以解释审计取证模式的选择及审计取证模式和审计意见类型之间的关系。

本节内容安排如下：首先是做简要的文献综述，梳理审计取证模式变迁的相关文献；其次，以审计主题为基础，提出一个关于审计取证模式选择及其与审计意见类型关系的理论框架；再次，用这个理论框架来解释预算执行审计和决算审计在取证模式及审计意见类型上的差异及其原因，在一定程度上验证本节的理论框架；最后得出结论和启示。

一、文献综述

本节的主题是研究审计取证模式选择及审计取证模式和审计意见类型之间的关系。所以，本节的文献综述包括三个方面，一是审计取证模式选择的影响因素；二是审计意见类型的影响因素；三是审计取证模式和审计意见类型之间的关系。

关于审计取证模式选择的影响因素，有大量文献研究审计模式变迁的原因。这些原因包括审计内部原因、审计环境原因和审计对象原因等。谢志华（1997；2008）认为，审计方法的变迁是由提高审计效率与避免或降低审计风险的要求决定的。在审计方法的历史演变中，贯穿其中并起决定作用的是审计风险和审计效率的相互作用。陈毓圭（2004）认为，审计师为了实现审计目标，会一直随着审计环境的变化调整审计方法。审计方法从账项基础审计、制度基础审计发展到风险导向审计，都是审计师为了适应审计环境的变化而做出的调整。谢荣、吴建友（2004）认为，多样的、急剧变化的内外部社会环境改变了审计模式。石爱中、孙俭（2005）认为，审计对象的信息化程度改变了审计模式，他们区分了手工背景下和信息化背景下的审计模式，手工背景下的审计模式包括账目基础审计和制度基础审计，信息化背景下的审计模式包括账套式审计和数据式审计。

关于审计意见的研究文献，可以说是汗牛充栋，主要研究审计意见影响因素、审计意见决策过程和预测、审计意见信息含量（Reynolds & Francis，2001；Matsumura，Subramanyam & Tucker，1997；Taffler，Lu & Kausar，2004）。关于审计意见影响因素，归纳起来包括审计师的因素、审计客户的因素和审计环境的因素（张辉、朱彩婕，2013）。然而，未发现关于审计意见类型为什么分为有限保证和合理保证以及这两种审计意见产生原因的相关研究。至于审计取证模式和审计意见类型之间的关系，也未发现有相关研究文献。

总体来说，关于财务审计取证模式变迁及标准意见和非标准意见的影响因素有较深入的研究。但这些文献并未涉及一般性审计取证模式的选择，更未涉及审计取证模式和审计意见类型之间的关系。本节拟以审计主题为基础，建立一个理论框架，以解释审计取证模式的选择及其与审计意见类型之间的关系。

二、审计主题、审计取证模式和审计意见：理论框架

审计要服务于审计目标，而实现这个审计目标才能得出审计意见或审计结论，从审计

目标到审计意见或审计结论的产生有一个系统的过程，对于这个过程有不同的观察视角，有人称为审计步骤，有人称为审计循环。本节舍弃其中的技术细节，将审计取证过程概括为审计取证模式。从这个层面出发，审计的逻辑过程是，首先确定审计目标和审计主题；在此基础上，通过审计取证模式来获得审计证据；最后根据审计证据确定审计意见。在这一过程中，发挥基础性作用的是审计主题，一方面，它将审计目标和审计取证模式关联起来；另一方面，它还通过审计取证模式决定审计意见。总体来说，审计的逻辑过程如图8-2所示。正是由于审计主题不同，才产生了不同的审计取证模式，也正是由于审计取证模式不同，审计证据的充分性也不同，从而发表的审计意见类型也不同。下面，我们来具体分析这个逻辑过程，以阐述审计主题的基础性地位。

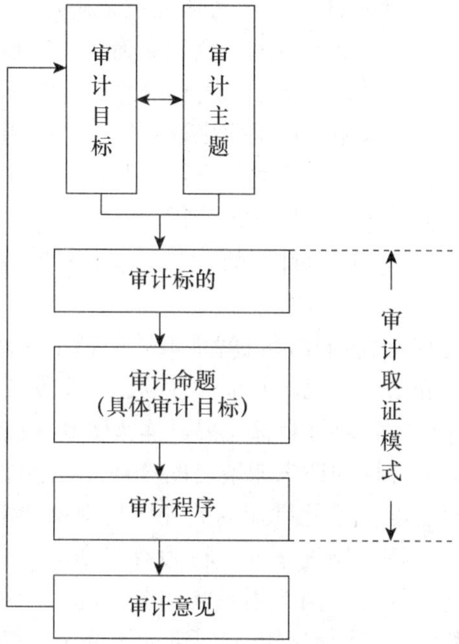

图 8-2　审计的逻辑过程

（一）审计目标和审计主题

审计目标就是人们通过审计实践活动所期望达到的境地或希望得到的结果。从审计机构的角度出发，审计目标决定了审计机构提供的审计产品，审计目标不同，审计产品也不同。如何提供委托人所期望的审计产品呢？首先要确定的就是审计主题。审计主题就是审计人员所要发表审计意见或形成结论的直接对象，审计过程就是围绕审计主题收集证据并发表审计意见或形成结论的系统过程。一般来说，审计主题可以分为三类：一是信息；二是行为；三是制度。当然，委托人也可能是事先确定了关注领域，再有审计主题，然后再确定针对该领域的审计目标。所以，审计目标和审计主题之间并不一定具有逻辑上的先后关系。但一般来说，审计目标和审计主题之间有一定的对应关系，一定的审计目标只能通过一定的审计主题来实现，而一定的审计主题只能承载一定的审计目标。一般来说，审计目标包括真实性、合规性和效益性三个方面：真实性关注的是信息有无虚假或错报，显然是由信息主题来承载；合规性关注的是财政财务收支及相关经济活动是否遵守了相关的法律法规和规章制度，显然是由行为主题来承载；效益性关注的是是否合理，也就是是否存在改进的潜力，通常是由信息主题来承载。此外，审计目标还有制度的健全性，承载这个目标的显然是制度主题。一般来说，审计目标和审计主题需要委托人和审计人共同商定，或者是审计人估计委托人的需求后确定。事实上，审计目标和审计主题共同决定了审计业务类型，例如，财务审计、绩效审计、合规审计和制度审计等。

（二）审计取证模式：审计标的

审计目标和审计主题确定之后，需要一个审计取证模式来获取审计证据。这个取证模式要解决三个问题：第一，审计标的，也就是审计实施的直接标的物的确定，例如，财务审计中的交易、余额、列报就是审计标的，合规审计中的特定行为就是审计标的；第二，针对特定的审计标的，具体的审计目标是什么，也就是确定针对特定审计标的的审计命题；第三，如何证明每一个具体的审计命题，也就是确定和实施审计程序。所以，从技术上来说，审计就是一个证明过程，在确定证明的标的之后，将审计目标落实到每一个审计标的，从而形成审计命题，然后采用审计程序来证明每一个命题，最后，根据每个命题的证明结果，形成关于审计主题的结论。不同的审计主题，在上述三个方面可能存在重大差别，从而形成不同的审计取证模式。我们先来分析审计标的。

审计标的有三个问题，一是选择审计标的；二是确定审计标的的总体和个体；三是确定审计标的的载体。

审计标的是审计实施的直接标的物，也就是审计的靶子（谢荣，1989）。不同的审计主题，审计标的不同。就财务信息来说，其审计标的包括交易、余额、列报，审计活动的直接实施对象就是这些审计标的，审计目标也要具体落实到这些审计标的上。就业务信息来说，由于其种类繁多，其审计标的还未能系统地研究。对于行为审计主题来说，其审计标的应该是特定的行为，而制度主题的审计标的应该是约束特定行为或信息的特定制度。由于所审计的特定行为不同或特定制度不同，行为及制度审计主题可能有很多种。例如，针对招待费用及其相关制度，针对出国费用及其相关制度，针对员工报酬及其相关制度，以及针对领导个人开支及其相关制度都可以专门审计。总之，每种特定行为及其相关制度都可以成为审计标的。

审计标的确定之后，接下来的问题是确定审计标的的总体和个体。审计总体就是审计标的的全体，审计个体就是审计标的的个体，审计总体是审计个体的集合。不同审计主题的审计总体和审计个体具有不同的特征。

就信息主题来说，信息所表征的是一定的客观事物的量化特征，而这些客观事物就是审计总体和审计个体，单个客观事物就是审计个体，全体客观事物就是审计总体。例如，对于财务审计而言，财务信息所表征的是交易、余额、列报，每个财务信息都是特定交易、余额、列报的量化特征，每个交易、余额、列报就是一个审计个体，它们的集合就形成了审计总体。所以，财务审计具有确定的审计总体和审计个体。当然，信息主题还可能包括业务信息，如产量、GDP 等，业务信息审计的总体和个体，目前还没有系统的研究。

就行为主题来说，审计客体不一定有认定。对于行为，可以从两个角度来观察，一是行为主体；二是行为类型。因此，可以从三个角度来确定审计总体和审计个体。首先，从行为主体角度来确定审计总体和审计个体，也就是说，关注特定行为人的所有行为，凡是属于审计所关注的特定人的每一次行为，都属于审计个体，所有审计个体的集合形成审计总体。然而，任何一个人都可能存在多种行为，如果只关注特定人的行为，而行为类型又有许多种，这个角度的审计总体和审计个体可能很庞大。其次，从行为类型角度来确定审计总体和审计个体，也就是说，审计只关注特定的行为，凡是属于所界定的特定行为，都属于审计总体，每个特定行为都属于审计个体。然而，行为一定是人或组织从事的，如果不确定人或组织的范围，则审计总体和审计个体的范围也可能很庞大。最后，将行为主体和行为类型结合起来，在这种情形下，从空间范围上来说，审计总体和审计个体的范围是清晰的。

对于制度主题来说，同样存在审计标的及其总体和个体，从审计标的来说，一方面，可以从制度设计和制度两个维度来考虑；另一方面，还需要考虑制度运行的各个环节。凡是与某一制度环节相关的全部交易或事项形成了总体，则单个交易或事项就是个体。

审计标的的总体和个体确定之后，无论是详细审计，还是抽样审计，都需要有一定的审计载体，也就是审计活动直接实施的资料、实物和人，它们是审计客体或相关主体对审计标的的记载或记忆，也称为形式上的标的。不同的审计标的，审计载体差别很大。

就信息主题来说，审计客体有相关的认定，这些认定的产生有两种情形，一是有相关的原始记录，信息认定就是根据这些原始记录来产生的，财务信息和一些业务信息就属于这种情形；二是缺乏系统的原始记录，信息认定的产生并无确凿的原始记录可查找。许多的业务信息就属于这种情形。

就行为主题来说，由于审计客体不一定形成相关的认定，因此，行为审计载体有两种情形：一是没有系统化的审计载体，也就是说，对于这种审计标的并未形成系统的记录，如果有记录，也是分散于其他的记录之中，针对该标的并未形成特定的系统化记录；二是有系统化的审计载体，这种情形下，针对该特定行为有专门的记录。当然，即使有专门的记录，也存在与信息主题相类似的情形，还要区分存在相关的原始记录和不存在相关的原始记录这两种情形。

就制度主题来说，记录制度及其运行状况的介质都可能成为审计载体。

（三）审计取证模式：审计命题

命题是可以被定义并观察的现象，审计命题具有两个方面的含义：一方面，它是审计目标的分解，所以，也可以称为具体审计目标；另一方面，它必须与一定的审计标的相联系，是针对特定的审计标的需要获取证据来证明的命题。不同的审计主题在审计命题方面具有不同的特征。

就财务信息主题来说，审计命题就是将审计目标落实到具体的交易、余额、列报，形成针对特定交易、余额、列报的具体审计目标，也就是针对该特定交易、余额、列报所要证明的命题。这种命题已经形成了基本公认的体系，具体情形是：与各类交易和事项相关的审计目标或审计命题包括：发生、完整性、准确性、截止、分类；与期末账户余额相关的审计目标或审计命题包括：存在、权利和义务、完整性、计价和分摊；与列报相关的审计目标或审计命题包括：发生及权利和义务、完整性、分类和可理解性、准确性和计价。

至于业务信息主题，由于包括的数据类型繁多，针对其审计命题，还没有系统的研究，并未形成公认的审计命题体系。

就行为主题来说，特定行为的审计目标是合规性，而真实性是其基础，所以，特定行为的审计命题包括：发生、完整性、准确性、截止、分类、合规。发生是指审计载体中已经记录的行为是真实的，如果没有发生该行为，而审计载体中记录了该行为，则该命题为伪；完整性是指审计客体发生的所有该类行为都已经在审计载体中记录了，如果有些行为没有记录在审计载体中，则该命题为伪；准确性是指审计载体中对该行为相关数据特别是金额的记录是正确的，如果发生数据不符，则该命题为伪；准确性与发生、完整性之间存在区别。例如，若已记录的行为是不应当记录的，即使金额是准确的，发生的命题也为伪。再如，若已记入的行为属于该特定行为，但金额计算错误，则准确性命题为伪，发生命题为真。在完整性与准确性之间也存在同样的关系；截止是指审计载体所记录的特定行为记录于恰当的期间。如果将本期行为推到下期，或将下期交易提前到本期，则该命题为伪；分类是指在审计载体中对特定行为进行再分类时，对行为的再分类是正确的，如果对该特定行为再分类错误，则该命题为伪。合规是指审计客体所发生的该类特定行为符合既定标准，如果有些行为违反了既定标准，则该命题为伪。

就制度主题来说，典型形态是内部控制审计，审计目标是健全性，审计命题包括合规性、健全性和遵循性。合规性是指内部控制是符合既定标准的，如果存在不符合既定标准的内部控制，则该命题为伪；健全性也可以称为合理性，是指内部控制是合理的，不存在重大缺陷，如果存在重大缺陷，则该命题为伪；遵循性是指内部控制得到了有效的执行，在执行中不存在重大缺陷，如果执行中存在重大缺陷，则该命题为伪。

上述分类表明，不同的审计主题有不同的审计命题，审计命题只是确定了需要证明的命题，这些命题能否得到证明，与审计载体相关。如果审计载体是清晰的，且有原始记录支持，则这些命题具有穷尽性，针对这些审计载体，实施详细审计或抽样审计后，就能就每个命题对该审计总体得出审计结论；如果审计载体清晰，但没有原始记录，则审计实施较为困难；如果没有清晰的审计载体，审计总体和审计个体确定都较为困难，则审计实施也就困难。

（四）审计取证模式：审计程序

审计程序是获得审计证据的具体方法，它是针对特定的审计命题，从特定的审计载体中获取审计证据的技术。不同的审计命题、不同的审计载体需要不同的审计程序。而审计命题、审计载体又与审计主题相关，所以，总体来说，审计主题是确定审计程序的基础性原因。

审计程序有两层含义，一是审计程序的组合；二是特定审计程序的性质、范围和时间的选择。

关于特定审计程序的组合，有两种情形，一是详细审计；二是抽样审计。究竟是选择详细审计，还是选择抽样审计，受到许多因素的影响，例如，审计责任、审计效率、审计环境等，但更为基础性的原因是审计载体，如果审计载体是清晰的，并且是有原始记录支持的，则详细审计可行，抽样审计也可行。财务审计取证经历了账项基础审计、制度基础审计、传统风险导向审计和现代风险导向审计，是以清晰的审计载体为基础，账项基础审计是详细审计，制度基础审计、传统风险导向审计和现代风险导向审计都是抽样审计，只不过抽样的思路不同。同时，从手工系统的审计模式转换为信息化背景下的审计模式，只是审计载体发生了变化，从而导致详细审计或抽样审计及不同抽样思路的成本效率发生了变化，审计程序的组合也发生了变化。如果没有清晰的审计载体，则无法确定总体的范围，当然也无法进行科学的审计抽样，进而也无法根据已审计的个体对审计总体做出结论，只能就已经审计过的个体发表审计意见。所以，在这种情形下，难以形成有效的抽样审计模式。

就特定审计程序的性质、范围和时间来说，当然是以审计程序的组合为前提，在这个前提下，审计命题、审计载体及相关的环境因素共同决定其选择。一般来说，财务审计可以采用审阅、询问、监盘、观察、调查、重新计算、重新执行、分析性程序等审计程序来获取审计证据。以业务信息为主的绩效审计的审计程序，一方面，可以借用财务信息审计的一些程序，例如，分析性程序和重新计算；另一方面，还需要一些非财务审计新方法，例如，英格兰及威尔士审计委员会要求相关国家审计机关对公共部门的绩效指标进行审计，由于这些绩效指标大多数是业务信息，审计机关采用的工作方法是不对数据本身进行审计，而对数据产生流程进行审计，并公布对这些流程的审计结果（Bowermna，1995）。此外，还可以采用专家委托和实验法。总体来说，相对于财务审计程序，业务信息审计程序还远未成熟，对于许多业务信息，还没有适宜的审计程序。

关于行为审计和制度审计的审计程序，可以借用财务信息审计程序，例如，审阅、询问、观察、调查等；也发展了一些成熟的专门方法，例如，重新执行和穿行测试。同时，行为审计的新方法还在不断出现，例如，调查问卷、设立意见箱、公布联系电话、座谈会、走访有关单位等。但是，总体来说，相对于信息审计特别是财务信息审计，行为审计和制度审计的审计程序还远未成熟，对于许多行为，还没有适宜的审计程序。

（五）审计取证模式：命题论证型和事实发现型

根据以上分析可知，在既定的审计目标和审计主题下，审计过程在逻辑上包括审计标的、审计命题和审计程序三个维度，其基本情形归纳如表 8－4 所示。

表 8－4　不同审计主题的审计标的、审计命题和审计程序

<table>
<tr><th colspan="3" rowspan="2">审计取证过程</th><th colspan="4">审计主题</th></tr>
<tr><th>财务信息</th><th>业务信息</th><th>特定行为</th><th>制度</th></tr>
<tr><td rowspan="5">审计标的</td><td colspan="2">标的物</td><td>交易、余额、列报</td><td>尚不清楚</td><td>特定行为</td><td>约束特定行为的制度</td></tr>
<tr><td colspan="2">总体和个体</td><td>概念上可以清晰地确定</td><td>尚不清楚</td><td>概念上可以清晰地确定</td><td>概念上可以清晰地确定</td></tr>
<tr><td rowspan="3">审计载体</td><td>没有系统的载体</td><td>不属于这种情形</td><td>许多信息属于这种情形</td><td>许多特定行为属于这种情形</td><td>有些制度属于这种情形</td></tr>
<tr><td>有系统的载体但没有原始记录支持</td><td>不属于这种情形</td><td>有些信息属于这种情形</td><td>有些特定行为属于这种情形</td><td>有些制度属于这种情形</td></tr>
<tr><td>有系统的载体且有原始记录支持</td><td>属于这种情形</td><td>有些信息属于这种情形</td><td>有些特定行为属于这种情形</td><td>有些制度属于这种情形</td></tr>
</table>

续表

审计取证过程		审计主题			
		财务信息	业务信息	特定行为	制度
审计命题		交易审计命题、余额审计命题、列报审计命题	尚不清楚	合规、发生、完整性、准确性、截止、分类	合规、健全性、遵循性
审计程序	审计程序组合	历经账项基础审计、制度基础审计、传统风险导向审计、现代风险导向审计	尚不清楚	审计载体不清晰时难以形成有效的抽样审计模式，审计载体清晰时可以形成有效的抽样审计模式	审计载体不清晰时难以形成有效的抽样审计模式，审计载体清晰时可以形成有效的抽样审计模式
	特定审计程序的选择	审阅、询问、监盘、观察、调查、重新计算、重新执行、分析性程序	借用一些方法，已经开发一些方法，还未系统化	已经有一些方法，还未系统化	已经有一些方法，基本系统化

审计取证模式就是审计标的、审计命题和审计程序三者的组合。表 8-4 显示，信息审计主题和行为审计主题在各个要素方面有异同，但最主要的分歧在于审计载体。总体来说，审计载体有三种情形：没有系统的载体；有系统的载体但没有原始记录支持；有系统的载体且有原始记录支持。财务信息主题属于有系统的载体且有原始记录支持的情形，而业务信息和行为审计主题上述三种情形都存在。

审计载体的确定对审计取证具有重要影响，如果存在有原始记录支持的审计载体，审计总体和审计个体都可以清晰地确定，则审计取证采取详细审计或抽样审计都是可行的；如果存在审计载体，但没有原始记录来支持这些审计载体，审计总体和审计个体难以清晰地确定，则审计实施比较困难；如果不存在系统化的审计载体，审计总体和审计个体都难以清晰地确定，则审计实施也比较困难。

总体来说，审计取证模式可以分为两种情形，一是有系统的载体且有原始记录支持，称为有系统的载体；二是没有系统的载体或者虽然有系统的载体但没有原始记录支持，称为没有系统的载体。

有系统的载体和没有系统的载体，审计取证模式有很大的区别。当有系统的载体时，审计总体范围是确定的，组成总体的个体也是确定的，审计命题具有穷尽性，可以按“疑错从无”和“无反证假设”来处理，如果没有发现相反的证据，则推定命题是成立的，这种审计取证属于命题论证型模式，财务信息审计是这种情形的典型。在这种审计取证模式下，重要的问题是审计风险和审计效率之间的权衡，一般来说，如果要提高审计效率，就需要采取抽样审计，而抽样的不同思路，决定了不同的审计取证模式，制度基础审计、传统风险导向审计和现代风险导向审计，其主要的区别是抽样的思路不同。信息化背景下与手工背景下的审计取证模式的区别，主要也是对于抽样的依赖程度及抽样的思路不同，信息化降低了对于抽样的依赖程度，也使得抽样可以针对更加细分的审计总体。在这种取证模式下，能获取充分恰当的审计证据来证明审计命题，通过所有审计命题的证明，对审计主题发表意见。所以，称为命题论证型取证模式。

莫茨、夏拉夫（1990）指出，事实问题的逻辑过程如下：认识面临的整个问题（接受审计任务）；观察与问题有关的事实；把整个问题分解成若干单个问题；针对每一个具体问题确定所要收集的证据；选择适用的审计技术和程序；实施获得审计证据的程序；评价证据，包括证据的相关性和有效性，证据是否暗示新的问题，证据对形成判断是否恰当；形成判断，包括对单个问题的判断和对整个问题的判断。这里的论述，与本节提出的命题论证型模式基本相同。

当没有系统的载体时，审计总体或审计个体的范围不能明确，审计命题不具有穷尽性，无法使用“疑错从无”和“无反证假设”来处理，这种审计取证模式属于事实发现型，舞弊审计是其典型形态。事实发现型只能就已经发现的审计个体形成结论，即通过对很多单个审计个体实施审计程序来发现这些审计个体与审计命题相关的证据。当然，从审计人员的主观愿望来说，总是希望通过对更多的审计个体的审计，形成对审计总体的结论，其过程如图 8-3 所示。

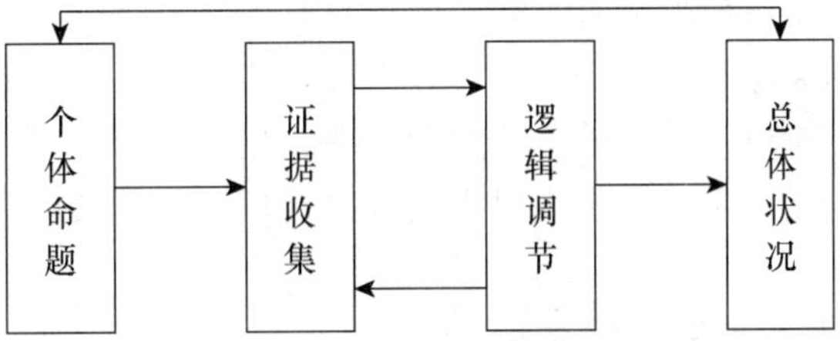

图 8-3　事实发现型取证模式

当没有系统的审计载体时，审计总体的范围不能确定，究竟需要审计多少审计个体才能得出关于审计总体的结论，缺乏统计原理的支持。同时，由于没有系统的审计载体，对所选定的审计个体审计不一定能得出可靠的审计结论，根据抽样审计得出总体的结论也不具有可行性。在这种审计取证模式下，只能审计具有载体的审计个体，无法采用详细审计，也无法按统计原理来实施抽样审计。因此，当没有系统的审计载体时，无法获取可行的审计证据来证明某些审计命题，也无法通过对审计命题的证明来对审计主题形成审计意见，只能通过对有审计载体的审计个体的审计来发现某些事实。所以，称为事实发现型取证模式。

上述关于审计主题、审计载体、审计命题和审计取证模式之间的关系，归纳起来如表 8-5 所示。

表 8-5　审计主题、审计载体、审计命题和审计取证模式

审计主题		审计载体			审计取证模式
		没有系统的载体	有系统的载体但没有原始记录支持	有系统的载体且有原始记录支持	
信息主题	财务信息	A ×	B ×	C √	C 命题论证型
	业务信息	D √	E √	F √	DE 事实发现型，F 命题论证型

续表

审计主题		审计载体			审计取证模式
		没有系统的载体	有系统的载体但没有原始记录支持	有系统的载体且有原始记录支持	
行为主题	行为	G √	H √	I √	GH 事实发现型，I 命题论证型
	制度	J √	K √	L √	JK 事实发现型，L 命题论证型

√表示这种情形有可能存在，×表示这种情形一般不存在。

现实生活中，信息审计主要是针对财务信息，而行为主题存在有系统的载体且有原始记录支持的情形很少，所以，观察到的审计现象是，信息审计主题采用命题论证型模式，行为审计主要采用事实发现型模式。

为什么许多行为主题不能形成有系统的载体且有原始记录支持？这个问题对于审计很重要，但与本节的主题关联不大。一般来说，审计客体的信息系统并不是专门为审计设计的，系统地记录和不记录以及是否建立支持性的原始记录系统完全是基于本单位的需要。当然，如果符合成本效益原则，委托人可以要求其代理人建立某些信息系统。

（六）审计意见类型及其原因

我们现在来分析审计取证模式和审计意见类型之间的关系。根据审计意见的保证程度，可以将审计意见分为合理保证和有限保证。合理保证表明审计意见的可靠程度较高，一般以积极的方式提出结论。有限保证表明审计意见的可靠程度低于合理保证，一般以消极的方式提出结论。所以，审计人员发表不同类型审计意见的关键因素是保证程度，而保证程度又是由审计证据所决定的，如果审计证据具有较高的支持程度，则发表合理保证审计意见，否则，就发表有限保证审计意见。

审计证据的保证程度又是由什么决定的呢？是审计取证模式。不同审计取证模式下，审计证据的保证水平不同。在事实发现型取证模式下，由于审计总体不能确定，并且已经审计的个体不能有效地代表审计总体，无法根据已经审计的个体来推断审计总体，审计主题无法从整体上得到验证，只能对已经审计的个体且采取消极的方式就发现的事实来发表审计意见，属于有限保证审计意见。

在命题论证型取证模式下，从理论上来说，全体审计命题得到证明之后，审计主题就得到了证明。在这种情形下，有两种选择：一是选择的样本能有效地代表审计总体，此时，能根据对样本的审计结果来推断总体状况（详细审计是抽样审计的特例），能对审计主题发表审计意见，这种情形下的审计意见采用合理保证方式；二是由于成本效益或审计产品使用者不需要较高程度的保证，抽样的样本并不能有效地代表审计总体，此时，只能对已经审计的个体且采取消极方式就发现的事实来发表审计意见，属于有限保证审计意见。特别需要说明的是，命题论证型取证模式下，出具有限保证审计意见，并不是技术上的原因，而是审计产品的使用者不需要较高程度的保证。

根据上述审计意见类型与审计取证模式之间的关系，再联系前面分析的审计主题、审计载体和审计取证模式的关系，归纳起来如表 8－6 所示。

表 8－6　审计主题、审计取证模式和审计意见类型

审计主题		审计载体			审计意见类型		
		1	2	3	详细审计	抽样审计	
						取证模式	审计意见类型
信息主题	财务信息	A　×	B　×	C　√	C 合理保证	C 命题论证型	C 样本能代表总体，合理保证；C 样本不能代表总体，有限保证
	业务信息	D　√	E　√	F　√	D 有限保证；E 有限保证；F 合理保证	DE 事实发现型，F 命题论证型	D 有限保证；E 有限保证；F 合理保证
行为主题和制度主题	行为	G　√	H　√	I　√	G 有限保证；H 有限保证；I 合理保证	GH 事实发现型，I 命题论证型	G 有限保证；H 有限保证；I 合理保证
	制度	J　√	K　√	L　√	J 有限保证；K 有限保证；L 合理保证	JK 事实发现型，L 命题论证型	J 有限保证；K 有限保证；L 合理保证

1 表示没有系统的载体；2 表示有系统的载体但没有原始记录支持；3 表示有系统的载体且有原始记录支持；√表示可能有这种情形；×表示没有这种情形。

三、审计主题、审计取证模式和审计意见：预算执行审计和决算审计分析

本节以审计主题为基础，建立了一个关于审计取证模式选择及其与审计意见类型的关系的理论框架，那么，这个理论框架能否解释现实生活中的审计现象呢？下面，我们用这个理论框架来分析预算执行审计和决算审计的审计主题、审计取证模式及审计意见类型。

财政审计有两种情形，一种是以决算审计和一定的绩效审计为主要审计业务类型，美国是这种情形的典型；另一种是以预算执行审计和一定的绩效审计为主要审计业务类型，中国是这种情形的典型。我们不讨论绩效审计，仅讨论决算审计和预算执行审计的区别。

决算审计的审计主题是决算信息，也就是财务信息主题。财务信息存在有系统且有原始记录支持的审计载体，既可以采取详细审计，也可以采取抽样审计。当采取抽样审计时，一般采用命题论证型审计取证模式，可以对审计总体发表合理保证的审计意见。所以，美国联邦各部门的监察长办公室或委托外部审计机构，会对联邦各部门的年度财务报表进行审计，并发表合理保证的审计意见；美国 GAO 对联合合并报表进行审计，并发表合理保证的审计意见。

预算执行审计的审计主题是预算行为，包括预算编制、预算执行和预算报告全过程的活动及相关经济活动。从理论上来说，审计主题有两类，一是特定的预算行为；二是约束预算行为的预算管理制度。

当以特定的预算行为作为审计主题时，如果只关注某些特定类型的预算行为，其审计

总体和审计个体应该是可以确定的，例如，人员经费开支是否违规、办公经费开支是否违规等，并且这些特定行为可能还存在有系统且有原始记录支持的审计载体，如果只对这种类型的预算行为进行审计，可以采用命题论证型取证模式，并就这类特定的预算行为发表合理保证审计意见。当然，也有一些特定预算行为，要么审计总体无法明确界定，要么不存在有系统且有原始记录支持的审计载体，此时，审计取证模式只能采取事实发现型，也只能发表有限保证审计意见。总体来说，如果以全部预算行为作为审计主题，则总体上难以确定审计总体，并且不能保证所有的预算行为都存在有系统且有原始记录支持的审计载体，此时，只能就已经审计的个体并且以有限保证的方式发表审计意见。

当以预算管理制度作为特定主题时，采取何种审计取证模式要看相关的审计载体，如果能有效地获取证据来证明被审计单位预算制度设计及执行情况，则可以采取合理保证审计意见，否则，只能发表有限保证审计意见。

我国预算执行审计的审计主题一般包括全部预算行为和预算制度，命题论证型和事实发现型取证模式都有用武之地，但是，在大案要案、要情要目这些审计目标驱动下，主要采取事实发现型取证模式，也只能就已经发现的事实发表有限保证审计意见。

所以，总体来说，预算执行审计和决算审计具有不同的审计主题，从而选择不同的审计取证模式，也只能发表不同类型的审计意见。这与本节前面的理论框架相一致。

四、结论和启示

审计取证和审计意见是审计认知的两个最关键要素，并且二者密切相关。本节以审计主题为基础，建立一个理论框架，以解释审计取证模式的选择及审计取证模式和审计意见类型之间的关系。

审计目标和审计主题之间有一定的对应关系，一定的审计目标只能通过一定的审计主题来实现，而一定的审计主题只能承载一定的审计目标。信息主题只能承载真实性目标和效益性目标，行为主题只能承载合规性目标，制度主题则只能承载健全性目标。一般来说，审计目标和审计主题需要委托人和审计人共同商定，或者是审计人估计委托人的需求后确定。事实上，审计目标和审计主题共同决定了审计业务类型，例如，财务审计、绩效审计、合规审计和制度审计等。

审计目标和审计主题确定之后，需要一个审计取证模式来获取审计证据。这个取证模式要解决三个问题：第一，审计标的，也就是审计实施的直接标的物的确定；第二，针对特定的审计标的，具体的审计目标是什么，也就是确定针对特定审计标的的审计命题；第三，如何证明每一个具体的审计命题，也就是确定和实施审计程序。

审计标的有三个问题，一是选择审计标的；二是确定审计标的的总体和个体；三是确定审计标的的载体。审计标的是审计实施的直接标的物，财务信息审计的审计标的包括交易、余额、列报；业务信息审计种类繁多，其审计标的还未能系统地研究。对于行为审计主题来说，其审计标的应该是特定的行为，制度审计的标的则应该是约束特定行为的特定制度。审计总体就是审计标的的全体，审计个体就是审计标的的个体，审计总体是审计个体的集合。不同审计主题的审计总体和审计个体具有不同的特征。财务信息审计具有确定的审计总体和审计个体。业务信息审计的总体和个体，目前还没有系统的研究。就行为审计来说，如果将行为主体和行为类型结合起来，则可以确定审计总体和审计个体的范围。

审计载体就是审计活动直接实施的资料、实物和人，也称为形式上的标的。

命题是可以被定义并观察的现象，不同的审计主题在审计命题方面具有不同的特征。就财务信息主题来说，针对交易、余额、列报所要证明的审计命题已经形成了基本公认的体系。至于业务信息主题，由于包括的数据类型繁多，其审计命题尚未形成公认的审计命题体系。特定行为的审计命题包括：发生、完整性、准确性、截止、分类、合规。针对制度的审计命题包括合规性、健全性和遵循性。

不同的审计命题、审计载体，需要不同的审计程序。而审计命题、审计载体又与审计主题相关，所以，总体来说，审计主题是确定审计程序的基础性原因。审计程序有两层含义，一是审计程序的组合；二是特定审计程序的选择。关于特定审计程序的组合，有两种情形，一是详细审计；二是抽样审计。究竟是选择详细审计，还是选择抽样审计，基础性的原因是审计载体，如果审计载体是清晰的，并且是有原始记录支持的，则详细审计可行，抽样审计也可行；如果没有清晰的审计载体，无法确定总体的范围，当然也就无法进行科学的审计抽样。就特定审计程序的选择来说，其是由审计命题、审计载体及相关的环境因素共同决定的。

审计取证模式就是审计标的、审计命题和审计程序三者的组合。不同审计取证模式最主要的分歧在于审计载体。总体来说，审计载体有三种情形：没有系统的载体；有系统的载体但没有原始记录支持；有系统的载体且有原始记录支持。财务信息主题属于有系统的载体且有原始记录支持的情形，业务信息、行为和制度这些审计主题则上述三种情形都存在。

审计取证模式可以分为两种情形，一是有系统的载体且有原始记录支持，称为有系统的载体；二是没有系统的载体或者虽然有系统的载体但没有原始记录支持，称为没有系统的载体。有系统的载体和没有系统的载体，审计取证模式有很大的区别。当有系统的载体时，审计取证属于命题论证型模式，财务审计是这种情形的典型。当没有系统的载体时，审计取证模式属于事实发现型，合规审计是其典型形态。

根据审计意见的保证程度，可以将审计意见分为合理保证和有限保证。审计人员发表不同类型审计意见的关键因素是保证程度，保证程度是由审计证据所决定的，而审计证据的保证程度又是由审计取证模式决定的。因此，在事实发现型取证模式下，只能发表有限保证审计意见。在命题论证型取证模式下，可以发表合理保证审计意见。

美国的决算审计的审计主题是决算信息，采用命题论证型审计取证模式，发表合理保证审计意见。我国的预算执行审计的审计主题一般包括全部预算行为和预算制度，主要采用事实发现型取证模式，发表有限保证审计意见。预算执行审计和决算审计，具有不同的审计主题，从而选择不同的审计取证模式，也只能发表不同类型的审计意见。

本节的结论告诉我们，审计目标、审计主题、审计标的、审计命题、审计程序、审计意见之间存在规律性联系，正是这种规律性的联系，产生了不同的审计取证模式，也正是这种规律性的联系，产生了不同类型的审计意见。审计制度的构建是一个系统工程，不能就局部论局部，必须以系统的观点来设计、完善和实施审计制度。当前，我国的政府审计是以行为主题为主，而美国等发达国家是以信息主题为主，在这种背景下，如何设计系统化的中国特色审计制度可能更加需要我们深刻理解本节所探讨的各要素之间的规律性联系。

第五节　电子数据环境对抽样审计的影响：一个理论框架

抽样是人类社会的伟大创举，极大地提高了人们把握总体的效率效果（纪思亮，2016），随着大数据时代的到来，统计抽样面临挑战（程开明、宋艺旋，2017；万舒晨、金勇进，2018）。抽样审计是抽样技术在审计中的应用，在保障审计质量的前提下，也极大地提升了审计效率效果（吴立煦，1995）。然而，随着人类社会信息化水平的提高，电子数据成为主要审计载体，电子数据审计成为主流的审计模式，在这种背景下，抽样审计是否也面临挑战呢？

现有文献的主流观点是在电子数据及大数据环境下，抽样审计将向总体审计转变。本节认为，抽样审计属于“怎么审计”的范畴，而不同的审计主题在“怎么审计”这个基础性的问题上有不同的回答，所以，需要基于不同的审计主题来分析电子数据审计中抽样审计的作用。

本节内容安排如下：首先是做简要的文献综述，梳理电子数据中抽样审计作用的相关文献；其次，将审计主题分为财务信息、业务信息、经济行为和经济制度，分别分析抽样审计在各类审计主题的电子数据审计中的作用；最后得出结论和启示。

一、文献综述

仅有少量文献涉及电子数据环境下的抽样审计，李瑛玫、王春利（2007）认为，计算机软件可以代替大量手工查账，从而可以使审计方式以抽样审计为主又重新转向以详细审计为主；马德辉（2017）认为，信息系统及时处理分析结构性和非结构性数据，逐步实现了对所有审计数据进行整体分析，能有效防止抽样审计产生的审计风险。

许多文献研究涉及大数据对抽样审计的影响。大数据分析取代抽样分析之后，可以不采用随机抽样方法，而是采用收集和分析被审计单位所有数据的总体审计模式（秦荣生，2014）；总体审计模式通过分析审计对象所有相关的数据与资源，能够发现抽样审计模式所不能发现的问题，从而有效地规避抽样审计模式带来的审计风险（彭启发、陈志朵，2015）；在大数据时代，审计抽样方式逐渐被总体审计模式替代，可以收集和分析所有总体数据（鲁清仿、魏欣媛，2015）；大数据促使审计方式由抽样审计向总体审计转变（朱玲玲，2016）；变过去的抽样审计为全样本审计，可以实现被审计对象信息全覆盖（刘娜，2017）；大数据下的审计范围发生了根本变化，样本即总体，需要建立总体审计的思维模式（赵明浩、谢军，2017）；大数据改变了审计流程，管中窥豹式抽样审计已经不那么重要了，抽样审计开始让位于详细审计（阳杰、应里孟，2017）；企业在大数据环境下，审计方法要从抽样审计转向全面数据审计（曾川，2018）；大数据驱动抽样审计向全样本审计转变（崔春，2018；靳思昌，2018）。

如上所述，现有文献几乎一致认为，在电子数据及大数据环境下，抽样审计将向总体审计转变。然而，现有文献没有深入分析哪些抽样审计程序将向总体审计转变以及为什么会发生这种转变。本节基于不同的审计主题来分析电子数据审计中抽样审计的作用，探究这种转变的原因。

二、理论框架

审计取证的方式依赖于审计载体，一方面，不同的审计主题，审计标的不同，审计载体状况不同，从而对抽样审计的需求也不同；另一方面，不同的审计载体，电子化程度不同，数字式痕迹化水平越高，电子审计载体越多，抽样审计的价值越低。所以，需要区分不同的审计主题来分析电子数据审计对抽样审计的影响。

（一）电子数据财务信息审计中抽样审计的作用

财务信息审计有两种定位，一是结论导向，这种定位下，财务信息审计的目标是鉴证财务信息的真实性；二是问题导向，这种定位下，财务信息审计的目标是发现财务信息错弊（包括财务信息错误和舞弊，下同）。不同的定位，对抽样审计的需求不同，从而电子数据审计对抽样审计的依赖程度也不同。

1. 电子数据财务信息审计中抽样审计的作用——基于结论导向

结论导向下的财务信息审计，要对财务信息的真实性发表整体性意见，其取证模式经历了多个发展阶段，目前，主流模式是风险导向模式，这种模式是以风险评估为基础，从而实施进一步的审计程序（包括控制测试和实质性程序），其基本的审计程序及适合抽样审计程序如图 8－4 所示。

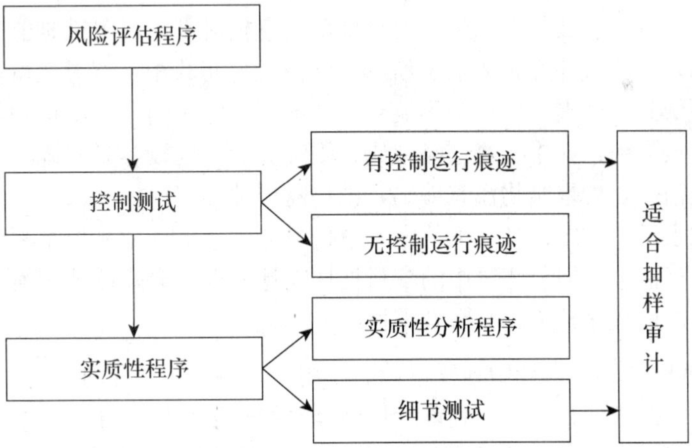

图 8－4　电子数据财务信息情形下抽样审计适用情形

风险评估程序主要是采用询问、观察、审阅、分析性程序等方法了解审计客体及环境，在此基础上，识别财务报表整体层面和交易、余额及列报认定层面的错弊风险，在这些程序中，虽然也有抽查，但总体来说，并不需要根据抽样结果来推断总体状况，所以，并不存在经典意义上的抽样审计。

风险评估之后，如果采用综合性审计策略，则需要实施控制测试，这种测试的目的是测试拟依赖的内部是否有效，通俗地说，就是测试拟依赖的内部控制是否真的值得依赖，在此基础上，减少实质性程序的工作量，以提高整体审计效率。控制的执行有两种情形，一是有运行痕迹；二是无运行痕迹。对无运行痕迹的控制，由于缺乏清晰的抽样框架和可实施的抽样单元，通常不适合采用抽样审计，而对有运行痕迹的控制，则适合采用抽样审计，这里的抽样审计主要是属性抽样。

控制测试之后，需要实施实质性程序，这种审计程序又分为实质性分析程序和细节测试，实质性分析程序获取的审计证据仍然是间接证据，虽然也有分析范围的选择，但通常不是严格意义上的抽样审计，而细节测试是针对交易、交易、余额及列报认定层级的细节来实施的，通常适用于抽样审计，并且，这种审计程序获取的审计证据是直接证据，这里的抽样审计主要是变量抽样。

当财务信息审计的载体变为电子数据之后，对控制测试中的属性抽样及细节测试中的变量抽样会产生何种影响呢？

首先，在经典的风险导向审计模式中，控制测试是为了减少实质性程序，以提高审计效率，在电子数据审计环境下，电子数据实施分析程序及细节测试的效率较高，并不需要控制测试来降低实质性程序的工作量以提高整体审计效率，所以，在电子数据财务信息审计中，对控制测试的需求降低，甚至不再需要控制测试，因此，控制测试中的属性抽样审计的需求当然也就降低甚至消失。

其次，一般来说，细节测试可以分为三类：一是根据审计客体本身所掌握的各种审计载体之间的相互核对来获取审计证据，简称内部信息核对；二是将审计客体与外部相关单位的信息相核对，简称外部信息核对；三是实物盘点，通过盘点实物以获取审计证据。上述不同的细节测试，在电子数据环境下，抽样审计的作用不同。对于内部信息核对来说，如果内部信息已经电子化，由于可以穿透各层级的数据，信息之间的相互核对变得简单，对抽样审计的需求也就降低甚至消失；对于外部信息核对来说，关键是能否获取相关的外部电子信息，如果能获得外部相关电子信息，则信息之间的相互核对变得简单，对抽样审计的需求也会降低甚至消失，但如果不能获得外部相关电子信息，则这种细节测试仍需要抽样；对实物盘点来说，如果实物已经编码，则实物盘点也较容易实施，对抽样审计的需求也会降低甚至消失，如果实物没有编码，则仍需要抽样审计。

所以，总体来说，在结论导向下的电子数据财务信息审计中，控制测试中的属性抽样审计需求降低甚至消失，细节测试中的变量抽样审计需求也会降低甚至消失，基于“样本等于总体”的实质性程序越来越具有效率性。

2. 电子数据财务信息审计中抽样审计的作用——基于问题导向

问题导向下的财务信息审计，其审计目标是寻找电子数据财务信息中的错弊，并不需要对财务信息的真实性发表整体性意见，基本的取证思路是“发现疑点，核实疑点”，发现疑点主要以经验、举报、内部控制缺陷为基础，可能会有抽查，但是，并不根据抽查来推断总体状况，所以，并不存在严格意义上的抽样审计；核实疑点是指检查所发现的疑点是否真的存在财务信息错弊，这种核实也不依赖抽样。所以，问题导向下的财务信息审计，其主要的业务流程并不依赖抽样审计。从实质上来说，由于问题导向下的财务信息审计主要是寻找财务信息错弊，并不要求对总体发表意见，因此，抽样审计对其没有实质性意义。

相对于非电子数据，在电子数据情形下，问题导向下的财务信息审计取证的思路依然是“发现疑点，核实疑点”，只是发现疑点的工具更多依赖电子数据分析（实质性程序也就是分析性程序的扩展），核实疑点也更多地依赖电子数据之间的核对，这都没有增加对抽样审计的依赖。所以，总体来说，问题导向下的财务信息审计，无论是电子数据还是非电子数据，都可能会有抽查，但都不依赖抽样审计。

（二）电子数据业务信息审计中抽样审计的作用

业务信息一般属于非财务计量，对于这些信息的审计，国外有一些相关准则，最权威的是 IAASB（2013）颁布的 ISAE 3000，还有英国的社会和伦理责任协会（Institute for Social and Ethical Accountability，ISEA）颁布的 AA 1000 以及全球报告发布者发布的 G4 标准；国内也有一些相关准则，例如，中国注册会计师协会发布的《中国注册会计师其他鉴证业务准则第 3101 号——历史财务信息审计或审阅以外的鉴证业务》，国内也有一些行业协会颁布了鉴证准则，如《中国纺织服装企业社会责任报告验证准则》。纵观这些鉴证准则，对于业务信息审计，其取证模式主要是命题论证模式，在一定程度上也体现了审计取证的数据流程模式、数据分析模式和专业测量模式（郑石桥，2019；李笑雪、郑石桥，2016；郑石桥、吕君杰，2016）。

那么，当业务信息成为电子数据之后，在这些信息的审计中，抽样审计处于何种地位呢？需要区分不同的取证模式分析。就命题论证模式来说，其是结论导向定位，需要对业务信息的真实性发表整体性意见，这种审计取证模式与结论导向财务信息审计的取证思路基本类似，在非电子数据环境下，依赖错弊风险评估以及在此基础上采取的风险应对措施，审计程序的类型及抽样审计适用情形也基本类似于图 8－4 所示的财务信息审计。所以，在电子数据环境下，无论是与业务信息相关的内部控制测试还是实质性程序中的细节测试，对抽样审计的依赖程度都将大大降低甚至消失。其中的原因与结论导向下的财务信息电子数据审计基本相同，这里不再赘述。

数据流程模式，是根据数据加工流程的可靠性来推断其产生数据的可靠性，通常定位于结论导向。一般来说，并不需要对数据流程的各控制节点都实施全面检查才能验证数据流程的可靠性，特别是在信息化环境下，在一个时点可靠的流程，如果数据流程未发生变化，则在其他时点也是可靠的，所以，通常以抽样的方法来验证数据流程的可靠性，由于数据加工流程信息化，抽取的样本量会大大降低。

数据分析取证模式，是通过数据之间的逻辑关系是否存在来判断数据的可靠性，通常定位于问题导向。一般来说，即使是在非电子数据环境下，数据分析取证模式对抽样审计的依赖程度也不高，在电子数据环境下，对抽样审计的依赖程度更低甚至基本不依赖抽样审计。随着大数据时代的到来，以数据分析的方式对电子数据进行审计将越来越具有重要性，同时，抽样审计的作用也将越来越小。

专业测量模式，是通过对实物的测量来核对业务信息的真实性，由于业务信息体现了实物的不同特性，业务信息的计量属性也呈现多样化，可以分为质量和数量两个维度。对于质量维度的数据，如果在审计时都重新再测量一次，不符合成本效益原则，在某些情形下，甚至难以做到（如质量检验需要做破坏性实验），所以，对于质量数据仍需要抽样测量。对于数量维度的数据，已经编码的数据，可以自动核对；没有编码的数据，难以自动核对，此时，对实物的测量仍依赖抽样。总体来说，在专业测量模式下，抽样审计的需求仍然存在，但随着实物编码程度的提高，抽样的需求在降低。

（三）电子数据经济行为审计中抽样审计的作用

经济行为主要包括财务行为和业务行为，其审计目标是判断经济行为的合规性。不同的经济行为，审计载体不同，审计取证的思路也不同。

财务行为通常有完整的记录，如果定位于结论导向，则是对财务行为的合规性形成整体性结论。在非电子数据环境下，其审计模式类似于财务信息，审计程序的类型及抽样审计适用情形也基本类似于图 8－4 所示的财务信息审计，抽样审计适用于控制测试和细节测试（许莉、郑石桥、陆赛江，2018；郑石桥，2019；郑石桥、鲍思慧、周敏李，2019）；在电子数据环境下，对财务行为相关内部控制的依赖程度降低甚至消失，与此相关的控制测试的需求也将降低甚至消失，在细节测试中，同样可以分为内部信息核对、外部信息核对和实物核对，这些测试对抽样的依赖程度都会降低甚至消失，其原因与电子财务信息审计类似，这里不再赘述。

对于财务行为审计，如果定位于问题导向，其目标就是寻找财务行为中的违规行为，在非电子数据环境下，其主要依赖经验判断，内部控制缺陷也是其判断违规是否存在的信号之一，但通常不会对内部控制进行严格意义上的控制测试，当然也就不需要属性抽样审计。可能记录财务行为的各项载体，主要是凭经验和内部控制缺陷进行判断抽样，并不是严格意义上的抽样。在电子数据环境下，主要是依赖对电子数据分析来发现违规疑点，然后核对这些疑点，基本上不依赖抽样审计。所以，总体来说，电子数据财务行为合规审计对抽样审计的依赖程度较低甚至消失。

业务行为审计的取证思路与审计载体有关，有的业务行为有完整的审计载体，其审计取证也类似于财务行为审计，因此，电子数据审计中对抽样审计的程度也类似于财务行为审计，总体来说，这类电子数据业务行为合规审计对抽样审计的依赖程度较低甚至消失。有些业务行为并无完整的审计载体，在这种情形下，一般会定位于问题导向，主要采用数据分析模式来发现疑点，即使在非电子数据的环境下，对抽样审计的依赖程度也不高，在电子数据的环境下，对抽样审计的依赖程度就更低甚至消失。

（四）电子数据经济制度审计中抽样审计的作用

经济制度审计在审计业务中有两种情形，一是作为减少实质性程序的控制测试；二是本身独立作为一种审计业务。在这两种情形下，电子数据环境的到来对抽样审计在其中的影响不同。

1．制度审计作为减少实质性程序的控制测试时，电子数据环境对抽样审计的影响

过程是结果的保障，经济制度是规范和约束经济信息及经济行为的，在财务信息、业务信息及经济行为审计中，通过对经济制度的测试来评估财务信息、业务信息及经济行为的风险，凡是经济制度有效的，风险就低，而经济制度有缺陷的，风险就高。经济制度的有效性决定财务信息、业务信息及经济行为风险的高低，进而也决定针对财务信息、业务信息及经济行为的实质性程序的工作量，所以，对经济制度进行控制测试的目的是减少针对财务信息、业务信息及经济行为的实质性程序的工作量。在电子数据环境下，对财务信息、业务信息及经济行为的审计，主要依赖内部信息核对、外部信息核对及实物核对，对相关内部控制的依赖降低甚至消失，所以，对内部控制测试的需求降低，很显然，控制测试中的抽样审计的需求也会降低甚至消失。

2．制度审计作为独立审计业务时，电子数据环境对抽样审计的影响

当制度审计作为独立的审计业务时，也有两种定位，一是定位于对制度有效性形成整

体结论；二是寻找制度存在的缺陷，前者是结论导向，后者是问题导向。在结论导向制度审计中，需要对内部控制的一些控制点进行测试，确定这些控制点的有效性，在非电子数据环境下，对控制点的测试主要是采取属性抽样的方法，抽样审计在内部控制测试中具有重要地位（郑石桥，2018；郑石桥、苏钰雅、周敏李，2019）。在电子数据环境下，从逻辑上来说，凡是有制度执行痕迹的控制点，都可以实行总体测试，不需要属性抽样，但是，从成本效益原则上来说，没有必要进行总体测试，抽样测试完全能满足需要，同时，在电子数据环境下，体现制度的业务流程一般都是信息化，这种业务流程中的人为因素较少，在一个时点有效的业务流程，如果业务流程没有变化，则在其他时点也有效；在一个事项有效的业务流程，如果业务流程没有变化，则在该控制点的其他同类事项也有效。所以，在电子数据环境下，对内部控制有效性的测试，没有必要实施总体测试，只要抽样测试就可以了。电子数据环境并未改变抽样的需求，但会降低样本量的要求。

当制度审计作为独立的审计业务时，如果定位于问题导向，则审计目的是发现制度缺陷，并不需要对制度有效性形成整体性结论，一般来说，无论是电子数据环境还是非电子数据环境，并不需要严格意义上的抽样审计，如果要抽样，也主要是依据经验判断来抽样。当然，在电子数据环境下，内部核对、外部核对及实物核对的效率更高，因此，能更加有效地发现内部控制缺陷。

三、结论和启示

抽样审计是抽样技术在审计中的应用，在保障审计质量的前提下，极大地提升了审计效率效果。随着人类社会信息化水平的提高，电子数据审计成为主流审计模式，抽样审计是否也面临挑战呢？本节基于不同的审计主题分析了在电子数据审计中抽样审计的作用。

就财务信息审计来说，在结论导向电子数据财务信息审计中，控制测试中的属性抽样审计需求降低甚至消失，细节测试中的变量抽样审计需求降低甚至消失，基于“样本等于总体”的实质性程序越来越具有效率性。在问题导向财务信息审计中，无论是在电子数据环境还是非电子数据环境下，都可能会有抽查，但都不依赖抽样审计。

就业务信息审计来说，不同的审计取证模式有不同的影响。就命题论证型取证模式来说，在电子数据环境下，无论是与业务信息相关的内部控制的测试还是实质性程序中的细节测试，对抽样审计的依赖程度都将大大降低甚至消失；就数据流程模式来说，以抽样的方法来验证数据流程的可靠性，由于数据加工流程信息化，抽样的样本量会大大降低；就数据分析取证模式来说，在电子数据环境下，对抽样审计的依赖程度更低甚至基本不依赖抽样审计；就专业测量模式来说，抽样审计的需求仍然存在，但随着实物编码程度的提高，抽样的需求在降低。

就经济行为审计来说，如果定位于结论导向，在电子数据环境下，对相关控制测试的需求会降低甚至消失，在细节测试中，对抽样的依赖程度也会降低甚至消失；如果定位于问题导向，对抽样审计的依赖程度较低甚至消失。

就经济制度审计来说，当制度审计作为减少实质性程序的控制测试时，控制测试中的抽样审计的需求会降低甚至消失。当制度审计作为独立审计业务时，如果定位于结论导向，则电子数据环境不会改变抽样的需求，但会降低样本量的要求；如果定位于问题导向，则并不需要严格意义上的抽样审计。

本节的研究再次告诉我们，审计环境对审计有重要的影响，审计环境的变化最终会导致审计发生变化，如果审计不能适应审计环境的变化，将难以发挥其作用，最终也将被审计环境所淘汰。审计所处的环境正处于革命性的变化之中，审计学也必须相应地变革，特别是其中的审计证据原理及理论要紧跟环境的要求。

第六节　电子数据环境对内部控制评价之作用的影响：一个理论框架

内部控制与经典审计模式有不解之缘，了解内部控制状况可以作为风险评估的因素，内部控制评价可以作为减少实质性程序的措施，内部控制评价还可以作为独立的业务，形成内部控制审计[①]，所以，在经典审计模式中，内部控制评价具有举足轻重的地位。那么，随着电子数据环境的到来，审计载体发生了变化，电子数据分析与核对的效率提高，内部控制评价在审计中的地位是否会发生变化呢?

本节内容安排如下：首先是做简要的文献综述，梳理电子数据环境下内部控制评价在审计中的作用的相关文献；其次，区分内部控制评价的不同作用、区分不同的审计业务类型，分别分析电子数据环境对内部控制评价在审计中的作用的影响，提出一个关于电子数据环境对内部控制评价在审计中的作用的理论框架；最后得出结论和启示。

一、文献综述

基于本节的研究主题，与之相关的文献研究主要有两个方面，一是电子数据环境对内部控制评价的影响；二是大数据对内部控制评价的影响。

关于电子数据环境对内部控制评价的影响，国际审计实务委员会（IAPC，1988）发布的国际审计准则第 15 号《电子数据处理环境下的审计》指出："在电子数据处理环境下，并不改变审计的总体目标和范围。但是，计算机的使用改变了财务资料的处理和存储，并可能影响这个单位为达到适当的内部控制而采用的组织和程序。因此，审计人员在对会计制度和有关的内部控制的研究和评价中所遵循的程序，以及其他审计程序的性质、时间和范围就可能受到电子数据处理环境的影响"，"如果审计人员计划在施行他的审计中依赖内部控制，他应当考虑人工和计算机控制对电子数据处理功能（电子数据处理的一般控制）的影响，以及有关会计方面应用的特别控制（电子数据处理的应用控制）"。上述规定表明，在电子数据环境下，一般意义上的内部控制评价为信息系统内部控制评价，主要包括电子数据处理的一般控制评价和电子数据处理的应用控制评价（刘中华、孔龙，1998）。基于国际审计准则第 15 号的上述规定，不少文献研究了电子数据处理一般控制和应用控制评价的步骤和方法，这些步骤和方法与一般意义上的内部控制评价有较大的差异（李燕、王秉常，2003；孙立辉，2010；张保辉，2011；高飞，2019）。

关于大数据对内部控制评价的影响，不少文献认为，在大数据环境下，通常不再依赖内部控制评价来降低对实质性程序的依赖，所以，内部控制评价不再是有实质意义的审计

① 内部审计部门开展的内部控制鉴证业务称为内部控制评价，会计师事务所开展的内部控制鉴证称为内部控制审计，由于电子数据对二者都会产生重要影响，本节不区分内部控制评价和内部控制审计，统称内部控制评价。

程序。陈伟（2016）描述的大数据审计步骤中并不包括内部控制评价，其他一些文献也有类似观点（王力，2015；王新华、张明，2018；宋佳宁，2018）。

总体来说，现有文献对内部控制评价在电子数据审计中的作用有一定的研究，但这种研究并未区分内部控制评价的不同作用，也未区分内部控制评价在不同审计业务类型中的作用，本节拟弥补这个研究缺陷。

二、理论框架

一般来说，内部控制评价在审计中的作用有三种情形，一是将了解内部控制状况作为风险评估的因素；二是作为减少实质性程序的措施；三是作为独立的审计业务。电子数据环境的到来，会对上述三种情形的内部控制评价产生不同的影响，需要分别分析。

（一）了解内部控制状况作为风险评估的因素

一般来说，基于不同的审计主题可以形成不同的审计业务，通常来说，主要的审计业务类型包括财务审计、绩效审计、合规审计和制度审计，内部控制状况作为风险评估的因素，主要是在财务审计、绩效审计、合规审计中，这些审计业务通常采用风险导向审计模式，其主要审计程序是风险评估和实施进一步的审计程序，而风险评估程度通常包括对内部控制的了解。随着电子数据环境的到来，把了解内部控制状况作为风险评估的因素这个审计程序的作用将发生变化。

就财务审计来说，在风险导向审计模式下，首先要实施风险评估程序，而风险评估程序的主要内容是了解审计客体及相关情况，其中就包括了解审计客体相关内部控制，通过内部控制的了解来初步评价控制风险，根据控制风险的初步评价，对交易、余额、列报相关认定的错弊风险做出初步评价，可见交易、余额、列报相关认定的内部控制状况是评价交易、余额、列报相关认定风险的重要因素，其中的逻辑是，控制风险越高，相关的财务信息的错弊风险越高。随着电子数据环境的到来，直接以交易、余额、列报相关认定的数据为基础进行风险评估成为有效率的审计程序，基于控制风险的状况来评价交易、余额、列报相关认定的错弊风险这种需求会大大降低甚至消失。所以，总体来说，在电子数据财务审计中，了解内部控制状况以评估财务信息错弊风险的需求会大大降低甚至消失。

就绩效审计来说，通常包括绩效信息鉴证、绩效水平评价和绩效差异改进三种情形，将了解内部控制状况作为风险评估的因素主要发生在绩效信息鉴证中。类似于财务信息审计，绩效审计鉴证通常也是基于风险导向审计模式，首先是评估绩效信息错弊风险，在此基础上设计和实施进一步的审计程序。在绩效信息错弊风险评估中，通过了解绩效信息相关内部控制以评估绩效信息错弊风险是其中的路径之一，基本的逻辑是，绩效信息相关内部控制越健全，绩效信息错弊风险越低。所以，绩效信息相关的内部控制的评价是绩效信息错弊风险评估的重要内容。随着电子数据审计环境的到来，直接对绩效信息进行分析以评估其错弊风险可能变得很有效率，基于相关内部控制状况来推导绩效信息错弊风险可能不再符合成本效益原则，因此，总体来说，在电子数据绩效信息鉴证中，了解内部控制状况以评估绩效信息错弊风险的需求会大大降低甚至消失。

就合规审计来说，通常有两种定位，一是结论导向；二是问题导向。在结论导向模式下，通常也是基于风险导向审计模式，风险评估是必要的审计程序，而了解经济行为相关内部控制状况来评估违规风险是风险评估的重要内容，这里的逻辑是，经济行为相关内部控制越健全，违规风险就越低。随着电子数据环境的到来，直接对经济行为相关数据进行分析以评估其违规风险可能更加具有效率，而基于相关内部控制状况来推断经济行为的违规风险可能不再符合成本效益原则，因此，在结论导向电子数据合规审计中，了解内部控制状况以评估经济行为违规风险的需求会大大降低甚至消失。在问题导向模式下，其主要目的是寻找违规行为，在电子数据环境下，严格区分风险评估和进一步的审计程序没有实质性意义，而通过对经济行为相关数据进行分析以发现经济行为违规疑点更具有效率，所以，在问题导向电子数据合规审计中，了解内部控制状况以评估经济行为违规风险的需求会大大降低甚至消失。总体来说，在电子数据合规审计中，了解内部控制状况以评估经济行为违规风险的需求会大大降低甚至消失。

（二）内部控制评价作为减少实质性程序的措施

内部控制评价如果作为减少实质性程序的措施，通常是在财务审计、绩效审计、合规审计中，通过内部控制评价获得间接证据，通过实质性程序获得直接证据，由于内部控制评价的成本相对较低，因此可以通过内部控制评价获取更多的间接证据，以减少基于实质性程序的直接证据的需求。内部控制评价和实质性程序组合起来，满足了审计证据的适当性和相关性的要求，并控制了审计成本。

在电子数据环境下，是否还需要以内部控制评价来替代或降低对实质性程序的需求呢？这里的关键问题是成本效益原则，如果在电子数据环境下，这种替代继续具有成本效益性，则应继续存在这种需求，如果不再符合成本效益原则，则这种需求会降低甚至消失。下面，我们区分不同的审计业务类型来具体分析。

就财务审计来说，在风险评估的基础上，其进一步的审计程序通常分为控制测试和实质性程序。控制测试本身并不获取关于交易、余额、列报相关认定信息真实性的直接证据，只是获取关于交易、余额、列报相关认定内部控制的证据，以减少实质性程序的工作量，其内在逻辑是通过控制测试来减少实质性程序，通过这种替代，可以在保障审计效果的前提下，提高审计效率。电子环境的到来，交易、余额、列报相关认定信息都电子化，在这种背景下，直接对这些电子化的交易、余额、列报相关认定信息进行分析或核对的效率本身就很高，所以，从逻辑上来说，通过增加控制测试以减少实质性程序的工作量，可能并不一定符合成本效益原则。那么，电子数据环境下，能否以电子数据产生过程的测试来替代实质性程序呢？也就是说，能否通过测试电子数据产生过程的可靠性来替代对电子数据本身真实性的测试呢？这里有两个关键，一是电子数据产生过程的可靠性测试与电子数据本身真实性的测试，哪个更有效率，如果测试过程更有效率，则可以测试这种过程，而如果测试电子数据本身更有效率，则应该测试电子数据本身，究竟哪个更有效率与各自的测试技术有关；二是电子数据财务审计的定位，如果定位于结论导向，则更有效率的过程测试可以替代对电子数据本身的测试，但如果定位于问题导向，则对过程的测试并不能取代对数据本身的测试。总体而言，就财务审计来说，在电子数据环境下，控制测试或内部控制评价的需求会降低甚至消失，当然，在结论导向下，如果测试电子数据产生过程更有效率，也可能替代对电子财务数据本身的测试。

就绩效审计来说，通常包括绩效信息鉴证、绩效水平评价和绩效差异改进三种情形，内部控制作为减少实质性程序的措施主要发生在绩效信息鉴证中，绩效信息鉴证就是鉴证绩效信息的真实性，也包括两种定位，一是结论导向；二是问题导向。在结论导向情形下，内部控制作为绩效信息真实性的保障机制，通过相关内部控制评价来减少实质性程序的需求的原理，与财务审计基本相同，这里不再赘述。在电子数据环境下，直接分析和核对绩效信息以发现错弊的效率较高，通过增加控制测试来降低实质性程序的工作量并不符合成本效益原则，所以，对控制测试的需求会降低甚至消失。但是，也存在一种可能性，如果测试电子数据产生过程的效率也提高，其效率还高于直接对绩效信息进行分析和核对的效率，且不降低审计效果，则也有可能以过程测试来取代对绩效电子数据本身的测试。在问题导向下，由于对电子数据本身的分析和核对具有较高的效率，因此，这种情形下的绩效审计可能不再依赖内部控制评价来指引方向，对内部控制评价的需求基本消失。总体而言，就绩效审计来说，在电子数据环境下，对内部控制评价的依赖程度会降低甚至消失，但是，在结论导向下，如果测试电子数据产生过程更有效率，也可能替代对电子绩效数据本身的测试。

就合规审计来说，通常有两种定位，一是定位于结论导向，二是定位于问题导向，前者要求就所审计的经济行为的合规性发表整体性意见，后者只要求报告已经发表的违规经济行为。当定位于结论导向时，测试经济行为相关内部控制的目的是减少直接测试经济行为合规性的实质性程序的工作量，以提高效率并保障质量，在电子数据环境下，直接对经济行为相关数据进行分析和核对以判断经济行为是否合规的效率大大提高，并不依赖内部控制评价来指引实质性程序的方向，所以，内部控制评价在经济行为合规性审计中的作用会降低甚至消失。当然，从逻辑上来说，由于过程是结果的保障，也可以通过测试保障经济行为合规的内部控制过程的可靠性来判断经济行为本身是否合规，这里的前提是这种过程的测试具有足够的效率，并且能保障质量。当定位于问题导向时，这种合规审计的目的是寻找违规问题，在非电子数据环境下，还需要内部控制评价来指引寻找问题的方向，但是，在电子数据环境下，直接测试记录经济行为的相关数据来发现违规行为的效率较高，所以，并不需要通过测试内部控制来降低针对相关数据的直接分析和核对，内部控制评价在问题导向经济行为合规性审计中的作用会降低甚至消失。总体而言，就合规审计来说，在电子数据环境下，控制测试或内部控制评价的需求会降低甚至消失。但在结论导向下，如果测试经济行为控制过程更有效率，也可能替代对电子经济行为数据本身的测试。

（三）内部控制评价作为独立审计业务

当内部控制评价作为独立业务时，其审计主题是经济制度，这种审计也就是制度审计，此时，内部控制评价当然是不可或缺的，但随着电子数据环境的到来，对制度审计也会产生较大的影响，这种影响在不同的制度审计定位中有差异，需要分别分析。

1. 结论导向内部控制评价

结论导向内部控制评价的目的是对内部控制是否整体有效形成结论，它需要按照系统方法来寻找内部控制缺陷，在此基础上，对寻找到的内部控制缺陷进行等级划分，根据内部控制缺陷等级形成内部控制整体有效性的结论。在非电子数据环境下，以内部控制各环节为测试对象，采用抽样的方法来测试各环节的有效性，这种方法是有效率的。然而，在电子数据环境下，作为控制测试对象的内部控制环节发生了变化，有的环节是完全信息化，有的环节是信息化与人工相结合，还有少量的环节仍然是人工控制，内部控制各环节的信息化程度不同，控制测试的方法也有差异。对于完全信息化的控制环节，需要按照信息系统审计的方式来开展控制测试，传统意义上的属性抽样审计基本上不适用；对于信息化与人工相结合的控制环节，传统意义上的属性抽样审计仍然适用，但抽样方法及样本量会有重大变化；对于人工控制环节，仍然采用传统意义上的属性抽样审计。总体而言，当内部控制评价作为独立业务时，就结论导向内部控制评价来说，在电子数据环境下，传统意义上的属性抽样审计不再适用或需要发生重大变化。

2. 问题导向内部控制评价

问题导向内部控制评价的目的是发现内部控制缺陷，在此基础上，推进内部控制缺陷的整改，从而实现内部控制的优化。在非电子数据环境下，找到内部控制缺陷是核心问题，通常来说，并不会对内部控制的所有环节进行检查，对于所检查的内部控制环节，也不会对经历该环节的所有业务都进行检查，所以，无论是内部控制各环节，还是经历某环节的业务，在问题导向内部控制评价下都是抽查，不是抽样，不能且也不需要根据抽查结果来推断总体状况。在电子数据环境下，如前文所述，内部控制有信息化控制、信息化与人工相结合的控制及人工控制三种情形，为了寻找这些不同类型的内部控制所存在的缺陷，需要采取不同的策略，就信息化控制来说，通过核对文档来验证控制是否得到执行，这种核对方法的效率是很高的，所以，如果需要寻找缺陷，可以基于经验判断进行抽查，也可以对经历某一环节的所有业务都进行检查，甚至还可以对所有信息化的控制环节都进行检查，对抽查的需求大大降低甚至消失；就信息化与人工相结合的控制来说，基于经验的抽查仍然是主要方式，但是，这里的“经验”也会发生重大变化，什么环节、什么情形下会发生内部控制偏差，与非电子数据环境也会不同；至于人工控制，电子数据环境对其并没有实质性影响，所以，仍然需要基于经验来进行判断抽查。总体而言，当内部控制评价作为独立业务时，就问题导向内部控制评价来说，在电子数据环境下，基于经验的内部控制抽查不再适用或需要发生重大变化。

三、结论和启示

在经典审计模式中，内部控制评价具有举足轻重的地位。随着电子数据环境的到来，审计载体发生了变化，电子数据分析与核对的效率很高，内部控制评价在审计中的地位是否会发生变化呢？本节区分内部控制评价的不同作用，分别分析了其作用的可能变化。

在经典审计模式中，了解内部控制状况可以作为风险评估的因素，在电子数据财务审计中，了解内部控制状况以评估财务信息错弊风险的需求大大降低甚至消失；在电子数据绩效信息鉴证中，了解内部控制状况以评估绩效信息错弊风险的需求大大降低甚至消失；在电子数据合规审计中，了解内部控制状况以评估经济行为违规风险的需求大大降低甚至消失。

在经典审计模式中，内部控制评价可以作为减少实质性程序的措施，就财务审计来说，在电子数据环境下，控制测试或内部控制评价的需求会降低甚至消失，当然，在结论导向下，如果测试电子数据产生过程更有效率，也可能替代对电子财务数据本身的测试；就绩效审计来说，在电子数据环境下，对内部控制评价的依赖程度会降低甚至消失，但是，在结论导向下，如果测试电子数据产生过程更有效率，也可能替代对电子绩效数据本身的测试；就合规审计来说，在电子数据环境下，内部控制评价的需求会降低甚至消失，但是，在结论导向下，如果测试经济行为控制过程更有效率，也可能替代对电子经济行为数据本身的测试。

在经典审计模式中，内部控制评价也可能作为独立审计业务，就结论导向内部控制评价来说，在电子数据环境下，传统意义上的属性抽样审计不再适用或需要发生重大变化；就问题导向内部控制评价来说，在电子数据环境下，基于经验的内部控制抽查不再适用或需要发生重大变化。

本节的研究启示我们，随着电子数据环境的到来，经典审计模式将发生重大变化，财务信息、绩效审计、合规审计中，内部控制评价的需求都会降低甚至消失，制度审计中，内部控制评价将发生重大变化。这个研究结论再次表明，审计与审计环境关联密切，审计要有效率地发挥作用，必须随着审计环境的变化而变化，在信息化时代，经典审计理论、审计原理都将发生革命性变化。

第七节　电子数据环境对审计业务流程的影响：一个理论框架

控制审计风险和提高审计效率是审计工作的两个基调，为了在控制审计风险的基础上提高审计效率，形成了审计流程，在审计流程中做到审计风险控制和审计效率提高的统一。随着电子数据环境的到来，基于电子数据的测试将更有效率，这对原来的审计流程将产生什么影响呢？

本节内容安排如下：首先是做简要的文献综述，梳理电子数据环境影响审计流程的相关文献；其次，基于不同的审计业务、不同的审计定位来分析电子数据环境对审计流程的影响，提出一个电子数据环境影响审计业务流程的理论框架；最后得出结论和启示。

一、文献综述

随着信息化时代的到来，不少文献关注了电子数据环境对审计的影响，其中包括对审计流程的影响，例如，石爱中、孙俭（2005）指出，数据式审计改变了审计的核心方法，因此，需要重塑审计程序；英格兰及威尔士特许会计师协会（2016）认为，当得以检查整套数据，某种程度上数据分析应当使得审计师比过去更容易看清全局时，人们便会质疑区分风险评估、实质性程序和控制测试的重要性。

电子数据环境下的审计流程究竟如何？现有文献的主流观点是七步流程法，这七个步骤是：审前调查，获取必要和充分的信息；采集数据，全面掌握情况；数据转换、清理和验证；建立审计中间表，构建审计信息系统；多维分析、把握总体，锁定重点，写出数据分析报告；建立个体模型，内外关联，筛选分析数据；延伸落实，审计取证（陈峰，2006；董永强，2006；任有泉，2006；刘汝焯，2004，2006，2007）。

总体来说，现有文献关注了电子数据环境对审计流程的影响，并且勾画了电子数据环境下的审计流程。但是，这些文献的分析还停留在宏观层面，七步流程法主要是以政府审计机关开展的合规审计为背景。本节基于不同的审计业务、不同的审计定位来分析电子数据环境对审计流程的影响。

二、理论框架

审计流程是审计业务实施的主要步骤，对这些步骤有重要影响的是审计主题、审计定位和审计载体三者，不同的审计业务类型有不同的审计主题，审计步骤也会有差异，不同的审计定位（本节将审计定位分为结论导向和问题导向）需要不同的取证思路，从而会影响审计步骤，另外，电子载体和非电子载体的审计步骤也有重要差异（郑石桥，2015；2016）。总体来说，在不考虑审计载体的情况下，审计步骤的基本情况如表 8-7 所示。下面，我们分别分析不同审计定位下，电子数据环境对审计步骤的影响。

表 8-7　审计步骤的基本情况

项目		审计定位	
		结论导向	问题导向
审计业务类型	财务审计	√	√
	绩效审计	√	√
	合规审计	√	√
	制度审计	√	√

√表示有这种情形。

（一）电子数据环境对结论导向审计业务流程的影响

结论导向审计就是需要对审计总体形成结论的审计定位，在这种定位下，当然需要查找审计总体所存在的问题，但是，查找问题是服务于形成审计结论的。不同的审计业务类型，审计主题不同，电子数据环境对其业务流程的影响也不同。

1. 电子数据环境对结论导向财务审计业务流程的影响

在非电子数据环境下，财务审计的经典流程是风险评估、控制测试和实质性程序，控制测试和实质性程序合并称为进一步的审计程序，风险评估是为了确定进一步的审计程序的重点，而进一步的审计程序可针对风险评估程序发现的重点来有的放矢地获取审计证据，提升效率和效果。但是，实施审计流程的前提是确定了审计主题和审计目标，先将审计主题分解为审计标的，再将审计目标也确定到审计标的以形成审计命题，这些审计命题是需要获取审计证据来验证的审计事项清单，也正是因为有了这个具有周延性的审计事项清单，才能对审计总体形成意见（裴育、郑石桥，2016；王会金，2019）。

那么，电子数据环境对上述审计流程有什么影响呢？电子数据环境并未改变审计主题，财务审计的审计主题仍然是财务信息，审计目标仍然是真实性，审计标的仍然是交易、余额、列报，根据真实性审计目标分解到各审计标的的审计命题仍然没有变化，所以，财务审计中具有周延性的审计事项清单并没有变化。然而，在电子数据环境下，由于能够对财务数据及相关数据直接进行分析，并且这种数据分析很有效率，因此，审计流程会发生显著变化，主要体现在以下两个方面：第一，由于通过分析性程序对财务数据及相关数据进行分析很有效率，通过控制测试来降低实质性程序的工作量已经没有价值，进一步的审计程序中对控制测试的需求大大降低甚至消失；第二，在非电子数据环境下，风险评估和实质性程序中都用到分析性程序，风险评估中的分析性程序是为了分析财务信息错弊风险是否存在，实质性程序中的分析性程序是为财务信息错弊风险不存在提供间接证据，在电子数据环境下，分析性程序的这种不同定位已经没有意义，或者说，不再需要分析性程序来为财务信息错弊风险不存在提供间接证据，分析性程序具有两种功能，一是发现财务信息错弊风险，通俗地说，就是发现财务信息错弊疑点；二是直接提供财务信息错弊的证据。对于发现的财务信息错弊疑点，还需要采用细节测试程序予以验证，以获取直接证据证明财务信息错弊存在或不存在。一般来说，在电子数据财务审计中，分析数据以发现财务信息错弊疑点可以分为两个阶段，一是总体分析；二是具体分析，总体分析的目的是确定财务信息错弊风险的重点领域，具体分析是针对重点领域和一般领域实施数据分析程序，以确定具体的财务信息错弊疑点。所以，总体来说，在电子数据环境下，财务审计取证的主要流程分为总体分析、具体分析和细节测试三个阶段，当然，这三个阶段的起点仍然是具有周延性的审计事项清单，基本情况如图 8－5 所示。

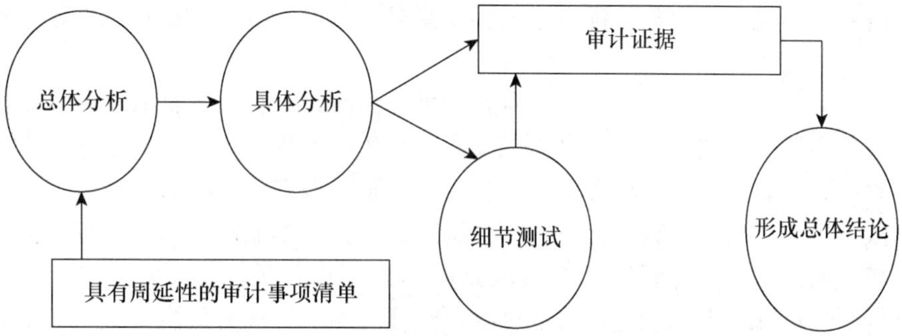

图 8－5　结论导向电子数据财务审计流程

2. 电子数据环境对结论导向绩效审计业务流程的影响

绩效审计有三种定位，一是绩效信息鉴证；二是绩效水平评价；三是绩效差异分析（郑石桥，2018a），这里主要关注绩效信息鉴证。在结论导向定位下，绩效信息鉴证需要对所鉴证的绩效信息是否真实形成结论。如果绩效信息是财务信息，则通常采用与财务审计相同的取证模式，电子数据环境对其审计流程的影响与财务审计相同，这里不再赘述。如果绩效信息是业务信息，根据审计载体不同，需要采取不同的取证模式，通常有三种取证模式，一是命题论证型取证模式；二是专业测量取证模式；三是数据流程取证模式（郑石桥，2018a），不同的取证模式下，电子数据环境对其影响不同。

就命题论证型取证模式来说，其基础性条件是有系统的审计载体，在这种情形下，绩效信息鉴证的主要审计程序包括风险评估、控制测试和实质性程序，风险评估主要是评估绩效信息错弊风险，控制测试是测试绩效信息相关的内部控制是否持续有效，而实质性程序是提供绩效信息是否存在错弊的证据，控制测试的目的是减少实质性程序的工作量。实施风险评估、控制测试和实质性程序的前提是具有周延性的审计事项清单，这个清单也是基于绩效审计这一审计主题、绩效信息鉴证目标及其分解的审计标的和审计命题来确定的，电子数据环境的到来，并未改变信息鉴证的审计主题、审计目标和审计标的，从而也未改变绩效信息鉴证的周延性的审计事项清单。然而，在电子数据环境下，一方面，由于电子数据分析效率很高，并不需要控制测试来减少实质性程序的工作量，因此，为提高审计效率而实施的控制测试已经没有实质性意义；另一方面，风险评估程序和实质性程序中都有数据分析，这两者可以合并起来，发现可能的绩效信息错弊，在此基础上，再对发现的绩效信息错弊疑点实施细节测试程序，以验证发现的绩效信息错弊疑点是否真的是错弊。当然，为了提高电子数据分析的效率，数据分析也可以分为总体分析和具体分析，前者是从相对宏观的层面进行数据分析，以发现绩效信息错弊的重点领域，而具体分析是从更加微观的层面进行数据分析，以发现绩效信息错弊疑点或直接发现绩效信息错弊。总体来说，在电子数据环境下，绩效信息鉴证的主要流程分为总体分析、具体分析和细节测试三个阶段，与电子数据财务审计的流程基本相同，基本情况如图 8-5 所示。

专业测量取证模式，是通过专业测量的方式来验证信息的真实性，绩效信息鉴证如果采用这种模式，则是通过对绩效信息相关实物的测量来验证绩效信息是否真实（如通过水质检测来获取关于水质的信息以验证责任方提供的水质信息是否真实），在这种情形下，无论绩效信息是不是电子数据，都不影响实物测量，所以，电子数据环境并不会影响专业测量取证模式的业务流程。

数据流程取证模式，是以数据生产流程的可靠性验证来替代数据真实性验证，绩效信息鉴证如果采用这种模式，则是通过验证绩效信息生产流程的可靠性规模来对绩效信息真实性进行验证。在非电子数据环境下，信息生产流程可能有较多的人工成分，对这个生产流程的测试，主要采用传统意义上的内部控制测试，其基本流程是了解内部控制和控制测试两个步骤，而控制测试主要采用穿行测试的方式（郑石桥，2018b）；在电子数据环境下，信息生产流程基本上信息化，对信息生产流程的测试转换为信息系统审计，这种审计的主要流程基本成熟，并且与传统意义上的内部控制测试有较大的差别（陈耿、王万军，2009）。

综合上述三种不同的取证模式，在电子数据环境下，基于命题论证型取证模式的绩效信息鉴证的主要流程发生了重大变化，分为总体分析、具体分析和细节测试三个阶段；基于专业测量模式的绩效信息鉴证的主要流程并未发生重要变化；基于数据流程取证模式的绩效信息鉴证的主要流程由传统意义上的内部控制测试转变为了信息系统审计。

3. 电子数据环境对结论导向合规审计业务流程的影响

结论导向合规审计需要对审计总体是否合规形成结论，在非电子数据环境下，主要的审计流程包括风险评估、控制测试和实质性程序。风险评估主要是采用一定的方法来评估经济行为违规风险，控制测试主要是测试经济行为相关的内部控制是否持续有效，实质性程序则是获取经济行为是否存在违规的间接证据和直接证据，风险评估是发现违规疑点，实质性程序是证明疑点是否存在，控制测试的目的是减少实质性程序的工作量。实施上述风险评估、控制测试和实质性程序的前提是基于合规审计的行为主题、合规性目标为基础而分解形成的具有周延性的审计事项清单（郑石桥，2018c）。电子数据环境并未改变合规审计的审计主题、审计目标和审计标的，所以，也不改变合规审计中具有周延性的审计事项清单。然而，在电子数据环境下，通过电子数据分析来发现违规疑点甚至确认违规行为的效率很高，这就使得合规审计步骤发生显著变化，主要体现在两个方面：第一，通过控制测试来降低实质性程序工作量的需求不再存在，所以，电子数据合规审计中，控制测试已经失去意义；第二，风险评估程序和实质性程序的分工发生变化，数据分析不但能识别可能的违规风险，还能直接获得违规行为是否存在的证据，所以，风险评估中的电子数据分析和实质性程序中的电子数据分析合二为一。为了提高分析的效率，电子数据分析可分为总体分析和具体分析，总体分析的目的是发现违规行为可能发生的重点领域，这个重点领域是具体分析的重点，而具体分析是针对各个领域以发现违规疑点为目的的数据分析，具体分析也可能直接获取违规行为是否存在的证据，对于具体分析发现的疑点，还要实施细节测试以获取证据来证明违规行为是否真的存在或不存在。所以，总体来说，在电子数据环境下，结论导向合规审计的主要流程包括总体分析、具体分析和细节测试三个阶段，与电子数据财务审计的流程基本相同，基本情况如图 8－5 所示。

4. 电子数据环境对结论导向制度审计业务流程的影响

结论导向制度审计是要对制度有效性形成结论，一方面要寻找制度缺陷，另一方面要根据制度缺陷对制度有效性形成结论，所以，通常采用由上而下、风险导向的审计模式，其审计业务流程包括风险评估、控制测试和缺陷认定三个步骤（郑石桥，2018b）。风险评估主要是确定重要业务流程和关键控制点，控制测试则是对主要业务流程和关键控制点进行测试，缺陷认定是对发现的内部控制偏差进行等级划分，控制测试是以风险评估为基础的，风险评估为控制测试确定重点。实施上述风险评估、控制测试和缺陷认定三个步骤的前提是基于制度审计主题、制度审计目标和制度审计标的确定的具有周延性的制度审计事项清单，这个清单并不因电子数据环境的到来而改变。然而，在电子数据环境下，相关的内部控制基本上已信息化，在内部控制测试中，计算机测试电子数据相关内部控制的效率较高，可以对内部控制实行全面测试，并不需要事先确定重点，所以，通过风险评估来确定控制测试重点的需求大大降低甚至消失，在这种背景下，风险评估和控制测试合二为一，制度审计的主要流程变为控制测试和缺陷认定两个步骤。所以，总体来说，在电子数据环境下，结论导向制度审计的主要流程包括控制测试和缺陷认定两个阶段，但具有周延性的制度审计事项清单并未变化。

（二）电子数据环境对问题导向审计业务流程的影响

问题导向审计的主要目的是查找审计总体中存在的问题，并不需要对审计总体形成结论，电子数据环境的到来，对各类审计业务都会产生影响。

1. 电子数据环境对问题导向财务审计业务流程的影响

问题导向财务审计并不需要对审计总体形成结论，其主要目的是寻找财务信息中的错弊，所以，并不以具有周延性的审计事项清单为基础，而主要是以经验为基础确定审计重点，然后对重点领域进行查找。在电子数据环境下，由于电子数据分析的效率很高，因此，以经验为基础确定审计重点的需求降低甚至消失，可以对全部电子数据进行分析。基本的业务流程包括数据分析和细节测试，前者是发现数据错弊疑点或直接获取数据错弊的证据，而后者是基于数据分析发现的疑点予以核实。数据分析也可以分为总体分析和具体分析，总体分析的目的是确定可能发生数据错弊的重点领域，具体分析则是发现具体的数据错弊疑点或获取数据错弊的证据。总体来说，在电子数据环境下，问题导向财务审计的业务流程包括总体分析、具体分析和细节测试，如图 8－6 所示。

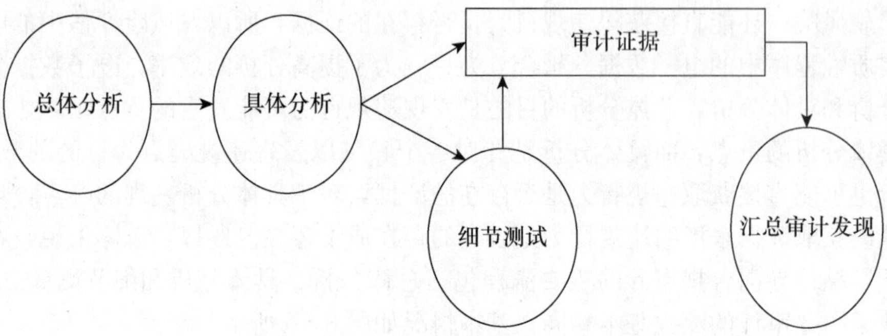

图 8-6 问题导向电子数据财务审计流程

需要说明的是，图 8-5 所示的结论导向电子数据财务审计流程和图 8-6 所示的问题导向电子数据财务审计流程中都有总体分析和具体分析，但是，二者存在重大区别，结论导向下的数据分析，是以具有周延性的审计事项清单为基础来开展的，需要分析哪些问题是有明确清单的，而问题导向下的数据分析则不同，它不是以具有周延性的审计事项清单为基础，究竟要分析哪些问题主要是凭经验。正是由于这些区别，二者构建的数据分析模型也存在重大差异，也正是因为这些原因，结论导向模式下才能形成总体结论，而问题导向模式下不能形成总体结论，只能报告已经发现的问题。

2. 电子数据环境对问题导向绩效审计业务流程的影响

在问题导向绩效信息鉴证下，主要目的是发现绩效信息错弊，并不需要基于这些发现的问题来对绩效信息的真实性形成结论，因此，通常来说，并不以具有周延性的审计事项清单为基础，而主要是以经验为基础确定审计重点，然后对重点领域进行查找。在电子数据环境下，由于数据分析的效率很高，并不需要以经验为基础确定重点之后，再在重点领域进行查找，而是可以对全部绩效相关数据进行分析以发现数据错弊疑点或直接获取关于数据错弊的证据，属于数据疑点的，再进一步采用经典审计中细节测试的方法予以验证。所以，绩效信息鉴证由数据分析和细节测试两个环节组成，数据分析本身也可以划分为两个步骤，一是进行总体分析以发现绩效信息错弊的重点领域；二是进行具体分析以发现具体的错弊疑点或直接获取绩效信息错弊的证据。总体来说，在电子数据环境下，绩效信息鉴证的业务流程由总体分析、具体分析和细节测试组成，类似于问题导向财务信息审计，基本情况如图 8-6 所示。

3. 电子数据环境对问题导向合规审计业务流程的影响

问题导向合规审计的目的是寻找违规问题，并不需要对审计总体形成结论，通常是基于经验判断来确定重点，对重点领域实施数据分析及其他细节测试程序。在电子数据环境下，基于电子数据分析来查找违规问题的效率大大提高，可以对总体实施数据分析以寻找违规问题，经验判断虽然仍有一定的作用，但对依赖经验确定重点再查找违规问题的需求大大降低甚至消失。基本的审计流程是数据分析和细节测试，数据分析的目的是发现违规疑点或直接获取违规的证据，细节测试则是针对数据分析发现的疑点实施核查程序，数据分析本身又可以分为两个步骤，一是总体分析，这种数据分析的目的是确定违规的重点领域；二是具体分析，这种数据分析是以总体分析为基础，其目的是发现违规疑点或直接获取违规事项的证据。总体来说，在电子数据环境下，合规审计的业务流程由总体分析、具体分析和细节测试组成，类似于问题导向财务信息审计，基本情况如图 8－6 所示，当然，这种总体分析、具体分析及细节测试关注的是经济行为违规，而不是财务审计中的财务信息错弊。

4. 电子数据环境对问题导向制度审计业务流程的影响

问题导向制度审计的目的是寻找制度缺陷，并不需要根据已经找到的制度缺陷来形成制度整体有效性的结论，通常的业务流程是基于经验来判断制度缺陷的重点领域，在此基础上，对各领域实施控制测试。在电子数据环境下，通过数据分析及数据核对来发现制度缺陷的效率大大提高，从理论上来说，可以对部分业务流程及全部控制点进行测试，问题导向制度审计业务流程包括两个步骤，一是控制测试，二是缺陷认定，前者是发现控制缺陷，后者是对发现的缺陷进行等级划分。需要说明的是，这种流程似乎与结论导向下的流程相同，但其实是有较大区别的，结论导向下的控制测试是基于具有周延性的审计事项清单来进行的，而问题导向下的控制测试并没有这种清单，也就是说，在问题导向下测试内部控制，究竟要从哪些维度来测试内部控制所存在的问题，仍需要职业判断。

三、结论和启示

审计工作的基调是在控制审计风险的基础上提高审计效率，在审计流程中做到审计风险控制和审计效率提高的统一，本节基于不同的审计业务、不同的审计定位来分析电子数据环境对审计流程的影响。

在结论导向审计定位下，电子数据财务审计、电子数据绩效信息鉴证、电子数据合规审计的取证流程分为总体分析、具体分析和细节测试三个阶段，这三个阶段的起点是具有周延性的审计事项清单，电子数据财务审计、电子数据绩效信息鉴证、电子数据合规审计的审计主题、审计目标、审计标的不同，其具有周延性的审计事项清单也不同（且与非电子数据环境并无显著变化），进而其总体分析、具体分析和细节测试的具体内容也不同。在电子数据环境下，结论导向制度审计仍然是以具有周延性的制度审计事项清单为基础，主要流程包括控制测试和缺陷认定两个阶段。

在问题导向审计定位下，电子数据财务审计、电子数据绩效信息鉴证、电子数据合规审计的业务流程包括总体分析、具体分析和细节测试，不以具有周延性的审计事项清单为基础。问题导向下的审计流程与结论导向下的审计流程有重大区别，结论导向下的数据分析，是以具有周延性的审计事项清单为基础来开展的，需要分析哪些问题是有明确清单的，而问题导向下的数据分析则不同，它没有具有周延性的审计事项清单，究竟要分析哪些问题主要是凭经验，正是由于这些区别，二者构建的数据分析模型也存在重大差异。问题导向电子数据制度审计业务流程包括控制测试和缺陷认定两个步骤，并没有具有周延性的控制测试事项清单。

本节的研究启示我们，由于电子数据环境改变了审计载体，进而改变了不同审计程序的工作效率，因此，以控制审计风险和提高审计效率为目的的审计流程也发生了重大的变化。审计流程的这种变化，意味着怎么审计这个审计基础性问题发生了重大的变化，而审计取证理论、审计准则这些以怎么审计为核心的内容也都要发生重大变化，审计学的革命性变化即将来临。

本章参考文献

[1] 罗伯特·K.莫茨，侯赛因·A.夏拉夫. 审计理论结构. 北京：中国商业出版社，1990.

[2] 管锦康. 试论审计方法. 财会通讯，1986（12）：13-14.

[3] 管锦康. 再论审计方法. 审计理论与实践，1994（3）：17-18.

[4] 何建群. 论审计方法的体系与应用. 财经理论与实践，1987（1）：61-64.

[5] 郑洪平. 试论宏观审计的一般审计方法. 审计理论与实践，1996（10）：8-10.

[6] 汪寿成. 论审计方法体系. 财会通讯，1998（2）：23-24.

[7] 刘艳玲. 经济效益审计方法的新思考. 商业研究，2002（22）：140-141.

[8] 石爱中. 审计方法科学化. 审计研究，2003（4）：3-7.

[9] 马同保. 论审计方法. 企业经济，2007（9）：178-180.

[10] 王光远. 审计测试理论评介. 经济评论，1992（6）：80-83.

[11] 谢志华. 论审计方法体系. 审计研究，1997（5）：10-14.

[12] 谢志华. 审计变迁的趋势：目标、主体和方法. 审计研究，2008（5）：21-24.

[13] 赵保卿，任晨煜. 审计方法的历史演进及其动因. 北京工商大学学报（社会科学版），2003（2）：30-33.

[14] 张林新. 谈审计方法演变的逻辑. 财会月刊，2009（15）：74-76.

[15] 陈汉文. 审计理论. 北京：机械工业出版社，2009.

[16] 文硕. 世界审计史. 北京：中国审计出版社，1990.

[17] 萧英达. 比较审计学. 北京：中国财政经济出版社，1991.

[18] 谢荣. 论注册会计师应有的职业关注（上）. 审计研究，1998（4）：12-18.

[19] 谢荣. 论注册会计师应有的职业关注（下）. 审计研究，1998（10）：15-22.

[20] 陈志强. 论执业会计师应具有的“应有的职业关注”. 财贸研究，1996（1）：69-71.

[21] 毕秀玲. 论审计应有职业关注概念的基本理论. 审计研究资料，1999（10）：1-16.

[22] 王学龙. 论审计应有的职业谨慎. 兰州财经大学学报，2002（1）：55-60.

[23] 陈文寿，林英. 成本效益原则与职业谨慎原则在审计中的应用. 财会通讯，2005（5）：27-29.

[24] 罗伯特·H.蒙哥马利. 蒙氏审计学. 上海：立信会计图书用品社，1999：38.

[25] 李晓慧. 论注册会计师的“职业关注”. 中国注册会计师，2004（3）：53-55.

[26] 杨时展. 审计的发生和发展. 财会通讯，1986（4）：3.

[27] 杨时展. 现代会计的特质. 财会通讯，1991（3）：3-6.

[28] 焦继福. 围绕政府决策 搞好跟踪审计. 河北审计，1999（9）：41.

[29] 王光远. 管理控制与内部受托责任审计. 财会月刊，2002（5）：3-5.

[30] 宋涛. 行政问责概念及内涵辨析. 深圳大学学报，2005（2）：42-46.

[31] 时现，朱尧平，薛蓓儿. 建设项目跟踪审计路径选择. 审计与经济研究，2006（3）：8-11.

[32] 柴严．中国审计学会跟踪审计理论与实务研讨会综述．审计研究，2009（6）：13-16.

[33] 张勇．公共受托责任论下政府跟踪审计有关问题的探讨．审计月刊，2010（7）：13-15.

[34] 刘寰，周聿．建设项目跟踪审计的局限性探讨．福建建筑，2010（2）：142-143.

[35] 王小利．论公共管理体系下政府跟踪审计管理．审计月刊，2010（6）：7-9.

[36] 钱水祥，金利江．基于绍兴实践的跟踪审计组织管理探析．审计研究，2011（2）：17-20.

[37] 马骏．实现政治问责的三条道路．中国社会科学，2010（5）：103-120.

[38] 唐斌．我国政府问责中的理论误读及反思．中共山西省委党校学报，2010（6）：66-69.

[39] 毕秀玲．建设项目跟踪审计相关问题探析．中国内部审计，2011（1）：46-49.

[40] 郑石桥，陈丹萍．机会主义、问责机制和审计．中南财经政法大学学报，2011（4）：129-134.

[41] 高雷．中国国家审计的三方博弈理论研究．江苏社会科学，2011（2）：100-103.

[42] 陈毓圭．对风险导向审计方法的由来及其发展的认识．会计研究，2004（2）：58-63.

[43] 石爱中，孙俭．初释数据式审计模式．审计研究，2005（4）：3-6.

[44] 张辉，朱彩婕．审计意见影响因素研究文献综述轨迹与启示．山东社会科学，2013（5）：261-263.

[45] 谢荣．关于审计的对象问题——答陈文华同志．上海会计，1989（3）：40-41.

[46] 纪思亮．数据圈宫心计：大数据与随机抽样——统计学必须进行技术革命．中国统计，2016（8）：16-19.

[47] 程开明，宋艺旋．大数据还需要抽样吗．中国统计，2017（11）：10-13.

[48] 万舒晨，金勇进．大数据背景下小微企业多重抽样框应用研究．数量经济技术经济研究，2018（9）：126-140.

[49] 吴立煦．抽样审计．上海：立信会计出版社，1995.

[50] 李瑛玫，王春利．信息化环境下审计导向模式探析．财会通讯，2007（5）：18-20.

[51] 马德辉．基于大数据视角的政府审计探讨．财会通讯，2017（1）：85-87.

[52] 秦荣生．大数据、云计算技术对审计的影响研究．审计研究，2014（6）：23-28.

[53] 彭启发，陈志朵．云计算对审计风险的影响．财会月刊，2015（28）：64-66.

[54] 鲁清仿，魏欣媛．大数据对审计风险准则影响探究．财会通讯，2015（7）：89-91.

[55] 朱玲玲．大数据、云技术对审计监督全覆盖的影响研究．审计月刊，2016（5）：12-14.

[56] 刘娜．大数据背景下政府审计变革动因与策略．财会通讯，2017（10）：75-77.

[57] 赵明浩，谢军．企业财务报告审计：大数据作用机理与实现路径．财务与会计，2017（17）：62-64.

[58] 阳杰，应里孟．大数据时代的审计证据与审计取证研究．财会月刊，2017（1）：115-124.

[59] 曾川. 大数据条件下财务报表持续审计现状与改进. 财会通讯，2018（4）：90-92.

[60] 崔春. 大数据助推审计基本理论问题发展探讨——基于区块链技术. 经济体制改革，2018（3）：85-90.

[61] 靳思昌. 论大数据背景下的国家审计监督全覆盖. 财会月刊，2018（7）：160-165.

[62] 郑石桥. 非财务计量绩效信息审计基本理论框架. 会计之友，2016（23）：124-129.

[63] 李笑雪，郑石桥. 非财务计量社会责任信息审计基本理论框架. 会计之友，2016（24）：121-127.

[64] 郑石桥，吕君杰. 统计信息审计基本理论框架. 会计之友，2016（19）：127-132.

[65] 许莉，郑石桥，陆赛江. 行为合规审计进一步审计程序：分析框架. 财会通讯，2018（16）：85-87.

[66] 郑石桥. 论金融合规审计. 财会月刊，2019（7）：82-87.

[67] 郑石桥，鲍思慧，周敏李. 企业合规审计：一个理论框架，会计之友，2019（9）：155-160.

[68] 郑石桥. 制度审计. 北京：中国人民大学出版社，2018.

[69] 郑石桥，苏钰雅，周敏李. 企业制度审计：一个理论框架. 会计之友，2019（10）：155-160.

[70] 刘中华，孔龙. 国际审计准则对计算机审计及内部控制技术的揭示. 兰州大学学报，1998（2）：41-46.

[71] 李燕，王秉常. 计算机数据处理环境下内控制度审计评价初探. 实验科学与技术，2003（2）：85-87.

[72] 孙立辉. 会计信息系统审计中内部控制评价的步骤. 中国注册会计师，2010（11）：81-83.

[73] 张保辉. 信息化环境下企业内部控制审计策略. 中国乡镇企业会计，2011（2）：131-132.

[74] 高飞. 会计信息化对单位内部控制审计的影响及对策的分析. 现代商业，2019（13）：54-55.

[75] 陈伟. 大数据环境下的电子数据审计：机遇、挑战与方法. 计算机科学，2016（1）：8-13.

[76] 王力. 基于大数据的农商银行内部控制审计. 财会研究，2015（32）：120-121.

[77] 王新华，张明. 大数据对中小企业内部控制审计的影响及对策. 审计与理财，2018（4）：21-23.

[78] 宋佳宁. 基于大数据的商业银行内部控制审计. 中国集体经济，2018（22）：93-94.

[79] 石爱中，孙俭. 初释数据式审计模式. 审计研究，2005（4）：3-6.

[80] 英格兰及威尔士特许会计师协会（ICAEW）. 数据分析对外部审计的影响. 中国注册会计师协会行业发展研究资料，2016.

[81] 刘汝焯. 计算机审计技术和方法. 北京：清华大学出版社，2004.

[82] 刘汝焯. 关于当前计算机审计发展的几个问题. 审计研究，2006（A1）：3-6.

[83] 陈峰. 计算机审计方式下的数据分析报告. 审计研究，2006（A1）：71-75.

[84] 董永强. 审计中间表的创建规范. 审计研究，2006（A1）：48-53.

[85] 任有泉. 信息环境下审计项目的组织与管理. 审计研究，2006（A1）：7-9.

[86] 刘汝焯，等. 计算机审计概念、框架与规则. 北京：清华大学出版社，2007.

[87] 郑石桥. 审计主题、审计取证模式和审计意见. 会计之友，2015（6）：125-133.

[88] 郑石桥，赵煜武. 行为审计取证模式论：特定行为审计取证的逻辑框架和例证分析. 会计之友，2016（14）：123-128.

[89] 裴育，郑石桥. 政府审计业务基本逻辑：一个理论框架. 审计与经济研究，2016（4）：3-11.

[90] 王会金. 财务审计. 北京：中国人民大学出版社，2019.

[91] 郑石桥. 绩效审计. 北京：中国人民大学出版社，2018a.

[92] 郑石桥. 制度审计. 北京：中国人民大学出版社，2018b.

[93] 陈耿，王万军. 信息系统审计. 北京：清华大学出版社，2009.

[94] 郑石桥. 合规审计. 北京：中国人民大学出版社，2018c.

[95] Hart，O. Corporate governance：some theory and implications. The Economic Journal，1995，105（430）：678-689.

[96] Jensen，M. C. The modern industrial revolution，exit，and failure of internal control systems. The Journal of Finance，1993，48（3）：831-880.

[97] Williamson，O. E. The modern corporation：origins，evolution，attributes. Journal of Economics Literature，1981，19（4）：1537-1568.

[98] Reynolds，J. K. and Francis，J. R. Does size matter? The influence of large clients in office-level auditor reporting decision. Journal of Accounting and Economics，2001（30）：375-400.

[99] Matsumura，E. M.，Subramanyam，K. R. and Tucker，R. R. Strategic auditor behavior and going concern decisions. Journal of Business Finance and Accounting，1997，24（6）：727-758.

[100] Taffler，R. J.，Lu，J. and Kausar，A. In denial? Stock market underreaction to going concern audit report disclosures. Journal of Accounting and Economics，2004（38）：263-296.

[101] Bowermna，M. Auditing performance indicators：the role of the commission of the citizens charter initiative. Financial Accountability and Management，1995，11（2）：267-4424.

第九章　审计环境理论

审计环境关注的是对审计有影响的因素，可以分为不同的层级。对于审计环境是否属于审计理论要素也存在不同的观点（许家林，1998；王学龙，2000）。本章首先对审计环境相关研究做简要的梳理，在此基础上，提出我们对研究审计环境的认识，并分析审计系统与审计环境之间的相互影响。具体来说，本章包括以下内容：审计环境的主要理论；多层级、多类型的审计环境；审计环境对审计要素的影响；审计系统对审计环境的影响。

第一节　审计环境的主要理论

关于审计环境的研究文献很多，主要涉及三个主题：一是审计环境的概念和内容；二是审计环境和审计的关系；三是审计环境在审计理论中的地位。本节分别对上述三个问题的相关研究做简要介绍，在此基础上，对审计环境的相关研究做简要评述，阐述我们对审计环境的认识。

一、审计环境的概念和内容

关于审计环境的概念和内容的研究文献很多，观点也存在较大的分歧。概括起来，大致有三种类型：一是只承认外部环境；二是承认有外部环境和内部环境；三是认为审计环境分为不同层级。我们按顺序分别称它们为外部观、内外观和等级观。

（一）外部观

外部观的主要特征是将审计环境界定为审计之外对审计有影响的因素。张以宽（1996）认为，审计环境是指与审计活动有关的一切外部因素的总和，其内容包括政治环境、经济环境、法律环境、科学文化环境以及社会环境等方面。中国审计体系研究课题组（1999）认为，审计环境包括政治环境、经济环境、法律环境、文化环境和观念影响。福州大学会计系审计课题组（2003）认为，审计环境是在一定的时间和空间条件下，与审计活动相关的一切外部事物及其活动的总和，它涉及政治、经济、法律、科学文化以及社会环境等多方面。毛春晖（2005）认为，审计环境包括政府的压力和管制、经济发展的促动、法律的完善和法庭的审判实践、社会公众的认识等。李映辉、闻树瑞（2006）认为，审计环境包括经济环境、法律环境、政治环境。邵华清、张凤言（2008）认为，审计环境包括以下内容：经济体制转轨的影响，公共财政制度建立的影响，政府职能转变的影响，现有审计法律环境的影响，科技发展的影响。陆正飞（2009）认为，审计环境主要包括经济环境、政治环境和法律环境。陈汉文（2009）认为，审计环境包括以下方面：文化和结构因素，合法性因素，政治体系设计、组织的设计与管理。朱荛平（2009）认为，审计环境包括政治法律变量、经济变量、社会文化变量、技术变量。管冬梅（2010）认为，审计环境包括政治环境、经济环境、法律环境、社会环境。

（二）内外观

内外观的主要特征是将审计环境界定为内部环境和外部环境，认为审计内部也存在审计环境因素。

刘兵（1995）将影响审计实践开展的政治、经济、法律环境的影响称为审计外环境，把审计固有因素的影响，如审计人员的价值观念、审计思想、审计程序和方法及审计工作的内容等，称为审计内环境。

蔡昌（1998）认为，随着世界经济和国际贸易的迅猛发展，出现了多种形式的国际审计活动，世界各国的审计环境存在巨大差异，主要表现在：审计观念的差异，审计标准的差异，审计程序和方法的差异，会计审计职业团体的差异，审计教育和审计资格的差别，语言和文化背景的差异。

任兴龙（1999）认为，外部环境可以分为法律环境、经济环境、政治环境、执法环境等；内部环境可以分为规范环境、管理环境、人为环境等。

王明虎（1999）认为，民间审计外部环境包括：被审计单位，审计信息使用者，民间审计执业的政治法律环境，民间审计经济环境，社会文化环境。民间审计内部环境分为硬环境和软环境，硬环境包括行业协会、会计师事务所、执业会计师等，软环境包括行业自律、行业收益、市场竞争、民间审计方法和程序。

吕金忠（2000）认为，审计环境是指对审计的发展与创新起影响和制约作用的各种因素，主要包括审计共享环境、审计自给环境和审计客体环境。审计共享环境是指社会所共有的，可以为任何组织和人员所用，主要由五个因素构成：法律因素，政策因素，经济因素，舆论因素，文化因素。审计自给环境是指审计机关及审计人员为满足审计工作需要所创造的必要条件，主要有四个因素：人员素质因素，管理因素，审计宣传因素，后勤保障因素。审计客体环境主要是指具体的被审计单位的组织机构管理、体制、方式、经营范围或管理职能以及与审计事项有关方面的情况等。

李朝辉（2000）认为，审计环境是指所有作用于审计的、不断发展变化的各种因素的综合，主观产生作用的称为审计的主观环境，客观产生作用的称为审计的客观环境。

杨益琳（2000）认为，审计环境是审计主体所处的特定经济社会关系的总和。

王学龙（2000）认为，审计环境是指对审计发展变化产生各种直接或间接影响的主客观条件和状况，包括政治、经济、法律、文化、科学技术以及社会环境等方面。依据范围不同，可将审计环境分为内部审计环境和外部审计环境。内部审计环境是就审计职业内部条件而言的，包括审计工作的环境氛围、审计主体管理制度、审计人员素质水平等诸多方面。外部审计环境是指审计系统之外的领域影响审计的因素，包括国内环境和国际环境。国内环境是指一个主权国家内部的经济环境、政治环境、法律环境、科教文卫环境、民族心理、公众认知程度等；国际环境则是指世界大环境对一个国家的审计造成影响的诸多因素之和，具体包括世界市场经济体系、国际学术文化交流、国际政治风云等。

河南省审计学会课题组（2000）认为，审计环境是指审计赖以生存和发展的境况和条件，是影响审计活动完成其自身职能的一切外部条件的集合，包括审计内部环境和审计外部环境。审计内部环境是系统内部影响审计进展的各种因素，涉及作业环境、控制环境、管理环境、技能环境等。审计外部环境是系统外部影响审计进展的各种因素，主要包括法律、政治环境、经济环境、社会环境等。

陈晓芳（2000）认为，外部环境包括经济环境、法律环境、科技环境、社会环境，内部环境包括审计人员的业务素质、政治素质和道德意识。

包强、王学龙（2001）认为，外部环境包括经济环境、政治环境、法律环境、科技环境、文化环境、公众认知程度与民族心、历史环境。内部环境包括工作环境、管理环境、审计人员的素质以及执业氛围。

刘明辉（2003）认为，并不是社会、政治、经济和法律中的所有方面都与审计相关，有些是明显无关，有些只是间接相关，有些在一定时期是相关的，而在另一时期是不相关的。因此，将审计外在环境中同审计相关的部分从整体社会、政治、经济和法律环境中抽象出来，称为审计外环境，包括经济体制、经济发展水平和状况、有关的法律法规、社会文化环境、外部相关利益集团及其活动因素。将影响审计的固有因素称为审计内环境。

王春辉（2004）认为，内部审计的环境是内部审计所存在的内在系统和外在系统相互之间不断进行信息和能量交换的空间，以及在此空间内存在的所有因素的总和。客观环境又称为外部环境，是外部环境中一切相互关联和相互作用因素的集合，主要包括政治环境、经济环境、法律环境、社会环境、文化环境、会计环境、科技环境、历史环境、自然环境、管理环境。主观环境包括内部审计模式、内部审计人员素质、内部审计技术和方法、内部审计行为、人际关系。

丁丽宏（2006）认为，审计环境可以分为主观环境和客观环境。审计的主观环境是指审计人员的素质，主要包括审计人员的思想素质、业务素质和职业道德素质。审计的客观环境可以分为生存环境和发展环境。审计的生存环境是导致和制约审计产生和发展的客观环境，具体包括经济环境、法律环境、政治环境、系统环境、科学文化环境、国际环境。审计的发展环境可分为三个层次，一是审计发展的历史环境；二是审计的现实动态环境；三是审计的未来环境。审计环境具有差异性，不同时期不同国家的审计有着不同的审计环境，同一时期同一国家的审计，因审计的主体、内容和方式的不同，以及被审计的单位的情况不一样，审计环境也有很大的差别。

周英虎（2007）认为，审计环境有内在环境和外在环境，其中，内在环境是指审计文化，外在环境是指财政、金融、投资、社会保障和经济法律等体制和制度。

樊金生（2007）认为，审计的外部环境包括政治环境、法律环境、社会环境，内部环境包括审计管理环境和审计人员状况。政治环境中的国家现行审计体制会制约审计效能的发挥；法律环境中的相关审计法律体系的缺失会直接影响审计效果；社会环境中的会计信息失真、造假现象普遍会加大审计风险。

柳松楠（2008）认为，审计环境包括政治环境、经济环境、法律环境、社会环境、政府审计组织内部环境。

邵华清（2008）认为，审计环境分为外在环境和内在环境。审计外在环境包括经济环境、政治环境、法制环境、社会文化环境、教育科技环境。经济环境是指一国基本的经济制度、经济体制以及发展程度等；政治环境是指一国基本的政治制度及其运行机制、与治国理念相关的政策方针等，包括国家政局的稳定程度、政治体制的模式、政权制衡机制的形式、民主化进程、国家对宏观问题的调控能力以及国家对微观问题的处理能力等；法制环境是指一个国家法律法规的制定和完善程度、执法环境和社会公众的法律意识等；社会文化环境是指一个国家社会环境之中的社会习俗、文化、道德观念等；教育科技环境是指一个国家公民接受教育的程度以及科学技术的发展程度等。审计内在环境包括审计主体环境、审计客体环境、审计运行环境和会计因素。审计主体环境包括管理环境、工作环境和审计人员素质，其中，管理环境主要是指审计系统内部影响和制约审计质量的主观因素，工作环境是指审计机关能否提供良好的软件环境和配置良好的硬件环境，审计人员素质是指道德素质和业务素质等。审计客体环境即被审计单位所处的环境，包括被审计单位的行业性质、监管环境、内部控制状况和财务状况等。

钱峰（2008）认为，审计环境可分为审计外部环境和审计内部环境。审计外部环境包括政治环境、经济环境、管理环境、社会环境等；审计内部环境包括控制环境、人际环境、技能环境、客观环境等。

马同保（2009）认为，审计环境是指对审计有影响的一切因素的总和，包括审计外环境和审计内环境。审计外环境由社会需求、经济体制、经济发展水平和状况、有关的法律法规、社会文化、外部相关利益集团及其活动等审计的外部环境因素构成，审计内环境由审计能力、审计人员价值观念、审计思想、审计文化、审计程序与方法、审计工作手段、审计工作内容等审计内部固有的因素构成。

（三）等级观

等级观的主要特征是将影响审计的因素分为不同层级，这些因素一般包括外部因素和内部因素。

许家林（1998）认为，审计人员作用的本质就在于其独立性，现代审计独立性的程度受到多种因素的制约，审计环境就是一个重要的方面。环境具有两个方面的特征：一是其主体的限定性；二是其范围的相对性。因此，在不同的环境主体之间存在着一种互为环境、相互影响和相互制约的关系。审计环境是指在一定的时空状态下，审计主体在对审计客体实施作业时所面临的各种主客观因素的总和。审计环境从结构分析上基本可以划分为三个层次：一是宏观审计环境，主要是指一定时期国际国内的审计工作所必须面临的政治、经济、法律、社会、文化和科技条件；二是中观审计环境，主要是指各个不同时期的审计工作都必然面临的审计行业的管理机制和作业单位的工作条件；三是微观审计环境，是指单个审计人员在从事审计实务时所必须面临的审计机构内部的工作条件和人际氛围。

谢诗芬（2000）认为，审计环境是指一定时空背景下，审计主体对审计客体实施审计时所面临的各种主客观因素之和。它可分为宏观、中观、微观三个层次。审计环境因素通常包括政治、法律、经济、社会、教育、文化、道德、会计、科技九个因素。科技是第一审计环境因素。

胡志勇（2006）认为，国家审计环境的宏观因素包括政治环境、经济环境、法制环境、文化环境和其他环境因素。政治环境包括宪法与政治体制，政治传统的影响和政治文明的进程；经济环境包括基本的经济制度和经济结构，财政环境；法制环境包括法律法规完善、配套情况，宪政意识和法治思想；文化环境和其他环境因素包括儒家学说中的“仁政”“人性善”等思想，共同的价值观念。国家审计的微观环境因素包括国家审计机关内部治理结构和激励约束机制，审计部门主要负责人的风险承受能力和道德品质。

刘红娟（2009）认为，审计环境是一个多层次、综合性结构复杂的体系，是指在一定时空背景下，审计主体对审计客体实施审计时所面临的各种主客观因素之和，主要包括审计外部环境、审计自身环境和审计客体环境。外部环境包括经济环境、政治环境、法律环境和科技环境，审计自身环境包括审计人员自身条件、审计人员独立性，审计客体环境包括被审计单位的复杂任务、被审计单位的管理模式与风格。

谢荣（2011）认为，审计环境是指影响审计行业发展及审计理论与实务发展的各种因素的集合，包括宏观环境、行业环境和理论研究环境。审计的宏观环境影响审计服务的需求，审计的行业环境影响审计服务的供给，审计的理论研究环境则影响审计理论及实务的发展。宏观环境通常包括政治环境、经济环境、社会环境和技术环境。行业环境主要是行业竞争环境因素，包括主要竞争者、新加入者、替代品、客户和供应商。

二、审计环境与审计的关系

关于审计环境和审计关系的研究很多。一致的观点认为，审计环境会影响审计，但不同的文献强调的审计方向和内容不同。有些文献还谈到了审计和审计环境之间的互动关系，除了审计环境影响审计外，还涉及审计对审计环境的作用。这类研究文献汗牛充栋，许多在标题甚至整篇文章中都没有出现审计环境但实质上研究的是审计环境对审计的影响，例如，国家治理与国家审计、公司治理与内部审计、资本市场与民间审计等。由于此类文献太多，且我们主要是站在审计基础理论视角，所以这里不予以介绍。

鲍国民（1998）认为，一切与审计有关的政治、经济、法律和文化环境，构成审计存在发展的空间，制约着审计的发展。当然，在一定程度上，审计对其所处的环境也有反作用。

张彤（2000）认为，审计环境对审计行为始终存在显著的影响，而审计专业判断具有强烈的主观性，审计人员易为其所处的环境所左右，因此，审计专业判断的存在与发展在很大程度上取决于审计环境的状况。

陈晓芳（2000）认为，外部环境的变化直接影响审计目标的内容，内部环境的变化直接影响审计目标的实现。

河南省审计学会课题组（2000）认为，审计环境的变化会对审计本质产生影响。

程新生、陶能虹（2000）认为，绩效审计环境是指影响绩效审计的所有外部因素和条件的总和，包括政治环境、经济环境、法律环境、科技环境、社会环境、文化教育环境等。中国、美国和法国三国绩效审计环境不同，其对政府绩效审计产生的影响不同。

程新生（2001）认为，审计与科技、经济、政治、法律、教育、文化等发展存在不可分割的联系。审计环境的变化，必然对审计环境所决定的审计理论和实践产生巨大影响。

盛颖逾、卢维华（2002）认为，审计环境的变化需要进行审计目标的创新，主要包括以下领域：无形资产效益性审计目标，人力资源审计目标，衍生金融工具审计目标，企业管理活动审计目标，社会责任履行情况审计目标，非财务报表信息审计目标，计算机、网络技术本身的合规性与有效性审计目标等。

福州大学会计系审计课题组（2003）认为，国家审计随着审计环境的变化而不断发展变化，这种变化体现在国家审计的各个要素，如审计目标、审计内容、审计的方式方法、审计依据、审计证据等方面的变化。

梁劲（2003）认为，审计环境的变化将导致审计目标、审计模式、审计立法、审计准则、审计体系、审计内容、审计职能和审计方法的重构。

李颖程（2003）认为，政治环境、经济环境、法律环境以及社会文化环境对审计存在直接的影响。审计就是伴随着国家政权、政治制度的建立而出现的。一个国家的国体和政体决定着审计的地位、性质及其职能的发挥。我国的基本政体是人民代表大会制。全国人民代表大会是国家的最高权力机关，国务院是其执行机关，接受人民代表大会的监督。经济环境决定了政府在经济生活中的作用大小，从而也决定了国家审计在经济生活中的作用范围和程度。我国的基本经济制度是以公有制为主体、多种所有制共同发展，国有经济比重逐渐下降，政企职能将彻底分开，这些都为建立小政府大社会的管理模式奠定了基础。审计行为是在一定的法律环境中产生并发展的，它既受所处法律环境的制约，又会对改善法律环境、提高法制化程度发挥重要的作用。审计是一种社会行为，其作用的发挥深受社会文化环境和人们思想观念的影响，加强思想道德建设，更新人们的政治、经济、法律、文化和道德观念，将对审计产生非常深刻的推动作用。

石爱中指出，要从政治、经济、法律和文化等多角度来开展我们国家的审计研究，否则很难找出战略性的思路，只有把环境的现状及其发展的趋势研究透彻，才能把握我国审计未来的走向（魏小题，2005）。

陈全民、杨秋林和李建新（2005）认为，绩效审计环境包括社会需求、经济制度、政治体制、法制环境、文化传统和技术基础等六个方面，东西方国家在上述六个方面存在的差异，影响了政府绩效审计。

丁丽宏（2006）认为，审计环境从五个方面对审计实践产生影响：审计环境变化影响了审计实践指导思想；审计环境的变化拓宽了审计实践的领域；审计环境的变化引进了新的审计方法；审计环境的变化影响了审计证据；审计环境的变化影响了审计报告。

郭振林、王玉芳（2006）认为，绩效审计开展比较好的国家多数是立法型审计模式；这些国家主要依靠市场机制来配置资源，国家审计主要集中在关注创建高效廉洁的责任政府上，推动了政府绩效审计的发展；多个国家的宪法或其他法律明确赋予最高审计机关开展绩效审计的具体权限，也推动了政府绩效审计的发展。

何翠群、胡志勇（2007）认为，审计环境是在一定时空背景下存在的、影响审计行为的主客观因素的集合，这些因素相互联系、相互作用，形成合力，共同影响和制约审计理论和实务的产生、发展和完善。国家审计受与其相关的众多环境因素的影响和制约，同时国家审计又影响和改变着审计环境。

王顺明（2007）认为，审计体制与审计环境有着密切的关系，任何脱离实践基础的天才构想、天才设计都是空中楼阁。应该采取什么样的国家审计体制才最有利于其作用的发挥，是由各国的国情决定的，包括政治环境、经济环境、法律环境和人口素质，其中对国家审计体制影响作用最大的首推政治制度及整体设计。

罗猛（2007）认为，伴随着建立社会主义市场经济体制的进程，我国已初步实现经济体制由计划经济向市场经济转变，政府职能模式从无限政府向有限政府转变，治国方式由政策治国向制度治国转变。审计环境的变化，必将对我国政府审计监督制度的发展完善产生深远的影响。

钱峰（2008）认为，审计内环境决定着审计的本质，决定了审计的职能，决定着审计的程序和方法。审计外环境则决定着审计动因，进而决定着审计目标。

马同保（2009）认为，审计目标是在一定历史环境条件下的产物，审计环境的改变必然推动审计目标的创新；而新的审计目标又反作用于审计环境，能动地改善审计环境，推动审计事业的发展。

刘红娟（2009）认为，审计环境的演进直接推动着审计判断的产生和发展，并使审计判断在审计活动中发挥越来越重要的作用，审计环境的发展对审计判断有着深刻的影响。

周中胜（2009）认为，政治环境的变化及目标的实现既改变了政府审计的工作范围，同时又要求政府审计改变审计的内容，要求政府审计要重新界定服务的对象，创新审计报告的过程和方式。经济环境的变化使政府审计监督的对象和范围也发生了变化，同时，政府审计的职能和职责也要重新定位，这就要求政府审计调整审计的对象与范围，改变政府审计监督的重点，理顺政府审计的职能与职责，处理好政府审计与社会审计以及内部审计的关系。民主法治建设的进步可以为政府审计的实施提供法律保障，同时也可以为政府审计依法履行职责提供法律依据。

黄溶冰（2010）认为，审计环境是指审计赖以生存和发展的境况和条件，是影响审计活动完成其自身职能的内部、外部条件的集合。审计环境的变化会影响审计的变化，例如，组织结构变革引致经济责任审计，经济全球化引致风险预警审计，和谐社会建设引致社会责任审计，信息化革命引致数据式审计。

穆大团（2011）认为，审计环境是指所有作用于审计且不随审计发展变化的各种因素的总和，审计环境可分为外部环境和内部环境。民间审计的外部环境内容主要包括经济社会环境和法律环境。就经济社会环境而言，除了法定的审计需求外，其他的自愿审计需求都具有一定的畸形，正是这些畸形的需求，导致购买审计意见的动机很强烈。就法律环境而言，行业自律性组织是一个半官方的组织，由于地方保护主义和行业保护主义流行，政出多门，多头管理，审计准则体系不完善。

朱亚卓（2013）认为，随着审计环境的改变，审计方法也发生了变化，即从单项详查到系统抽查，从单一听审技术到综合检查技术，从手工审计手段到电脑技术审计手段。

三、审计环境在审计理论体系中的地位

从研究文献来说，审计环境在理论体系中的地位体现在两个层面，一是一些有名的审计著作对审计环境的关注程度；二是一些文献专门论述审计环境在审计理论中的地位。

（一）一些有名的著作对审计环境的关注程度

审计环境是不是审计理论的一个要素，尚没有定论。主要体现在，许多有名的审计著作没有涉及审计环境。这些著作对审计环境的关注程度有两种情形，一是不涉及审计环境；二是涉及审计环境，但界定的审计环境非常特别。

不涉及审计环境的学术名著包括：莫茨、夏拉夫的《审计理论结构》，美国会计学会的《审计基本概念说明》，尚德尔的《审计理论：评价、调查和判断》，安德森的《外部审计：概念和技术》，汤姆·李的《公司审计：概念与实务》，弗林特的《审计哲学与原理导论》，阿伦斯的《审计学：一种整合方法》，萧英达的《比较审计学》，王文彬、林钟高的《审计基本理论》。

有些审计学著作虽然有对审计环境的专门论述，但界定的审计环境非常特别。

《蒙氏审计学》第1篇就专门论述了审计环境问题。但是从其涉及的内容上来分析，它主要包括审计的产生与发展、审计职业的组织和机构、审计标准与职业道德、专业职责和法律责任这些问题。

王德升的《国际会计》一书，有专节讨论国际审计环境问题，介绍的却主要是有关中国、英国、美国、法国、日本、德国和加拿大等七国注册会计师事业的形成与发展、注册会计师执业的法律依据、注册会计师执业资格的认定等问题。

有的书名就是《审计环境》，但内容包括经济学、财务会计、财务管理和经济法律制度（鲍国明，2000）。

中国注册会计师协会编写的《审计》（2011年度全国注册会计师统一考试辅导教材），第1篇就是审计环境，内容包括注册会计师审计职业特点、注册会计师管理制度、注册会计师法律责任、注册会计师执行准则。

（二）一些文献专门论述审计环境在审计理论中的地位

关于审计环境在审计理论中的地位有两种观点，一种观点认为，审计环境是审计理论构建的逻辑起点；另一种观点认为，审计环境是审计理论的要素之一，但不是逻辑起点。

刘兵（1995；2003）认为，作为审计赖以生存和发展的审计环境不应仅局限于审计生存的土壤，即审计外环境，还必须包括决定审计生存基础的审计内环境，即审计产生的动因。审计环境决定审计的本质，从而决定审计的职能；审计外环境决定审计目的，审计内外环境的有机结合就是审计目标，因此，审计目的、审计本质、审计目标最终统一于特定时空背景下的审计环境中。所以，审计环境是审计理论的逻辑起点。

刘明辉（2003）认为，审计内环境决定着审计的本质，从而决定了审计的职能，进一步决定着审计的程序和方法。审计外环境决定着审计动因，从而决定了审计目标。所以，审计环境是审计理论的逻辑起点。

谢诗芬（2000）认为，审计环境和审计目标共同构成审计理论结构的起点。

姚靠华、周岳亭（2005）认为，审计环境影响着审计目标、审计假设和由此确立的审计基本理论、审计规范理论和审计应用理论，是审计理论体系的核心要素。纵观审计发展史，审计要素的每一次革新无不顺应着审计环境的要求。

张以宽（1996）认为，审计环境对审计的影响，贯穿于审计理论，是重要的审计理论要素，但并不是审计理论的逻辑起点。审计与审计环境是本体和客观环境的关系，就像种子与土地的关系。审计本体是内因，审计环境是外因，决定审计性质和发展的是内因，离开内因就无从研究审计科学，研究审计科学，不能以客观环境取代审计的本体。

四、评述

关于审计环境的现有研究丰富了我们对审计环境的认识。然而，这些研究所形成的观点如此之多，让人不得要领。认识论差异的根源在于方法论。我们认为，从方法论的角度看，审计环境的研究存在如下潜力：

第一，既然是研究审计环境，首先要搞清楚的是这个环境主体究竟是谁。从表面来看，审计环境的主体显然是审计。然而，对于审计却可以有多种观察层级，例如，一个审计项目的环境，一个审计机构的环境，一个审计人员的环境，一个审计行业的环境，由委托人、代理人和审计人组成的审计关系的环境。同时，我们还可以分别考虑审计环境对某一特定审计要素的影响，例如，审计环境对审计本质的影响，审计环境对审计需求的影响，等等。如果不确定是研究哪个主体的审计环境，关于审计环境的看法当然会众说纷纭。现有的研究文献，并没有明确是哪个层级的主体的环境，这些泛泛而谈的审计环境，难以达成共识。事实上，每个研究文献都有其未明确表明的环境主体，所以，在某种程度上，对这些文献所涉及的审计环境主体来说，其界定的审计环境都是有道理的。然而，审计环境作为一个理论概念，用就事论事的方式是无法形成一致性概念的。

第二，从哲学观点看来，“根据”是决定事物存在、发展的内部原因，是事物内部固有的根本矛盾和事物运动的根源；“条件”是制约和影响事物存在、发展的外部因素。两者互相联系，互相制约。“根据”在事物发展中起主要的或根本的决定作用，不同的“根据”决定事物的不同的特征和不同的发展可能性。“条件”只有通过根据才能起作用。一些研究文献将所有影响审计存在和发展的因素都视为审计环境，则显然没有区分“根据”和“条件”。从哲学上来说，只有“条件”才是审计环境，“根据”是审计自身的因素，不是审计环境。

第三，影响审计的因素当然很多，例如，某一天的天气也可能影响今天的审计，某一人的心情也可能影响当时的审计，许多偶然因素都可能对审计造成影响，如果将这些因素都纳入审计环境，审计环境就成了难以把握的神秘领域。我们认为，审计环境研究应该关注与审计有规律性关系的影响因素，不能过于发散。

第四，科学的研究方法很重要。审计环境如何影响审计，需要分析其机理和过程，需要做到逻辑的和历史的统一，而不是主观臆断。现有的研究文献，对于审计环境如何影响审计，缺乏有深度的科学分析。当然，这也能表明，这些文献所讨论的审计环境与审计的某些所谓的关系并不存在。

第五，审计环境在经典的审计理论中并没有重要地位。其原因是什么呢？我们分析，主要是因为审计环境包含的因素实在太多，并且审计环境与审计之间的必然性、因果性联系并没有显现，大多数因素对审计的影响具有权变性。所以，即使涉及审计环境的一些重要著作，对审计环境的界定也是很特别的，并不是一般意义上的环境因素。

第二节　多层级、多类型的审计环境

由于现有文献研究审计环境的不足，我们认为，审计环境不是一个简单的问题，需要形成多层级、多类型的理念。

一、多层级的审计环境

系统论认为，世界任何事物都是系统，系统具有不同层级，大系统中包括小系统，小系统中还可以包括更小的系统。审计无疑也是一个系统，并且是一个具有不同层级的系统。所以，我们以系统论为基础来认识审计环境。

系统论认为，系统环境是指存在于系统外且与系统发生作用的各种因素的总称，即为系统提供输入或接受其输出的各种因素的集合。这些因素的属性或状态及其变化都对系统产生影响，促使系统发生变化。反之，系统建成并开始运行后，系统本身也会对周围环境产生影响，使环境因素的属性或状态发生变化。与系统环境相关的概念是系统边界，它是指系统与环境的分界面，是用以区分系统与环境和系统所包含要素的界限（Machol，1965）。

显然，区分系统要素和系统环境的关键是系统边界。系统的边界不同，系统要素和系统环境也就不同，在一个层级里是系统要素的事物，到更小层级的系统，就成了系统环境。

审计显然可以从系统的视角来分析。由于系统边界不同，审计作为系统，可以有不同的层级，从而使得审计成为一个具有不同层级的系统。例如，从系统论视角来看，审计具有以下系统层级：

（1）审计行为。某项特定的审计行为可以作为一个系统，例如，审计人员与被审计单位的合谋行为，审计意见的形成，审计计划的编制，某项审计程序的实施等，都可以作为一个系统来分析。围绕这个特定行为，当然存在环境因素。

（2）审计项目。特定的审计项目可以作为一个系统，例如，某部门经济责任审计，某公司财务审计，某工程项目审计等，都可以作为一个系统来分析。围绕这个特定的审计项目，当然也存在环境因素。

（3）审计人员。特定的审计人员可以作为一个系统来分析，例如，审计机构负责人，审计项目负责人，签字审计师，助理审计人员等；某类审计人员也可以作为一个系统来分析，例如，与被审计单位有利益关系的审计人员，与被审计单位没有利益关系的审计人员等。围绕这些不同类型审计人员也存在环境因素。例如，他们的阅历、价值观念、理想信念、组织忠诚度等都可能会影响他们的审计行为，外界许多因素也会影响他们的审计行为。

（4）审计机构。特定的审计机构当然是一个系统，例如，某政府审计机关，某会计师事务所，某公司的审计部门，某银行的审计部门等。围绕审计机构也存在许多环境因素。例如，影响政府审计机关设置的政治制度，影响内部审计机构设置的组织模式，影响会计师事务所法律组织形式的法律制度，社会文化环境中对审计的态度和看法等，都会对审计产生重要的影响。

（5）审计关系。审计是由委托人向审计人提出委托或授权，由审计人对代理人实施审计，并将审计结果报告给委托人。所以，委托人、代理人和审计人共同组成一个审计关系，在这个审计关系中，三者缺一不可。审计关系显然可以作为一个系统，围绕这个系统也存在许多环境因素，例如，从委托人角度出发，有如下问题：委托人审计需求差异化原因？委托人对审计产品的重视程度如何？委托人是否存在真正的审计需求？委托人的需求是否会形成法律？委托人是否需要高质量的审计？从代理人角度出发，有如下问题：为什么审计客体会有个人和组织的区分？为什么针对不同的审计客体有不同的审计主题？为什么针对不同的审计客体有不同的审计方法？为什么对不同的审计客体有不同的审计风险？从审计人角度出发，有如下问题：为什么审计体制不同？为什么审计权力配置不同？为什么审计人员激励机制不同？为什么审计法律责任不同？为什么审计组织的法律形式不同？

（6）审计行业。某种类型的审计主体的组合，就形成了审计行业。审计行业可以作为一个系统，围绕特定的审计行业，显然存在环境因素。例如，民间审计、内部审计、政府审计，甚至上述这些审计主体的再分类或某一地区的上述审计行业，都可以作为系统来分析。围绕这些审计行业，都会有影响它们的环境因素。

（7）审计要素。虽然对审计要素的认识存在差异，但一般来说，审计本质、审计需求、审计目标、审计主体、审计客体、审计内容、审计方法都是审计要素，这些审计要素可以形成一个系统，每个单独的审计要素也可以形成一个系统，对于大系统来说，这些要素之间的相互影响是系统内部各要素之间的相互作用，对于小系统来说，某要素之外的其他要素就是该要素的审计环境；在这些要素之外，对审计要素有影响的因素就是审计环境，不同的审计要素，可能有不同的审计环境。

二、多类型的审计环境

审计环境不但具有不同的层级，还具有不同的类型，也就是说，在各层级的审计环境中，还存在不同的类型。

（1）从环境因素所处的空间范围分类，审计环境分为外部环境和内部环境。这里的内部环境是存在于特定的审计系统之内对特定审计系统有影响的非审计因素，而外部环境是存在于特定的审计系统之外对特定审计有影响的审计因素和非审计因素。这里有两个关键，一是特定的审计系统；二是非审计因素。特定的审计系统是指审计系统的不同层级，例如，审计行为、审计项目、审计人员、审计机构、审计关系、审计行业。特定审计系统的构成要素分为两类，一是审计要素；二是非审计要素，正是审计要素构成了特定的审计系统，而对这些系统有影响的非审计要素就是审计环境。例如，审计人员，其审计理念、职业道德、审计知识、审计技术、审计能力等都是构成审计系统的审计要素，但是，作为一个自然人、社会人，还有一些非审计要素，这些要素中，有些与审计无关，如对发型的偏好、对某类文学的偏好；有些与审计有关，如文化价值观。这些与审计有关的要素就是组成审计环境的非审计因素。至于系统之外对系统有影响的因素，无论是审计因素还是非审计因素都属于系统环境。所以，总体来说，对于特定审计系统来说，其审计环境如图9-1所示。

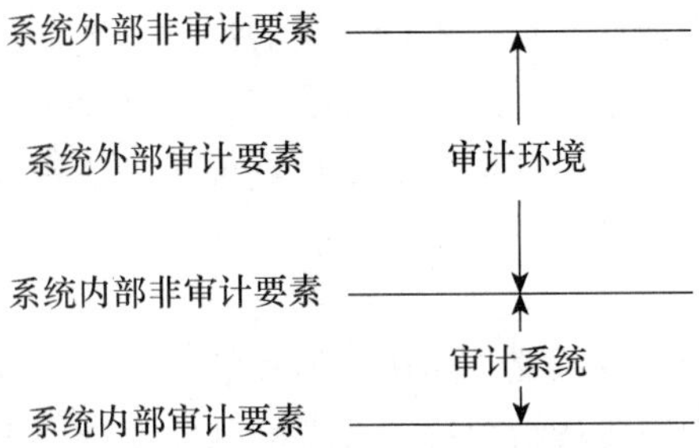

图 9-1 审计系统与审计环境

（2）按环境因素的影响方式分类，审计环境分为直接环境和间接环境。直接环境是直接影响特定审计系统的审计环境；间接环境是不直接影响审计，而通过影响直接环境来影响审计的审计环境。直接环境和间接环境只是按照影响方式的分类，并不代表审计力度的大小，也许某些间接环境的影响力还大于直接环境，例如，高管报酬与绩效指标之间的关系会影响财务报表舞弊，从而形成一个直接环境因素，但是，为什么不同公司会有不同的高管报酬方案呢？决定高管报酬方案的因素又是什么呢？这些因素是审计的间接环境，它们通过影响高管报酬方案，进而影响审计。

（3）按环境因素的影响范围分类，审计环境分为微观环境、中观环境和宏观环境。微观审计是只影响特定审计系统的审计环境，这种环境只对该特定审计系统产生影响，与其他审计系统无关。中观环境是对一定范围内的审计系统有影响的审计环境，它对于这个范围之外的审计系统没有影响。宏观环境是对所有审计系统都有影响的审计环境。当然，中观和宏观的区分是相对的，一个国家是宏观范围，但对于整个世界来说，国家就是中观范围。

以上所述的多层级、多种类的审计环境，归纳起来如表 9-1 所示。

表 9-1 多层级、多种类的审计环境

系统级	按所处空间范围分类		按影响方式分类		按影响范围分类		
	外部环境	内部环境	直接环境	间接环境	微观环境	中观环境	宏观环境
审计行为	√	√	√	√	√	√	√
审计项目	√	√	√	√	√	√	√
审计人员	√	√	√	√	√	√	√
审计机构	√	√	√	√	√	√	√
审计关系	√	√	√	√	√	√	√
审计行业	√	√	√	√	√	√	√
审计要素	√	√	√	√	√	√	√

√表示可能有这种情形。

第三节 审计环境对审计要素的影响

从表 9-1 可以看出，分析审计环境对审计系统的影响，可以选择不同层级的审计系统。在表 9-1 所列出的七个层级的审计系统中，审计要素最具有代表性，所以，我们仅以审计要素作为主体来分析审计环境对审计系统的影响。本节前面已经指出，对审计要素的认识存在差异，一般来说，审计本质、审计需求、审计目标、审计主体、审计客体、审计内容、审计方法都是审计要素，我们分析审计环境对上述各审计要素的影响。

一、审计环境与审计本质

就审计一般来说，审计是以系统方法从行为和信息两个角度独立鉴证经管责任中的代理问题和次优问题，并将结果传达给利益相关者的制度安排。审计一般的这种本质在不同的审计主体中有不同的表述。

INTOSAI于1977年通过的《利马宣言》指出，政府审计是控制体系不可缺少的组成部分。这种控制系统的目的是要及早地揭露背离公认标准、违反原则和法令制度及违背资源管理的效率、效果和经济原则的现象，以便在各种情况下尽可能及早采取改正措施，使当事人承担责任、赔偿经济损失或采取措施防止重犯，至少也要使今后更难发生。

国际内部审计师协会2001年在《内部审计专业实务标准》中指出，内部审计是一种独立客观的确认和咨询活动，旨在增加价值和改善组织的营运。它通过应用系统规范的方法，评价并改善风险管理、控制和治理过程的效果，帮助组织实现其目标。

美国会计协会1972年发布的《审计基本概念公告》指出，审计是客观收集和评价与经济活动及事项有关的认定的证据，以确定其认定与既定标准的相符程度，并将结果传递给利益关系人的系统过程。

为什么具有本质共性的审计，在不同审计主体中会有差异？这其中的原因就是不同审计主体处于不同的委托代理关系中。政府审计处于公共委托代理关系之中；内部审计处于内部委托代理关系之中；民间审计在理论上可以存在于任何委托代理关系之中，但主要是处于私营委托代理关系之中。正是由于不同审计主体所处的委托代理关系不同，需要其鉴证的委托代理关系中的代理问题和次优问题不同，需要将其审计结果传达的利益相关者也不同。这些不同使得审计本质内涵更加丰富，从而在审计一般的本质上增加了特定审计主体的特色内涵。

二、审计环境与审计需求

就审计一般来说，审计需求源于履行经管责任的代理人作为正常人所具有的人性缺陷，一方面，由于自利会产生代理问题；另一方面，由于有限理性会产生次优问题。然而，在现实生活中，我们发现，许多存在经管责任的地方并没有审计。这其中的原因就是一些权变因素影响了审计需求。第一，应对代理问题和次优问题有一系列的制度安排，审计只是其中之一，由于不同的制度安排具有不同的成本效益，对于不同的代理问题和次优问题，不同制度的应对效果也不同，如果其他制度应对代理问题和次优问题的效果更好，或者更符合成本效益原则，审计制度就不一定会登台亮相。第二，委托人的问责需求，如果委托人问责需求强烈，对代理人的代理问题和次优问题很介意，审计就会得到重视，否则，审计就不会出现或者难以真正发挥作用。第三，代理人代理问题和次优问题的严重程度。一般来说，代理问题和次优问题越严重，对经管责任履行的负面影响也越大，审计需求也就越强烈。所以，总体来说，履行经管责任的代理人作为正常人所具有的人性缺陷是审计需求的必要条件，但不是充分条件，一些权变的环境因素会影响审计需求程度（郑石桥、陈丹萍，2011；郑石桥，2012；张文秀、郑石桥，2012）。

三、审计环境与审计目标

审计目标是一个体系，包括终极目标和直接目标。就终极目标来说，从审计一般出发，审计的终极目标是抑制代理问题和次优问题。但是，不同的审计主体，其终极目标有所侧重，政府审计的终极目标是抑制公共治理的代理问题和次优问题，促进国家良治；内部审计的终极目标是抑制组织内部的代理问题和次优问题，从而实现组织良治；民间审计的终极目标是抑制委托人关注的代理问题和次优问题。为什么各有所侧重呢？原因是不同审计主体所处的委托代理关系不同，政府审计处于公共委托代理关系之中，内部审计处于内部委托代理关系之中，民间审计根据合约实施审计，在理论上可以存在于任何委托代理关系之中，表现为处于合约委托人的委托代理关系之中。就直接目标来说，包括总体目标和具体目标。总体而言，审计总目标包括真实性、合法性、效益性和健全性，但对一个特定的审计项目或一个特定的审计主体来说，上述真实性、合法性、效益性和健全性并不一定同时实施，对于不同的审计目标可能有所偏重。其原因是，委托人的审计需求可能不同，从而，委托人对真实性、合法性、效益性和健全性目标的需求不同。当然，委托人对真实性、合法性、效益性和健全性目标的需求，本身还受到许多权变因素的影响。所以，总体来说，审计目标体系类似于一个“菜谱”，委托人就是消费者，委托人根据其偏好从“菜谱”中“点菜”，而委托人的偏好又受许多权变因素的影响。

四、审计环境与审计主体

审计主体是指审计活动的实施者。审计独立性、审计主题这些审计因素当然会影响主体构造。还有一些权变因素会影响审计主体选择或构造。一是，世界上大多数国家都会建立国家审计机构，同样是国家审计机制，其审计体制却有不同的类型。为什么会出现不同的审计体制？其影响因素较多，例如，国体、政体、法律、文化、历史等。二是，国家审计体系中各级审计机构之间的关系，不同国家有不同的类型，有的是上下级关系，有的没有这种关系。其原因在于国家的体制，如果是单一制国家，则不同层级的国家机构之间本身就存在上下级关系，国家审计机关当然也就存在上下级关系，中国是这种情形的典型；而在联邦制国家中，不同层级的国家机构之间本身就没有上下级关系，国家审计机构之间当然也就没有上下级关系，美国是这种情形的典型。三是，就审计人员来说，在有的国家，审计是一个令人向往的职业，优秀人才愿意进入审计队伍；而在另外一些国家，审计是一个很一般的职业，进入审计队伍的并不一定是优秀人才。为什么会出现这些差异呢？其影响因素较多，例如，审计职业的形象、收入、法律责任等。

五、审计环境与审计客体

审计客体涉及“对谁审计”或“审计谁”。审计主题当然会影响审计客体选择。然而，还有许多权变因素会影响审计客体选择。例如，为什么只有中国有针对主要领导干部的经济责任审计，而国外没有这种类型的审计？被审计单位的领导体制是其中的重要原因之一。在分工负责制下，被审计单位的每个领导主要负责其分管的领域，其经济责任履行情况也应该主要体现在该领域。然而，作为被审计单位的主要领导，对于其他领导分管的领域，也负有督导的责任。所以，可以区分其主管责任和领导责任。如果没有分工负责制，被审计单位的决策权全部属于主要领导，其他领导只是协助其工作，此时，作为被审计单位的主要领导，难以区分其主管责任和领导责任。所以，在分工负责制下，主要领导的主管责任和领导责任可以分离，可以开展以主要领导个人为对象的经济责任审计，中国是这种情形的典型；在不存在分工负责制的情形下，主要领导的主管责任和领导责任难以分离，整个被审计单位的经济责任履行情况与该单位主要领导经济责任履行情况合二为一，针对该单位的审计就是针对该单位主要领导的审计，大部分发达国家属于这种情形。

六、审计环境与审计内容

审计内容涉及“审计什么”，包括审计对象、审计主题、审计业务类型和审计标的四个层级的问题，这四个层级的审计内容都受到一些权变因素的影响。

就审计一般来说，其审计对象是经管责任，主要关注其中的代理问题和次优问题。然而，不同经管责任中的代理问题和次优问题不同。这其中有许多权变因素，例如，在公共委托代理关系中，除了终极委托人是本人，其他各层级的委托人本身是上一层级委托代理关系的代理人，同时，由于终极委托人很多，一般需要实行代议制，因此，真正发挥作用的是各层级的派生委托人。代理人激励不相容程度较高，机会主义倾向可能较强，如果治理机制不到位，则代理问题会较严重。同样，在私营委托代理关系中，如果股东分散，每个股东都是小股东，众多的小股东可能采取搭便车的行为，这些情形下，代理人的机会主义倾向可能较强。相反，在私营委托代理关系中，如果有一股独大的股东，该股东可能会侵害其他小股东的利益，从而出现大股东与小股东之间的代理问题。所以，总体来说，不同的委托代理关系中，由于一些权变因素的影响，经营责任中的代理问题和次优问题也呈现差异，从而导致审计内容的差异化。

七、审计环境与审计方法

审计方法关注“怎么审计”，包括的内容很多，可以分为不同的层级。从具体技术角度来看，审计方法主要涉及审计的技术、手段、工具、审计准则、审计指南等；从审计方法论角度，审计方法主要涉及审计态度、审计取证方式、审计取证模式等。无论是审计技术方法，还是审计方法论，都受到许多权变因素的影响。从技术方法来看，一些权变因素影响其选择甚至创新，例如，信息化背景下的审计与手工背景下的审计，具有非常大的差异。同样是风险导向审计模式，信息化背景下，分析性程序的重要性大大提高，抽样审计的作用大大降低。从方法论角度来看，也受到一些权变因素的影响，例如，事实发现型和命题论证型这两种审计取证模式分别适用于不同的情形，这里的不同情形就是指影响取证的权变因素，主要的因素是审计标的是否有系统的信息载体，也就是是否存在完全的、可追踪的信息链，如果存在，则可以采用命题论证型取证模式，否则，只能采用事实发现型取证模式。

第四节　审计系统对审计环境的影响

分析审计环境对审计系统的影响，可以选择不同层级的审计系统。同样，分析审计系统对审计环境的影响也可以选择不同层级的审计系统。在表 9 - 1 所列出的七个层级的审计系统中，审计要素最具有代表性，所以，我们仅以审计要素组成的审计系统作为对象，来分析审计系统对审计环境的影响。

一、审计系统对审计环境影响的路径

作为由审计要素构成的审计系统，其对审计环境的影响，源于审计产品被使用之后产生的效果，如果没有人使用审计产品，审计系统就无法发挥对审计环境的影响。人们为什么会使用审计产品？其原因在于审计产品对他们有用。所以，从某种意义上来说，审计系统对审计环境的影响，正是审计系统的社会价值所在，审计具有价值创造功能（王光远，2003；谢志华，2014）。

那么，审计产品对其使用者有什么用途呢？根据审计需求理论，委托人和利益相关者使用审计产品是为了抑制代理人的代理问题和次优问题（二者合并称为缺陷问题，下同）。审计制度赖以存在的人性假设是现实生活中正常人表现出来的人性，具体表现在两个方面，一是自利；二是有限理性。每个人由于自利的本能，在一定的条件下可能出现代理问题，此时的自利就可能损害他人的利益。由于人是有限理性，可能出现次优问题，无法做出当前环境下最适宜的选择。审计作为一种制度安排，能鉴证代理问题和次优问题是否存在，如果委托人能使用审计产品，代理人的缺陷问题就会得到抑制，从而经管责任的履行就能得到改善，委托代理关系的运行也能得到优化，这就是审计系统对审计环境产生了影响。

二、不同审计主体对审计环境的影响

审计鉴证缺陷问题，委托人及利益相关者通过使用审计产品，进而导致代理人的缺陷问题得到抑制，这是审计系统影响审计环境的一般路径。不同的审计主体，由于其处于不同的委托代理关系中，其审计环境不同，这些审计主体对其审计环境的影响路径也具有个性。

最高审计机关国际组织在 1977 年发布的《利马宣言》指出，公共资金的管理意味着一种委托关系，因此，有公共财政管理就一定要有审计。审计本身不是目的，而是控制体系不可缺少的组成部分。这种控制系统的目的是要及早地揭露背离公认标准、违反原则和法令制度及违背资源管理的效率、效果和经济原则的现象，以便在各种情况下尽可能及早采取改正措施，使当事人承担责任、赔偿经济损失或采取措施防止重犯，至少也要使今后更难发生。

这里的“以便在各种情况下尽可能及早采取改正措施，使当事人承担责任、赔偿经济损失或采取措施防止重犯，至少也要使今后更难发生”，正是政府审计对国家治理的影响，也就是对审计环境的影响。

最高审计机关国际组织 2013 年发布了《北京宣言——最高审计机关促进良治》，其标题就显示政府审计机关的终极目标是“促进良治”。该宣言指出，世界审计组织通过强化各国最高审计机关，帮助各国政府提高绩效、增强透明度、落实问责制、维护信誉、打击腐败、提升公信力、保护公民的利益，进而促进了良治。最高审计机关可以通过增强透明度、落实问责制、提高绩效、打击腐败，进而实现国家良治，促进公平。

这里的“帮助各国政府提高绩效、增强透明度、落实问责制、维护信誉、打击腐败、提升公信力、保护公民的利益，进而促进了良治”，正是政府审计对国家治理的影响，也就是对审计环境的影响。

国际内部审计协会2001年的SPPI和2009年的IPPF将内部审计目标确定为增加价值和改善组织的运营，帮助组织实现其目标。这里的“增加价值和改善组织的运营”就是内部审计对组织的影响，也就是对审计环境的影响。

民间审计是根据合约提供审计服务，包括多种审计服务。目前，财务报表审计和内部控制审计是其主要业务。通过财务报表审计，鉴证财务报表的真实性；通过内部控制审计，鉴证内部控制是否存在缺陷。通过这些信息的披露，增加信息披露质量，从而改进各利益相关者的决策，进而优化资源配置。这就是民间审计对其审计环境的影响。

本章参考文献

[1] 谢荣. 高级审计理论与实务. 北京：经济科学出版社，2011.

[2] 丁丽宏. 刍议审计环境对审计实践的影响. 长春金融高等专科学校学报，2006（3）：50-52.

[3] 盛颖逾，卢维华. 从审计环境的变化的角度看审计目标的创新. 山东审计，2002（10）：10-11.

[4] 王顺明. 从审计环境角度看我国国家审计体制的独立性. 财政监督，2007（14）：66-67.

[5] 樊金生. 当前审计环境对国家审计的制约及对策. 郑州航空工业管理学院学报（社会科学版），2007（2）：187-189.

[6] 刘红娟. 独立审计环境对审计判断的影响分析. 时代金融，2009（9）：64-65.

[7] 陈晓芳. 独立审计目标与审计环境探讨. 武汉汽车工业大学学报，2000（4）：91-93.

[8] 钱峰. 对我国审计环境的思考. 南京林业大学学报，2008（8）：99-102.

[9] 穆大团. 对我国注册会计师外部审计环境的分析. 行政事业资产与财务，2011（10）：195-196.

[10] 周中胜. 公共治理理论视角下的政府审计环境. 审计与经济研究，2009（2）：35-39.

[11] 姚靠华，周岳亭. 构建计算机审计理论体系的逻辑起点：审计环境. 中国管理信息化，2005（4）：21-25.

[12] 王春辉. 国有企业内部审计环境的思考. 北京：首都经济贸易大学，2004.

[13] 许家林. 关于审计环境的几个问题. 审计与经济研究，1998（3）：4-9.

[14] 王学龙. 关于审计环境理论化若干问题的思考. 财会研究，2000（9）：60-62.

[15] 蔡昌. 国际审计环境比较. 审计与经济研究，1998（3）：12-13.

[16] 邵华清，张凤言. 审计环境因素变化对国家审计的影响分析. 绿色财会，2008（6）：32-34.

[17] 邵华清．国家审计环境研究．哈尔滨：东北林业大学，2008.

[18] 胡志勇．国家审计环境因素分析及影响．审计与理财，2006（11）：7-8.

[19] 河南省审计学会课题组．论改善和优化审计环境（上）．审计与经济研究，2000（4）：22-25.

[20] 何翠群，胡志勇，论国家审计环境与发展．企业经济，2007（3）：155-157.

[21] 张以宽．论审计环境．审计研究，1996（5）：1-7.

[22] 周英虎．论审计环境．广西经济管理干部学院学报，2007（3）：58-62.

[23] 朱亚卓．论审计环境的变化对审计方法的影响．现代会计，2013（1）：35-36.

[24] 毛春晖．论审计环境对审计的影响．齐鲁珠坛，2005（4）：42-44.

[25] 马同保．论审计环境下审计目标的定位．北方经贸，2009（5）：98-100.

[26] 杨益琳．论审计环境与审计理论的相关性．当代审计，2000（4）：19-20.

[27] 谢诗芬．论审计环境与审计理论结构——从会计信息化审计谈起．审计研究，2000（1）：32-37.

[28] 程新生．论审计环境与审计目标．审计研究，2001（2）：45-47.

[29] 王明虎．民间审计环境研究．审计研究资料，1999（9）：6-16.

[30] 李颖程．浅谈目前我国的审计环境．当代审计，2003（5）：16-17.

[31] 管冬梅．浅谈审计环境．东方企业文化，2010（10）：176-177.

[32] 任兴龙．浅谈审计环境．中国审计信息与方法，1998（11）：23-24.

[33] 刘兵．审计理论研究的逻辑起点及审计理论体系．审计研究，1995（4）：24-28.

[34] 刘兵．审计环境：审计理论研究逻辑起点的理论分析．山东经济，2003（5）：53-54.

[35] 福州大学会计系审计课题组．审计环境变化对国家审计的影响．审计理论与实践，2003（1）：16-17.

[36] 梁劲．审计环境的变化将导致审计理论的重构．经济师，2003（7）：210-211.

[37] 李朝辉．审计环境的概念、内容和现状．陕西审计，2000（1）：8-9.

[38] 黄溶冰．审计环境对内部审计的影响．中国内部审计，2010（5）：26-27.

[39] 罗猛．审计环境对政府审计发展的影响．现代商业，2007（24）：163-164.

[40] 包强，王学龙．审计环境结构分析．华南金融研究，2001（6）：41-44.

[41] 李映辉，闻树瑞．“十一五”期间我国审计环境与审计战略分析．审计月刊，2006（8）：9-10.

[42] 鲍国民．试论国家审计目标的调整——兼论审计目标应适应审计环境．审计理论与实践，1998（12）：10-12.

[43] 柳松楠．我国政府审计环境与未来发展战略研究．东北财经大学学报，2008（3）：34-36.

[44]《中国审计体系研究》课题组．中国审计体系研究．北京：中国审计出版社，1999.

[45] 陆正飞．政府审计环境与未来发展问题研究——国企改革与改制政后政府审计的未来发展//中国审计学会．审计署立项课题研究报告：2007—2008．北京：中国时代经济出版社，2009.

[46] 陈汉文，朱莞平，等. 政府审计环境及其未来发展——基于国家建构理论的研究//中国审计学会. 审计署立项课题研究报告：2007—2008. 北京：中国时代经济出版社，2009.

[47] 吕金忠. 试论审计环境. 当代审计，2000（4）：22-23.

[48] 张彤. 试论我国审计环境与审计专业判断. 审计与经济研究，2000（6）：20-23.

[49] 郭振林，王玉芳，我国绩效审计环境分析和政策选择初探. 审计与经济研究，2006（3）：21—23。

[50] 魏小题. 石爱中在国家审计发展战略及前沿课题专家座谈会上指出要重视对审计环境的研究. 中国审计报，2005-10-14.

[51] 刘明辉. 以审计环境为逻辑起点构建审计理论体系. 审计与经济研究，2003（4）：3-7.

[52] 程新生，陶能虹. 中、美、法政府绩效审计环境比较研究. 审计与经济研究，2000（6）：9-12.

[53] 陈全民，杨秋林，李建新. 中西方政府绩效审计环境比较. 审计研究，2005（2）：53-55.

[54] 郑石桥，陈丹萍. 机会主义、问责机制和审计. 中南财经政法大学学报，2011（4）：129-134.

[55] 郑石桥. 组织治理、机会主义和内部审计. 中国内部审计，2012（1）：24-31.

[56] 张文秀，郑石桥. 国家治理、问责机制和国家审计. 审计与经济研究，2012（6）：25-32.

[57] 王光远. 消极防弊・积极兴利・价值增值（一）——20世纪内部审计的回顾与思考. 财会月刊，2003（2）：3-6.

[58] 谢志华. 审计与价值创造. 审计研究，2014（4）：8-13.

[59] Machol，R. E. Systems engineering handbook. New York：McGraw - Hill Book Co，1965.

第十章 电子数据环境对审计学科的影响

审计环境与审计之间存在相互影响，一方面，审计要作用于审计环境以实现审计的价值；另一方面，审计环境也会影响审计的发展。审计发展的历史表明，审计正是在与环境的相互作用中获得发展的。以计算机、互联网、移动互联网、物联网、大数据、云计算、人工智能、区块链等为代表的信息技术是重要的审计环境，它们的发展已经对审计实务产生了重要的影响，那么，这些信息技术的发展是否会影响审计学科呢？现有文献对各类信息技术的发展如何影响审计基础理论及审计原理和专门审计业务有一定的涉及，但处于碎片化状态，不深入也不系统，总体来说，还是缺乏一个系统的理论框架。本章将各类信息技术的共性归结为电子数据环境，将审计学科界定为审计基础理论、审计原理及专门审计，在此基础上，探究电子数据环境对审计基础理论和审计原理的影响，提出一个电子数据环境影响审计学科的理论框架。

第一节 电子数据环境影响审计学科的主要观点

不少文献研究计算机、互联网、移动互联网、物联网、大数据、云计算、人工智能、区块链等信息技术的发展对审计的影响（王刚，2005；秦荣生，2013；徐珉，2016；陈伟、居江宁，2017；刘杰、廖捷、董海云，2019；高廷帆、陈甬军，2019），但是，鲜有文献专门研究上述这些信息技术对审计学科的影响。尽管如此，一些文献在研究信息技术对审计的影响时，也涉及对审计学科影响的研究，这些内容大致可以分为两个方面，一是信息技术发展对审计基础理论的影响；二是信息技术发展对审计原理及专门审计业务的影响。

一、信息技术发展对审计基础理论的影响

关于信息技术发展对审计基础理论的影响，一些文献强调了信息技术发展对审计理论的影响，张金城（1995）提出，计算机审计内容包括电算化信息系统的审计、手工信息系

统的计算机辅助审计、计算机辅助审计管理，计算机审计理论体系包括计算机审计的理论基础、计算机审计的基本理论、计算机审计的实务理论；刘国城、王会金（2017）提出，大数据审计理论研究应基于工程学视角，深化大数据技术在审计领域的广泛运用，深层次论证数据挖掘、机器学习、可视化等理论在大数据审计平台中的运作机制，大数据审计要依赖遵循系统论、结构论、协同论与控制论等思想；杨明、郑晨光（2018）认为，先进的信息技术等多种学科理论和技术，对审计的职能和模式产生了一定影响，刺激了审计理论的变革和创新；章轲等（2018）指出，大数据审计势必对大数据审计背景下的国家审计理论构建产生深远影响；刘国城、陈正升（2019）认为，大数据审计会促进审计理论由单一学科阐释转向交叉领域研究有机演化，需要深度融合相关学科领域，以大数据科学为轴心，有效实现社会科学向自然科学的领域延展延扩，深入强化大数据关键技术在审计领域的全方位应用；黄锨、陈亚盛（2019）认为，区块链技术的发展将对审计理论产生深远的影响。

关于信息技术发展对审计基础理论的影响，还有一些文献强调了信息技术发展对某个审计理论要素的影响，丁淑芹（2015）指出，在大数据审计环境下，要立足大数据对审计对象的外延和内涵进行重新界定，审计人员实施审计时不能只针对被审计单位实施审计，必须扩大审计的外延，将审计的空间范围扩展为被审计单位云技术服务商与公共云租户；章轲等（2018）指出，大数据的特性使得对这些具有数据平台特性单位的审计关注的主体更多，单次审计单一对象、单一主体的概念将不得不改变，国家审计目标出现了多样化，对行为实施审计的可能性也增加了；崔春（2018）认为，随着大数据区块链技术的发展成熟，审计目标的技术瓶颈将得以突破，以查错防弊为目标的审计会加快转型，进一步向降低信息风险接近，单一对象审计会转向区块链生态系统审计；刘杰等（2019）认为，“区块链＋审计”并没有改变审计的本质，也不是审计内容的创新，而是审计作业模式的创新；高廷帆、陈甬军（2019）认为，在区块链环境下，审计行业的生产过程和对象也将发生重要变化，审计重点由数字转变为记录和产生数字的技术系统，尽管新技术对审计行业造成了一定的影响，审计的内容依旧以财政财务审计为主，审计工作仍由第三方主体开展，审计的一般目标和审计对象的本质并没有发生变化；刘杰、廖捷和董海云（2019）认为，在人工智能环境下，远程审计将在审计实务工作中得到更为广泛的应用，审计机构可将审计任务委托给第三方进行处理，审计工作将逐步实现自动化。

二、信息技术发展对审计原理及专门审计业务的影响

关于信息技术发展对审计原理及专门审计业务的影响，主要是信息技术发展对审计主要技术方法的影响，这类研究文献很多，有些文献分析了计算机、互联网、移动互联网、物联网、大数据、云计算、人工智能、区块链等信息技术对各类审计技术方法的影响（王刚，2005；秦荣生，2013；徐珉，2016；陈伟、居江宁，2017；刘杰、廖捷、董海云，2019；高廷帆、陈甬军，2019），还有些文献探讨了某类信息技术下的审计平台构建（刘荣，2012；张艳玲，2013；翟群丽等，2016；刘国城、王会金，2017）。

上述文献显示，现有文献对各类信息技术的发展如何影响审计基础理论及审计原理和专门审计业务已经有一定的涉及，但是处于碎片化状态，不深入也不系统，总体来说，还是缺乏一个系统的理论框架。

第二节　电子数据环境对审计学科的影响：一个理论框架

本章的目的是提出一个关于电子数据环境对审计学科影响的理论框架，电子数据环境及审计学的内涵都很丰富，可以从不同的视角来认知，为此，需要界定本章特指的电子数据环境和审计学科的含义。计算机、互联网、移动互联网、物联网、大数据、云计算、人工智能、区块链都属于信息技术，虽然它们的核心技术不同，但是它们的共同特点是电子数据，所以，本章的电子数据环境是指这些信息技术所共有的技术内涵。对于审计学科也有多种分类方法，可以按审计主体来分类，分为政府审计学、内部审计学、民间审计学和军事审计学；可以按审计内容来分类，分为财务审计学、合规审计学、绩效审计学和制度审计学；也可以按审计客体来分类，分为财政审计学、金融审计学、企业审计学、工程审计学、资源环境审计学、领导干部经济责任审计学等；还可以按学科内容分类，分为审计基础理论、审计原理和专门审计学（娄尔行、竹德操，1986；张龙平、李长爱，1992；郑石桥、郑卓如，2015；王会金、郑石桥，2019）。本章需要分析电子数据环境对审计学科的影响，因此，采取按学科内容的学科分类方法，在由审计基础理论、审计原理和专门审计学组成的审计学科体系中，审计基础理论研究的是各类审计共同的基础性问题，审计原理研究的是各类审计业务实施的共同基础知识，而专门审计学是将共性的审计基础理论和审计原理应用于各特定的领域，例如，应用于财政领域就形成财政审计学，应用于金融领域就形成金融审计学，应用于工程领域就形成工程审计学等。基于审计基础理论、审计原理和专门审计学的上述不同定位，本章主要分析电子数据环境对审计基础理论和审计原理的影响，对专门审计学的影响也是影响其技术方法，这属于审计原理的组成部分，不单独讨论。

一、对审计基础理论的影响

审计基础理论研究的是各类审计共同的基础性问题，但各类审计共同的基础性问题究竟有哪些，有多种观点，正是由于对审计基础性问题的认知不同，审计基础理论的内容也不同。多数文献认为，各类审计共同的基础性问题包括九个方面，并形成了九个方面的审计理论：审计需求理论、审计本质理论、审计客体理论、审计内容理论、审计目标理论、审计主体理论、审计方法理论、审计结果应用理论、审计环境理论（郑石桥，2014；王家新，2014；郑石桥，2016），上述九个方面的理论观点，主要是以委托代理理论为基础形成的（郑石桥，2016），本章主要分析电子数据环境对上述九个方面审计理论的影响，换言之，就是电子数据环境对现有理论观点的可能改变，而这些分析的基础，就是电子数据环境是否改变了委托代理关系，总体来说，本章将从十个方面来分析电子数据环境对审计基础理论的影响。

（一）电子数据环境对委托代理关系的影响

委托代理关系有多种类型，主要包括合约类、法定类和资源类，合约类委托代理关系是基于合约形成的委托代理关系，例如，市场交易双方的关系；法定类委托代理关系是根据法律法规形成的委托代理关系，例如，行业规制部门对各行业的监督；资源类委托代理关系是基于资源的托付形成的委托代理关系，例如，企业股东与管理层、纳税人与公共部门之间的关系（郑石桥，2018）。经典审计理论认为，在不同的委托代理关系中，治理代理人代理行为的制度设计不同，审计是治理资源类委托代理关系中代理人代理行为和次优行为的一种制度设计，因此，各个审计基础性问题的分析都与资源类委托代理关系有关（郑石桥，2016）。

那么，电子数据环境是否会改变资源类委托代理关系呢？从组织外部来说，随着信息技术的发展，组织结构出现许多变化，最重要的变化有两个方面：一是组织之间的边界越来越模糊，例如，供应链使得不同的组织密切关联起来，淡化了组织之间的边界；二是出现了不少网络平台组织，这些组织为其他的组织提供网络平台，在业务营运中，提供网络平台的组织及在网络平台中营运业务的组织相互依赖。从组织内部来说，组织结构也出现许多变化，其中，内部组织扁平化和内部组织网络化是两个最重要的变化，组织扁平化是指组织的内部层级越来越简化，内部组织网络化是指内部机构和部门突破原来的职能划分而以任务为中心来构建。那么，组织结构的上述变化是否意味着资源类委托代理关系发生了变化呢？就外部组织结构变化来说，供应链、提供网络平台的组织、使用网络平台的组织，尽管都是新的组织类型，但从本质上来说，这些组织之间仍然是基于合约的交易关系，所以，这些关系仍然属于合约类委托代理关系，并未改变经典意义上的资源类委托代理关系；就内部组织结构变化来说，扁平化和网络化都是内部机构构建的新模式，这些内部机构仍然需要上级提供资源，仍然要完成上级赋予的职责，所以，经典意义上的资源类委托代理关系并未改变。总体来说，在电子数据环境下，组织外部结构和内部结构都出现了一些变化，但是这些变化并未改变经典意义上的资源类委托代理关系，也就没有改变审计赖以生存的基础。

（二）电子数据环境对审计需求理论的影响

经典审计理论认为，在资源类委托代理关系中，代理人基于人性自利会产生代理行为，代理人有限理性则会产生次优行为，为了治理代理行为和次优行为，委托人会推动建立一整套治理机制，审计是其中的组成部分，在众多的治理机制中，当符合审计机关成本效益原则时，审计就会成为现实的治理制度设计，这就是关于审计需求的基本表述（蔡春，2001；郑石桥，2016）。

那么，电子数据环境是否会改变这种审计需求呢？本章前面已经分析，电子数据环境并未改变资源类委托代理关系，当然也难以改变人性自利和人的有限理性，所以，总体来说，代理人的代理行为和次优行为将会继续存在，审计作为一种治理机制也将继续存在。但是，电子数据环境可能改变代理人的代理行为和次优行为的类型，还会改变各类治理机制在治理代理行为和次优行为时的成本效益，从而改变审计机制治理代理行为和次优行为的竞争优势，进而影响审计机制成为现实治理制度设计的可能性。一般来说，代理行为和次优行为大致有四类，一是信息虚假；二是行为违规；三是绩效低下；四是制度缺陷（郑石桥、贾云洁，2012）。在电子数据环境下，信息技术可以有效地抑制信息虚假和行为违规，但并不能有效地抑制绩效低下，信息系统本身也可能存在缺陷，所以，对信息虚假和行为违规的审计需求会降低，对绩效低下的审计需求会相对提升，而对制度缺陷的审计需求会增加。另外，在治理代理行为和次优行为的各种机制中，哪种机制应用信息技术的程度越高，其竞争优势可能就越明显，审计机制如果有效地采用了各类信息技术，则可能具有竞争优势，否则就会被淘汰。总体来说，电子数据环境并未改变治理代理人代理行为和次优行为的需求，但是，改变了对不同代理行为和次优行为的审计需求程度，也可能改变不同治理机制的竞争优势。

（三）电子数据环境对审计本质理论的影响

对于审计本质究竟是什么，有多种观点，多数文献认为，就审计一般来说，其本质就是对资源类委托代理关系中代理人经管责任（也称为受托责任）履行情况的鉴证，也就是用系统方法搞清楚代理人经管责任的履行情况，并判断其与既定标准的相符程度，这就是经典审计理论关于审计本质的基本表述（蔡春，2001；郑石桥，2016）。

那么，电子数据环境是否会改变审计本质呢？审计本质中有两个关键词，一是经管责任，二是鉴证，经管责任是指资源类委托代理关系中代理人对委托人承担的责任，包括资源使用责任（也称为财务责任）和职责履行责任（也称为业务责任），电子数据环境可能会改变代理人履行经管责任的方式，但并未改变代理人对委托人承担的责任；鉴证是指用系统方法搞清楚代理人经管责任的履行情况并将其与既定标准相比较以判断二者的相符程度，电子数据环境可能改变鉴证的方式方法，但并不会改变鉴证的实质。鉴证是审计一般的功能，本章在前面分析电子数据环境对审计需求理论的影响时指出，电子数据环境改变了对不同代理行为和次优行为的鉴证需求程度，对信息虚假和行为违规的鉴证需求会降低，对绩效低下的鉴证需求会相对提升，而对制度缺陷的鉴证需求会增加。审计除了具有鉴证功能外，还有其他功能，例如，评价、建议、咨询等，电子数据环境由于抑制了信息虚假和违规行为，鉴证功能需求相对降低，但是，对于评价、建议、咨询等审计功能的需求则相对增加。所以，总体来说，电子数据环境并未改变审计本质，但是，会改变对不同审计功能的需求，从而改变不同审计作为不同机制的重要性，审计作为鉴证机制的重要性会相对降低，而审计作为评价、建议、咨询等机制的重要性会相对提高，这种提高可能会减少审计机制与某些机制之间的差别。

（四）电子数据环境对审计客体理论的影响

审计客体是指审计谁，一般认为，资源类委托代理关系中的代理人就是审计客体，既可以是一个组织，也可以是这个组织的领导者，这就是经典审计理论关于审计客体的基本表述（蔡春，2001；郑石桥，2016）。

那么，电子数据环境是否会改变审计客体呢？本章认为，在电子数据环境下，审计客体仍然是资源类委托代理关系中的代理人，仍然包括组织机构和组织机构的领导者这两种情形。但是，由于信息技术的发展会改变组织结构的类型，作为审计客体的组织机构的类型会发生变化。就外部审计而言，基于网络形成的一些组织机构会成为重要的审计客体类型，由于组织边界模糊，有些组织机构可能会成为多个审计客体的共同组成部分，网络平台机构将成为最重要的审计客体；就内部审计客体而言，审计客体可能呈现多样化，以职能为基础构建的内部机构是审计客体，以任务为基础构建的内部机构也将成为重要的审计客体。总体而言，电子数据环境并不改变资源类委托代理关系中的代理人作为审计客体，但是会改变审计客体的具体类型，一些以信息技术为基础的新型组织将成为重要的审计客体。

（五）电子数据环境对审计内容理论的影响

审计内容是指审计什么，它不同于审计客体，后者关注的是审计谁，而审计内容关注的是对审计客体审计什么。总体来说，对代理人审计的是其经管责任履行情况，经管责任分为财务责任和业务责任，对财务责任和业务责任的审计又要落实到具体的审计主题，包括财务信息、业务信息、经济行为和经济制度，基于这些审计主题，形成了财务审计、绩效审计、合规审计和制度审计，这四种审计还可以组合形成综合性审计业务。财务信息关注财务信息是否虚假，绩效审计关注绩效信息是否虚假、绩效水平是否低下，合规审计关注经济行为是否违规，制度关注制度是否存在缺陷。上述这些内容就是经典审计理论关于审计内容的基本表述（郑石桥，2015；2019）。

那么，电子数据环境是否会改变审计内容呢？本章认为，电子数据环境不会改变经管责任履行情况作为审计对象，也不会改变财务信息、业务信息、经济行为和经济制度作为审计主题，也不会改变基于审计主题形成的财务审计、绩效审计、合规审计和制度审计这些基本的审计业务类型。但是，由于信息技术能有效地抑制信息虚假和行为违规，因此，财务审计及绩效信息鉴证的需求会大大降低。电子数据环境中各类信息技术形成的平台是交易运行的基础，也是数据的来源，以各类信息技术为基础的平台作为制度主题的一种类型，对这种制度的审计将成为最重要的审计业务。同时，由于审计作为评价、建议、咨询等机制的重要性提高，绩效审计的重要性也会相对提高。总体来说，电子数据环境不会改变经管责任作为审计对象，也不会改变审计主题和基本的审计业务类型，但是，不同审计业务类型的重要性将发生变化，财务审计和绩效信息鉴证的重要性将降低，而绩效水平评价、绩效差异分析及以信息技术为核心的制度审计的重要性将提高。

（六）电子数据环境对审计目标理论的影响

审计目标是指希望通过审计得到什么，一般来说，审计目标分为直接目标和终极目标。直接目标是审计人员在项目审计中希望得到的结果，通常表述为真实性、合法性、效益性和健全性，真实性是指审计人员希望查找出存在的虚假信息，合法性是指审计人员希望查找出存在的违规行为，效益性是指审计人员希望查找出存在的绩效低下，而健全性是指审计人员希望查找出存在的制度缺陷；终极目标是委托人希望通过审计得到的结果，也表述为真实性、合法性、效益性和健全性，但其实质含义是期望通过审计工作提高审计客体的真实性、合法性、效益性和健全性水平。直接目标是终极目标的基础，终极目标确定了直接目标的方向。上述这些内容就是经典审计理论关于审计目标的基本表述（郑石桥，2016）。

那么，电子数据环境是否会改变审计目标呢？本章认为，目标主体包括审计人员和委托人，电子数据环境并未改变审计目标主体，所以，审计目标仍然分为直接目标和终极目标。同时，电子数据环境并未改变委托人和审计人员希望通过审计得到的结果，所以，直接目标和终极目标仍然表述为真实性、合法性、效益性和健全性。但是，这四种目标的重要性发生了变化，由于信息技术能有效地抑制信息虚假和行为违规，信息真实和行为合规已经不需要委托人过多关注了，真实性、合法性这两个审计目标的重要性也随之降低。同时，在电子数据环境下，审计人员掌握的信息很多，基于这些信息，审计人员越来越具有分析能力和洞察力，也越来越善于对审计客体的数据进行纵向和横向的比较，效益性目标的重要性得以提高。另外，在电子数据环境下，由于业务营运及信息生产都是基于网络平台，网络平台作为一种信息化的制度，其健全性越来越成为关注的重点，健全性目标的重要性得以提高。总体来说，电子数据环境并未改变审计目标的类型，但是不同审计目标的重要性发生了变化，真实性、合法性目标的重要性降低，而效益性和健全性目标的重要性提高。

（七）电子数据环境对审计主体理论的影响

审计主体是指谁来审计，一般认为，在资源类委托代理关系中，选择审计主体是委托人的权利，委托人通常会基于独立性、审计质量和成本效益三个原则来决定是自行建立审计机构还是购买审计服务，这里的独立性原则是指审计主体要独立于代理人，审计质量原则是指审计主体要能保障审计质量，主要是指专业胜任能力，而成本效益原则主要是指审计成本最低，上述三个原则要同时满足，因此，现实生活中就出现了政府审计、内部审计和民间审计这些类型的审计主体，还经常出现审计业务外包。上述这些内容就是经典审计理论关于审计主体的基本表述（郑石桥，2016）。

那么，电子数据环境是否会改变审计主体呢？本章认为，即使在电子数据环境下，选择审计主体仍然是资源类委托代理关系中的委托人的权利，委托人仍然会根据独立性、审计质量和成本效益三个原则来选择审计主体，审计主体要么是委托人自行建立，要么是从市场上购买，这些都不会发生变化。但是，电子数据环境会影响审计质量和成本效益，因此，可能会影响委托人对审计主体的相关决策，在非电子数据环境下选择购买审计服务，在电子数据环境下由于审计质量、审计成本发生了变化，则可能选择自行建立审计机构，当然，在某些情形下，也可能发生相反方向的变化。另外，在非电子数据环境下，多个审计主体联合实施审计项目较为困难，而在电子数据环境下，是以网络平台为基础开展审计工作，所以，由多个审计主体联合对某一审计客体开展审计可能更具有可行性。此外，在电子数据环境下，审计风险发生了变化，信息错弊风险、行为违规风险不是主要风险，网络平台的健全性是主要风险，同时，审计载体和审计取证所需要的技术方法也发生了变化，所以，审计人员的专业胜任能力也需要发生变化。总体来说，电子数据环境并未改变委托人选择审计主体的权利，也未改变审计主体的选择原则及组织方式，但是改变了审计人员的专业胜任能力。

（八）电子数据环境对审计方法理论的影响

审计方法的范围很广，审计方式、审计模式、审计技术方法是其主要内容。就审计方式来说，按审计地点来分类，包括现场审计和非现场审计；按审计时间来分类，包括定期审计和持续审计。就审计模式来说，主要模式是现代风险导向审计。就审计技术方法来说，主要是各类审计程序及信息技术的应用。上述这些内容也是审计原理的主要内容（王会金、郑石桥，2019）。很显然，电子数据环境对审计方式、审计模式、审计技术方法都有革命性的影响，本章随后在分析电子数据环境对审计原理的影响时，将具体分析这些影响，这里不予赘述。

（九）电子数据环境对审计结果应用理论的影响

审计结果是审计的产出，包括审计结论、审计决定、审计建议等，审计结果的应用是指审计委托人及其利益相关者、审计主体、审计客体采纳审计结论、审计决定、审计建议等，或将这些审计结果应用于各自的管理和决策中，或以其他恰当的方式使用审计结果。审计结果是审计直接目标实现的结果，而审计结果的应用是审计终极目标实现的基础，没有审计结果的应用，就不可能实现审计终极目标。上述这些内容就是经典审计理论关于审计结果应用的基本表述（郑石桥，2018）。

那么，电子数据环境是否会改变审计结果应用呢？本章认为，电子数据环境不会改变审计结果的类型及应用者类型，但是，审计结果的产生周期将更短，审计结果的内容将更细致，审计建议将更多，应用审计结果的利益相关者将更多，各相关主体对审计结果的应用情况也将更加透明，因此，各相关主体将更有压力和动力来应用审计结果。

（十）电子数据环境对审计环境理论的影响

审计环境理论关注审计与其环境之间的关系。一方面，审计源于环境，推动审计产生和发展的资源类委托代理关系就是重要的环境因素，获取审计证据的技术、工具及设备等也是环境因素；另一方面，人们不是为审计而审计，而是期望通过审计来抑制代理人的代理行为和次优行为，这是审计对环境的反作用。所以，审计与环境之间存在相互作用，审计正是在这种相互作用中得以发展。上述这些内容就是经典审计理论关于审计环境理论的基本表述（蔡春，2001；郑石桥，2016）。

那么，电子数据环境是否会改变审计环境理论呢？很显然，一方面，电子数据环境已经对审计产生了重要的影响，并将继续产生更大的影响；另一方面，在电子数据环境下，审计将继续在抑制代理人的代理行为和次优行为中发挥作用，审计将继续作用于环境。所以，电子数据并未改变审计与环境之间的相互作用关系。但是，在电子数据环境下，一方面，信息技术越来越渗透到社会经济生活的各个方面，审计载体、审计技术方法受环境的影响越来越大、越来越快；另一方面，审计结果的产生及其应用更为便利，审计对环境的影响也将更快。所以，总体来说，在电子数据环境下，审计与环境之间的相互影响将更强。

二、对审计原理的影响

审计原理研究的是各类审计业务实施的共同基础知识，主要包括基本审计概念、基本审计方式、基本审计模式和基本审计技术方法。电子数据环境如果影响了基本审计概念、基本审计方式、基本审计模式和基本审计技术方法，就影响了审计学基本原理，所以，本章分别分析电子数据环境对基本审计方式、基本审计模式、基本审计技术方法和基本审计概念的影响。

（一）电子数据环境对基本审计方式的影响

基本审计方式可以从空间和时间两个维度来考察，从空间维度来说，审计方式分为现场审计和非现场审计；从审计时间维度来说，审计方式分为定期审计和持续审计。电子数据环境对两个维度的审计方式都产生了革命性影响。

就现场审计和非现场审计来说，在非电子数据环境下，主要是以现场审计为主，审计人员需要到审计客体所在地获取审计证据，审计成本高且效率低，并且还可能会影响审计客体的正常业务运营。在电子数据环境下，审计人员可以采用恰当的方式远程获取审计载体相关的电子数据，对这些电子数据进行分析以发现疑点，不需要到审计客体的现场。审计人员可以通过远程登录审计客体的信息系统或网络平台来实现对疑点的核实，即使要与审计客体或其他相关单位的人员沟通，也可以通过网络平台或其他通讯工具进行沟通，并不一定要与人进行面对面的沟通。所以，非现场审计成为主流方式，这种审计方式将审计人员移动变换为电子数据移动，极大地降低了审计成本，提高了审计效率。当然，信息技术应用不同，远程审计方式也存在差异。

就定期审计和持续审计来说，在非电子数据环境下，基本上采取定期审计方式，按一定的时间周期对审计客体进行审计，一次审计关注的时间跨度基本上也是确定的，例如，按年度对部门年度预算收支进行审计，每年对上市公司的年度财务报告进行审计，领导干部任职期满对其任期经济责任履行情况进行审计等。相反，如果在非电子数据环境下，对上述这些审计项目按持续审计的方式来开展，则审计成本很大，可能不符合成本效益原则。在电子数据环境下，可以通过网络等技术持续地获取审计客体的相关数据，并可以持续地对审计客体的数据进行监视，发现疑点后可以及时地在审计客体的相关信息系统或网络系统中进行追踪核实，审计活动与审计客体经济活动的营运基本上做到了同步或亚同步，实时在线审计已经成为常态，在这种背景下，再强调什么时候开展审计、对审计客体什么时期的经济活动开展审计，已经没有实质性意义。①

总体来说，电子数据环境对审计方式产生了革命性影响，非现场审计和持续审计成为主流方式。

（二）电子数据环境对基本审计模式的影响

审计业务的基本类型包括财务审计、合规审计、绩效审计和制度审计。尽管审计业务的取证模式存在差异，但这些审计业务的取证模式都可以归结为风险导向审计模式，这种模式的基本过程是风险评估和风险应对。风险评估是基于一定的方法，对该审计业务关注的风险进行评估，以确定总体层面及细节层面的风险；风险应对包括两个层级，一是确定总体应对策略，二是设计和执行进一步的审计程序，而进一步的审计程序通常包括控制测试和实质性程序。

在电子数据环境下，审计业务的基本类型仍然是财务审计、合规审计、绩效审计和制度审计，并可以组合成综合类审计，但是，各类审计业务的取证模式都已经转换为数据式审计。在这种取证模式下，审计取证的基本过程是数据分析和疑点核实，数据分析是通过一定的方式对审计客体相关的电子数据进行分析以发现疑点（不同的审计业务关注的风险不同，疑点也不同），疑点核实是通过一定的方法进一步获取针对疑点的证据，以判断疑点是否真的就是审计所关注的偏差（不同的审计业务关注的偏差不同，财务审计关注的是

① 正因为如此，新的审计法已取消了审计通知书。

财务信息虚假，合规审计关注的是经济行为违规，绩效审计关注的是绩效信息虚假和绩效水平低下，制度审计关注的是制度缺陷）。上述数据分析和疑点核实都是在电子数据环境下进行的，也都可以采取非现场方式来实施。

当然，数据式审计也可以认为是电子数据环境下的风险导向审计，数据分析可以看作风险评估，而疑点核实可以看作进一步的审计程序。因此，经典的风险导向审计中作为减少实质性程序工作量的控制测试，在数据式审计中已经没有价值。另外，由于电子数据审计的效率很高，非电子数据环境下的抽样审计也失去了意义，对总体实施详细审计是电子数据环境下的常态。

总体来说，电子数据环境对审计模式产生了革命性影响，由数据分析和疑点核实组成的数据式审计、以总体为对象的详细审计是主流模式。

（三）电子数据环境对基本审计技术方法的影响

在非电子数据环境下，基本审计技术方法包括审阅法、观察法、询问法、函证法、监盘法、重新执行法、重新计算法和分析性程序，在电子数据环境下，这些技术方法都将发生变化。

就审阅法来说，在电子数据环境下，审阅对象由纸质材料转为电子文档，审阅对象的这种变化会带来审阅方法的变化，例如，查寻式审阅、对不同的文档进行核对式审阅、可视化审阅、审计机器人取代审计人员对一些材料进行审阅等。

就观察法来说，在电子数据环境下，观察法发生重大变化。一方面，原来可以观察的一些事项现在难以观察，例如，在信息系统或网络中的经济活动营运难以观察，由审计机器人来完成的经济活动也难以观察；另一方面，电子数据环境增加了许多关于经济活动营运的记录，从这些记录中可以观察经济活动的营运情况。

就询问法来说，由于电子数据环境下是以非现场审计为主要方式，询问法也就难以面对面地进行，主要是通过通讯工具或网络虚拟空间进行询问。

就函证法来说，在电子数据环境下，数据的核对、追踪已经很有效率，并不需要向交易方进行函证，在多数情形下，函证法已经失去意义。

就监盘法来说，在电子数据环境下，如果实物、重要的有价证券、产权证明已经有电子标签，则盘点的效率会很高，甚至可以由审计机器人来完成。

就重新执行法来说，在电子数据环境下，可以很有效率地对经济活动的营运进行全过程追踪，以判断经济活动的营运过程。但信息系统或网络系统是基于规则或算法的，如果信息系统或网络系统值得依赖，则重新执行的必要性将大大降低。

就重新计算法来说，在电子数据环境下，以数据为基础的计算是效率很高、成本很低的审计技术。审计客体的已有数据也是在电子环境下产生的，如果电子环境值得依赖，则重新计算的必要性将大大降低。

就分析性程序来说，主要是通过数据分析来查找疑点、进行风险评估或总体复核，在电子数据环境下，数据计算和数据分析效率很高，这种审计技术的价值大大提高，其采用的数据分析方法也得到极大的扩展，分析性程序成为数据式审计的主要技术方法。

总体来说，在电子数据环境下，基本审计技术方法发生了革命性变化，有些技术方法已经失去了价值，有些技术方法的技术内涵发生了重大变化，还有些技术方法得到了极大的扩展。

（四）电子数据环境对基本审计概念的影响

以上分析的电子数据环境对基本审计方式、基本审计模式、基本审计技术方法的影响，是电子数据环境影响审计原理的主要内容。此外，审计原理还涉及各类审计共同的一些基本概念，这些基本概念一方面是以审计基础理论为基础的，另一方面与基本审计方式、基本审计模式、基本审计技术方法密切相关，如果电子数据环境影响了审计基础理论，并且对基本审计方式、基本审计模式、基本审计技术方法带来了革命性影响，则基本审计概念也将发生重要变化。例如，审计证据是一个重要的基本概念，在电子数据环境下，电子证据可能会成为主要的形态，这就改变了审计证据的外延，也会影响人们对审计证据的认知；又如，审计载体是一个重要的基本概念，在电子数据环境下，审计载体主要是电子数据，这也会影响审计载体的类型及人们对审计载体的认知。由于基本审计概念较多，限于篇幅，这里不具体分析。

三、结论和启示

审计环境与审计之间存在相互影响，以计算机、互联网、移动互联网、物联网、大数据、云计算、人工智能、区块链等为代表的信息技术是重要的审计环境，本章探究了电子数据环境对审计基础理论和审计原理的影响，提出了一个电子数据环境影响审计学科的理论框架。

电子数据环境对审计基础理论的影响，也就是电子数据环境对审计各基础性问题的影响，基本结论包括：在电子数据环境下，组织外部结构和内部结构都出现了一些变化，但是，这些变化并未改变经典意义上的资源类委托代理关系，也没有改变审计赖以生存的基础；电子数据环境并未改变治理代理人代理行为和次优行为的需求，但是改变了对不同代理行为和次优行为的审计需求程度，也可能改变不同治理机制的竞争优势；电子数据环境并未改变审计本质，但会改变对不同审计功能的需求，从而改变不同审计机制的重要性，审计作为鉴证机制的重要性会相对降低，而审计作为评价、建议、咨询等机制的重要性会相对提高；电子数据环境并不会改变资源类委托代理关系中的代理人作为审计客体，但是会改变审计客体的具体类型，一些以信息技术为基础的新型组织会成为重要的审计客体；电子数据环境不会改变经管责任作为审计对象，也不会改变审计主题和基本的审计业务类型，但是不同审计业务类型的重要性将发生变化，财务审计和绩效信息鉴证的重要性将降低，而绩效水平评价、绩效差异分析及以信息技术为核心的制度审计的重要性将提高；电子数据环境并未改变审计目标的类型，但是不同审计目标的重要性发生了变化，真实性、合法性目标的重要性降低，而效益性和健全性目标的重要性提高；电子数据环境并未改变委托人选择审计主体的权利，也未改变审计主体的选择原则及组织方式，但是改变了审计人员的专业胜任能力；电子数据环境对审计方式、审计模式、审计技术方法产生了革命性影响；电子数据环境不会改变审计结果的类型及应用者类型，但是审计结果的产生周期将更短，审计结果的内容将更细致，审计建议将更多，应用审计结果的利益相关者将更多，各相关主体对审计结果的应用情况也将更加透明，因此，各相关主体将更有压力和动力来应用审计结果；在电子数据环境下，审计与环境之间的相互影响将更强。

电子数据环境对审计原理的影响，也就是其对各类审计业务实施的共同基础知识的影响，基本结论包括：电子数据环境对审计方式产生革命性影响，非现场审计和持续审计成为主流方式；电子数据环境对审计模式产生革命性影响，由数据分析和疑点核实组成的数据式审计、以总体为对象的详细审计成为主流模式；在电子数据环境下，基本审计技术方法发生了革命性变化，有些技术方法已经失去价值，有些技术方法性的技术内涵发生了重大变化，有些技术方法得到了极大的扩展；如果电子数据环境影响了审计基础理论，并且对基本审计方式、基本审计模式、基本审计技术方法带来革命性影响，则基本审计概念也将发生重要变化。

本章的研究再次告诉我们，审计环境对审计存在重要的影响，审计实践是如此，审计学科也应该如此。当前，以计算机、互联网、移动互联网、物联网、大数据、云计算、人工智能、区块链等为代表的信息技术对审计实践已经产生重要的影响，并将继续产生更大的影响，而作为审计规律总结的审计学科已经落后于审计实践，如何以审计实践为基础，认真分析电子数据环境对审计基础理论和审计原理的影响，修改、变革现有的审计理论和审计原理，是时代赋予当代审计人的使命。

本章参考文献

[1] 王刚. 关于联网审计的几个基本问题. 审计月刊，2005（5）：6-8.

[2] 秦荣生. 云计算的发展及其对会计、审计的挑战. 当代财经，2013（1）：111-117.

[3] 徐珉. 物联网技术将如何改变现代企业审计. 中国审计报，2016-04-27.

[4] 陈伟，居江宁. 大数据审计：现状与发展. 中国注册会计师，2017（12）：77-81.

[5] 刘杰，廖捷，董海云. 人工智能与审计变革. 财会通讯，2019（13）：19-25.

[6] 高廷帆，陈甬军. 区块链技术如何影响审计的未来——一个技术创新与产业生命周期视角. 审计研究，2019（2）：3-10.

[7] 张金城. 论计算机审计及其理论体系. 山西财经大学学报，1995（2）：73-75.

[8] 刘国城，王会金. 大数据审计平台构建研究. 审计研究，2017（6）：36-41.

[9] 杨明，郑晨光. 区块链背景下政府治理与审计模式研究. 会计之友，2018（17）：157-160.

[10] 章轲，张冬霁，梁轩瑞，等. 大数据审计中要做到的“三个把握”. 审计研究，2018（5）：30-34.

[11] 刘国城，陈正升. 大数据审计的发展态势、总体策划与流程分析. 会计之友，2019（8）：30-35.

[12] 黄锨，陈亚盛. 从信任与效率视角看区块链对会计、审计的影响. 财会月刊，2019（10）：56-60.

[13] 丁淑芹. 大数据环境下审计变革研究. 财会通讯，2015（22）：106-108.

[14] 崔春. 大数据助推审计基本理论问题发展探讨——基于区块链技术. 经济体制改革，2018（3）：85-90.

[15] 刘杰，汪川琳，韩洪灵，等.“区块链＋审计”作业模式的理想与现实. 财会月

刊，2019（8）：3-10.

[16] 刘荣. 基于云计算技术的内部审计数字化平台构建. 中国内部审计，2012（3）：41-43.

[17] 张艳玲. 基于云计算技术的审计私有云模式建设构想. 中国注册会计师，2013（10）：120-123.

[18] 翟群丽，魏志浩，崔瑞瑞，等. 河南省审计厅大数据环境下“五个关联”审计思路与方法. 审计研究，2016（5）：14-19.

[19] 娄尔行，竹德操. 试论建立审计学的学科体系. 审计研究，1986（6）：1-4.

[20] 张龙平，李长爱. 关于审计学科体系的探讨. 贵州财经学院学报，1992（4）：28-33.

[21] 郑石桥，郑卓如. 基于审计主题的审计学科体系创新研究. 会计研究，2015（9）：81-87+97.

[22] 王会金，郑石桥. 审计学学科属性、学科体系及学科建设的若干问题探讨. 南京审计大学学报，2019（6）：1-9.

[23] 郑石桥. 审计理论结构框架：系统论视角. 中国审计评论，2014（1）：56-66.

[24] 王家新. 中国特色社会主义国家审计理论框架纲要. 中国审计评论，2014（1）：1-15.

[25] 郑石桥. 行为审计理论框架：基于系统论视角的理论要素及相互关系. 会计之友，2016（6）：88-92.

[26] 郑石桥. 审计理论研究：基础理论视角. 北京：中国人民大学出版社，2016.

[27] 蔡春. 审计理论结构研究. 大连：东北财经大学出版社，2001.

[28] 郑石桥. 金融审计需求：一个理论框架. 财会月刊，2018（24）：124-129.

[29] 郑石桥，贾云洁. 预算机会主义、预算治理构造和预算审计——国家审计嵌入公共预算的理论架构. 南京审计学院学报，2012（4）：80-88.

[30] 郑石桥. 领导干部经济责任审计内容：理论框架和例证分析. 会计之友，2015（19）：121-128.

[31] 郑石桥. 论金融审计内容. 财会月刊，2019（3）：110-115.

[32] 郑石桥. 领导干部经济责任审计结果应用：理论框架和例证分析. 财会月刊，2018（22）：129-133.

图书在版编目（CIP）数据

审计基础理论/郑石桥著. --北京：中国人民大学出版社，2021.2
高等院校研究生用书
ISBN 978-7-300-29022-5

Ⅰ.①审… Ⅱ.①郑… Ⅲ.①审计学-高等学校-教材 Ⅳ.①F239.0

中国版本图书馆 CIP 数据核字（2021）第 023340 号

高等院校研究生用书
审计基础理论
郑石桥　著
Shenji Jichu Lilun

出版发行	中国人民大学出版社		
社　　址	北京中关村大街 31 号	**邮政编码**	100080
电　　话	010－62511242（总编室）		010－62511770（质管部）
	010－82501766（邮购部）		010－62514148（门市部）
	010－62515195（发行公司）		010－62515275（盗版举报）
网　　址	http://www.crup.com.cn		
经　　销	新华书店		
印　　刷	北京宏伟双华印刷有限公司		
规　　格	185 mm×260 mm　16 开本	**版　　次**	2021 年 2 月第 1 版
印　　张	18.25 插页 1	**印　　次**	2021 年 2 月第 1 次印刷
字　　数	439 000	**定　　价**	56.00 元

教师教学服务说明

中国人民大学出版社财会出版分社以出版经典、高品质的会计、财务管理、审计等领域各层次教材为宗旨。

为了更好地为一线教师服务，近年来财会出版分社着力建设了一批数字化、立体化的网络教学资源。教师可以通过以下方式获得免费下载教学资源的权限：

在中国人民大学出版社网站 www. crup. com. cn 进行注册，注册后进入“会员中心”，在左侧点击“我的教师认证”，填写相关信息，提交后等待审核。我们将在一个工作日内为您开通相关资源的下载权限。

如您急需教学资源或需要其他帮助，请在工作时间与我们联络：

中国人民大学出版社　财会出版分社

联系电话：010-62515987，62511076

电子邮箱：ckcbfs@crup. com. cn

通讯地址：北京市海淀区中关村大街甲 59 号文化大厦 1501 室（100872）